｜完全図解｜一冊で丸わかり

ドラッカー・

Peter F.Drucker

ポーター・

Michael E.Porter

コトラー入門

Philip Kotler

中野 明 著

朝日新聞出版

ブックデザイン◉遠藤陽一＋高岩美智（デザインワークショップジン）

はじめに

ビジネス理論という未踏の地に足を踏み込まなければならないとする。

では、どの地点から探検を始めるべきか――。

この問いに対して本書では、ピーター・ドラッカー、マイケル・ポーター、フィリップ・コトラーの3者から始めることを提案したい。その上で、ドラッカー・ポーター・コトラーの理論をコンパクトかつ平易にまとめたのが本書だ。

しかし、あまたあるビジネス理論の中で、なぜドラッカー・ポーター・コトラーなのか（表記が長いので以下頭文字をとって「ＤＰＫ」と表記する）。

これにはいくつかの理由がある。

世の中には常識と言われるものがある。こうした常識はやはり身につけておくべきものだ。

一方、おそらくビジネス理論の中にあって、ＤＰＫの理論を常識と位置づける考え方におおむね異論はないのではないか。だからビジネス理論に明るくない人が最初に挑戦する対象としてＤＰＫは格好のターゲットになる。

また、一口にビジネス理論と言ってもそのジャンルは多岐にわたる。

中でもマネジメント論や戦略論、マーケティング論はビジネス理論に欠かせない代表的なジャンルだ。

しかもその代表的なそれぞれのジャンルの代表者がＤＰＫの3名にほかならない。「マネジメントと言えばドラッカー」「戦略論と言えばポーター」「マーケティングと言えばコトラー」というように、いずれもその分野の第一人者と言える。

したがって、ＤＰＫを押さえるということは、ビジネス理論の主要ジャンルを一気に押さえてしまうことに通じる。これはビジネス理論をてっとり早く攻略したい多くの人のニーズに合致するだろう。

加えてＤＰＫの組み合わせにも注目してもらいたい。

ドラッカーが扱うマネジメント論はビジネス理論の中核とも言えるものだ。マネジメントとは組織に成果をあげさせるためのあらゆるものの総称にほかならない。

一方、のちに詳しく解説するように、組織の目的とは顧客の創造であり、その機能はたった二つしかないとドラッカーは言った。

マーケティングとイノベーションである。

マーケティングとイノベーションはいわば車の両輪であり、ハンドリングするのがマネジメントなのだが、そのためには組織がいかなる態度で顧客を創造するのかがはっきりしていなければならない。その方向性を指し示すのが戦略だ。

組織を自動車にたとえると、動かし方やハンドル操作の全般をドラッカーのマネジメント論で理解する。さらに自動車が向かうべき方向はポーターの戦略論で学ぶ。そして自動車の両輪の一方はコトラーのマーケティング論、もう一方はドラッカーのイノベーション論で理解する。

このようにＤＰＫの組み合わせで、組織という自動車を操るテクニックを総合的に身につけられる。その知識をまとめて提供するのが本書にほかならない。

以上で本書の立ち位置はわかってもらえたと思う。次に本書の構成について簡単に説明しておこう。

本書は全体を次の四つのパートで構成した。

PART1｜ドラッカーのマネジメント編

ドラッカーは「マネジメントを発明した男」と呼ばれるほどで、いまでも「マネジメントと言えばドラッカー」という認識が定着していると言ってよい。このパートでは、そもそもマネジメントとは何かという問いから始めて、マネジメントの全体像について解説した。また、ドラッカーはイノベーション論や自己啓発論についても言及している。これらの話題も網羅して、ドラッカーのマネジメント論ばかりかドラッカー理論の全体像を把握できるように努めている。

PART2｜ポーターの競争戦略編

ビジネス理論にとって欠かせないのが戦略論だ。中でもビジネスを競争ととらえ、その上で戦略を考えるのが競争戦略論であり、その代表的な論客がマイケル・ポーターにほかならない。ポーターが提唱したコンセプトの中で最も重要になるのが「戦略的ポジショニング」だろう。本書ではこのコンセプトを出発点に、❶三つの基本戦略、❷ファイブ・フォース、❸バリュー・チェーン、❹戦略的フィット、❺ダイヤモンド・フレームワークを解説して、ポーター理論の全貌《ぜんぼう》を理解することを目指す。

PART3｜コトラーのマーケティング編

このパートでは、まず一般的なマーケティングの基本、いわばマーケティング論の定番部分に相当すると言ってもよい個所についてふれている。その上で、フィリップ・コトラーが近年強調しているマーケティング3・0やその根幹になる社会的責任マーケティングについて詳しく解説した。以上を理解することで「マーケティングの定番理論×コトラーの最新理論」を身につけられるはずだ。

PART4 ドラッカー・ポーター・コトラーをもっと深く理解するために

最終のパートではDPKをさらに深く理解するための道について解説した。

本書ではDPKが展開した主要コンセプトを網羅したけれど、それぞれについてより深く理解するには、やはり原著にあたるのがベターだ。その水先案内をするのが、この最終パートの位置づけにほかならない。

各パートの本文は1テーマ見開き2ページで、そのうち1ページが本文、もう1ページが図解という構成になっている。テキストとそれを補う図解でDPKの理論を最速で理解できるようにした。

本書を通じてビジネスという広大な大陸を縦横無尽にドライブする手腕を身につけてもらえれば筆者として幸いだ。

では、DPKの世界へ、いざご案内することにしよう。

第4章 「知識労働者」の自己マネジメント

第5章 「イノベーション」の機会を見逃すな

PART 2 ポーターの競争戦略編

第6章 「競争の戦略」の基本を知る

第7章 ファイブ・フォースを使いこなす

第8章 バリュー・チェーンを分析する

第9章 競争戦略論の本質を熟知する

第10章 日本企業の競争戦略

PART 3

コトラーのマーケティング編

第11章 マーケティング戦略の推進

第12章 マーケティング・ミックスの進展

第13章 マーケティング・コミュニケーションの展開

第14章 マーケティング3・0と社会的責任マーケティングの時代

PART 4 ドラッカー・ポーター・コトラーをもっと深く理解するために

PART 1

ドラッカーのマネジメント編

ドラッカーのマネジメント論はビジネス理論を攻略する上で最初に手がけたい対象だ。本パートではドラッカーが説いたマネジメント論の全貌を解説しつつ、イノベーション論や自己啓発論など、ドラッカー理論に欠かせないコンセプトを全5章で紹介する。

001

組織に成果をあげさせるもの

マネジメントとは何か

Role of Management

マネジメントの最も基本的な意味

「キミのマネジメント能力は素晴らしい」「チームをうまくマネジメントせよ」「うちのトップ・マネジメントって、何だかなぁ」などなど、日常の会話でも**マネジメント**という言葉があちこちに登場する。

では、マネジメントとは何か。

周知のように、**ピーター・ドラッカー**[1]にはマネジメントに関するおびただしい数の著作がある。

あまたあるドラッカーの著作の中で、ドラッカーがマネジメントについて端的に定義しているのは、おそらく次の言葉だろう。

組織をして成果をあげさせるための道具、機能、機関がマネジメントである。[2]

これがドラッカーによるマネジメントの基本定義だと考えたい。ただ、道具や機能、機関というあたりが、少々意味不明だ。そこでもっと簡単に言い切ってしまおう。

組織に成果をあげさせるもの、それがマネジメントだ。

この「組織に成果をあげさせるもの」という、たった13文字が、マネジメントの最もシンプルな定義だ。

また、この定義の「もの」の部分を、ドラッカーの言う**「道具」**や**「機能」**、**「機関」**に置き換えてみてもらいたい。「機能」とは組織に成果をあげさせる「働き」、「機関」とは組織に成果をあげさせる「主体」と考えればよい。会社の場合だと、この「主体」に相当するのが経営陣だ。

経営陣をあたかも道具のようにうまく活用できれば成果があがるだろう。だから「成果をあげさせるための道具」とも定義できるわけだ。

いずれにせよマネジメントとは「組織に成果をあげさせるもの」、まずはこのように理解したい。

マネジメントの定義

組織をして
成果をあげさせるための
道具、機能、機関が
マネジメントである。

by ピーター・ドラッカー

▼

マネジメントの最もシンプルな定義

組織に成果をあげさせるもの

上の 13 文字をマネジメントの定義として暗記してしまおう。これで「マネジメントとは何か?」と問われても大丈夫。

FOOTNOTE

1 Peter Ferdinand Drucker (1909〜2005)。オーストリア生まれのアメリカの経営学者。「マネジメントを発明した男」の肩書きをもつ。

2 ピーター・ドラッカー『明日を支配するもの』(1999年、ダイヤモンド社) P45。このくだりは『[エッセンシャル版] マネジメント　基本と原則』(2001年、ダイヤモンド社) P300にも収録されている。

002

マネジメントの課題

Tasks of Management

組織に成果をあげさせるために何をすべきか

マネジメントの基本を問う

組織に成果をあげさせるものがマネジメントであることがわかった。では、具体的に何をすべきなのか。この問いに対してドラッカーは次の三つの課題を示している。

①組織の使命について考える。
②事業の生産性と働く人の達成感について考える。
③社会的責任について考える。[1]

①はそもそもその組織がなぜ存在するのか、その存在理由について深く理解することを指す。この点については続く**テーマ003**以下で詳しく解説することになる。

また②については、組織の事業の生産性を高めて、人々の働く意欲を高めることを指す。

事業の生産性について考えるには、現在の事業ばかり見ていてはいけない。明日のための新しい事業についても考える必要があるだろう。一方、働く人の達成感の実現には、組織のあり方について考えるとともに、そこで働く人が高い成果をあげられるようにしなければならない。

最後の③は、社会の一員である組織が、社会に対していかなる責任を果たすかを考えるということだ。

それから右の3点に加えてもう一つ、現代社会固有の環境に即して、①~③を考えることも重要になる。こうして、次の課題も明らかになる。

④現代社会におけるマネジメントについて考える。

組織に成果をあげさせるにはこれらの課題に対処しなければならない。そしてこの課題を図解したのが左ページの**「マネジメント課題チャート」**だ。

このチャートで、ドラッカーのマネジメント論の全体像をてきぱきと理解してもらいたい。また本書のドラッカー・パートを読み進む上での全体図としても活用したい。

マネジメント課題チャート

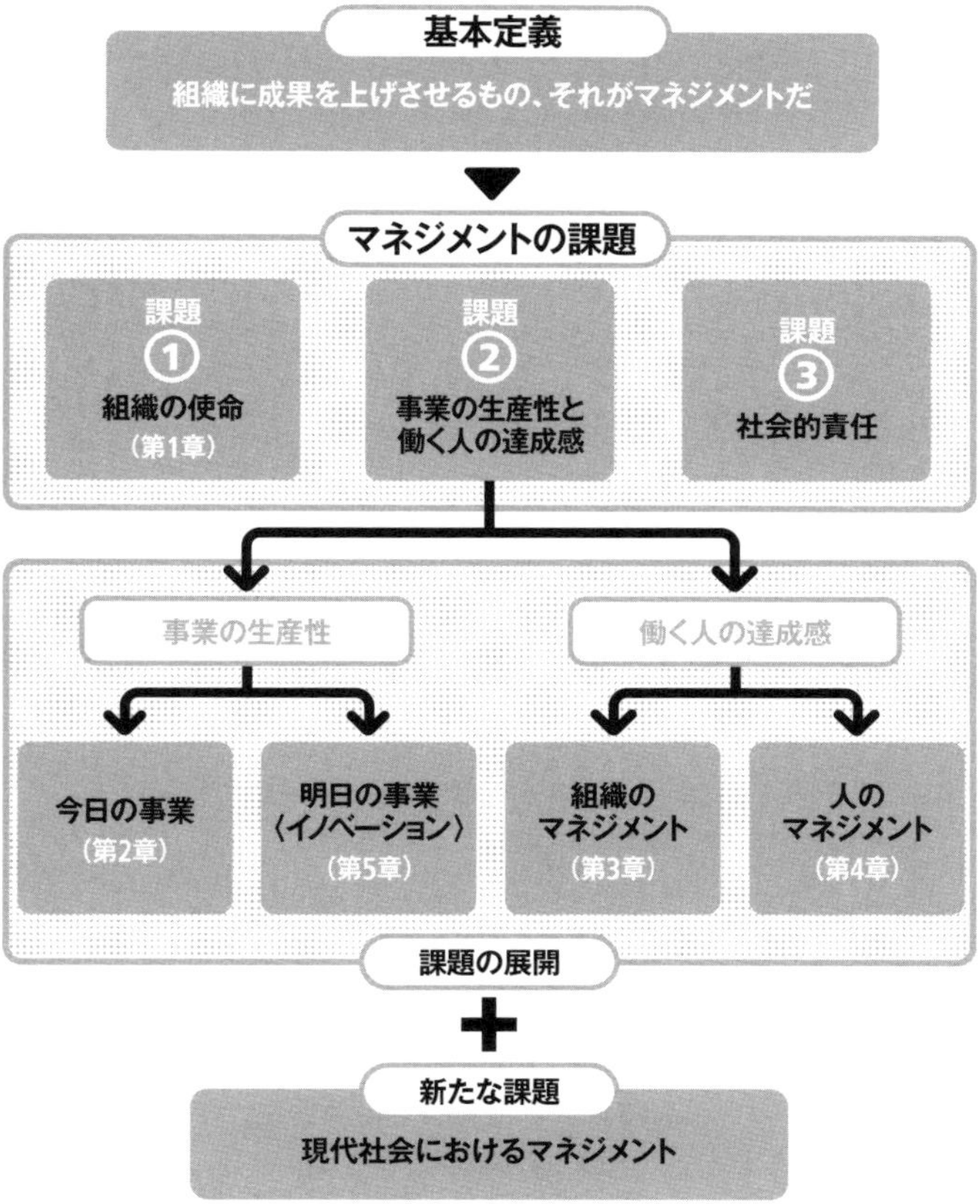

以下本書では、このマネジメント課題チャートに従って話を進めていきたい。各課題に示した第1～5章は、ドラッカー・パートの章に対応している。したがってこのチャートは、本パートのロードマップとも言える。

FOOTNOTE　1 ピーター・ドラッカー『マネジメント（上）』（1974年、ダイヤモンド社）P60に指摘されたものを基にしている。

003

組織に成果をあげさせる第一歩

組織の使命を知る

What Is Our Mission?

なぜ使命を知る必要があるのか

では、前テーマで見た**「①組織の使命について考える」**からマネジメントの課題を検討しよう。

組織の使命について考える場合、少々回りくどくなるけれども、そもそも**組織とは何か**、という点から考える必要がある。

世の中には多数かつ多様な組織が存在する。その中で最も大きなものは政府という組織だろう。病院や学校などの公的福祉を目的にする組織もある。それから数として最も多いのは企業という組織に違いない。

そもそも、こうした組織が存在するのには理由がある。それは、社会やコミュニティ、個人が、その組織を求めるからだ。

安心・安全に暮らしたいというニーズがあるから政府が存在する。病気や怪我を治したいから病院が存在する。教育を受けたいと考えるから学校が存在する。またこれら以外にも、世の中には多様なニーズが存在する。それらに個別に対応するために多様な企業が存在する。

このように考えると、組織とは、「自分自身のために存在するのではなくて、ある特定の社会目的を実現し、社会、地域、個人に必要な特定のニーズを満たすために存在する」[1]、つまり**「あらゆる組織は社会の機関（オーガン）」**であることがわかるはずだ。

そして、組織が成果をあげようとするならば、特定の社会目的を実現して、何らかのニーズを満足させなければならない。言い換えると、その組織が本来もっている特定の社会目的の認識なくして、組織に満足のいく成果をあげさせるのは不可能だ、ということになる。

そして、この組織がもつ特定の社会目的こそが、その**組織の使命（ミッション）**にほかならない。

このように組織に成果をあげさせようと思うと、まずはその組織の使命を知ることが不可欠になる。これなくして、成果を得るのは難しい。というか、不可能なのだ。

組織は使命のもとに存在する

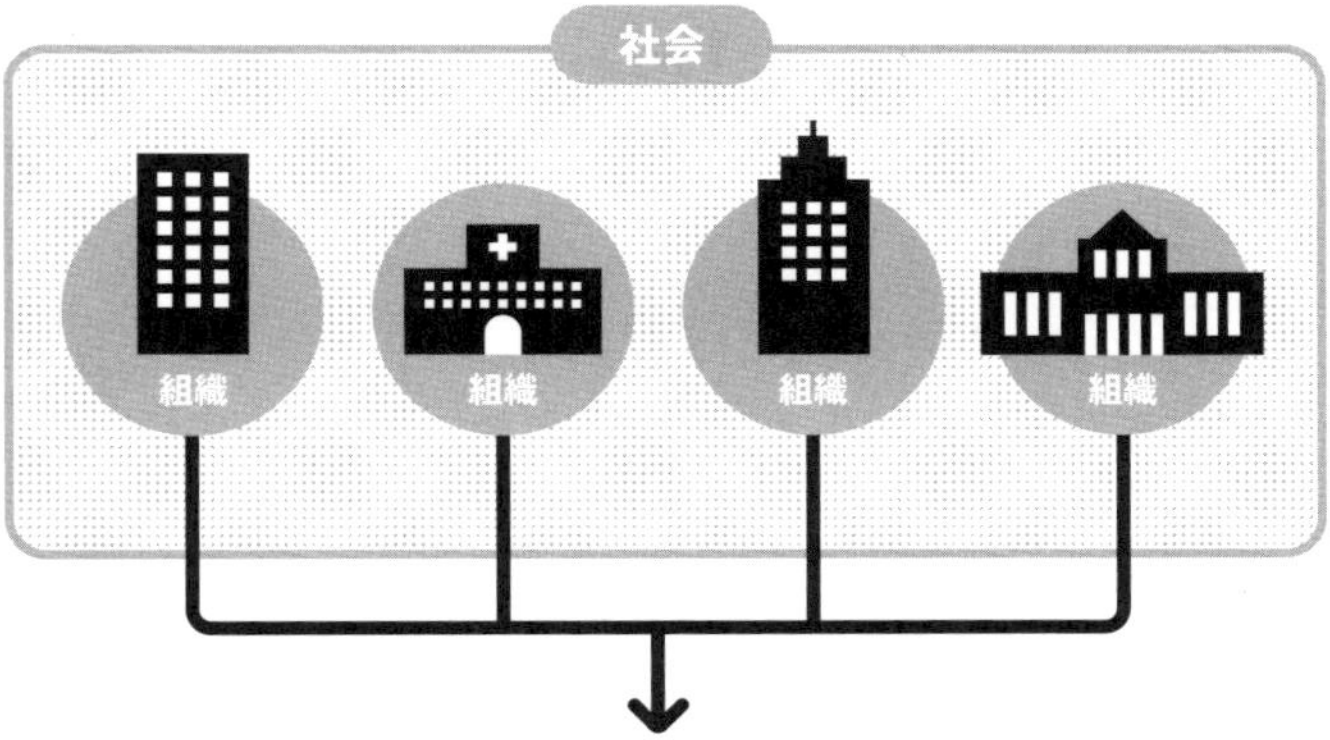

**ある特定の社会目的を実現し、
社会、地域、個人がもつ
特定のニーズを満たすために存在する**

▼

だから、使命を知る必要があるのだ

**組織がもつ個々の社会目的、
すなわち「使命」を知らずに、
組織に成果をあげさせられるわけがない!**

**まず、組織の使命を知ること。
これがドラッカーのマネジメント論の基本になると考えたい。**

FOOTNOTE 1『マネジメント（上）』P59

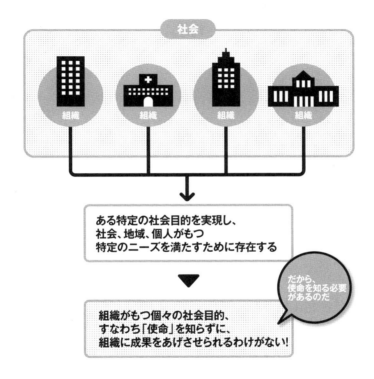

004

企業の使命を知る

Business Mission

企業の使命、企業の価値観、企業理念を理解する

企業の存在理由は何か

組織に成果をあげさせるには、まず**組織の使命**を確実に把握することが欠かせない。これは、社会の中で圧倒的多数を占める**企業**についても同じことが言える。

企業も社会の中における組織形態の一つだ。ならば、社会を構成する一員として、社会に対して何らかの貢献をする必要がある。

政府や自治体、病院や学校など、こうした組織は公的機関とか公的組織などと呼ばれている。しかし、こうした公的組織だけで、社会や地域、個人が有する多様なニーズに対処することはできない。

そのため、多様なニーズに柔軟に対処する組織が不可欠になる。これなくして社会は円滑に回らない。そして、その役目を担っているのが企業にほかならない。

ただ、企業というのは、学校や病院などと比較すると、その使命が曖昧《あいまい》になりがちだ。それは、企業の目的が利益の追求だと誤解されていることからもわかる。

そもそも**利益**とは、社会や地域、個人のニーズを満足させた見返りとして得られる報酬にほかならない。

だから本当は、企業として、いかなる社会目的に対処して、社会や地域、個人のニーズを満足させるのか、その点を明らかにする必要がある。

これは、その企業がどういう理由で社会の中に存在しているのか、という点を示すことにほかならない。**企業の存在理由（レゾンデートル）**[1]だとも言える。

ただし、この使命を達成するためなら、なりふり構わず行動する、というのでは具合が悪い。そのため、一般に企業の使命とは別に、**企業の価値観**というものが存在する。

これは**行動基準**とも呼ばれるもので、使命を達成するにあたりどのような態度で行動するのか、それを表明したものだ。さらにこの使命と価値観をとりまとめ**企業理念**とも言う。ただこれらの用語の使い分けは、残念ながら曖昧なのが現状のようだ。

企業は使命のもとに存在する

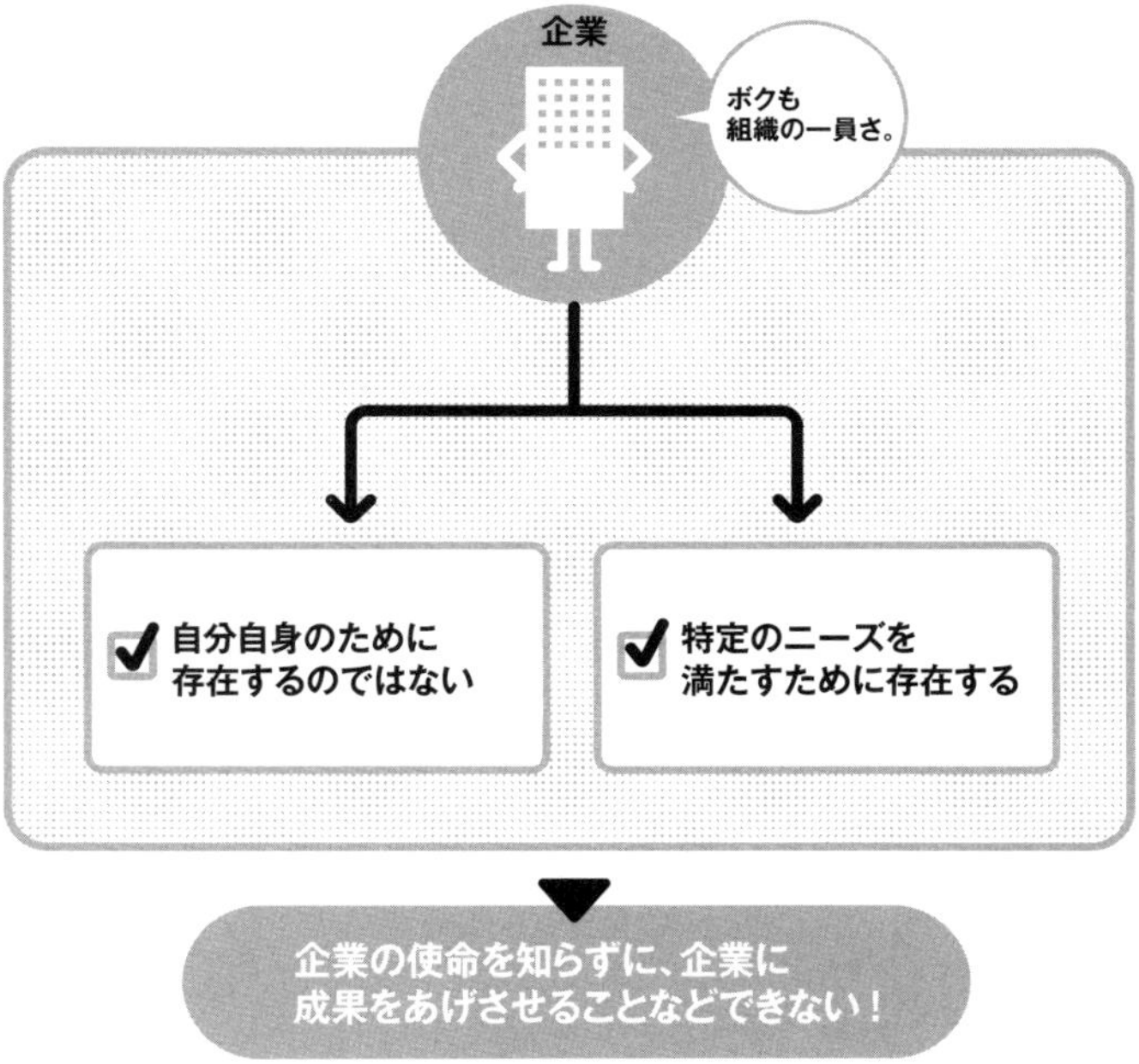

企業は社会の公器なのだ。したがって、「民間企業」と表現するのはふさわしくない。企業は企業なのだ。

FOOTNOTE

1 raison d'être。フランス語で「存在理由」。

005

企業の目的＝顧客の創造

企業の使命から顧客の創造へ

To Create a Customer

企業が目指すのは顧客の創造

企業（組織）に成果をあげさせるのがマネジメントだ。

では、企業にとっての成果とは何なのか。

先に一つの組織が社会のあらゆるニーズを満足させるのは不可能だと書いた。これは企業だって同様だ。

それなので、企業は特定の社会目的を鮮明に描く必要がある。そして、その社会目的を遂行することが企業の成果になるわけだから、当然、アウトプットは企業によってまちまちになる。

このように、確かに表面上の成果は企業によって異なる。しかし、社会目的が180度異なる企業の成果でも、そこには共通して目指すべきものが存在する。

顧客の創造[1]がそれだ。

これはドラッカーが世界で最初にマネジメントを総合的に扱った名著『**現代の経営**』[2]の中で示した名言だ。

すでに述べたように、組織の一形態である企業は、明らかに社会的機関の一つだ。そのため、社会やコミュニティ、顧客のニーズを満足させるために存在する。

この主張が正しいとすると、企業が存続するには社会やコミュニティ、顧客のニーズを満足させ続けなければならない。

実はこの**「ニーズを満足させ続ける」**というのが、ドラッカーの言う「顧客の創造」の意味するところだ。

今日お店に来たなじみ客は、実は昨日来た同じ客とは異なる。なぜならその客は、もはやそのお店が自分のニーズを満足させることができないと感じたら、そこに来るのはやめて、別のお店に足を向けることができたからだ。

このように考えると、たとえ常連客といえども、お店に来てもらえるように努めることは、顧客を創造し続けていることにほかならない。新規顧客は言わずもがなだ。

以上から、企業というものは、それぞれが果たす社会目的に従って顧客を創造する。これが企業にとっての成果に結びつくのだ。

顧客の創造

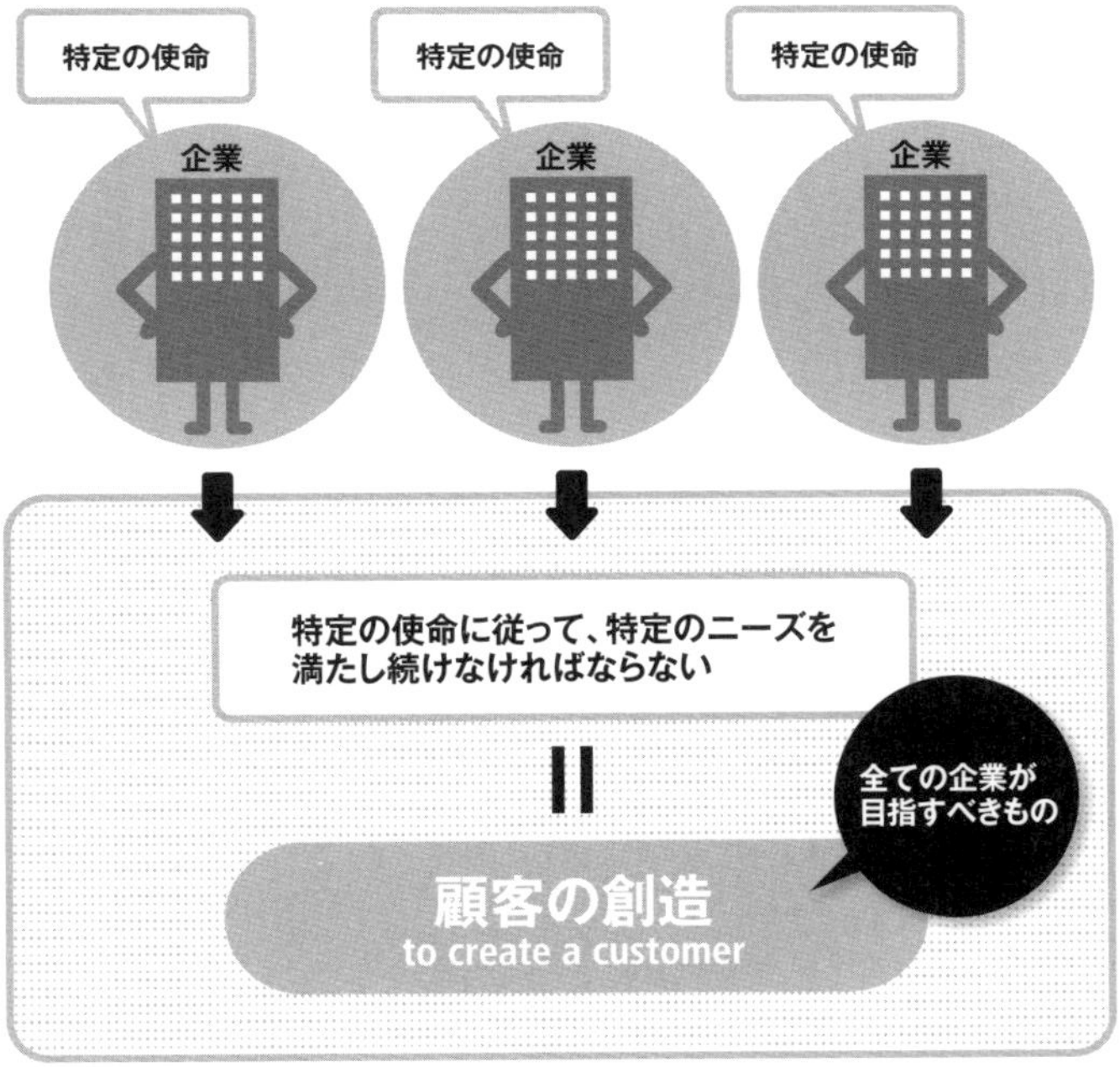

「顧客の創造」は、数あるドラッカーの名言の中でも、特に著名なものだ。全ての企業は、特定の使命に従って、顧客を創造し続けなければならない。

FOOTNOTE

1 There is only one valid definition of business purpose: to create a customer.（事業目的の唯一適切な定義、それは顧客の創造である）Peter F. Drucker, The Practice of Management, HarperBusiness,1993, P37

2 The Practice of Management（1954年）。日本では1956年に自由国民社より出版された。

006 「顧客の創造」のための基本機能

Two Entrepreneurial Functions

マーケティングとイノベーション

次に企業はいかにして顧客を創造するのかについて考えてみよう。

ドラッカーは、企業が顧客を創造するために必要とする機能は二つしかないと断言した。

一つは**マーケティング**、もう一つが**イノベーション**だ。[1]

マーケティングの最も基本的な定義は「ニーズに応えて利益を上げること」[2]だ（**テーマ105**）。顧客の創造では、顧客がもつニーズに応えることが最も基本の活動になる。

しかしマーケティングだけだと、「あれが欲しい、これが欲しい」と言う顧客のご用聞きをしているだけとなる。

そこで、今まで知られていなかった価値を創造することで、顧客をつくり出す活動が不可欠となる。これがイノベーションにほかならない。

一般にイノベーションは、新たな技術開発によって新しい価値を創造することだと解釈されがちだ。そのため、**「技術革新」**と訳されることがある。

しかし、イノベーションは、技術のみに特化した考え方ではない。

たとえば、極北に暮らす人に対して冷蔵庫を販売するとしよう。これは一見非常識に思える。

しかし、食料が凍てつかぬようにするための道具として冷蔵庫を販売することに成功したとしよう。この場合、冷蔵庫自体に技術革新はまったくない。しかしながら、顧客の新しい満足をつくり出したという点でイノベーションの一つになる。

マーケティングとイノベーションはあたかも**自動車の両輪**のように機能する。

マーケティングなくして、企業の短期的な事業に成果をもたらすことはできない。また、イノベーションなくして、企業の長期的な成果は約束されない。

そして、この自動車のハンドルを握り両輪を操るのがマネジメントなのだ。

マーケティングとイノベーション

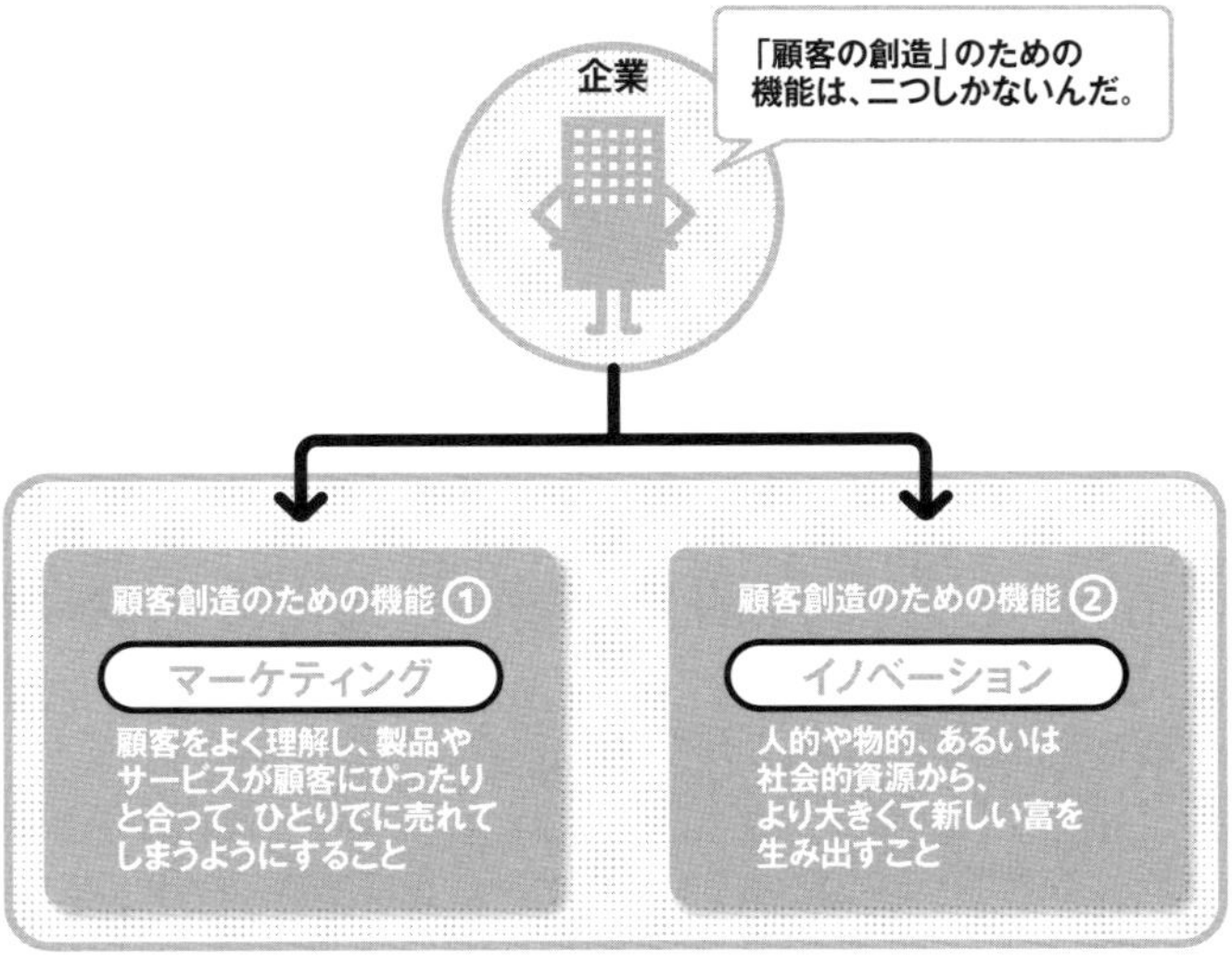

「顧客の創造」について、どちらかというと、短期的視野で考えるのがマーケティングであり、中・長期的視野で考えるのがイノベーションと言えるだろう。
もちろん、いずれも欠かせない。

FOOTNOTE

1 ドラッカーは「企業は、その目的が顧客を創造することであるがゆえに、二つの、いや、二つだけの基本的な機能をもっている。すなわち、マーケティング（市場開発）とイノベーション（革新）である」（『マネジメント（上）』P95）と述べている。同様の言及は『現代の経営』にも見られる。

2 フィリップ・コトラーの定義による。

007

企業は使命をまっとうしてこそ利益を得る

利益について考える

Profit and Profitability

利益の四つの機能

一般に企業の目的は**利益の追求**と考えられがちだ。しかしドラッカーのマネジメント論からすると、企業の目的は**顧客の創造**となる。

そもそも社会や地域、個人がもつニーズに応えないことには利益を得られないだろう。利益を得ようと思うならば、まずニーズに応えることが必要になる。この順番が逆であってはダメなのだ。

だからといって利益の価値が下がるわけではない。ドラッカーは利益に対してユニークな考え方をもっていた。これを知っておくと、利益は企業の唯一の目的ではないけれど、極めて重要なものだということが理解できるはずだ。

ドラッカーは、利益を次の四つの機能で説明した。

第1に、利益とは、企業の成果、つまり顧客の創造という活動が、どの程度達成されたのか、それを判断するための基準になる。

要するに**成果のバロメーター**みたいなものだ。このバロメーターを参照することで経営の舵《かじ》取りはより円滑になるだろう。

第2に、企業が継続して顧客のニーズに対応していくには、不確実性というリスクを回避しなければならない。利益は、そのための**保険**として機能する。

第3に、利益は**労働環境を形成**するための原資になる。企業が存続することで、そこで働く人は職場を確保できる。実は、この職場の創造も企業の大きな社会貢献の一つだ。さらに継続した利益の獲得は、労働環境を改善する機能をもつ。

第4に、社会サービスや社会資本を充実させるための原資になるということだ。**企業メセナ**[1]はその典型と言えるだろう。

以上のように考えると、利益とは企業が継続して活動し、社会に貢献し続けるための**「未来へのコスト」**とも言えるわけなのだ。

利益の意味

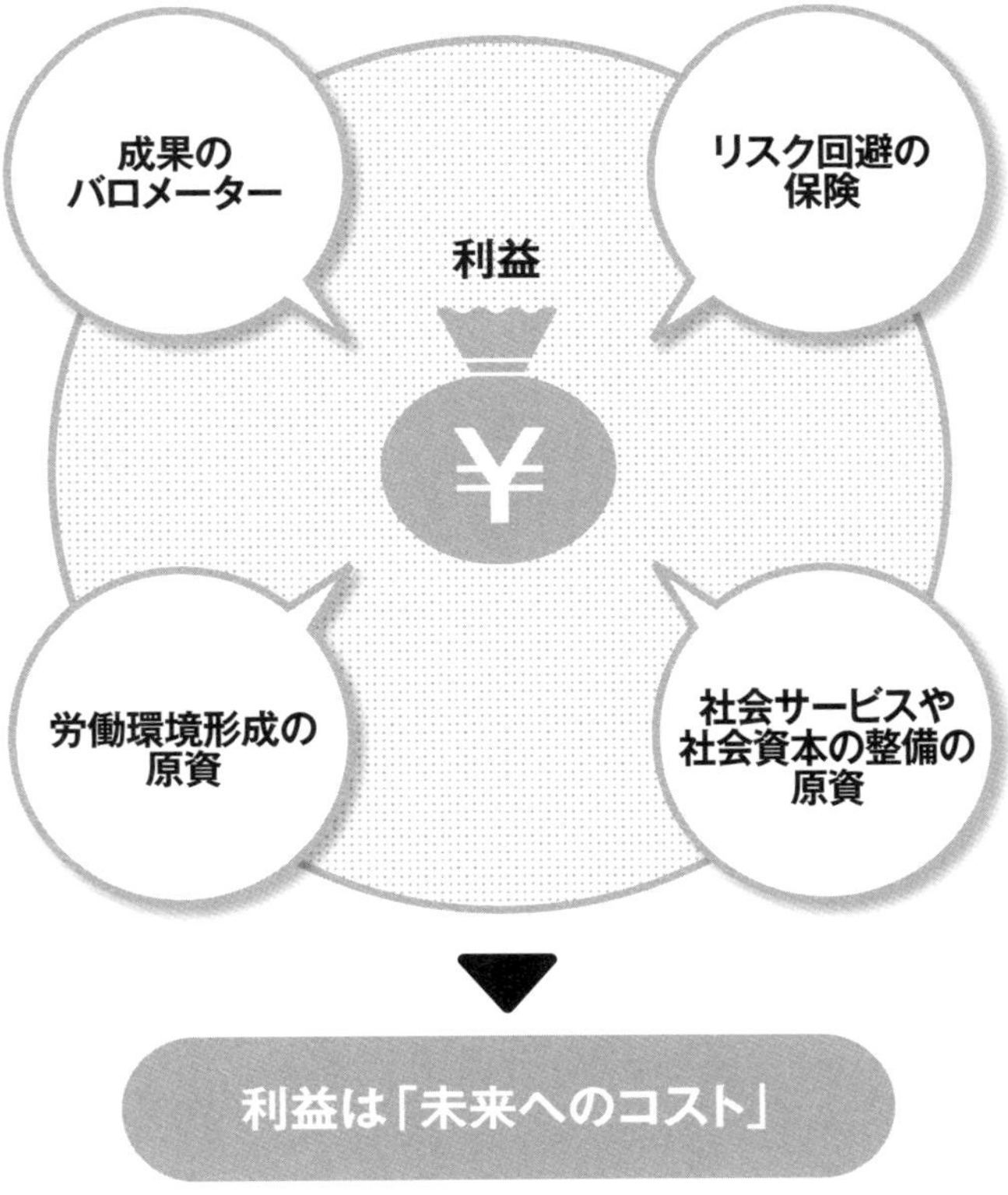

企業は利益追求のために存在するのではない。
利益は使命を達成した結果である。
そして、利益は未来へのコストと考えるべきなのだ。

FOOTNOTE
1 企業が事業で得た利益を公的な文化活動として社会に還元することを指す。バブル経済の頃に頻繁に用いられた言葉だが、もちろんこうした活動はバブルがはじけた後にも継続して行われている。

008 企業と働く人の関係

企業の使命を熟知せよ

Enterprise and its Workers

ユニクロ柳井正氏の言葉

企業は**使命**をもち、特定の社会目的のために存在する。この企業の使命は経営者だけが理解するものではない。その企業で働く全ての人が熟知すべきものだ。

そもそも企業に属するメンバーは、企業が遂行しようとしている社会目的に賛同したからこそ、その企業に参加したのであり、すべきものだ。そして企業の一員として、共通の使命の遂行を目指す。これが**働く**ということだ。

したがって、企業に属するメンバーは、その企業が有する使命について熟知していなければならない。いや、使命に同化すべきだと言っても過言ではない。

この点に関して、ドラッカーの信奉者として著名な、ユニクロの**柳井正**氏は、次のようなコメントを発している。

少々飛躍した話になってしまいますが、ぼくは企業活動というのは、ある意味、一種の宗教活動や社会運動のようなものではないか、とも思っているんですよ。ある使命に賛同した人たちが、自然に集まって作られたコミュニティ（組織）といえばいいでしょう。[1]

以上のように考えてくると、企業について今まで常識だととらえていたことが、間違いだったことがわかる。

たとえば、「企業は社員のためにある」というのもその一つだ。企業は社員のためではなく、顧客のニーズに応え続けるために存在するものだ。

また、「企業は株主のためにある」というのもそうだ。この考え方にも顧客の視点がすっぽりと抜け落ちている。「おたくの会社の社員さんや株主さんに豊かな生活をしてもらいたいから、この製品を買うわ」なんていう酔狂な客は、この世の中に一切存在しない。

企業は誰のためにあるのか。**顧客のためにある**。そしてそこで働く人は、その企業の顧客の創造に寄与して社会に貢献する。この点は忘れないでおきたい。

共通の使命感をもて

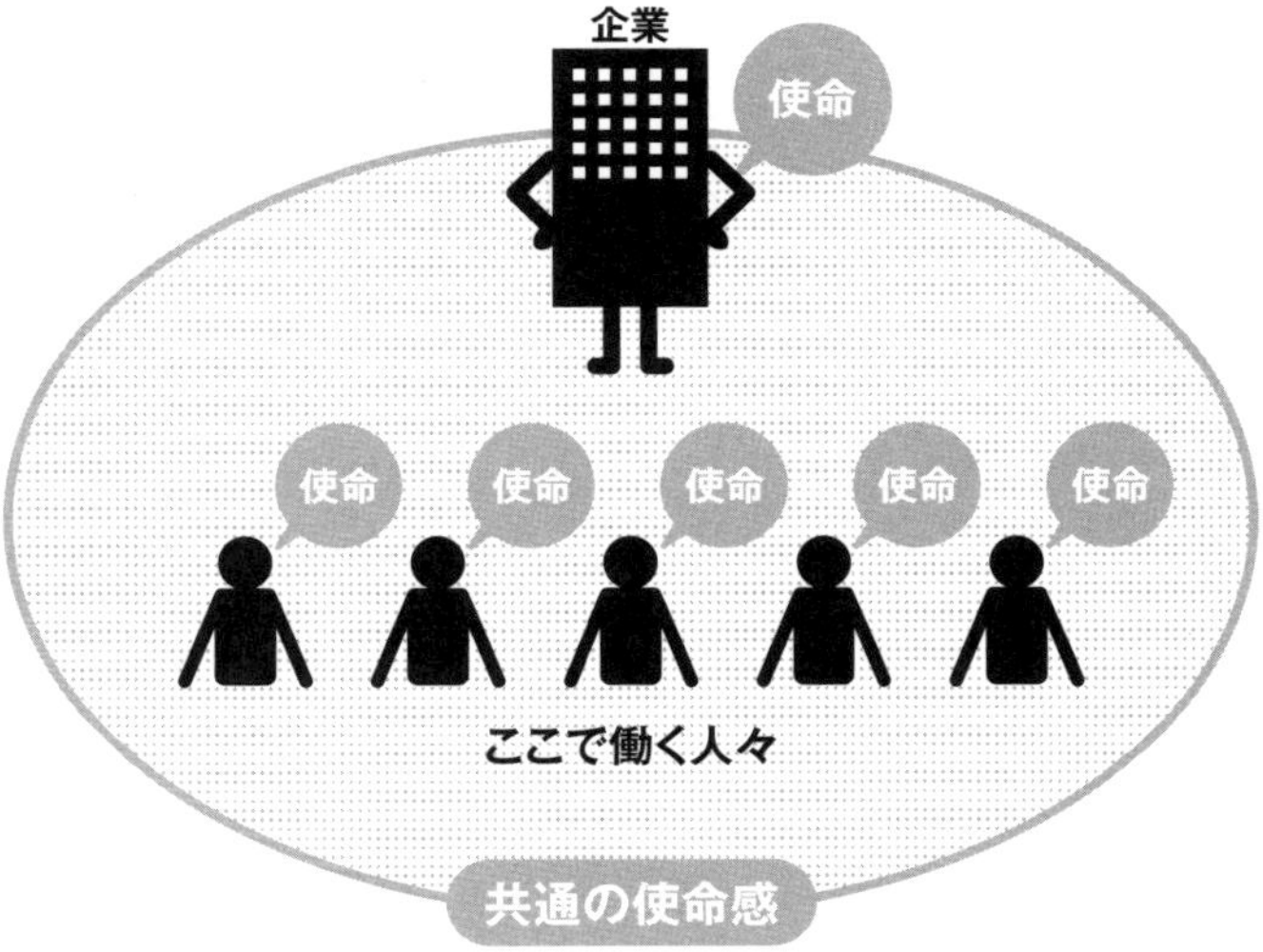

**そもそも企業の使命を知らずに、
企業の成果に貢献できるわけがない。
企業で働く人は、その企業の使命に同化すべきだ。**

FOOTNOTE

1 NHK「仕事学のすすめ」制作班編『柳井正　わがドラッカー流経営論』(2010年、日本放送出版協会)。この本を読めば、ドラッカーの思想を経営に活《い》かすとこうなるのか、ということがわかるはずだ。

009

時代の変化に適合した組織を作る

体系的廃棄による組織の刷新

Practice of Abandonment

体系的廃棄で常に組織を刷新する

今は新しいものでもやがて古臭くなる。これはあらゆるものに当てはまる原理原則だ。もちろん組織もその例外ではない。

そのため、組織が時代から取り残されないような活動を意識的に促すことも、マネジメントの課題の一つだ。ドラッカーはこの具体的な方法として、**体系的廃棄**の実践を提案した。

やり方はいたって簡単だ。まず、今実行している全ての活動を実施していないと仮定する。その上で、それらの活動を今からでも実行するかを自問する。

もし、答えが「ノー」ならば、その活動は今すぐ廃止する。そして新たにすべきことを考える。これは、組織から贅肉《ぜいにく》をそぎ落とし、新陳代謝を促す活動にほかならない。

そもそも組織内のあらゆる活動は、何らかの理由があって始まったはずだ。しかし、時間が経過する中で、当初は必要性があったものも、もはや無用になることがある。

にもかかわらず、伝統や前例を重んじるためか、あるいは惰性によってか、そうした無用な活動が継続されているケースが頻繁に見られるものだ。これは組織の能力を低めこそすれ高めることはない。

より大きな成果を組織にもたらすのがマネジメントの役割だから、こうした無用な活動の廃止は徹底して実行しなければならない。

ただ、問題なのは、時代の変化により、組織の使命がもはや無用になった場合だ。医療や教育、福祉のように、永遠にニーズが存在するものも考えられる。その一方で、時間の経過によりニーズの相対的な重要度が低下したり、あるいはニーズそのものがなくなることもある。

このような場合、こうしたニーズに対応しようとしていた組織は、その存在理由を失うことになる。それなので、そうした組織は、**新たな使命**に従って活動するか、さもなければ速やかに**舞台から退場**しなければならないのだ。

いつも新しい組織であるために

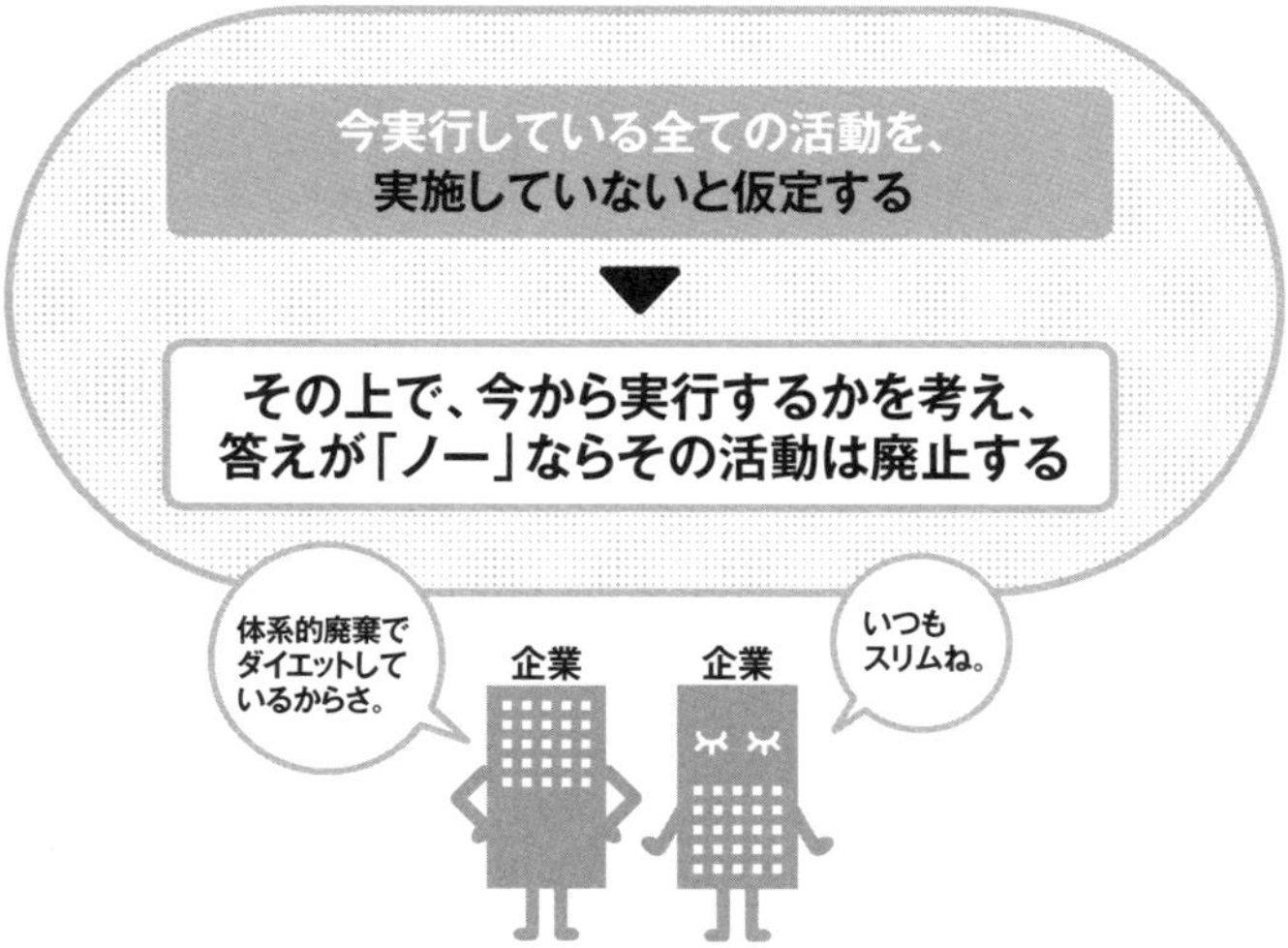

組織が常に新しくあるには、
この体系的廃棄が欠かせない。
身近なことにも使える、極めて便利な手法なのだ。

010

会社の事業とは何か？

What Is Our Business?

事業定義の三つの要素に着目せよ

事業定義の三つの要素

組織に成果をあげさせるには、まず、その組織の使命について理解する必要がある。次にどういう手法でその使命を達成するのかを明らかにしなければならない。

つまり、**「使命を達成するための、われわれの事業とは何か」**という問いに答えなければならない、ということだ。

事業について考えるには**「現在の事業」**と**「明日の事業」**について考える必要がある。まず問うべきなのは現在の事業についてだ。

現在の事業とは「御社の事業は何ですか？」に答えることだ。

この問いに対して、一般には「印刷業です」とか「電機メーカーです」と答えるのではないか。しかし、そんな回答でドラッカーが納得するはずがない。

ドラッカーは、**自社の事業を定義するフレームワーク**[1]を示した。これを用いると、現在の事業が何なのかばかりか、時代の変化に応じた事業定義を再構築できる。

このフレームワークは三つの要素からなる。[2]第1が企業を取り巻く環境についての前提、第2が企業の使命についての前提、第3が使命を実現するための卓越性の前提、これらについて考えることで事業を定義する。

第1の前提は、社会やその構造、市場、顧客など、世の中のトレンドについて考えることにほかならない。

また、第2の前提は、世の中の流れと企業がもつ使命との整合性を考えることだ。

さらに、第3の前提は組織のもつ**強み**、いわゆる**コア・コンピタンス**[3]について検討することだ。

そして、この三つの要素を満足させるものが、その企業の事業の定義、すなわち「御社の事業は何ですか？」への答えになる。

ただ、ドラッカーの表現は、少々抽象的なのが玉にキズだ。そこで、このフレームワークをより簡単化したものを次の**テーマ011**で紹介したいと思う。

事業定義の3要素・4条件

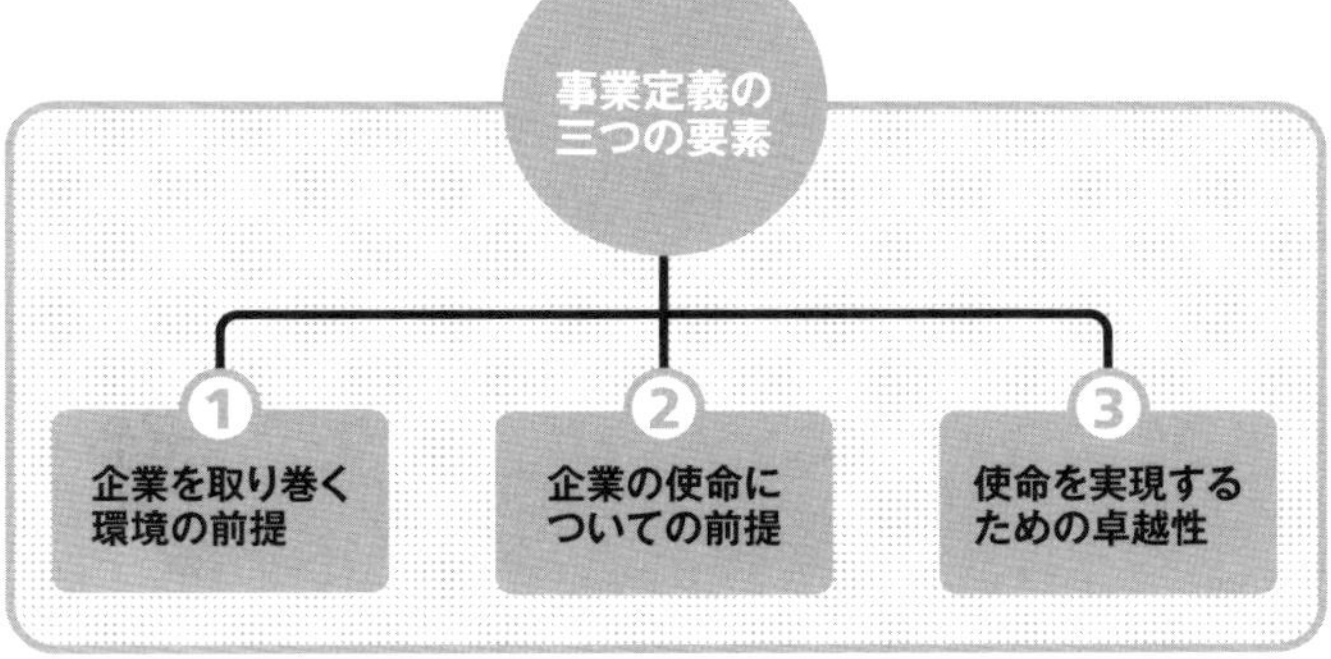

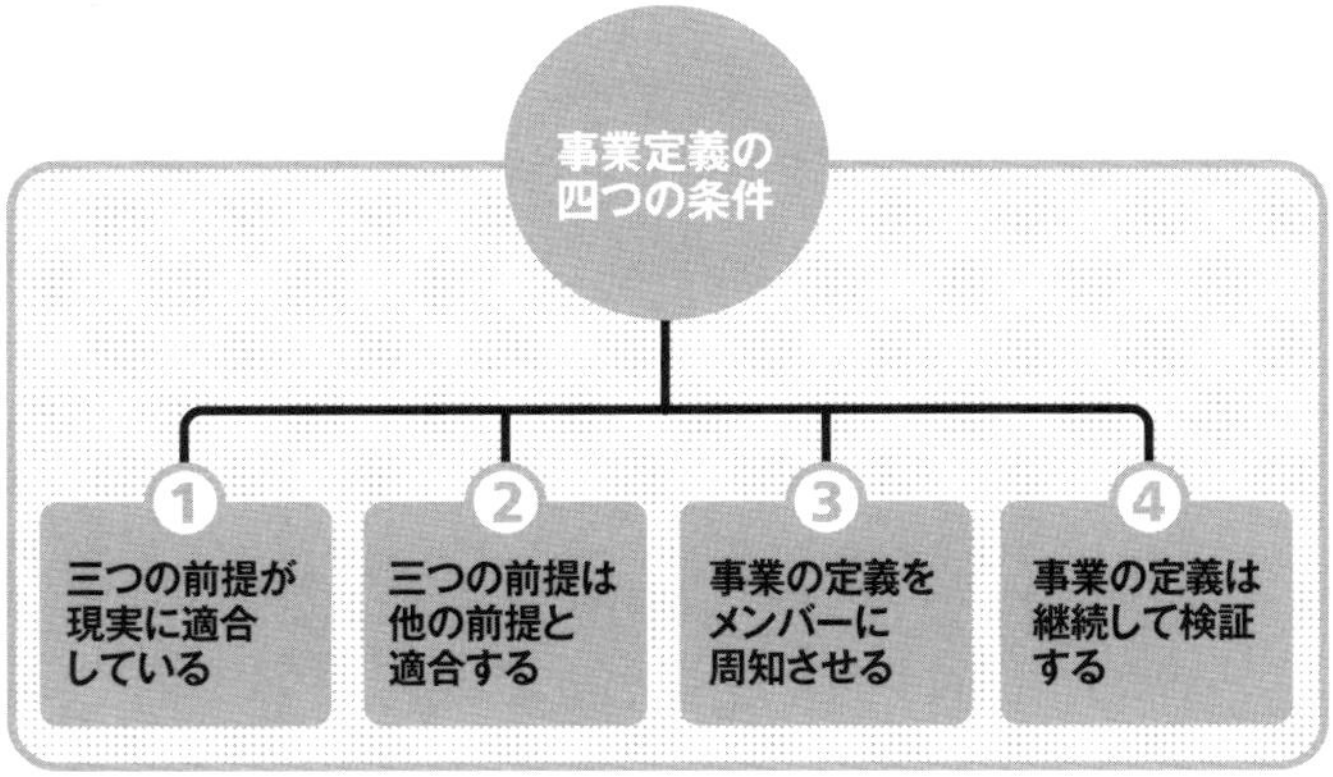

まずは、事業定義の三つの要素について考えてみよ。そしてそれが、上記に示した事業定義の四つの条件をクリアするかを考えよ。[4]

FOOTNOTE

1 思考を効率化し発想を促すための枠組みのこと。
2 ピーター・ドラッカー『未来への決断』(1995年、ダイヤモンド社)P34～35を基にした。
3 他社には真《ま》似《ね》のできない自社ならではの中核的な能力を指す。この言葉自体は、G・ハメル、C・K・プラハラードの共著『コア・コンピタンス経営』で一躍有名になった。
4 この四つの条件は『未来への決断』P35～36を基にした。

011

価値・強み・経済的原動力を理解する

ハリネズミの概念

The Hedgehog Concept

ハリネズミは一つのことを知っている

『ビジョナリー・カンパニー』[1]というベストセラー本がある。この本では永続する会社は確固たる**企業理念**を有しているということを明らかにした点で、ドラッカーの主張と軌を一にする。それもそのはずで著者の一人である**ジェームズ・コリンズ**[2]は、ドラッカーに傾倒する経営学者だからだ。

このコリンズが著作『ビジョナリー・カンパニー2』[3]で**「ハリネズミの概念」**なるものを紹介している。これは優れた事業戦略に共通する特徴をとりまとめたもので、次の三つの要素から成る。

①情熱をもって取り組めるものは何か。
②自分が世界一になれる部分はどこか。
③経済的原動力になるものはどこか。

これを図解したのが左ページだ。これを**「三つの円」**と呼ぶ。そしてこの「三つの円」が重なる部分から、単純で明快な戦略が生まれるとコリンズは指摘している。これをコリンズは**「ハリネズミの概念」**と呼んだ。実はこの三つの円は、**テーマ010**でふれた事業定義の三つの要素と強い対応関係にある。

まず、コリンズの指摘する①は、ドラッカーの指摘した**「企業の使命」**にほかならない。そもそも情熱をもって取り組まない、企業の使命などあり得ない。

また、②は組織の強みのことであり、これはドラッカーの言う**「使命を実現するための卓越性」**にほかならない。

さらに③は経済的に資する機会を探ることだ。こちらはドラッカーが指摘した**「企業を取り巻く環境」**を分析して、機会をとらえることに相当する。

そして、この「三つの円」が重なる部分、つまり「ハリネズミの概念」が、その企業の事業の定義となる。

また三つの円は、企業の事業のみならず、個人が職業を選ぶ際にも役立つ。ハリネズミの概念にビシリと一致するなら、最高の職業に就いていることになるだろう。

三つの円とハリネズミの概念

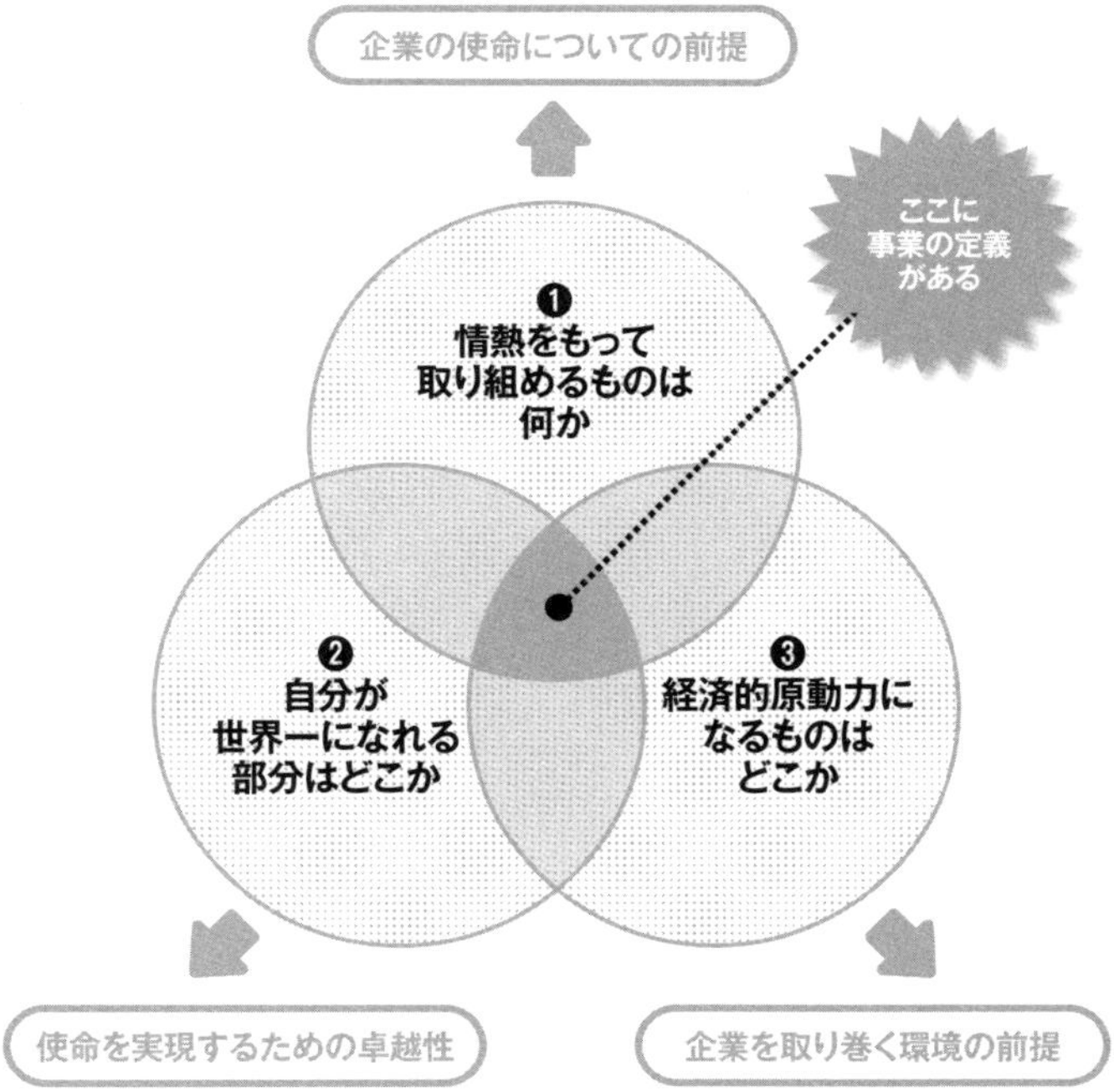

出典:ジェームズ・C・コリンズ『ビジョナリー・カンパニー2』を基に作成

事業の定義は、コリンズが指摘した「三つの円」と「ハリネズミの概念」を用いる方が策定しやすいだろう。この考えはドラッカーの思想を踏襲していると考えて問題ない。

FOOTNOTE

1 ジェームズ・C・コリンズ、ジェリー・I・ポラス『ビジョナリー・カンパニー』(1995年、日経BP出版センター)
2 James C. Collins(1958〜)。アメリカの経営学者。ジム・コリンズとも呼ばれる。ここでは著作のクレジットに従った。
3 ジェームズ・C・コリンズ『ビジョナリー・カンパニー2』(2001年、日経BP社)

012 満足させる人を見きわめる「われわれの顧客」は誰なのか

Who Is Our Customer?

顧客は誰なのか、この点を問え

事業定義の三つの要素の中にある、経済的原動力を探索する場合、**「われわれの顧客は誰なのか」**という問いに答えることが大切になる。

繰り返して述べているように、社会のニーズを満足させるのが、企業の使命だ。そのニーズをもつ者が企業にとっての顧客にほかならない。それなので、企業は顧客を創造し続けなければならないわけだ。

となると、企業が存在する上で最も重要となる顧客が、一体誰なのかを知ることは、大きな成果を達成する上で欠かせない。

どんな素晴らしい事業も、顧客を取り違えていたならば、成功などおぼつかない。

女性の顧客に、オジサンだけのニーズに合致したグッズを売ろうとしても、成果が得られるはずがない。

また、「われわれの顧客は誰なのか」という問いは次のようにも言い換えられる。

あなたの組織は、誰を満足させたとき成果を上げたと言えるか？[1]

ドラッカーは、この問いに答えることで、その答えがそのまま、顧客は誰なのかの答えになると語った。

もっとも、顧客が誰だかわかったら、それで終わり、というわけではない。次にその顧客がどこにいるのかを明らかにしなければならない。

また、顧客が本当に買うものも明らかにする必要がある。

さらに、顧客が本当に買うものの延長として、顧客が価値を見出《みいだ》すものについても知る必要がある。

つまり、**「①顧客は誰か」「②顧客はどこにいるか」「③顧客が本当に買うものは何か」「④顧客にとっての価値は何か」**、この四つについて答えることで、われわれの事業が何なのかがより明瞭になる。

顧客を知る

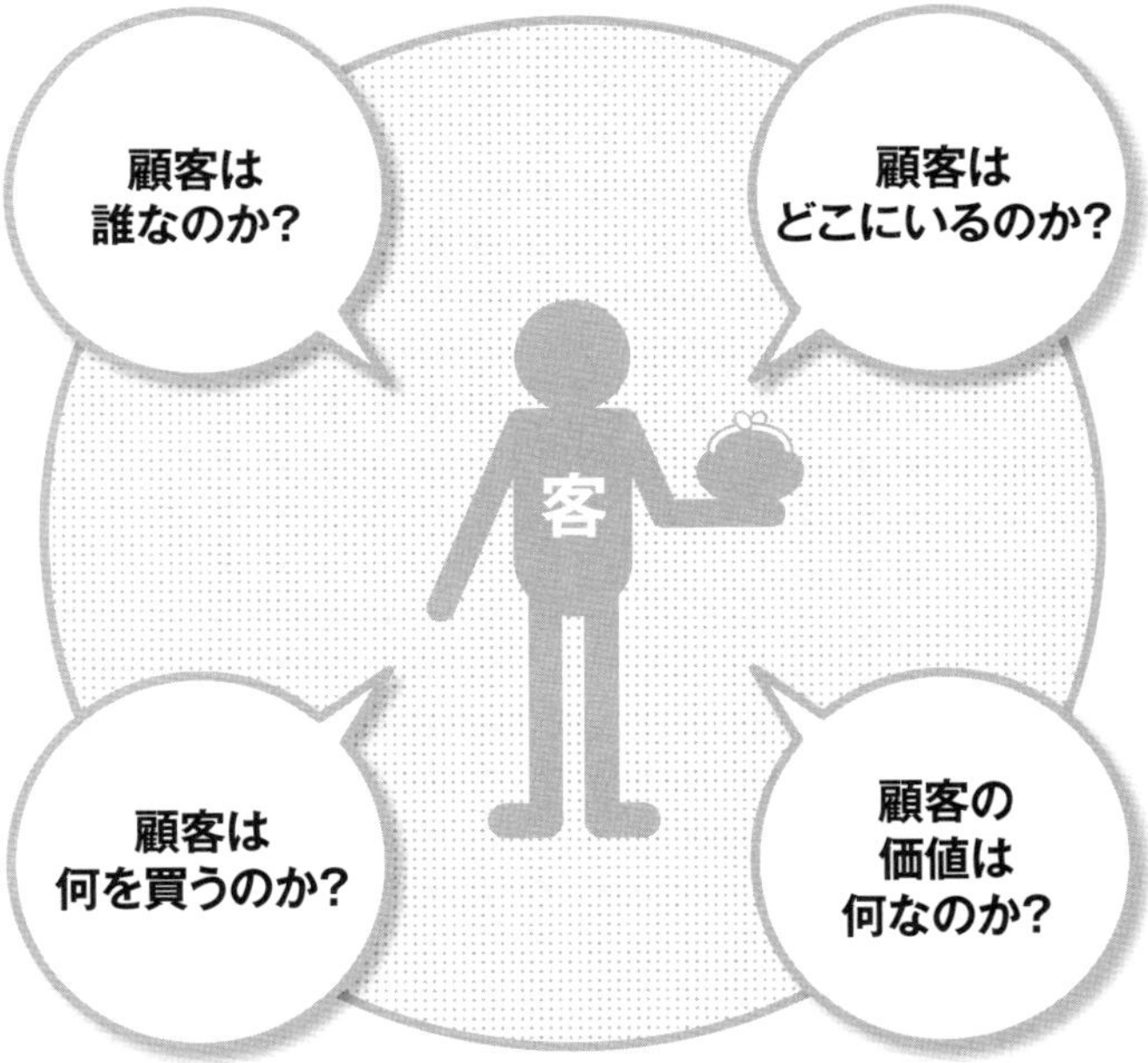

▼

**四つの問いに答えることで、
事業の定義をより明瞭にできる**

**言うまでもないが、事業の定義が明瞭になるほど、
事業の生産性が高まる可能性は大きくなる。**

FOOTNOTE 1 ピーター・ドラッカー『経営者に贈る5つの質問』（2009年、ダイヤモンド社）P26

013

非顧客に注目せよ

Noncustomers

顧客ではない顧客とは誰か

顧客ではない顧客に関心を寄せよ

ランチェスター戦略[1]と呼ばれる戦略論がある。この戦略論には**市場シェア目標値**という理論がある。目標となる市場シェアの基準値を数学的に理論化したものだ。

この市場シェア目標値では、企業が特定の市場で首位を獲得するには、最低限の目安として**26・1%**が必要だと説く。

実際、これだけの市場シェアを獲得するのは並大抵のことではない。しかしながら26・1%のシェアをとったとしても、残りの**73・9%**は、その企業にとっては**非顧客**ということになる。

そもそも、「われわれの顧客は誰なのか」を問うということは、非顧客も含めて、誰が最も重視すべき顧客かを考えるということだ。現在の顧客だけを考えるわけではない点に注意すべきだ。言い換えると、本来顧客であってもおかしくない人に注目することが大切だ。

つまり非顧客は「われわれの顧客は誰なのか」を考える上で、極めて重要なターゲットとなる。

ところで、近年注目されている経営戦略に**ブルー・オーシャン戦略**[2]がある。経営学者チャン・キムとレネ・モボルニュが提唱したものだ。

ブルー・オーシャンとは、「いまだ生まれていない市場、未知の市場空間全て」を指す。このブルー・オーシャンを生み出して支配する戦略がブルー・オーシャン戦略だ。

このブルー・オーシャン戦略でも、非顧客の存在を最重要視し、非顧客を次のように3分類している。

①消極的な買い手。
②その企業の製品を利用しないと決めた顧客。
③市場から距離を置く顧客。

この3分類は、非顧客を分析する際の視点として大いに活用できるだろう。

非顧客の3タイプ

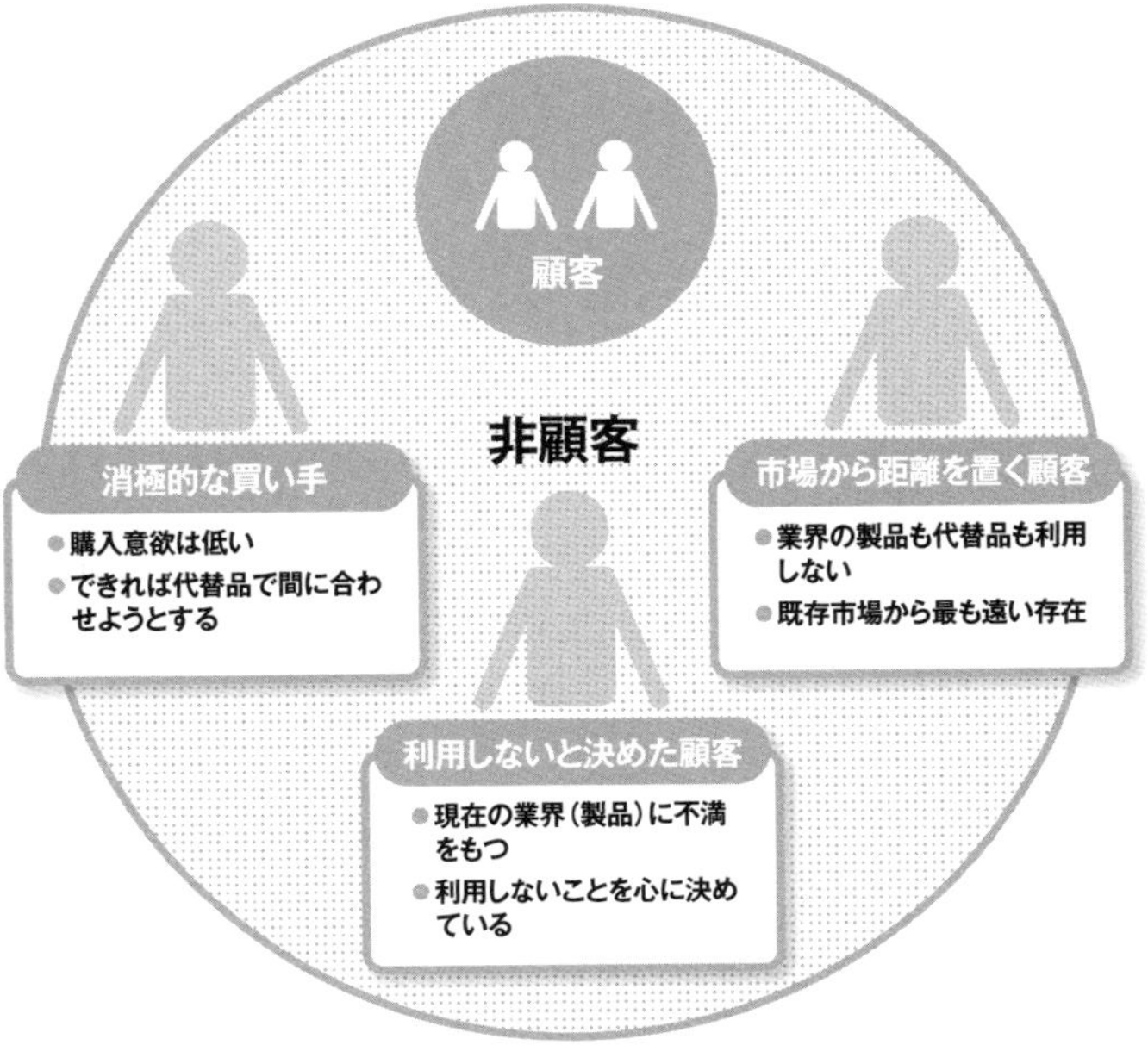

上記はブルーオーシャン戦略における非顧客の3タイプだ。顧客は誰かを真剣に考えて、こうした非顧客を顧客として取り込むことが大切になる。

FOOTNOTE

1 イギリスのF・W・ランチェスターが発見した法則などをベースにして、田岡信夫氏らが構築した経営戦略およびマーケティング理論を指す。強者の戦略と弱者の戦略を戦略の基本にしている。

2 キムとモボルニュが2004年秋、『ハーバード・ビジネス・レビュー』で発表したもの。2005年秋に単行本にて詳細が公開され一大センセーションを巻き起こす。

014

ギャップを理解せよ

事業のあるべき姿とその将来

What Should Our Business Be?

現実と理想を比較して目標を設定する

会社の事業が明らかになったら、次に現在の事業の状況を把握する必要がある。さらに、今後事業がどのように変化するのかをあらかじめ理解しておくことも重要だ。加えて、われわれの事業が本来あるべき姿についても知っておく必要がある。

つまり、引き続き次の三つの側面[1]で、事業について考えるということだ。

①現在の事業のあり方
②将来の事業の行方
③事業が本来あるべき姿

そして、これらについて考えることで、**ギャップ分析**が可能になる。どういうことか説明しよう。

最初の「①現在の事業のあり方」では、われわれの事業が、現在どのような状況にあるのかを検証して、その状況を事実として示す。一方、「②将来の事業の行方」では、文字通り、事業の将来について考える。さらに、最後の「③事業が本来あるべき姿」は、われわれの事業について、その理想像を語ることにほかならない。

今検討した三つの側面は、①が現実に関するものだ。対して、②と③はいずれも、いまだ現実にはなっていない事業の姿だ。将来的には、この方向に動く、あるいは動くべき事業の姿だということになる。ここでは簡略化のために、この②と③をまとめて、「将来のある時点における事業の理想」としておこう。

当然、この理想と①で明らかにした現実の間には、大きなギャップがあるはずだ。これを明らかにすることを**ギャップ分析**と呼ぶ。このギャップ分析により、ギャップを解消するために**「何をすべきか」**という点を明らかにできる。そして、この「何をすべきか」が、事業の目標や戦略の策定へと発展することになるのだ。

ギャップ分析

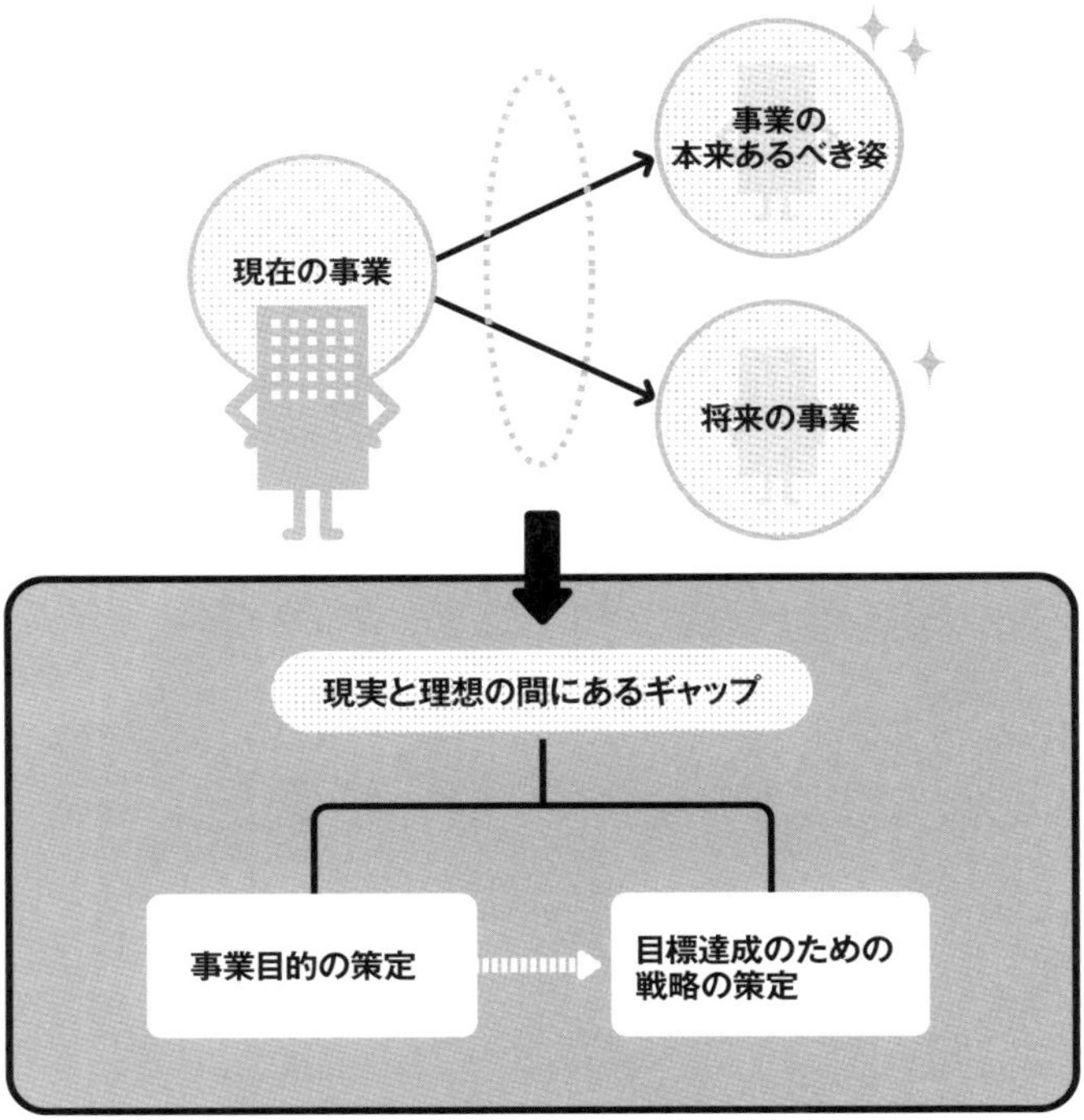

「現在の事業」ばかりでなく、「将来の事業」や「あるべき事業の姿」についても考えよ。この現状と理想のギャップから、事業目標や目標達成のための戦略を策定できる。

FOOTNOTE
1 この点に関してはドラッカーの著作『マネジメント』の「7　企業の目的と使命」に詳しく述べられている。以下はその章を参考にしたものだ。

015

できることに注目する

事業目標の8分野

Business Enterprise

八つの分野で何をすべきかを考える

ギャップ分析で、理想と現実のギャップが明らかになったら、次にこのギャップを解消するために**「何をすべきか」**を考える。その上で目標を立てなければならない。

この点に関してドラッカーは、次の八つの分野について検討して、何をすべきか考えて目標を立てよ、と言った。

①マーケティング
②イノベーション
③人間組織
④財務資源
⑤物的資源
⑥生産性
⑦社会的責任
⑧利益という必要条件

たとえば、ギャップを埋めるには、どのようなマーケティングを実行すればよいのか。ギャップを埋めるには、どのようなイノベーションが必要なのか。このように、埋めるべきギャップに焦点を絞って、実行すべきことを考えるわけだ。

その際にドラッカーは「できないことではなく、できることに注目せよ[1]」と言う。

これは、できないこと**（組織の弱み）**ではなく、できること**（組織の強み）**に焦点を合わせてギャップの解消をはかれ、と述べているのにほかならない。

大きな成果を得られるのは、弱みを活用した時ではない。強みを最大限活用した時だ。われわれは、こんな簡単な原則も忘れがちだから気をつけたい。

それから、これと同時に配慮したいのが、最大の経済効果を上げるような機会を考えるという態度だ。こうした**「機会」**に、組織の**「強み」**を発揮できたら、そこから得られる成果が大きくなることは言うまでもないだろう。

事業目標を設定する

事業の明確化

▼

何に集中するかを明らかに（基本的な戦略目標）

▼

事業目標の8分野

1 マーケティング	既存製品や既存製品の廃棄、新しい市場などを考え、目指すべき市場地位を明らかにする
2 イノベーション	製品や管理のイノベーションについて考え、「われわれの事業はどうあるべきか」を具体化する
3 人間組織	基幹資源の一つである人的資源の採用と育成についての目標を設定する
4 財務資源	基幹資源の一つである財務資源の調達と運用について目標を設定する
5 物的資源	基幹資源の一つである物的資源の調達と運用について目標を設定する
6 生産性	人的資源、資本、物的資源について、それぞれの生産性の目標を明確にする
7 社会的責任	労働者や納入業者、さらには企業の活動から発生する諸々の社会的責任について考える
8 利益という必要条件	企業活動の結果として得られる利益について、必要条件の観点から目標を設定する

▼

できることに注目して目標を設定する

注目すべきなのは「できないこと」ではない。「できること」に注目して目標を設定せよ。

FOOTNOTE

1 ピーター・ドラッカー『ドラッカー20世紀を生きて』（2005年、日本経済新聞出版社）P38

016

戦略を策定する
Strategy

目標を明らかにしたら戦略を策定せよ

仕事・割り当て・責任

八つの分野における目標が明らかになったら、次はこの目標を達成するための**行動**について考えなければならない。

そもそも、今までに実行してきた事業の定義や目標の設定は、実際のビジネスに適用するためのものだ。机上の空論を目的にしているのではない。

したがって、明らかにした目標は、具体的な行動へと移さなければ意味がない。

そのために実行するのが次の3点だ。

①目標達成のための仕事を明らかにする。
②特定の人物に仕事を割り当てる。
③その際に責任を明らかにする。

最初に考えるべきなのは、目標を達成するのにどんな仕事をするのかということだ。どの仕事をするのかということは、どの仕事をしないかを決めることだ。つまり、すべきことを選択すると同時に、しないことも選択すること、こうしたリスクを伴う意思決定を行うのが、この①のステップとなる。

実行すべき仕事が明らかになったら、次に仕事に必要な活動を組織する。これが、②のステップだ。ここではチームや人に具体的な仕事を割り当てることになる。また、仕事の割り当てでは、モノとカネの分配も必要になる。このように考えると、経営資源を割り当てるのが、この②のステップだと考えればいいだろう。

それから、仕事を割り当てる際には、明確な達成目標の提示が欠かせない。加えて、仕事を割り当てた人には、その達成の責任をもたせることも重要だ。これが③のステップに相当する。

ここに示した①から③のステップは、目標とそこに至る手段の合成と言える。そしてこのような目標と手段の合成を**「戦略」**と呼ぶのだ。

目標と手段の合成としての戦略

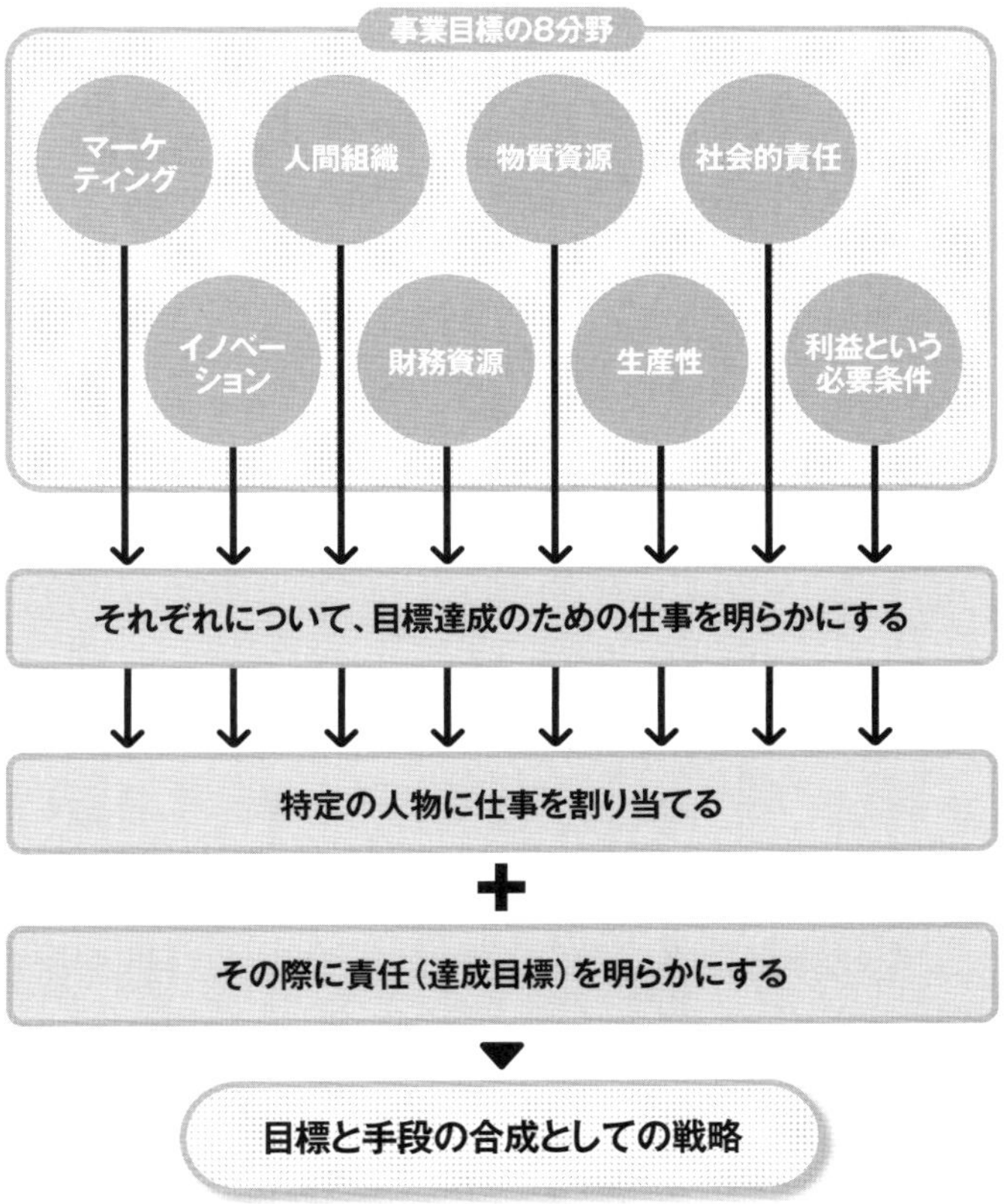

目標は具体的な仕事にまで還元してはじめて機能する。その際に個々の仕事の達成目標を明らかにしておかなければならない。

017

目標実現のための行動

Activities for Success

優先領域に資源を集中せよ

強制選択法を実行する

目標に向けた戦略が固まったら、いよいよ実行計画を策定する。その際に重要になるのが**人材配置**だ。これには基本的なルールがある。

人材配置の原則は、第一級の人材を最も大きな機会に割り当てるということに尽きる。これを実行するのが**強制選択法**[1]だ。

この手法では、まず、戦略の策定で明らかになった実行すべきことを全部リストアップする。そして、重要度が高いものの順にランクを付ける。

重要度の高い実行すべきこととは、最も重要な目標を達成する鍵を握るもの、ということだ。

これと同様に、組織のチームや人材についてもリストアップして、能力が高い順にランク付けする。

以上の材料がそろったら後は簡単だ。能力が高いチームや人材から順に、重要度の高い実行すべきことに配置していく。

これが強制選択法による人材配置だ。

仕事が割り振られたら、あらかじめ決められた成果を達成すべく、後は実行あるのみだ。

その際に、製品や市場、流通チャネル、営業活動などについて次の点を基準にして分類し、集中すべき領域を明らかにする。

①推進すべき最優先領域。
②優先的に廃棄する領域。
③推進も意図的廃棄も効果のない領域。

分類ができたら②を実行し、③に資源を割かないよう計画する。こうすることで、①に資源を集中できるというわけだ。つまりこの①〜③は、**選択と集中**を実践する手法にほかならない。大きな成果をあげるのに大いに役立つに違いない。

強制選択法

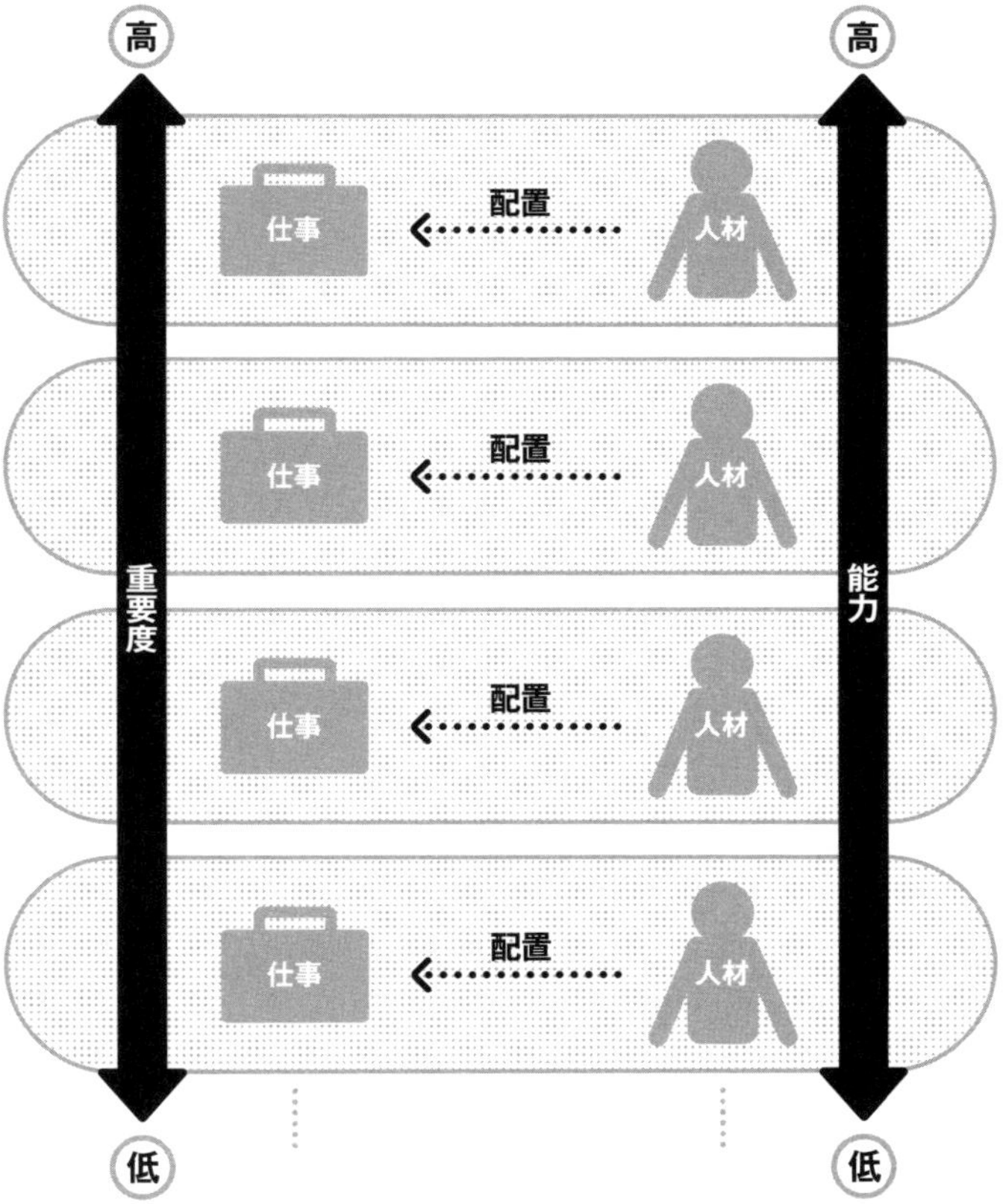

割り当てられた仕事は、最優先領域と考え、そこに資源を集中すること。いわゆる「選択と集中」が重要になるのだ。

FOOTNOTE 1 この手法については、ピーター・ドラッカー『[新訳] 創造する経営者』（1995年、ダイヤモンド社）P209〜211を参照されたい。

018

期待した成果と結果を比較する

フィードバック分析

Feedback Mechanism

現実を知り未来を構想する手法

目標から計画、そして実行へと進んだら、結果の定期的なチェックが欠かせない。これをしないでいると、「やったらやりっぱなし」になってしまう。

結果の定期的チェックでは、目標設定の際に決めた期待する成果と、実際の結果を比較する。その上で、課題を明らかにして、新たな目標の設定に反映する。

これを**フィードバック分析**[1]と呼ぶ。

テーマ014で**ギャップ分析**について述べたが、フィードバック分析もギャップ分析の一種だと考えてよい。所期の成果と、結果を比較するということは、両者のギャップを明らかにすることだからだ。

ギャップが明確になることで、そこから新たな目標を見出せる。この点についても**テーマ014**でも述べた。

このように考えると、本来フィードバック分析は、好ましくない状況を改善するための手法とも言える。状況が好ましくない時ほど、フィードバック分析が欠かせない。

ところが、フィードバック分析はなおざりにされる傾向にあるようだ。それは現実を認識するというのは、苦痛を伴うからだろう。

目標に向かって計画通りにことが進んでいる場合、フィードバック分析を行うのは気分的にも楽だ。しかし計画通りにものごとが進んでいない時、フィードバック分析の結果は、非常に厳しいものになることが予想される。しかしこのような時こそフィードバック分析を実行して、ギャップをしっかり把握したい。少なくとも組織には、半年に一度、強制的にフィードバック分析を実行する仕組みが備わっている必要がある。

また、効果的なフィードバック分析に不可欠なのが、具体的な**成果目標**、すなわち**KPI**（キー・パフォーマンス・インディケーター）だ。数値などによる明確なKPIを設けることで、所期の成果と結果をしっかりと比較できる。KPIとフィードバック分析はセットで機能する。

フィードバック分析で継続的改善

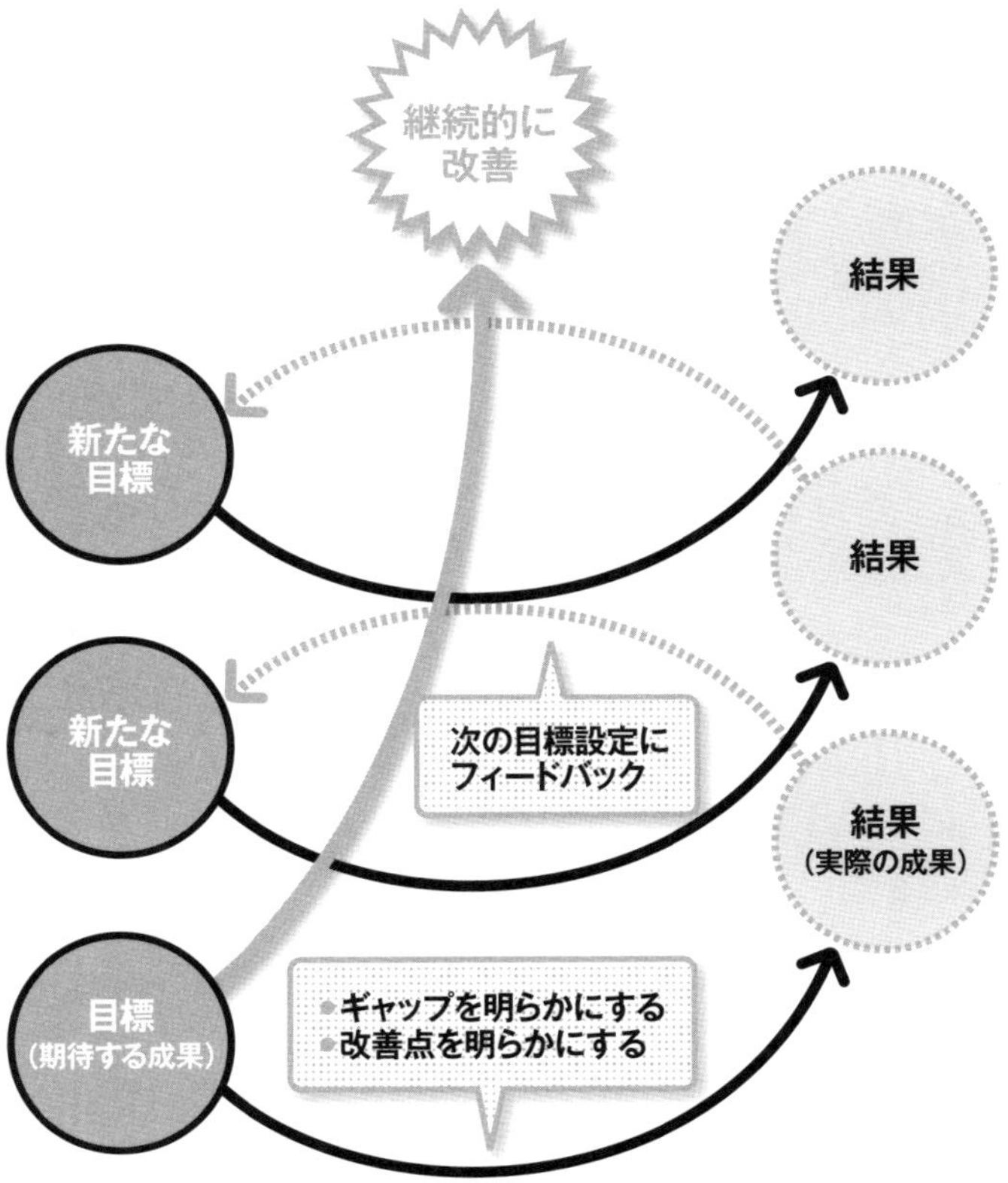

フィードバック分析を継続して実行することで、問題点があぶりだされ、継続的に改善できる。
これはマネジメントに欠かせない手法である。

FOOTNOTE

1 ドラッカーはフィードバック分析の重要性を『現代の経営』や『経営者の条件』、『明日を支配するもの』など、著作の新旧を問わずことあるごとに言及している。それだけ重要な活動なのだ。なお、フィードバック分析の具体的分析ポイントについては、テーマ032でふれる。

019

プラン・ドゥ・チェック・アクトで考える

PDCAサイクルを念頭に

PDCA Cycle

デミングとPDCAサイクル

以上ここまでで、まず、企業の事業について考えて、事業の目標の設定について説明した。そして戦略および計画を策定して、それを実行に移した。さらに、フィードバック分析で、期待した成果と結果を比較した。

以上の活動により、再び新たな目標を設定する段階に至るわけだ。そして以後、戦略や計画の策定、実行、フィードバック分析と、同様の活動を循環的に繰り返す。

この循環活動を**PDCAサイクル**と呼ぶ。そして、このPDCAサイクルは、今や企業のマネジメントにおいて根幹をなす仕組みだと考えられている。[1]

PDCAサイクル自体は、ドラッカーがつくり出したものではない。最初に提唱したのは、アメリカの統計数学者**エドワーズ・デミング**[2]だ。

デミングが提唱したPDCAサイクルは、品質管理の手順を示したもので、**Plan（計画）→Do（実行）→Check（評価）→Act（改善）**という活動を循環的に繰り返すことで、品質の**継続的改善**を目指すというものだ。

今ではPDCAサイクルと言えば、継続的改善がその代名詞になっているくらいだ。

その出自からもわかるように、当初、PDCAサイクルは、工業製品の品質管理の手法に用いられていた。ところがやがて、マネジメントにもこのPDCAサイクルが活用できるのではないか、と考えられるようになった。

実際、ドラッカーが提唱した目標の設定からフィードバック分析に至る一連の活動は、PDCAサイクルによってうまく説明できることがわかる。このようなことから、いまや、あらゆるマネジメントの仕組みに、PDCAサイクルが組み込まれている。

企業の活動を継続的に改善し、高い成果をあげ続けるようにすることは、マネジメントの責務だ。その際に、PDCAサイクルを念頭に置くことを忘れないでおきたい。

PDCA サイクル

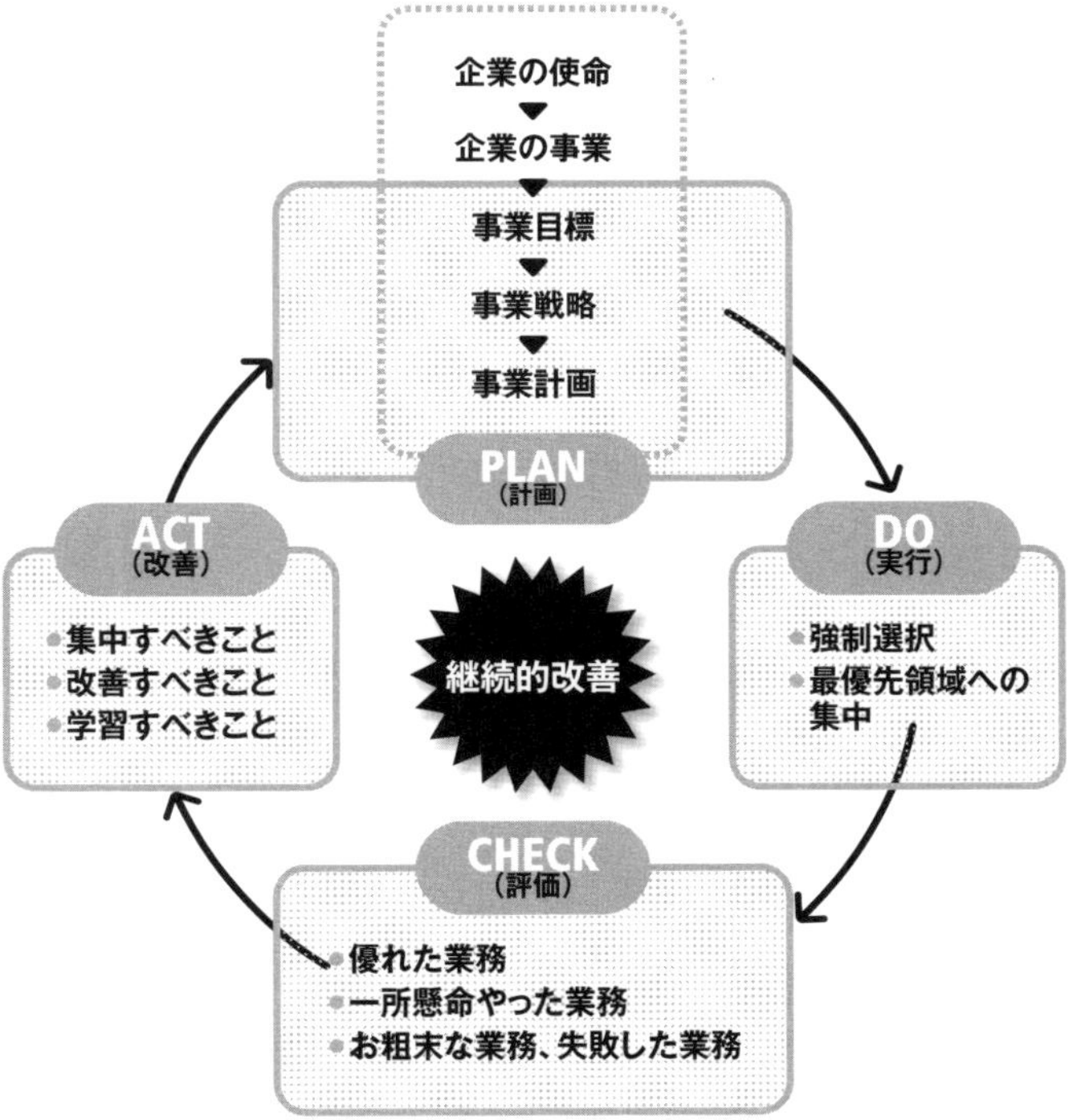

PDCAサイクルはドラッカーが提唱したものではないが、いまやマネジメント・システムのベーシックな仕組みとして欠かせない。

FOOTNOTE

1 これを「マネジメント・システム」と呼ぶ。一般にマネジメント・システムにはPDCAサイクルが適用されている。

2 William Edwards Deming（1900〜1993）。アメリカの物理学者、統計数学者。

020 知識社会の到来

Knowledge Society

知識が最も重要な生産手段になる

グーグルと知識社会

ドラッカーは「マネジメント」という言葉を世間に広めた張本人だ。一方、**「知識社会」**という言葉も、ドラッカーが世に広めた言葉の一つだ。

知識社会とは、「資本や労働力に代わって、知識が最も重要な生産手段になった社会」を指す。また、知識社会は資本主義社会の次に来る社会であることから、**ポスト資本主義社会**[1]とも言われている。

知識社会はもう姿を現している。それを象徴的に表しているのが**グーグル**だろう。

グーグルは株式を公開した2004年の時に、実は2種類の株を設けている。一つは1株につき議決権が10ある株、もう一つは1株につき1議決権の株だ。そして、従来の株主には前者を、公開する株式には後者を割り当てた。

これは**2階級制株主制度**とも言えるけれど、これにより多くの議決権をもつグーグル経営陣は、一般投資家からの圧力を回避しつつ、長期的視野に立つ経営が可能になる。グーグルはこの点を強調して2階級制株主制度を採用したという（現在は持株会社**アルファベット**に発展）。

これは言い換えると、会社の重要事項を決定するのは、資本の提供者ではなく、知識を有して価値あるサービスを生み出す経営者であり社員であり、資本よりも知識の方を重んじていることを宣言したのにほかならない。

そもそも知識は働く人自身が有する。つまりかつて資本家が所有していた生産手段を、働く人が直接的に所有することを意味する。また、働く人はその知識をもち運んで別の場所へと容易に移動できる。

ドラッカーはこうした高度な知識を所有する労働者を**知識労働者**と呼んだ。

そして、知識社会においては、最も重要な生産手段を有し、自由に移動する知識労働者を組織化し、そこからいかにして高いアウトプットを引き出すかが、現代のマネジメントの最大の関心事になる。

知識社会とは何か

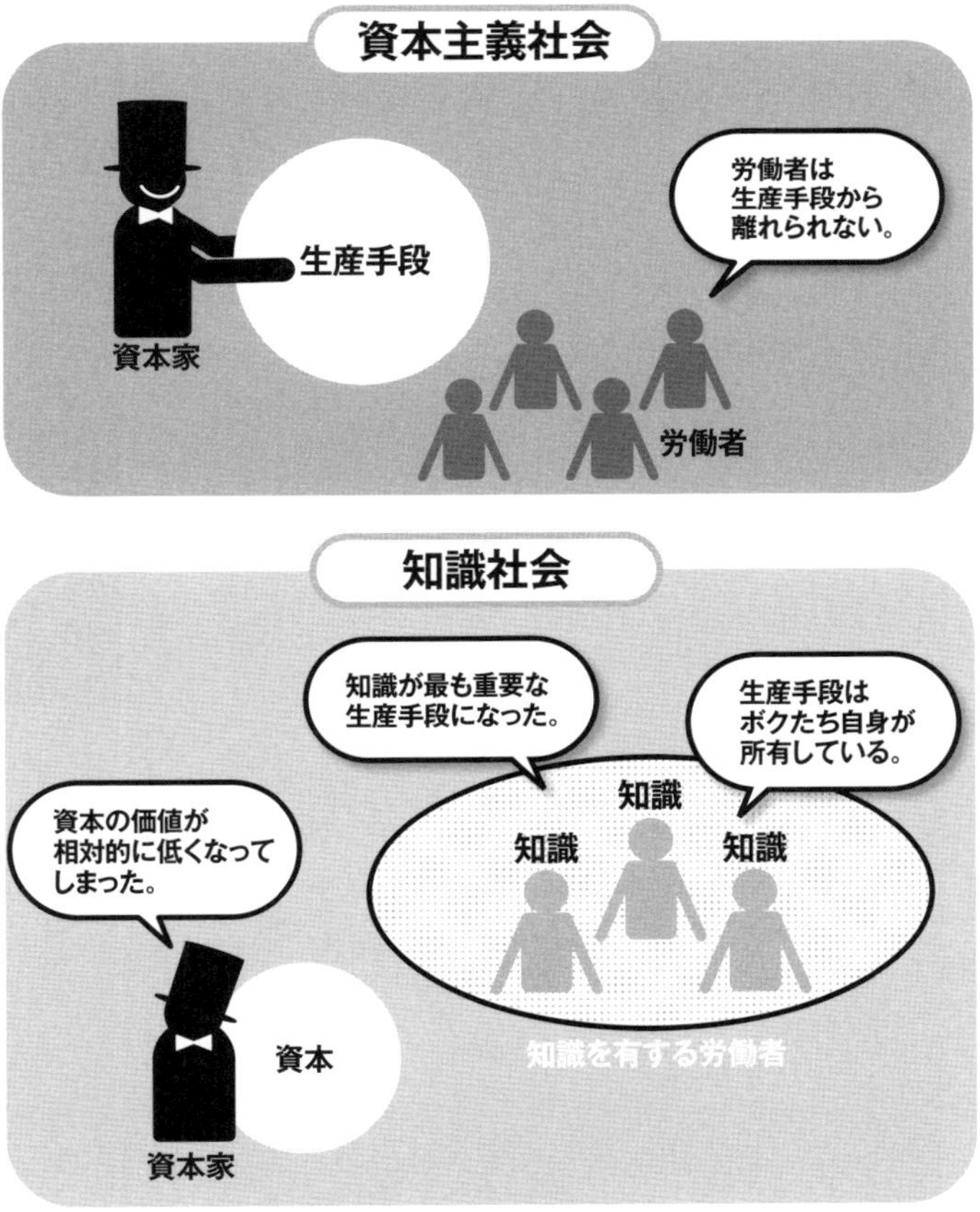

ドラッカーは知識社会の到来を、第二次世界大戦後しばらくして考えるようになった。今や知識が資本や労働力をさしおいて、最も重要な生産手段になった。

FOOTNOTE

1 ドラッカーの最高作の一つに数えられる『ポスト資本主義社会』（1993年、ダイヤモンド社）では、このあたりの経緯が克明に記されている。

021

知識労働者の生産性を向上せよ

「知識労働者」とは何か

Knowledge Executive

知識労働者、知識技術者、そしてサービス労働者

知識社会で極めて重要な位置を占める**知識労働者**とは、具体的にどのような人を指すのだろうか。

ドラッカーは、知識労働者のことを、「手についた熟練や筋肉で働くのではなく、生産に関する創意、知識、情報でもって働く」[1]と定義している。

言い換えると、専門化された高度な知識が生産的に活用されるよう、その配分の方法を知っている人たち、いわば「知識の意思決定者」であり「知識を用いて組織の成果に責任をもつ人」[2]のことを、知識労働者と呼ぶ。

さらにドラッカーは、知識労働者の一形態として、**知識技術者**（ナレッジ・テクノロジスト）の存在にも注目している。知識技術者とは、専門知識を必要としながらも、肉体を使って仕事をする時間の長い人を指す。

それから、知識労働者とは線引きが難しいけれども、**サービス労働者**という分野も存在する。

サービス労働者とは、知識の専門度が低く、事務を含め主として定型的な仕事に携わる人を指す。

すでに先進国では、肉体を用いる労働者よりも、こうした知識労働者や知識技術者、サービス労働者の数が圧倒的に多くなった。

ただ問題は、これらの人々の生産性がまだまだ低いという点だ。

そもそもマネジメントとは、組織に成果をあげさせるものであった。そして、同じ組織であるならば、より大きなアウトプットがあった方が、優れたマネジメントだということになる。

一方で知識労働者やサービス労働者の人口が増えている中、彼らの生産性をいかに高めるかが、21世紀のマネジメントの大きな課題になる。

また、のちにふれるように、この生産性の向上は、個々の知識労働者やサービス労働者が自らの課題として対処しなければならない問題なのだ（第4章参照）。

知識労働者とサービス労働者

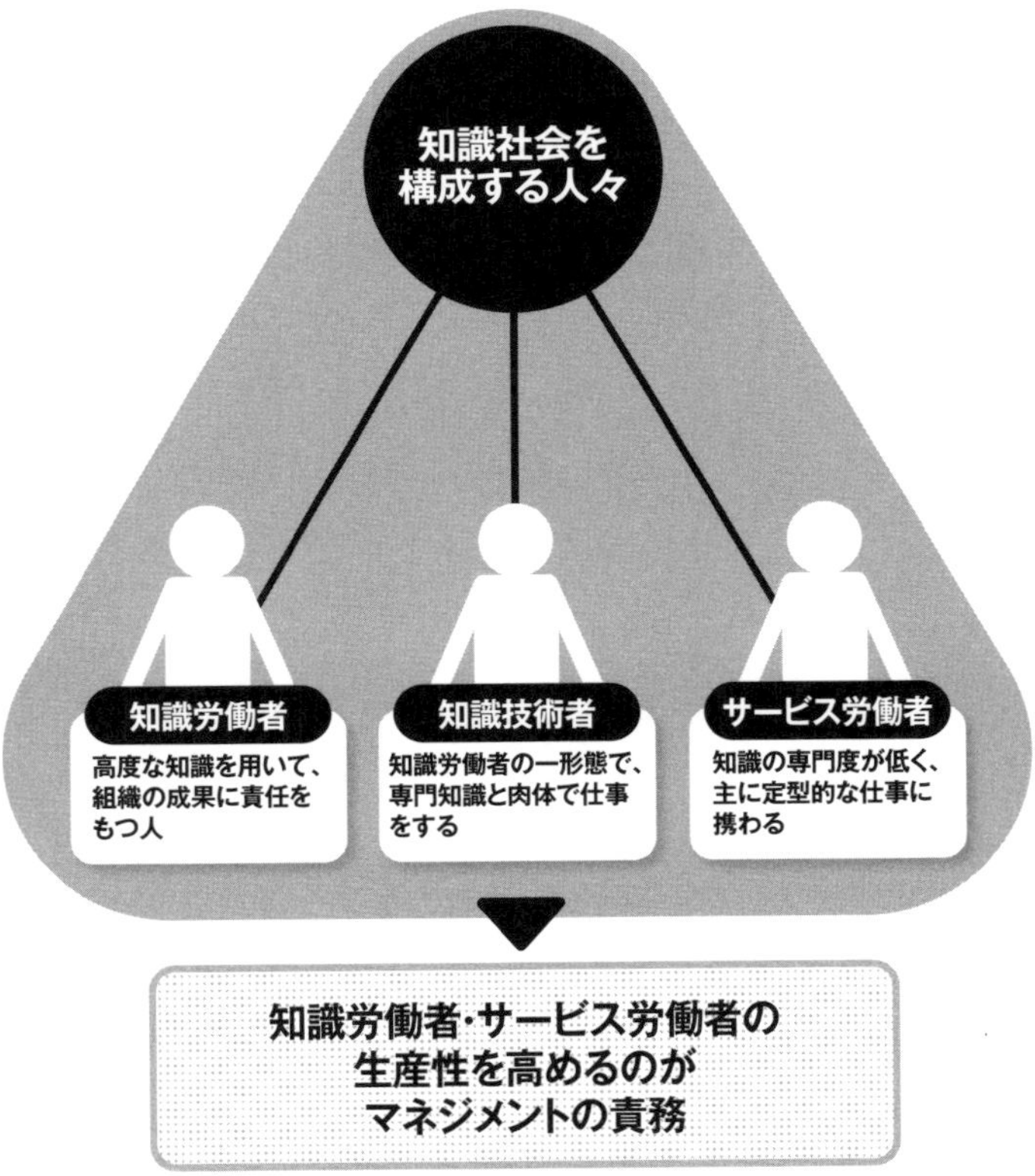

知識社会を構成する人々の中で、最も重要な位置を占めるのが、知識労働者だ。中でも、知識技術者（ナレッジ・テクノロジスト）の存在が極めて大きくなるだろう。

FOOTNOTE

1『断絶の時代』P350

2『ポスト資本主義社会』では、「knowledge executive」とドラッカーは表現している。このexecutive（エグゼクティブ）には、「組織の成果に責任をもつ人」という意味がある。

022

高度な専門知識を生産的にする

「知識労働者」と「組織社会」

Knowledge Executive and Society of Organization

知識労働者を組織化し、高い成果をアウトプットする

知識労働者は高度な専門知識を有している。そして、自身の専門分野では自ら意思決定者となり、組織の成果に責任をもち、成果達成に貢献する。

ただし、極めて高度な専門的知識は、単独では生産的にならない。異なる専門知識と統合されて、初めて高い成果を達成する。

それなので、知識労働者は組織化される宿命にある。そして、知識社会における組織は、この知識労働者を束ねる役割を担っている。ドラッカーは、このような社会のことを**組織社会**とも呼んだ。

ところで、マネジメントとは、組織に成果をあげさせるものだった。このようなことから、組織社会における21世紀のマネジメントでは、専門的な知識、いわば強力な生産手段を有する知識労働者を組織化し、そこから大きな成果を引き出すことが課題となる。

いくら、強力な生産手段をもつ知識労働者を集めても、マネジメントがお粗末ならば、高い成果は期待できない。しかもマネジメントがお粗末だと、それは組織の衰退に直結する。なぜなら、先にも述べたように、知識労働者は自分の知識をもち運びできるからだ。

そのため知識労働者は、自分の能力が組織で十分に活《い》かされていないと感じたら、最も重要な生産手段である自分の知識をもって、外へ逃げ出していく。

最大の資本財である知識労働者が去った組織ほど惨めなものはないだろう。もぬけの空では高い生産性などまったく期待できない。

つまり、21世紀のマネジメントに求められているのは、工場の労働者ではなく知識労働者をいかに生産的にするかということだ。

これは言い換えると、マネジメントという知識を、知識労働に適用して生産性をあげるという「**知識の知識への適用**」[1]が問われていると言える。

テーラーとこれからのマネジメント

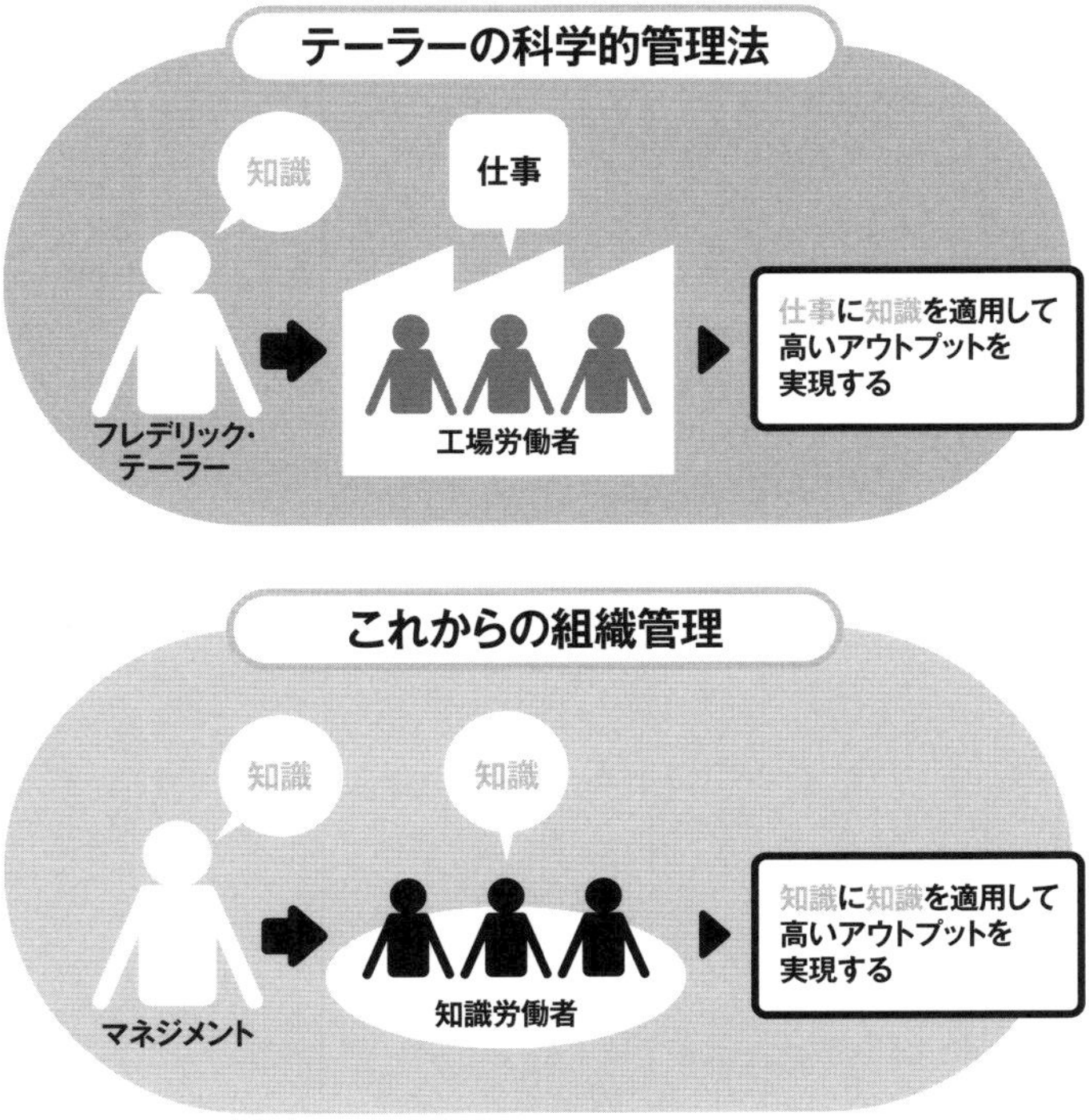

フレデリック・テーラーは科学的管理法で「知識の仕事への適用」を行った。これからは「知識の知識への適用」が欠かせない。

FOOTNOTE 1『ポスト資本主義社会』P87

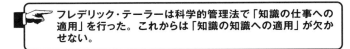

023

オーケストラ型チームを目指せ

知識社会にふさわしい組織

Knowledge Society Organization

組織の四つのタイプ

知識労働者の生産性を高める組織とは、どのような構造をしているのだろうか。ここでは、ドラッカーが指摘する、組織の典型的な形態を用いて説明したい。[1]

①野球型チーム　機能別組織として古くから存在する。野球ではポジションが固定している。同様に、野球型チームでは、メンバーのすべきこと（職能）が決まっている。

この野球型チームでは、一般的にチームが一体的に動くというよりも、メンバー個々人がいかに最大限の能力を発揮するかが問われる。

②サッカー型チーム　サッカー型チームも機能別組織として固定のポジションをもつ。ただし、野球型チームの機能が直列なのに対して、サッカー型チームの機能は並列でつながっている。

また、このチームには監督が必要であり、明確な戦略のもとに仕事をこなすのが特徴だ。

③テニスのダブルス型チーム　これは、少人数で編成するジャズ・バンドみたいなものだとドラッカーは表現している。他の構成員の強みを引き出して、弱みをカバーする構成をとる点に特徴がある。大企業のトップ・マネジメントは、このチーム形態をとる傾向が強まっているというのがドラッカーの見立てだ。

④オーケストラ型チーム　こちらはサッカー型チームの発展型とも見られる形態だ。オーケストラのように、各パートの専門家が同じ楽譜をもち、指揮者のもとでチームとして最大の成果をアウトプットしようと努める点が大きな特徴となる。

ドラッカーは、「知識社会に対応した明日の組織のモデルはオーケストラである」[2]と指摘している。つまりこれは、トップ・マネジメントがテニスのダブルス型チームとなり、彼らを指揮者として知識労働者のオーケストラ型チームが動く。

これが明日の組織の形態なのかもしれない。

明日の組織のモデル

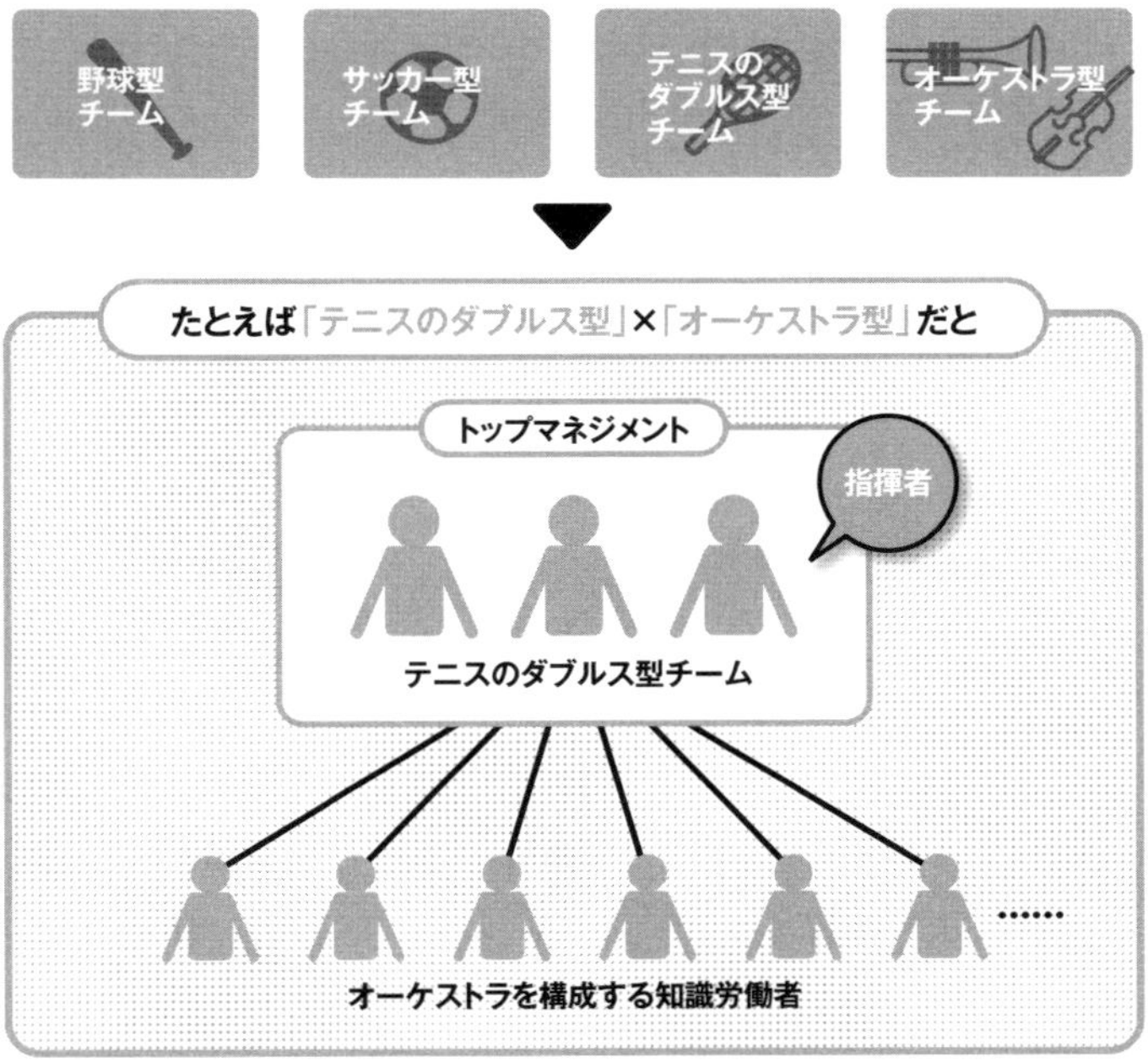

このように組織はフラットになる。しかしフラットな組織には昇進や報酬の問題が出てくる。これらは解決すべき大きな問題である。

FOOTNOTE
1 この個所は『ポスト資本主義社会』の第2章と第4章、および『未来への決断』P104〜116に基づいている。
2『ポスト資本主義社会』P107

024

組織は明確な目的を掲げよ

組織の目的を知る

Objectives of Organization

組織やチームの目的に集中する

テーマ023では知識社会における組織の形態についてふれた。ただし、形態がどうであろうと、知識社会の組織には最低限不可欠なものがある。組織の**目的や目標**、**存在理由**が明確であるということだ。

すでにふれたように、知識労働者は高度に専門的な知識を有する。そして、自分の専門領域では、自分自身が意思決定者となる。

自分の活動の意思決定者である専門家がチームとして機能するのは、チームが何に向かって活動しているのか、その目的や目標がはっきりとしている場合に限られる。

その反対に、組織やチームの目的や目標が不明瞭だと、とんでもないことが起こる。

繰り返しになるけれど、知識労働者は自分の専門分野で意思決定者となる。

組織やチームの目的あるいは目標が曖昧《あいまい》だと、この点が災いして、知識労働者めいめいが、てんでバラバラ好き勝手な意思決定をすることにもなりかねない。少なくともその可能性はある。

このような流儀で、組織やチームから高い成果を得られるだろうか。とうてい望むべくもない。

本当に高い生産性を望むならば、極めて明瞭な目的を設定した上で、全ての知識労働者に組織の目的を熟知させる必要がある。その上で、知識労働者全員が目的に集中しながら自ら意思決定をしなければならない。

組織やチームが**目的的**であること。**目的志向**であること。これは、チームの形態がいかなるものであろうと変わりはない。

そして、目的や目標を明瞭に示すこと。これもマネジメントの責務なのだ。

以上から、本パートの第1章で述べた組織の使命をしっかり理解することが、マネジメントにとってやはり最も基本で重要なことが、改めてわかってもらえると思う。

明瞭な目的・目標の必要性

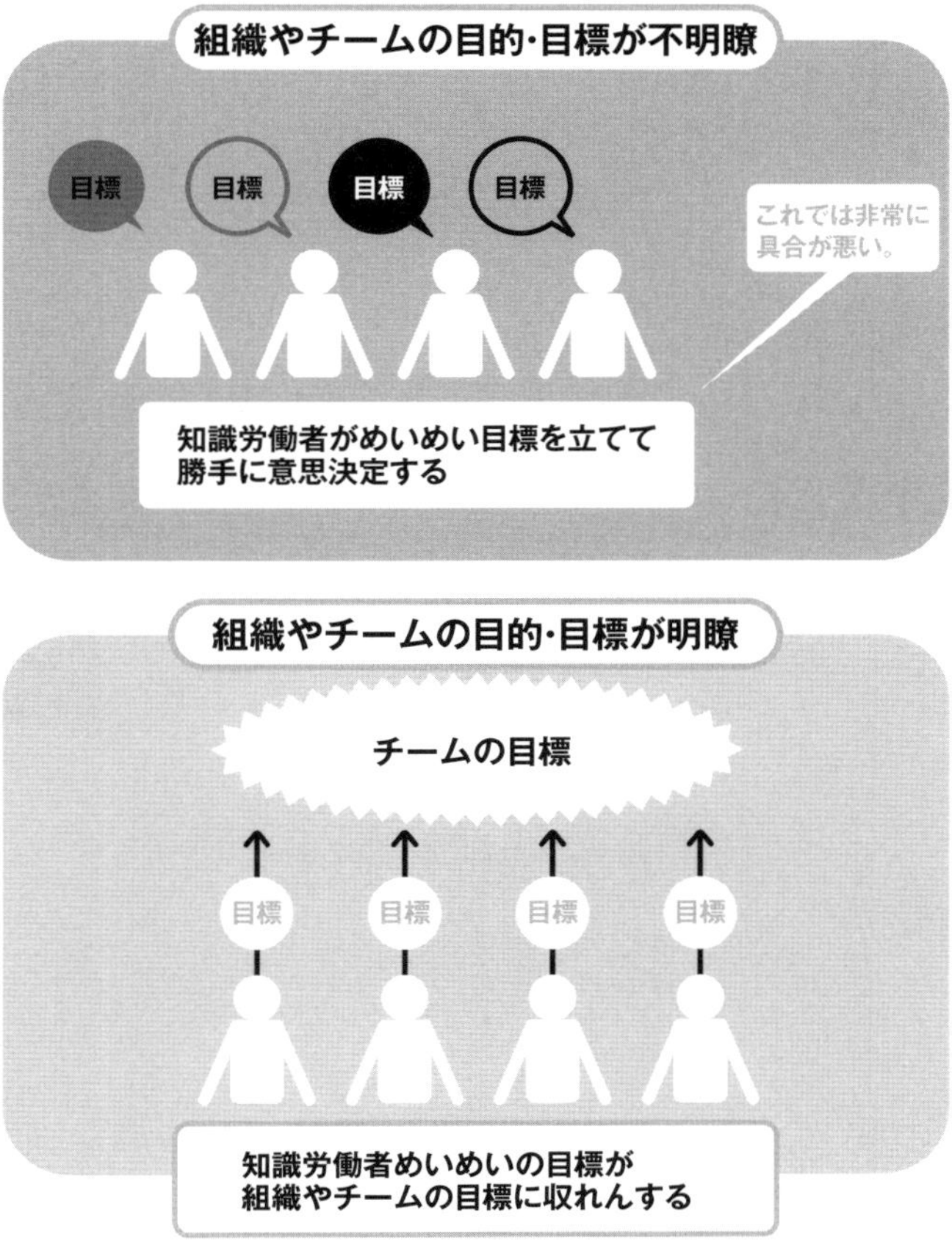

組織やチームの目的や目標が不明確では具合が悪い。明確な目的や目標を示すのはマネジメントの責務だ。

025

生産性向上の六つの条件

知識労働者の生産性向上

Knowledge Workers Productivity

知識労働者の生産性を向上する六つの条件

組織やチームの目的が確認できたら、次に問題となるのが、個々の知識労働者の生産性の向上だ。

この点に関してドラッカーは、1999年に発表した著作『明日を支配するもの』の中で「知識労働者の生産性を向上させるための条件は、大きなものだけで六つある」[1]と述べている。

①仕事の目的を考える。
②自らがマネジメントを行う。
③継続してイノベーションを行う。
④自ら継続して学び、人に教える。
⑤知識労働者の生産性は、量より質の問題であることを理解する。
⑥知識労働者は組織にとっての資本財である。

すでに組織やチームの目的は明らかになっている。その目的に照らして、知識労働者自身が自分の専門領域で何をして、どのように貢献すべきなのかを考えるのが①だ。

オーケストラでは、指揮者がチェロ奏者にメロディを奏でさせる。しかし、素晴らしい音を発するのはチェロ奏者の責任だ。そのために腕を磨くのも、チェロ奏者自身の責務だ。知識労働者も同様だ。

知識労働者は自分の仕事に責任をもつのだから、自ら高い目標を定めなければならない。そして、継続して腕を磨かなければならない。これが②〜④の意味するところだ。

また、知識労働者は大量生産が生産性の基準になるのではない。生産性の基準は質に置かなければならない。これが⑤の意味だ。

さらに、知識をもち運びできる知識労働者は、組織にとっての**資本財**であり、極めて重要な生産手段となる。この点を理解してマネジメントする必要があることを⑥は言っているのだ。

生産性向上の六つの条件

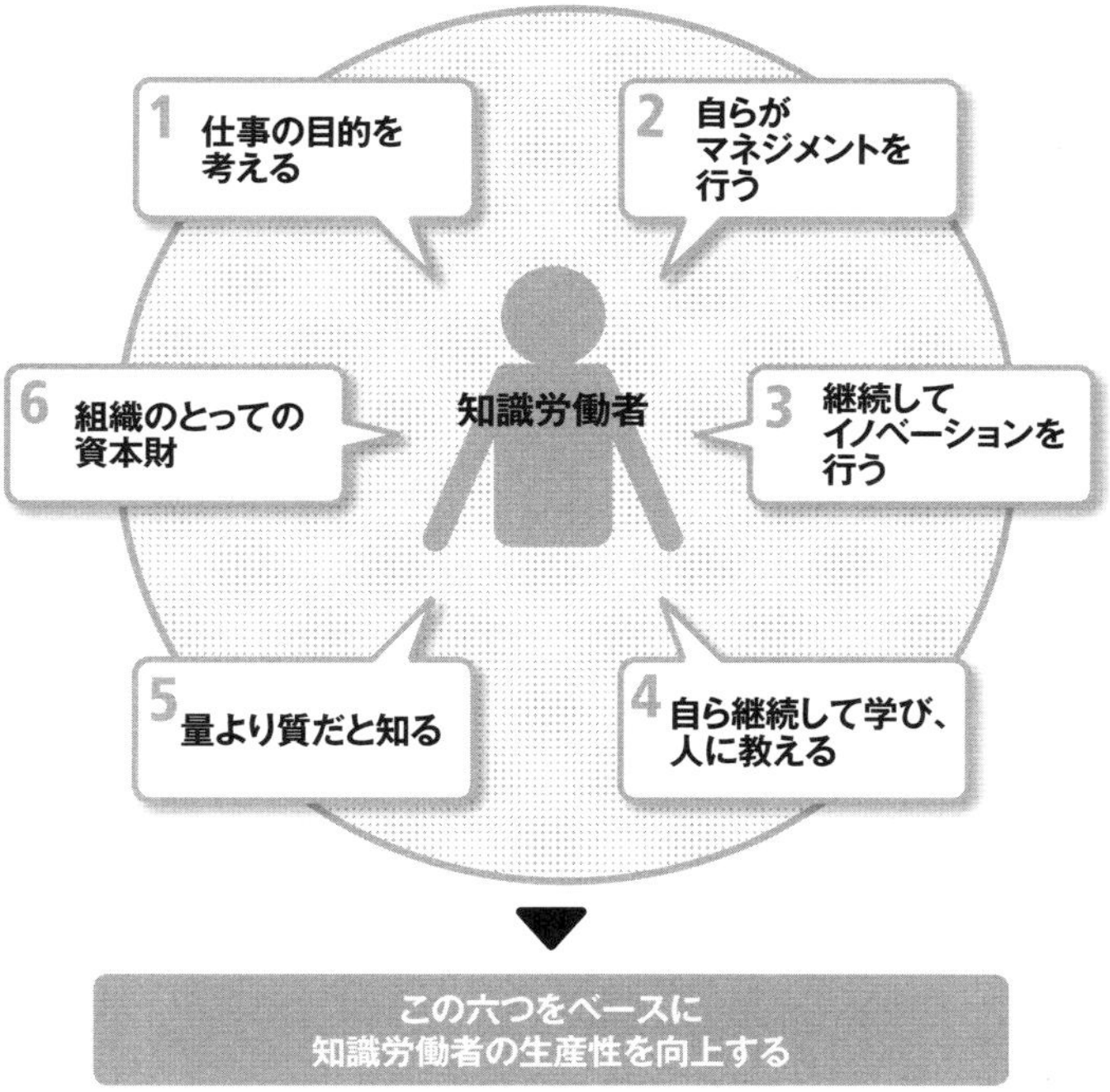

現代の組織では知識労働者の生産性向上が大きな課題だ。そのためには知識労働者が自らをマネジメントしなければならない。

FOOTNOTE　1『明日を支配するもの』P169。以下、六つの条件も同個所を基にしている。

026
目標ベースのコミュニケーション
Objective-Based Communication

チームワークを高める鍵も「目標」にある

目標ベースのコミュニケーションとは何か

テーマ025で見たように、知識社会における組織では、知識労働者自身が自発的に自分自身をマネジメントしなければならない。

組織やチームの目的から自分の仕事を明らかにし、目標を掲げ、その達成に向けて努力し、組織の成果に貢献する。知識労働者は、これを自らの責任で行わなければならない。

しかし、チームワークを無視していては高い生産性は望めない。知識労働者のチームワーク意識を高めるのが**コミュニケーション**だ。

組織におけるコミュニケーションとは、メンバーが相互の目標を理解し、何をすべきかを知ることだ。組織のコミュニケーションを右のように定義すると、まず、組織やチームの目的が何かを明らかにする必要がある。この作業が不可欠なのは、もうわかっているはずだ。

次に組織やチームの目的に従って、個々の知識労働者が自身の目標を設定するわけだが、設定した自身の目標は、組織やチームに公開することが重要になる。

そして、自他がそれぞれの目標を相互に理解するようにする。こうすることで、個々の目標が公開され、自他の**目標をベースにしたコミュニケーション**が可能になる。

それぞれの目標が公開されていれば、他のメンバーに対して、役立つ情報を提供することもできよう。また、自らの目標を達成するために、他のメンバーから必要な資源を受け取ることも容易になる。

あるいは、仕事が進む中で何かの食い違いが生じた場合、メンバーがそれぞれの目標をベースにして、進むべき方向を調整することもできるだろう。そして、個々の目標をベースにしてコミュニケーションをとることで、チームワークを促進することが可能になる。

このように、明確な目標とその公開が**コミュニケーションやチームワークの鍵**[1]になる。

この点は繰り返し言っても言い過ぎることはない。

チームワークを高めるために

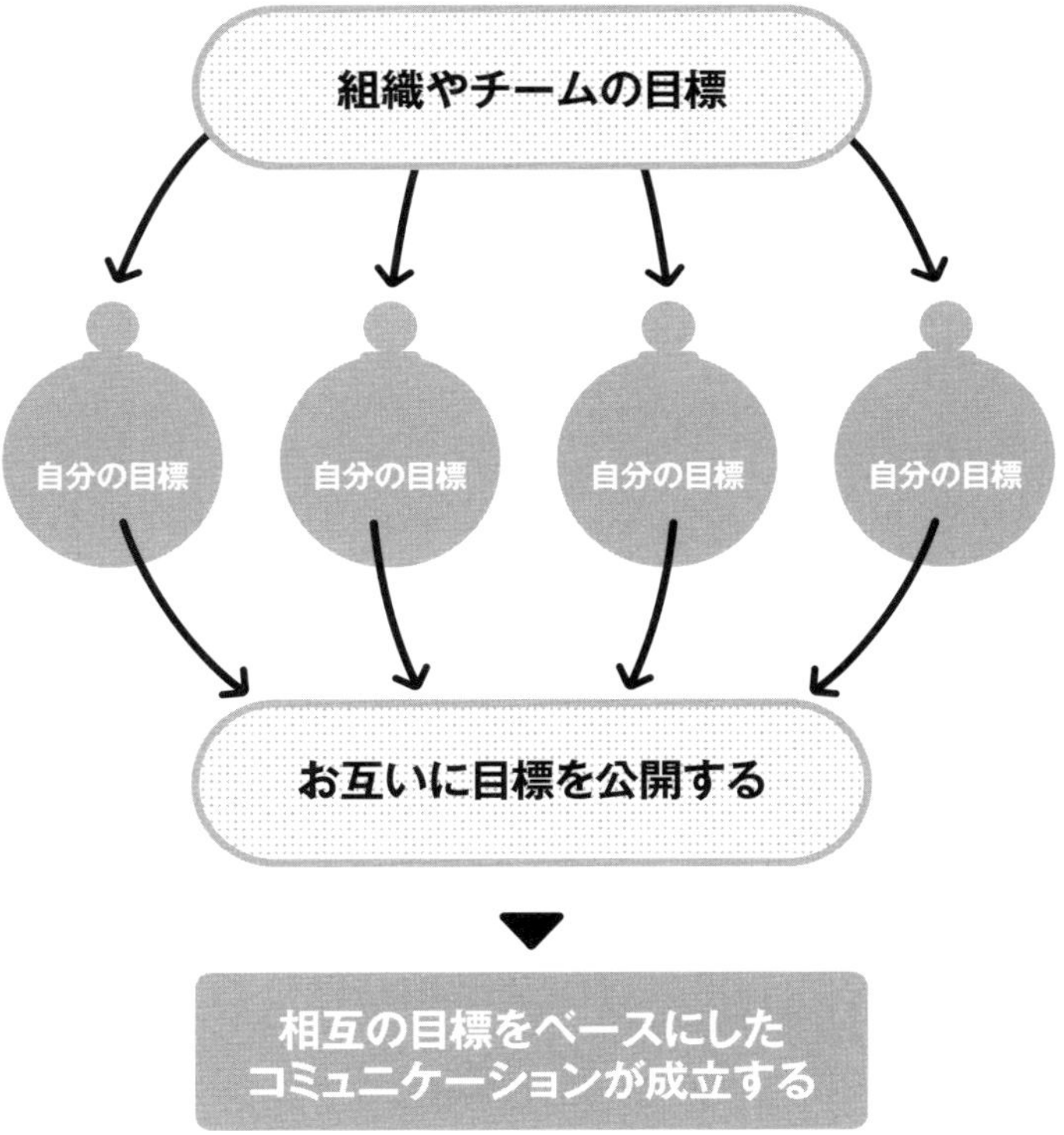

お互いの目標を明らかにすることで、相互調整を進めやすくなる。そして、その調整段階で、コミュニケーションが生まれ、チームワークを高めるのに役立つ。

FOOTNOTE

1 目標はコミュニケーションやチームワークばかりか、そもそも自身をマネジメントする際の鍵になる。詳しくは**テーマ031**を参照されたい。

027

アウトソーシングが必要な理由

目的志向型組織の宿命

Outsourcing

コア・コンピタンスに集中すること

知識社会の組織がもつ大きな特徴の一つに**アウトソーシング**[1]がある。

現在の企業もアウトソーシングへの依存度は非常に高くなってきている。さらに知識社会が進展すると、この動きはますます顕著になる。これは間違いない。

アウトソーシングが今後ますます進展する原因は、知識社会の組織やチームが**目的志向**だという点にある。

すでにふれたように、知識労働者は組織の目的に従って、個々の仕事を明らかにする。それを遂行して組織の成果に貢献する。

その際、知識労働者がすべきことは、専門分野の仕事に集中することだ。それ以外の活動は、自分の仕事の妨げとなる。

そして、組織やチームの目的に合致する、高度に専門化された知識労働者で固めた組織は、知識労働者が本来すべき仕事に集中することで高い成果をあげる。言い換えると、知識労働者に本来すべき仕事に集中させることが、その組織の卓越した競争力、すなわち**コア・コンピタンス**になるわけだ。

組織にすれば、コア・コンピタンスの競争力は、継続して強化し、さらに生産性を高めなければならない。その一方で組織は、コア・コンピタンス以外の領域から資源を引き上げる傾向が強まる。結果、戦略的価値の低い領域はアウトソーシングする流れが強まるわけだ。しかも、組織の目的が明確になればなるほど、コア・コンピタンスの領域も専門化されるため、アウトソーシングする領域が広がるだろう。

近年、**派遣労働者**の問題がクローズアップされている。人と労働に関わる大きな問題だ。しかし、コア・コンピタンス以外をアウトソーシングするという経営のトレンドを考えると、今後も派遣労働が増えることはあっても減ることはないだろう。

さらに進展するアウトソーシング

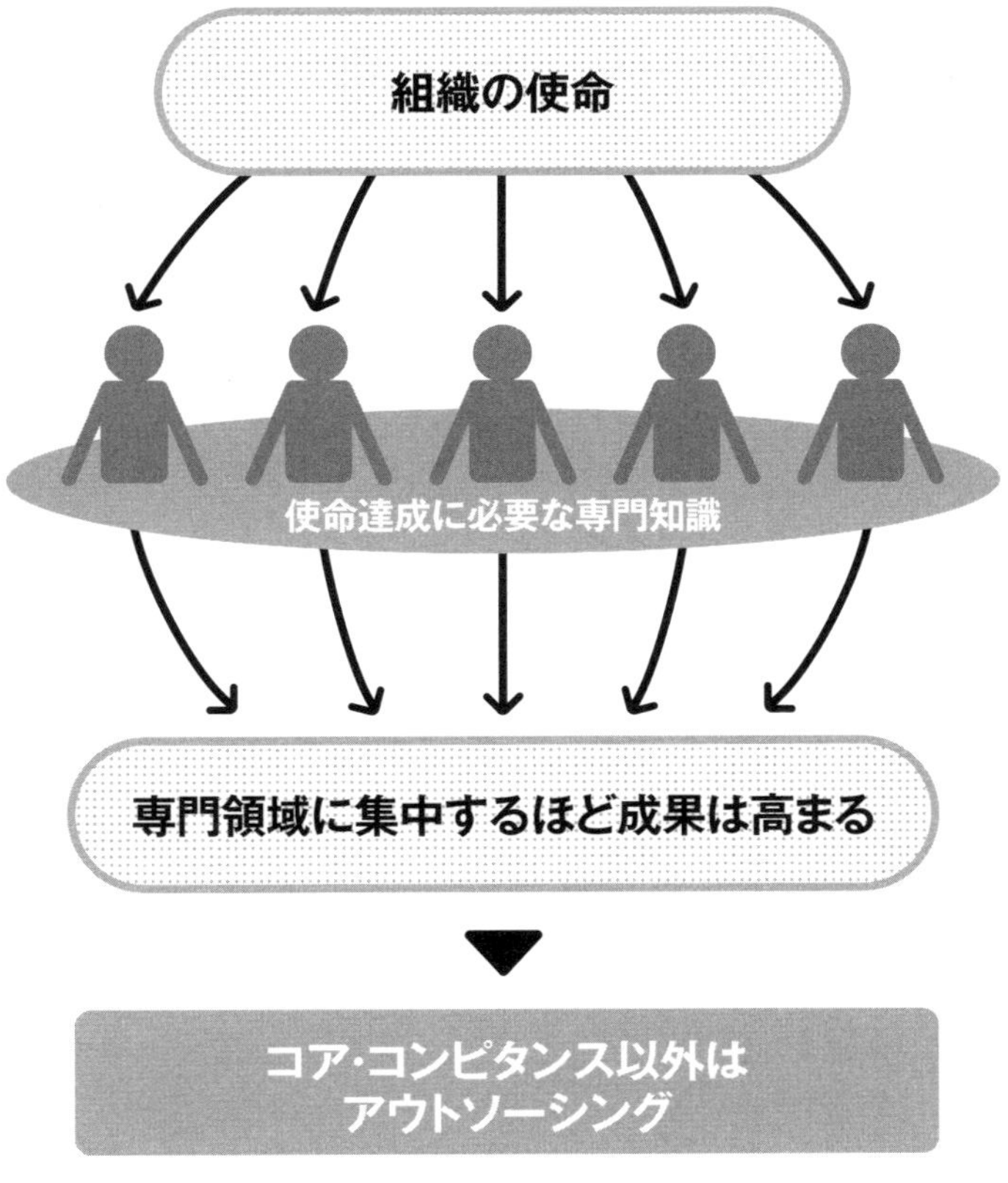

知識社会が進展し、知識労働者の生産性が問われるほど、アウトソーシングは進むであろう。この一点からも、専門化された高度な知識が必要であることが理解できるはずである。

FOOTNOTE **1** 特定の業務を専門的な協力会社に委託し、得意分野に集中する手法を指す。

028

選択と集中のマトリックス

アウトソーシングの手法

Methods of Outsourcing

戦略的価値と業務遂行能力で選択と集中

企業のコア・コンピタンスとアウトソーシングを明確にする便利なツールがある。**選択と集中マトリックス**がそれだ。選択と集中マトリックスでは、二つの基準でコア・コンピタンスとアウトソーシングについて考える。

一つは**戦略的価値**だ。**テーマ016**では、事業の目標を明らかにし、それに必要となる仕事を明らかにした。これを合成したものが**戦略**だった。

戦略的価値とは、この戦略の流れに合致する活動や業務、あるいは**ミッション・クリティカル**[1]なものを指す。

そして、戦略的価値が高いほど、その活動や業務は組織にとって欠かせないものになる。この点は言うまでもないだろう。

もう一つは**自社の業務遂行能力**だ。企業は特定の業務遂行能力に関して強みをもつ。それとは逆に弱みも当然ある。前にふれたように、弱みで大きな成果をあげることはできない。注目すべきは、強みとなる業務遂行能力だ。

では、縦軸に戦略的価値の高低、横軸に業務遂行能力の高低を置き、四つの象限からなるマトリックスを作成する(左ページ図)。

注目すべきは「戦略的価値(高)×業務遂行能力(高)」だ。ここに該当する業務や活動が、その組織の**コア・コンピタンス**になる。

また、戦略的価値は低いが、遂行能力が高い業務や活動もある。これらは他社との**アライアンス**[2]や他社への売却が検討される。

逆に戦略的価値は高いのに遂行能力が低い業務や活動もある。こちらも他社とのアライアンスや**コラボレーション**[3]が模索される。

残るは戦略的価値も低く、遂行能力も低い業務や活動だ。この個所が**アウトソーシングの対象**となる。

以上の手法で組織のコア・コンピタンスとアウトソーシング対象を洗い出せる。[4]

選択と集中マトリックス

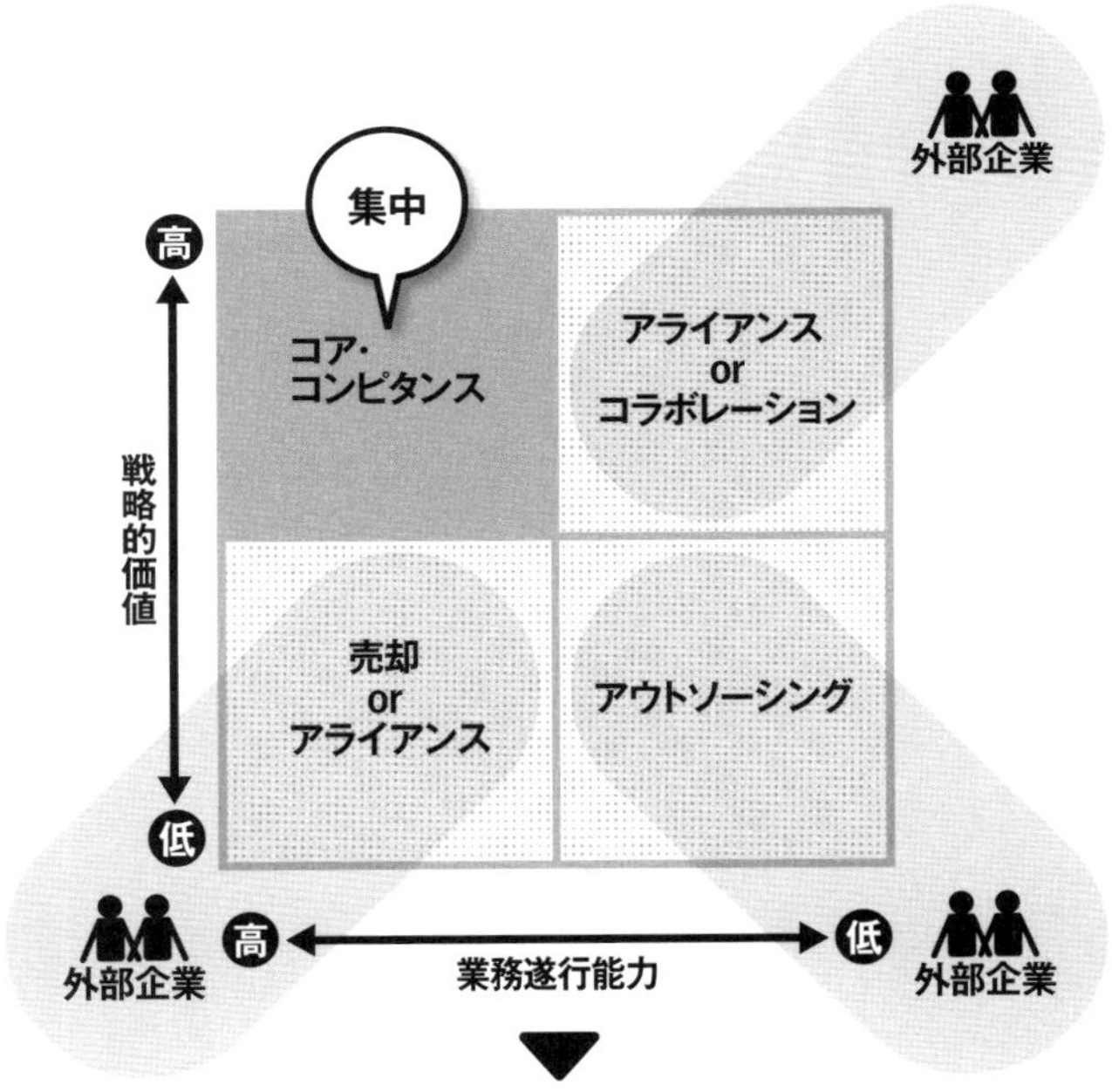

働く人はコア・コンピタンスの領域で活躍できる人材になることが問われる

少なくとも、アウトソーシング対象となる領域でしか活躍できない場合、その組織に残るのは困難と考えるべきだ。

FOOTNOTE

1 活動が滞ると組織が大きな脅威にさらされる業務を指す。
2 企業と企業が多様な形態の提携を結び、共同で事業を推進していくことを指す。
3 アライアンスよりも緩やかな提携関係を指す。
4 この選択と集中マトリックスは、組織内における自分自身のポジションを知るリトマス紙としても活用できる。

029

時代の変化に柔軟に対応せよ

変化をマネジメントする組織

Managing for the Future

体系的廃棄と新しいものの創造

知識は陳腐化するのが速い。そのため、知識労働者は**継続学習**で、専門知識を最新の状態に維持する必要がある。それと同時に、時代の変化に応じた新たな知識を獲得しなければならない。[1]

変化に対応するのは知識労働者だけではない。組織もその例外ではない。変化に柔軟に対応する、いわば「変化をマネジメントする組織」を構築することも、マネジメントの責務になる。変化をマネジメントする組織には、**テーマ009**で述べた**体系的廃棄**が欠かせない。

体系的廃棄とは、今実行している全ての活動を実施していないと仮定し、その上で、それらの活動を今からでも実行するかを自問するというものだった。

そして答えが「ノー」ならば、その活動は今すぐ廃止する。こうすることで、組織のパフォーマンスを著しく低下させる「古臭くなったもの」を排除できる。

ただ、廃棄ばかりしていては、組織の活動はやせ細るばかりだ。**新しいものの創造**も欠かせない。

ドラッカーは、新しいものを創造するための手法として以下を提示している。[2]

まず、**体系的かつ継続的自己改善**の推進だ。これは**カイゼン**[3]を体系的かつ継続的に実行することを意味する。

次に、現在、成功しているものについて、**新しい適用方法**を開発する。たとえば成功した製品ならば、現在と異なる他の市場に適用するのも新しい適用方法の開発である。また、成功している市場に対して新しい製品を投入するのも、新しい適用方法の開発と言えるだろう。

最後は**イノベーションの推進**だ。ドラッカーは、天才だけがイノベーションを行うのではなく、イノベーションは習得できるものだと考え、その手法を提示している（詳しくは第5章参照）。

体系的廃棄と並行して以上三つの活動を実施する。これらもマネジメントの責任なのだ。

変化に対応する組織

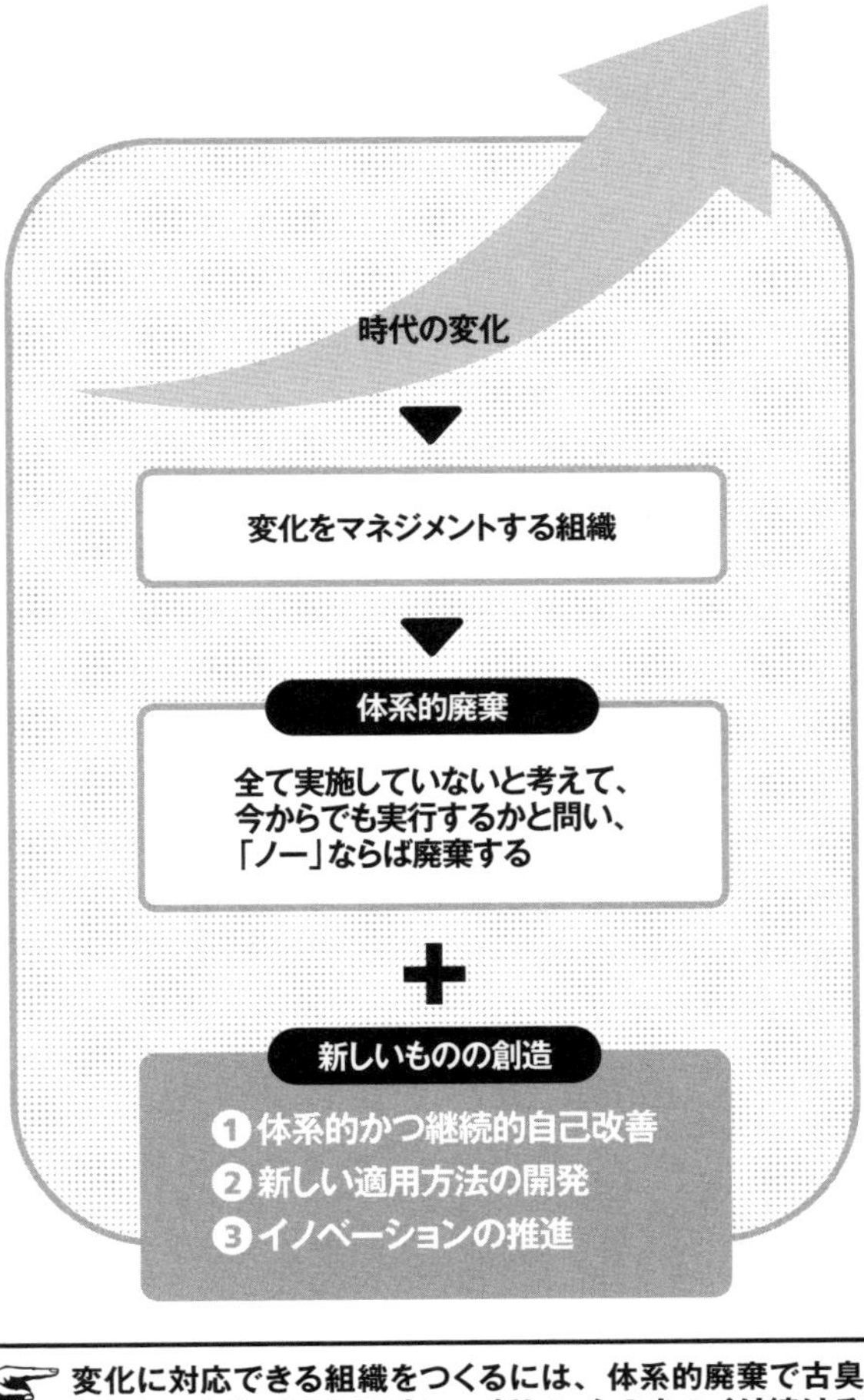

変化に対応できる組織をつくるには、体系的廃棄で古臭くなったものを棄てると同時に、新しいものをつくり続けることが必要だ。

FOOTNOTE

1 ドラッカーはこれを「継続学習」と呼んだ。ドラッカーは知識社会における継続学習の重要性を繰り返し説いている。
2『ポスト資本主義社会』P115〜116を基にしている。
3 トヨタ自動車で始まった業務改善活動のこと。「kaizen」は英語にもなっている。

030

組織の成果に対して何らかの責任をもつ人

エグゼクティブとは誰か

Effective Executive

エグゼクティブの正しい理解

「エグゼクティブ」という言葉がある。この言葉から、どのようなイメージを想起するだろうか。

中には、「外国車を乗り回す若手経営者」のように、明らかに間違った理解の仕方をしている人がいるのではないだろうか。

ドラッカーは、1966年に出版した**『経営者の条件』**[1]の中で、このエグゼクティブについて深く言及している。

エグゼクティブは本章の内容と非常に関わりが深いので、まずはドラッカーが定義したこの言葉の意味にふれておきたい。

そのためには、ドラッカーが繰り返して取り上げた**「3人の石工」**[2]という寓話を紹介するのがよいだろう。

ある日、3人の石工が、何をしているのかと聞かれた。

第1の男は「これで食べているのだ」と言った。

第2の男は「国中で一番上手な石切の仕事をしている」と返事した。

そして、第3の男は「教会を建てているんだ」と答えた。

この3人の中にエグゼクティブと言える石工がいる。何番目の男か考えてみてほしい。

答えは3番だ。なぜか。

エグゼクティブとは、直訳するならば「自ら意思決定し実行する人」のことである。

その上でドラッカーは、「組織の成果に対して何らかの責任をもって意思決定し実行する人」ならば誰でもエグゼクティブだと規定した。

3人の石工の中で、組織の成果(教会の完成)に従って、自分の責任を規定して仕事しているのは第3の男だけだ。

その一方で、**知識労働者**は、組織やチームの目的に従って自分の仕事を規定し、目標を掲げ、成果の達成に責任をもつ人だった。

したがって、知識労働者はエグゼクティブでもある。いや、エグゼクティブでなければならない。

3人の石工

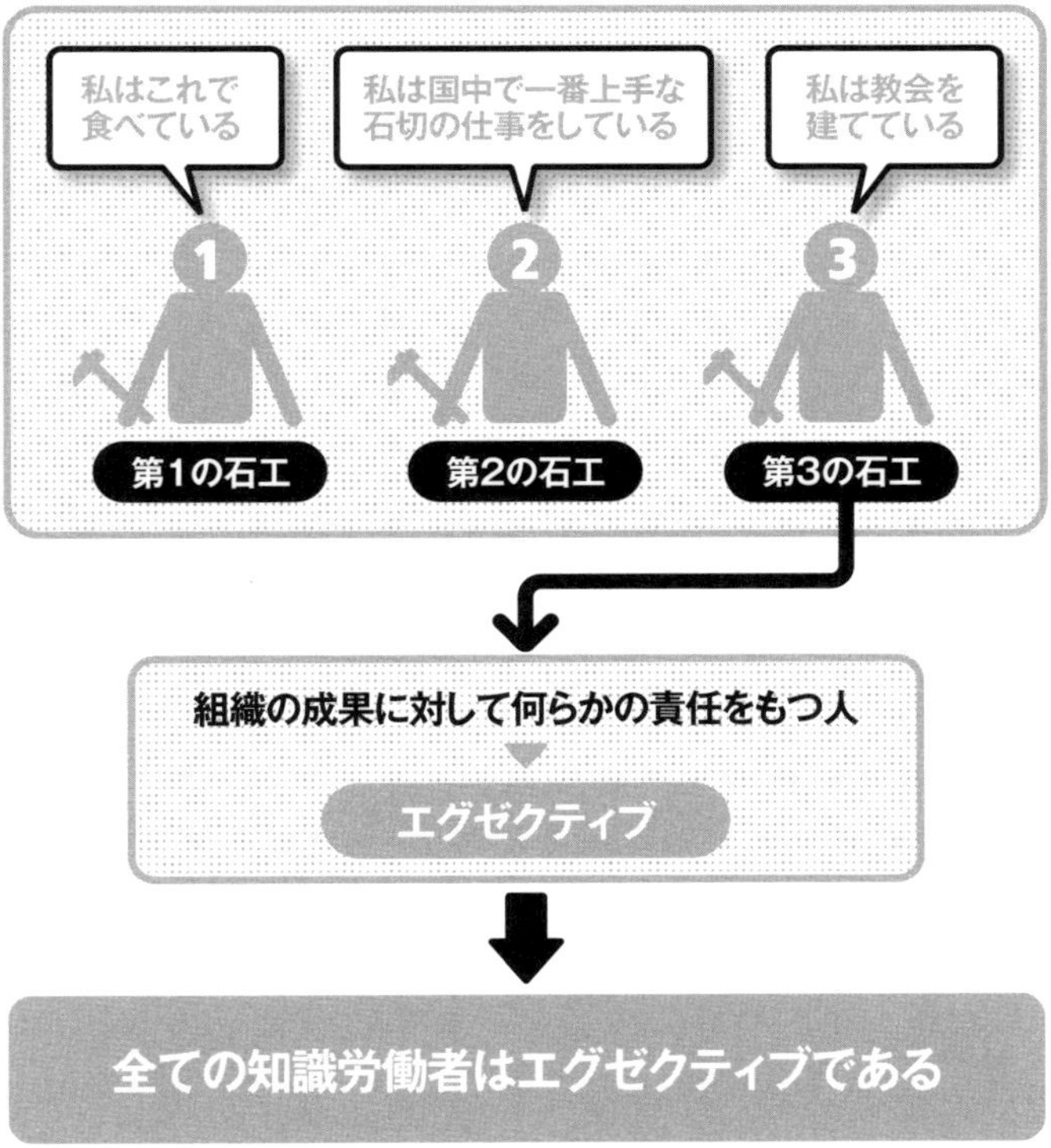

組織の成果に従って自分の責任を規定している第3の石工はエグゼクティブである。知識労働者は、第3の石工であれ!

FOOTNOTE

1 エグゼクティブがいかに高い成果を出すか、その手法を説いたのがこの『経営者の条件』(1966年、ダイヤモンド社)だ。自己啓発本の古典であり、決して経営者のみが読む本ではない。

2『現代の経営(上)』(新訳版) P181～182や『マネジメント(下)』P87～88でふれられている。以下、これらを参考にしている。

031

目標ベースで仕事を管理せよ

目標と自己管理によるマネジメント

Management by Objectives and Self-control

PDCAサイクルで目標管理を実行せよ

知識労働者すなわちエグゼクティブは、組織やチームの目的を知り、自分の仕事を決め、自ら目標を設定し、実行する。

このように、知識労働者の仕事は極めて自律的だ。命令ではなく自らの意思で動く。働かされるのではなく自ら働く。そして、こうした自律的な知識労働者に、組織の成果の成否が託されている。

これは言い換えるならば、エグゼクティブたる知識労働者は、高い成果をあげて組織に貢献すべく、自らを厳しくマネジメントしなければならない。厳しい自己管理が欠かせない、ということだ。

ドラッカーは、エグゼクティブが生産性を向上させるには、**「目標と自己管理によるマネジメント」**の実践が欠かせない、と説いた。

ちょっと長いネーミングだから、普通は「目標管理」や「MBO」と呼ぶ。組織やチームの目的や目標に応じて、メンバー自らが自分の目標を掲げ、達成に向けて自律的に自身を管理する活動を指す。

テーマ019で、企業の活動は**PDCAサイクル**で継続的に改善すると述べた。実は目標管理とは、このPDCAサイクルを、個人ベースで実行することにほかならない。

まず、具体的な成果を伴う目標を定め、達成のための計画を策定する（Plan）。

次に目標達成のための行動に移る（Do）。その後、一定期間してから、所期の成果と現実の結果を比較する（Check）。

そして、そのギャップを把握し、改善点などを明らかにして、次の目標達成にフィードバックする（Act）、というわけだ。

このような目標管理の中で、最初に重視すべきなのが目標の設定だ。適切な目標の設定は、目標管理を上手に機能させるための鍵になると肝に銘じておきたい。

目標管理とPDCAサイクル

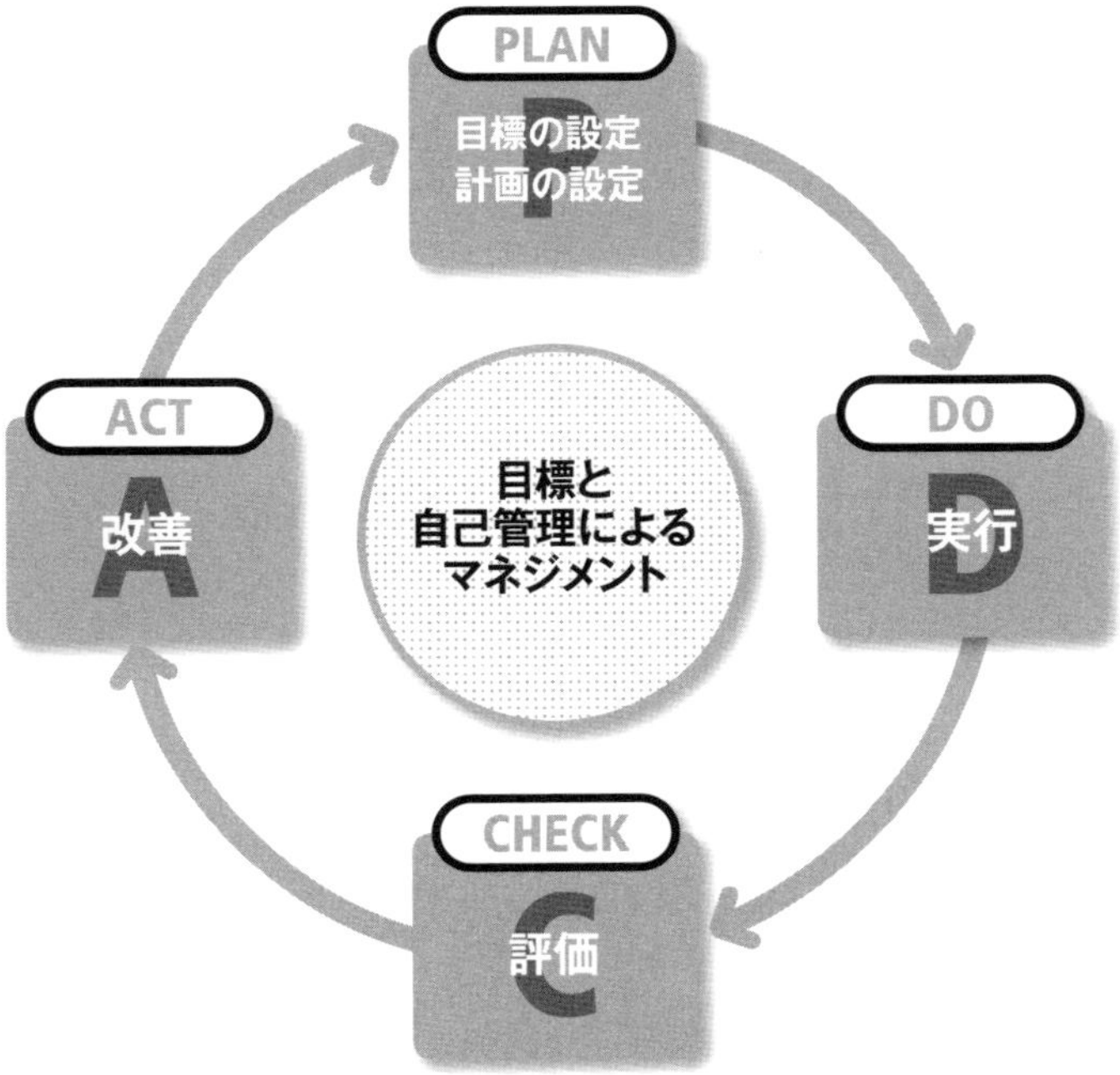

目標には具体的な成果指標（KPI）を設定せよ。また、できる限りハードルの高い目標を設定せよ。その上でPDCAサイクルをベースに継続的改善を目指せ。

FOOTNOTE

1 management by objectives and self-controlの略語。これが「目標と自己管理によるマネジメント」の原語である。

032 個人ベースのフィードバック分析

目標管理にフィードバック分析を活用せよ

Feedback Mechanism

フィードバック分析の分析ポイント

フィードバック分析とは、目標である所期の成果と実際の結果を比較し、改善点を明らかにして、新しい目標の設定にフィードバックする活動だった（テーマ018）。

このフィードバック分析は、**個人的な目標管理**でも必ず実行すべき作業だ。

そもそも、フィードバック分析があるからこそ、PDCAサイクルの循環が完成するわけだ。そして、これがなければ「やったらやりっぱなし」になってしまう。それなので、目標管理では、目標の設定とともに、フィードバック分析の実行が重要な役割を担うと考えたい。

フィードバック分析には、分析ポイントとも言うべきものが三つある。

①期間中に行った優れた仕事は何か。
②一所懸命やった仕事は何か。
③お粗末な仕事や失敗した仕事は何か。

これらについて、所期の成果と実績とを比較する。するとギャップが明らかになるはずだ。そうしたら、このギャップを解消すべく、さらに次の三つについて考える。

①集中すべきことは何か。
②改善すべきことは何か。
③勉強すべきことは何か。

この集中・改善・勉強について考えることで、次の新たな目標が設定できる。

右に掲げたフィードバック分析の六つの質問は、非常に使い勝手がよい。個人ベースのフィードバック分析には、ぜひとも活用したいフレームワークだ。

もちろん、個人ばかりでなく、チームや組織のフィードバック分析にも有用なことは言うまでもない。

フィードバック分析の六つの質問

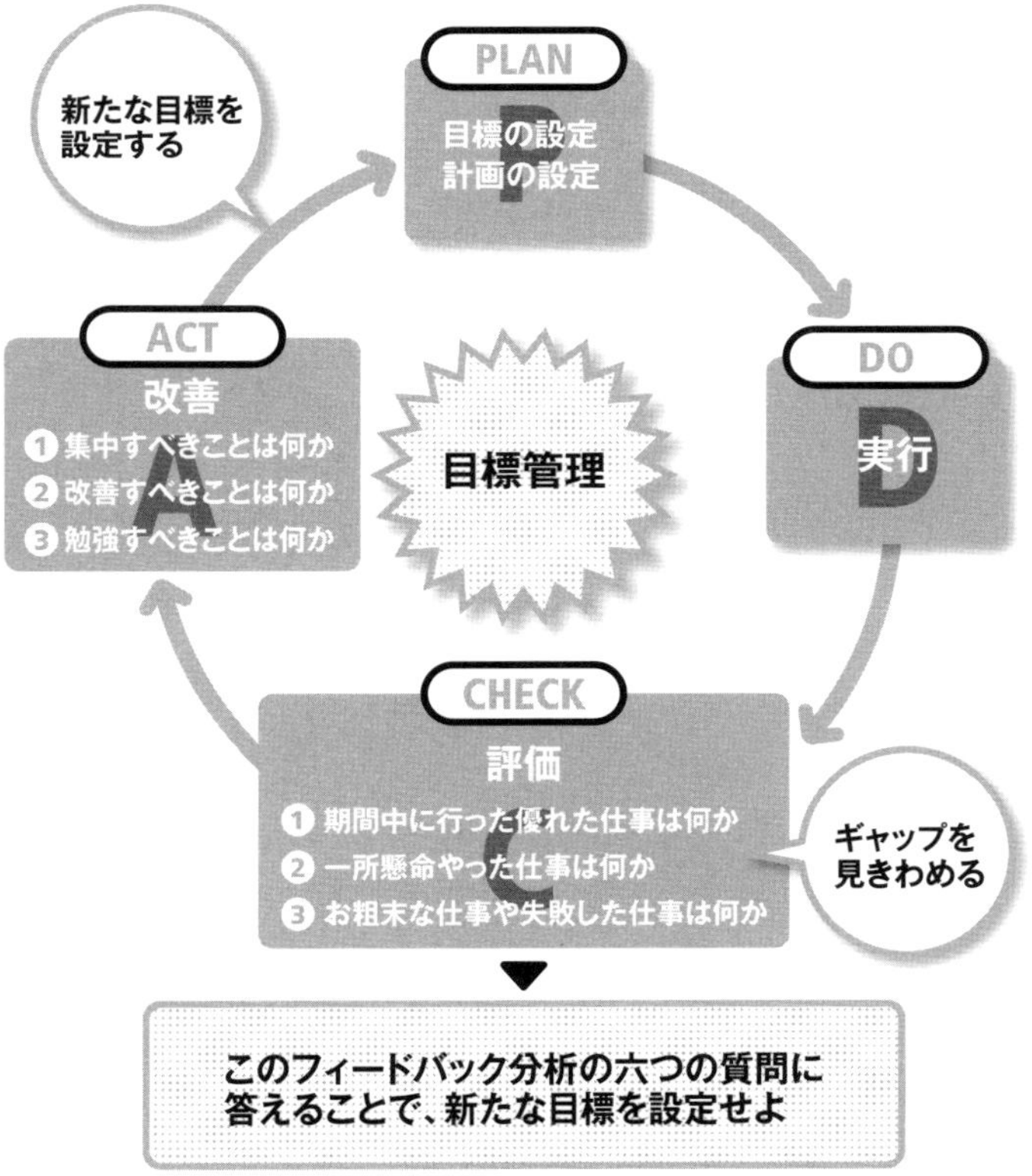

フィードバック分析の三つの質問、ギャップ解消のための三つの質問、合わせてこれら六つの質問は、継続的改善に欠かせない。

FOOTNOTE

1 これらの分析項目、目標設定項目はピーター・ドラッカー、中内㓛『創生の時』（1995年、ダイヤモンド社）P38〜39を基にした。

033

自分の強みに焦点を合わせよ

強みを理解する

Identify Strengths

強みに徹底的に集中すること

テーマ032で見たフィードバック分析の六つの質問のうち、後半の①集中すべきことは何か、②改善すべきことは何か、③勉強すべきことは何か、これらについて考える際に大切になるのが、**「自分の強み」**を中心に据えることだ。

テーマ015では、事業目標を設定する際に、組織の弱みではなく、強みに注目すべきだという点についてふれた。これは個人でも同じだ。

人には他の人に勝る強みがあれば、劣る弱みもあるはずだ。相対的に他に勝る強みのことを、経済学では**比較優位**と呼ぶが、この比較優位、つまり自分がもつ相対的な強みに集中するのが目標設定では極めて重要になる。

得てしてわれわれは、**弱点の克服**に力を注ぎがちだ。おそらくこれは、入学試験や資格試験の弊害ではないか。

ここに3教科の総合点で合否が決まる試験があるとしよう。私は二つの試験で満点がとれる実力をもつ。しかし、もう1教科はからっきしだ。

この場合、総合点のアップをはかろうと思うと、得意な2教科の勉強をさらに続けても意味がない。何しろ、どれだけ努力しても満点以上の点数はとれないからだ。その結果、まったくお粗末な残り1教科の点数アップに努める。いわゆる弱点の克服だ。

確かに、こうした試験では弱点の克服は有利に働く。しかし、社会での成果は試験と異なる。ドラッカーの言葉に注目してほしい。

何事かを成し遂げられるのは、強みによってである。弱みによって何かを行うことはできない。もちろん、できないことによって何かを行うことなど、とうていできない。[1]

ドラッカーらしいひねりの利いた警句だ。まさにドラッカーの言う通りだと思う。

強みをベースにした目標の設定

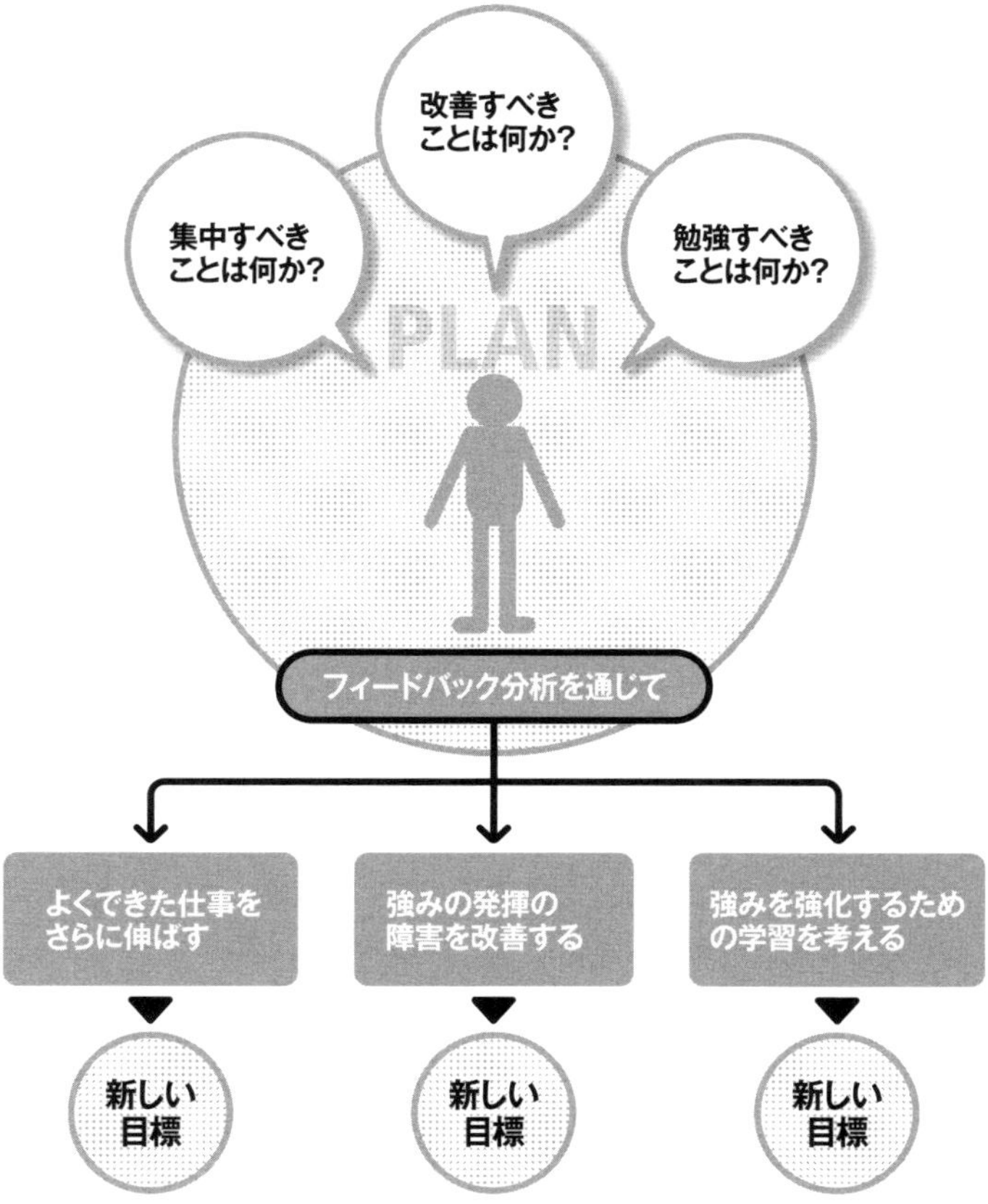

フィードバック分析を通じて、自分の強みをさらに発揮できる目標を立てよ。何事かを成し遂げられるのは、強みによってである!

FOOTNOTE 1『明日を支配するもの』P194

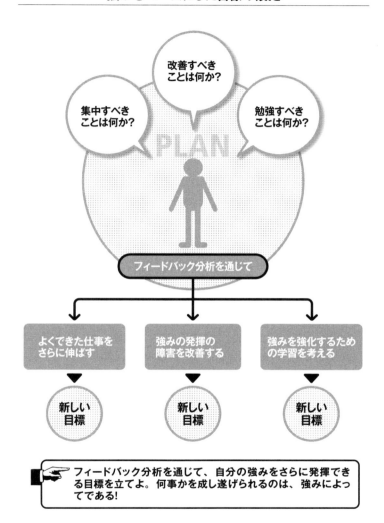

034

一緒に働く人の強みに注目する

強みベースのマネジメント

Advantage-Based Management

部下の強み、上司の強みを活かす

弱みではなく、強みに注目する態度は、自分自身のみならず、一緒に働く人にも適用すべきだ。

たとえば、人材育成で**弱みの克服**を主眼にしている企業があるとしよう。この人材育成方針の結果、どのような人々がその企業を占めることになるだろうか。

その企業の人材は、弱みを克服しただけの、極めて平均点な人物によって占められることになる。結果、この企業はごく平均的な成果しか達成できないだろう。

こんな企業に勤めたいだろうか？　多くの人ははまっぴらごめんだと思うのではないか。

右の一例からわかるのが、冒頭に述べた点だ。つまり、**強みに焦点を合わせる**ということを、組織で一緒に働く人にも適用しなければならない、ということだ。

部下をもつ上司ならば、部下の弱みではなく強みに注目する。

弱みを克服させたところで、その弱みで大きな仕事はできない。高い成果をあげるのは強みを発揮した時だ。

したがって、部下の弱みには目をつぶるようにする。[1] そして、個々の部下の強みを組み合わせることで、１＋１が３にも４にもなる方法を考えなければならない。

ただし、部下の弱みで目をつぶってはいけないものもある。それは、その部下がもつ**強みの発揮を阻害している弱み**だ。この点については改善を促して、強みがさらに強化されるようにしなければならない。

一緒に働く人の強みを考えるのは部下も同様だ。特に部下は上司の強みを知る必要がある。そして、上司が強みを活《い》かせるよう、仕事をすべきだ。

そして、上司が強みを遺憾なく発揮できた時、上司が手にする成果——それはチームの成果でもある——を可能な限り大きくできる。

チームの成果は自分の成果でもある。自らを活かそうと思えば、他人を活かさなければならないと考えるべきだ。

強みをベースにした組織づくり

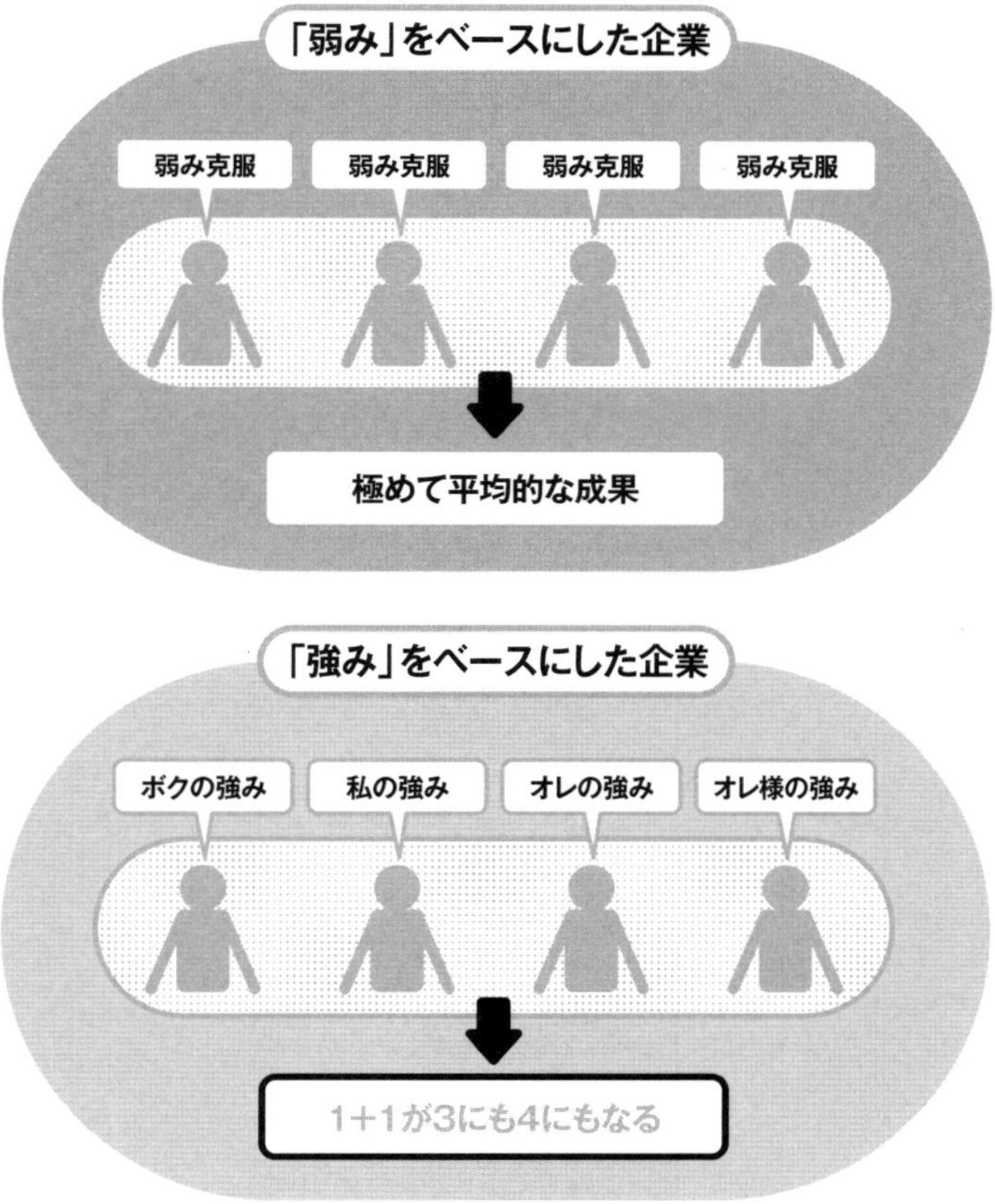

弱みの克服から発想を転換すべし。組織の成果を高めるには、個々のメンバーの強みに着目して、それを組み合わせることを考えねばならない。

FOOTNOTE
1 この点に関してドラッカーは、「効果的な経営者は、強みを手に入れるためには、われわれが弱みをがまんしなければならないことを知っている」(『経営者の条件』P163)と述べ、いくつかの歴史的事例を紹介している。

035

生産性向上の第一歩

時間を徹底的に管理する

Know Thy Time

時間マネジメントの三つのステップ

1日24時間は誰にとっても同じだ。人より余計の時間をもっている人なんて、いない。

また、人はいつか死ぬ。ということは、時間は万人にとって1日24時間であるばかりか、有限でもある。さらに時間は保存や移転がきかない。極めて硬直的だ。

ドラッカーは「時間の資源に比べれば、一般に重要と考えられてきた他の資源、たとえば資金は、現実には比較的豊かなものである」[1]と指摘している。

このようなことから、時間という資源をいかに効率的に管理し活用するかは、成果をあげるエグゼクティブになるための重大関心事となる。

ドラッカーは、**成果をあげる時間マネジメント**のステップには次の3段階があると述べた。

①時間を記録する
②管理する
③まとめる[2]

まず①では、私たちが時間をどのように使っているかを分析する。そのために、時間の使われ方を15分や30分刻みで記録する。

その際に、記憶に基づいた記録ではなく、リアルタイムで記録することが重要になる。後から記録すると「時間はこう使われているはず」という先入観が入り込むからだ。

次の②では、自分の活動を必要な活動、不必要な活動などに分類する。その上で、必要な活動については、時間浪費の原因を特定し、時間の使い方を改善する。

さらに③では、不必要な活動の排除や必要な活動の効率化によってできた余った時間を、大きくひとまとめにする。

そして、こうした活動を年2〜3回、定期的に実行し、有限なる時間を、優先順位の高い活動に割り当てて、集中的に仕事をする。

時間マネジメントの三つのステップ

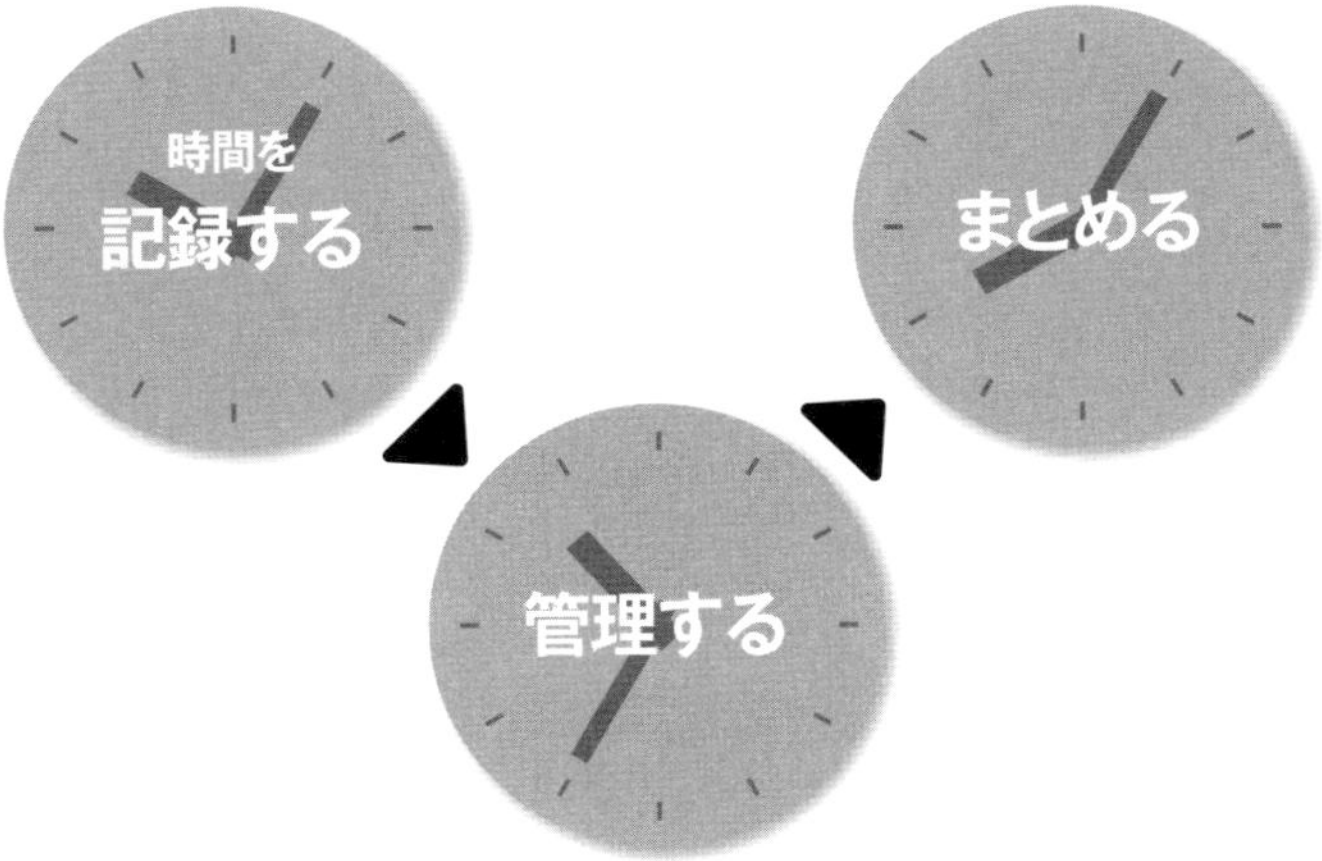

**1日24時間は万人にとって共通だ。
よって、エグゼクティブが成果をあげるには、時間マネジメントが欠かせない。**

FOOTNOTE
1『経営者の条件』P54
2 この点に関しては『経営者の条件』の「2時間を重視せよ」に詳しい。以下は、このドラッカーの提言を参考にしている。

036

非生産的活動を特定する

Eliminate Time Wasters

三つの時間を特定せよ

時間活用の三つのポイント

一定期間、時間の使い方を記録したら、次にそれを管理する。そのためには、時間がどのように使われているかを分析する必要がある。

この点についてもドラッカーは分析の基準を示してくれている。以下の三つがそれだ。

①時間を浪費する仕事
②他の人でもできること
③浪費させている他人の時間[1]

①は多くの時間を使用しているにもかかわらず、めぼしい成果があがらない仕事だ。非生産的な仕事の典型と言える代物だ。いわば悪玉の仕事と言ってもいいかもしれない。

この悪玉の仕事を特定するのにも、**体系的廃棄**（テーマ009）が役に立つ。

次に②では、分析した時間の使い方の中から、他の人でもできる仕事を見つけ出す。言い換えるならば、あえて自分が手を下さなくてよい仕事だ。あるいは、手を下してはいけない仕事とも言える。

知識社会における組織のあり方を思い出してもらいたい（テーマ027）。知識労働者は、自分の専門領域における重要事に集中しなければならない。これが自分にとっての、そして組織にとっての高い成果に結び付く。他の人でもできる仕事とは、あえて自分がやる必要のない仕事と定義できる。それならばもっと優先すべきことに労力と時間を割くべきだ。

最後の③は、自分自身のためではなく、周囲の人への配慮だ。自分が行っている活動の中で、他人の時間を無駄遣いしている活動がないかを検討する。

この点を明らかにするには、「私はあなたの時間を無駄遣いするようなことを何かしているか」と、定期的に尋ねることだと、ドラッカーは指摘している。

時間管理の三つの基準

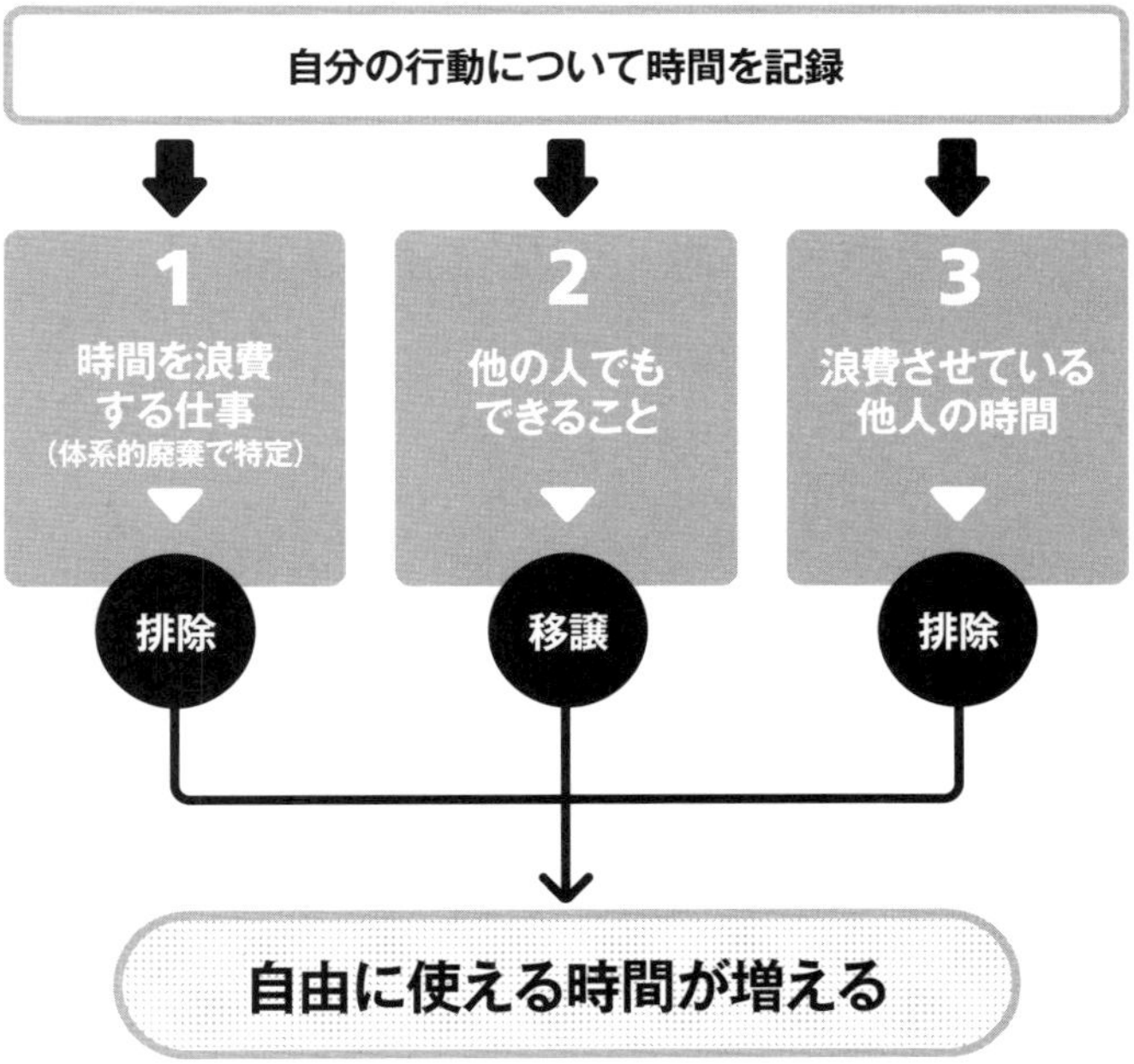

定期的に時間の使われ方を分析しよう。上記の手法を用いることで、自由に使える時間が増えるのは間違いない。ぜひとも試してみたい。

FOOTNOTE
1 この三つのポイントは『経営者の条件』P73〜81にてドラッカーが指摘したものだ。

037

最優先事項は何か

最初にすべきことから始めよ

First Thing First

仕事の優先順位を明らかにする

時間の分析を行い、非生産的活動を取り除けたら、次に時間をひとまとめにする。

そして、ひとまとめにした時間に、重要な仕事を割り振って集中して実行する。

集中とは、「『真に意味のあることは何か』『最も重要なことは何か』という観点から、時間と仕事について、自ら意思決定していく勇気のこと」[1]だと、ドラッカーは定義している。その上で、成果をあげるエグゼクティブは、次の二点を重視するとも述べている。

①最も重要なことから始める。
②一時に一つのことだけ実行する。

通常、集中と言うと、②の意味でとらえられがちだ。しかし、今すべきでないことに集中していてもしようがない。だから集中の前提として、まず、最も重要なことは何なのかを考えねばならない。これなくして、高い成果は得られないと考えるべきだ。そのためには、すべきことをリストアップして、それに**優先順位**を付けなければならない。

そして、重要な仕事から順に仕事を割り振っていく。

そこで優先順位の決め方である。この点に関してドラッカーは、次の四つの基準を設けている。

①過去ではなく未来を選ぶ。
②問題ではなく機会に焦点を合わせる。
③横並びではなく独自に方向を決める。
④変革をもたらすものに焦点を合わせる。

四つの視点で仕事の優先順位を決めたら、**強制選択法**（テーマ017）を用いて、ひとまとめにした時間に、優先度の高い仕事を割り振る。そして一時に一つのことに集中して仕事をする。これが高い成果をあげるためのコツだ。

強制選択法で時間に仕事を割り振る

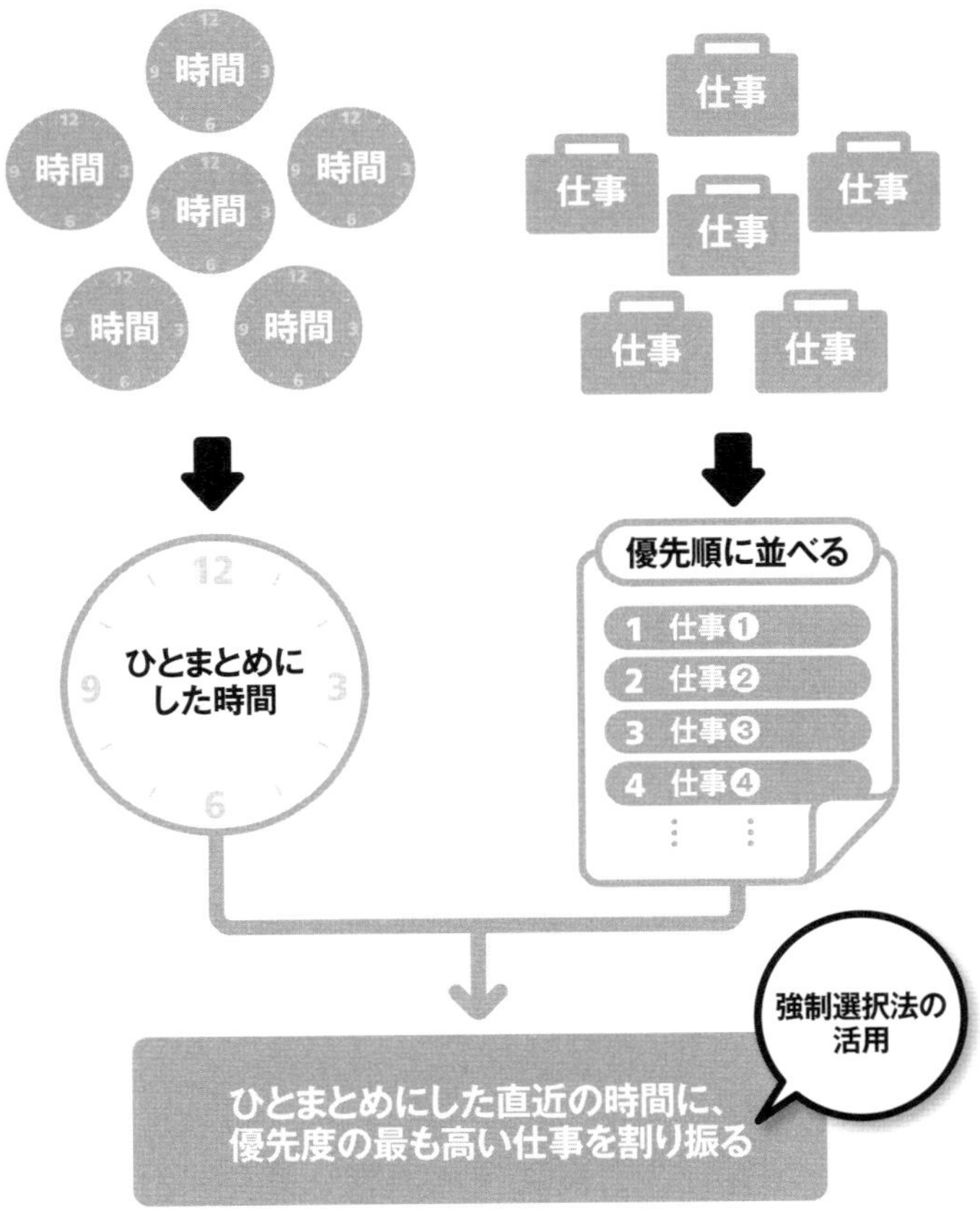

強制選択法で仕事を割り振ったら、あとは一時に一つのことを集中して行う。それが終わったら、再び優先順位を考えて、仕事を割り振っていく。

FOOTNOTE　1 ピーター・ドラッカー『[新訳] 経営者の条件』（1995、ダイヤモンド社）P152

038

自ら率先して変化を巻き起こす

チェンジ・リーダーを目指せ

Change Leader

短期的視野と長期的視野の統合

第4章では知識労働者の自己マネジメントについて話をしてきた。そして、目標管理とフィードバック分析の重要性にふれた。さらに、強みを理解し、時間を管理し、選択と集中で仕事を進めることの重要性を説いた。

いずれも、知識労働者やサービス労働者を問わず、高い成果を達成するのに不可欠な活動だ。

特に、自分自身の専門領域において、**高い自己マネジメント**が問われる知識労働者にとっては、ことさら意味が重いと言えるだろう。

一方、右に述べた活動は、どちらかというと視野が短期的だ。たとえば、顧客の創造はマーケティングとイノベーションという機能からなっていた(**テーマ006**)。そして、マーケティングがどちらかというと短期的視野で顧客の創造について考えるのに対して、イノベーションは中・長期的視野でものごとを見るものだった。

同様のことは、組織のみならず個々人にも言える。短期的視野のみならず、長期的視野で、個人の生産性を継続して高めることを考えなければならない。

時間が経過するに従って環境は変化する。その期間が長期になるほどなおさらで、このことは誰しも熟知しているはずだ。しかし、人間とは不思議なもので、変化するのがわかっていても変化を嫌う。過去にしがみつく。これが安定だと思っている。

ところがそれでは、やがて時代の変化に対応できなくなること必至だ。過去にしがみつくのは、安定ではない。そうではなく、ドラッカーは、**チェンジ・リーダー**になれと、繰り返して言う[1]。

チェンジ・リーダーとは、自ら率先して変化の先頭に立つ人物を指す。いや、さらに一歩進めて自ら変化を巻き起こす人物と言った方がふさわしい。

世の中、いずれは変化する。ならば、率先して自らが変化すること、実はこれが変化の中を生き延びる条件となる。

目指すはチェンジ・リーダー

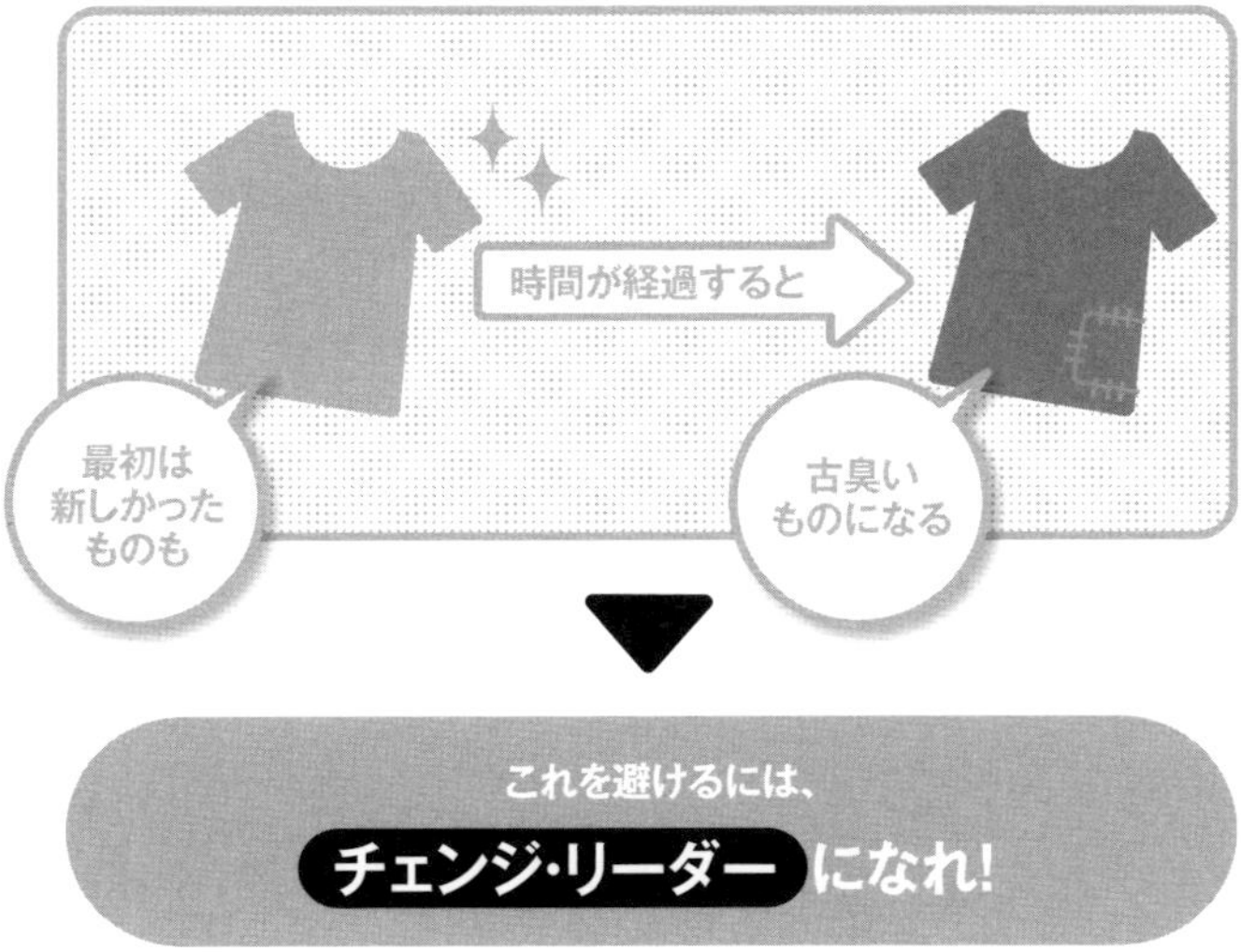

変化はコントロールできない。できることは、その先頭に立つことだけである。(中略)急激な構造変化の時代にあっては、生き残れるのは、自ら変化の担い手、チェンジ・リーダーとなる者だけである。 出典:ピーター・ドラッカー『明日を支配するもの』P82

FOOTNOTE 1『明日を支配するもの』の「第3章 明日を変えるのは誰か」を参照。

039

イノベーションとは何か

Innovation

新結合の五つのパターンを理解せよ

シュンペーターのイノベーション論

イノベーションとは、人的や物的、あるいは社会的資源に対して、新しい、より大きな富を生む能力を与える仕事のことを指す。このイノベーションの重要性を最初に指摘したのは、経済学者**ヨーゼフ・シュンペーター**[1]だ。

シュンペーターは、「駅馬車から汽車への変化」のように、連続的ではなく、非連続的に進展する経済発展に興味があった。駅馬車をいくつ生産しても汽車になることはない。駅馬車から汽車への変化は、連続的なものではなく、「枠や慣行の軌道そのものを変更[2]」する非連続的な発展だ。シュンペーターは、この非連続な発展があるおかげで、社会は経済的な発展を享受すると考えた。

では、その非連続な発展を後押しするものとは何か。この問いに対してシュンペーターは、**新結合**というキーワードを示した。

シュンペーターによると、「結合」とは生産を意味する。つまり、身の回りに存在する物や力を結合することで、われわれは何かを生産するわけだ。

一方、「新結合」では、すでに存在する古い結合の中から物や力を奪い取り、新しいやり方で結合する。この活動は、「不断に古きものを破壊し新しきものを創造[3]」することから**創造的破壊**[4]と呼ぶ。

ただしシュンペーターは、新結合を実践する主体を**企業家**と考え、企業の日常業務を管理する人を**経営者**と考えた。その一方でドラッカーは、顧客創造の機能をマーケティングとイノベーションととらえ、経営者はその双方を管理しなければならないと説いた。

つまり、ドラッカーは、シュンペーターが区別していた日常的な経営業務とイノベーションを、マネジメントの機能として統合したと言える。その上でドラッカーは「新結合＝イノベーション」のパターンとして左図に掲げる五つを指摘した。これはイノベーションを推進する上で有用な指針となるだろう。

イノベーションとシュンペーター

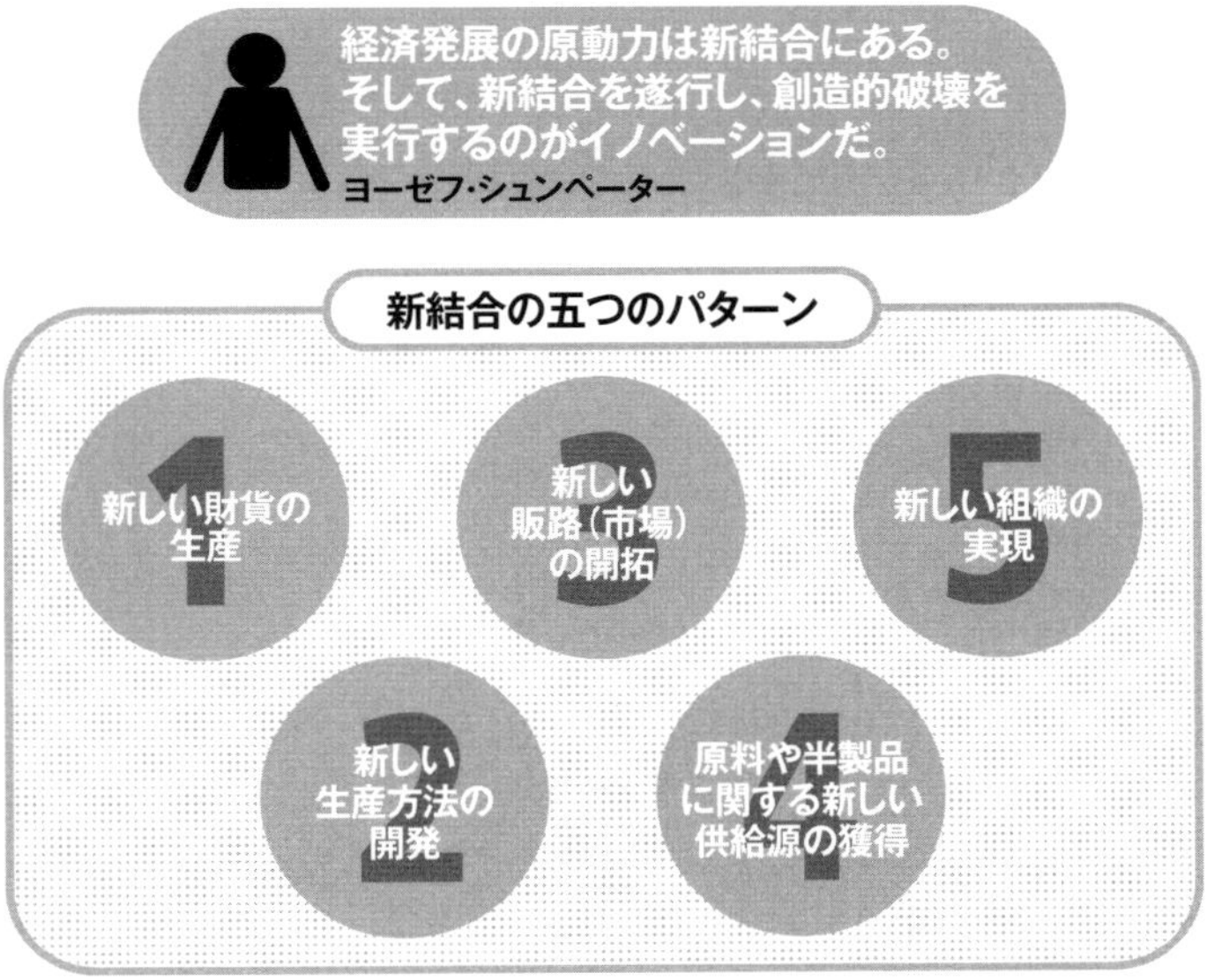

経済発展の原動力は新結合にある。
そして、新結合を遂行し、創造的破壊を

1 新しい財貨の生産
3 新しい販路(市場)の開拓
5 新しい組織の実現
2 新しい生産方法の開発
4 原料や半製品に関する新しい供給源の獲得

シュンペーターのイノベーション論をマネジメントの一環に組み込んだのはドラッカーである。こうしてマーケティングとイノベーションが顧客の創造の二大機能になった。

FOOTNOTE

1 Joseph Alois Schumpeter(1883～1950)。オーストリア＝ハンガリー帝国で生まれ、のちにアメリカに帰化する経済学者。
2 ヨーゼフ・シュムペーター『経済発展の理論（上)』(1977年、岩波文庫）P171
3 同『資本主義・社会主義・民主主義（上)』(1962年、東洋経済新報社）P150
4 creative destruction。シュンペーターが提唱した言葉で最も有名なものの一つ。

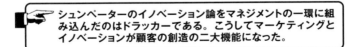

040 イノベーションの体系的実践

Practice of Entrepreneurship

イノベーションは誰もが学べる

ドラッカーの説くイノベーションの体系

テーマ039で述べたように、ドラッカーは、イノベーションをマネジメントの一機能として位置づけた。

さらに注目すべきことがある。イノベーションは、特定の人だけが実行するのではなく、誰もが訓練することで身に付けられると、ドラッカーは考えた。

その上でドラッカーは、イノベーションを体系的にマネジメントし実践する手法をも示してくれた。[1]

ドラッカーが論じた、イノベーションの体系的手法は三つの領域からなる。次の通りだ。

①イノベーションの機会をもたらす七つの源泉
②イノベーション推進戦略
③イノベーション推進組織

最初の①は、イノベーションを実現するための機会に注目することを指す。この点に関してドラッカーは、この機会を有効に発見するための糸口を七つ掲げている。「**イノベーションの機会をもたらす七つの源泉**」と呼ばれるものだ（**テーマ041**）。

イノベーションを体系的に実践するには、このイノベーションの機会をもたらす七つの源泉を探索することが欠かせない。またこれが、イノベーションのための第1ステップになるとドラッカーは考えた。

次に、絶好の機会を見つけたら、**イノベーション推進戦略を練る**（**テーマ046**）。ドラッカーは、この点に関しても基本的な戦略パターンを公開している。

さらに、右記を推進するための適切なマネジメント体制を整備することも必要になる。いわば**イノベーション推進組織**を構築することだ（**テーマ049**）。

以上を図解したものが、次ページに示した「**イノベーションの体系的実践**」チャートだ。

本章では、以下、このチャートに従って各論についてふれたいと思う。

イノベーションの体系的実践

イノベーションはこの体系を念頭に実践せよ。
訓練すれば、イノベーションの技術は体得できる。

FOOTNOTE
1 この集大成となっているのが著作『イノベーションと企業家精神』（1985年、ダイヤモンド社）だ。本章は同書に負うところが大きい。

041

イノベーションの七つの源泉

Innovation Opportunity

イノベーションの機会には七つの領域がある

七つの源泉の特徴

すでに起こっていることで、多くの人がまだ気付いていない変化を、ドラッカーは「すでに起こった未来」や「新しい現実」と表現した。

そして、この「すでに起こった未来」や「新しい現実」をいち早くキャッチして活用することでイノベーションが生まれる。つまり機会の活用だ。

とはいえ、「イノベーションの機会はどこかに転がっていないか」と、やみくもに探し回るのも非効率的だ。

そこでドラッカーは、イノベーションの機会を探索する領域を七つ掲げた。これが**「イノベーションの機会をもたらす七つの源泉」**と呼ばれるものだ（左図参照）[1]。

個々の詳細については、**テーマ042**以下で解説するので、ここではこれら七つの源泉の全体的な特徴についてふれておきたいと思う。

まず、イノベーションの七つの源泉が列挙されている順番に注目してもらいたい。

実はこれ、無作為に並べてあるのではない。

小さな番号の機会ほど、イノベーションへの**信頼性**や**確実性**が高く、その**リードタイム**も短いという特徴をもつ。

つまり、②よりも①、③よりも②の方が、イノベーションの信頼性が高く、効果にも即効性があるということだ。

それなので、手っ取り早くイノベーションを推進したいと思えば、トップにある**「①予期せぬもの」**に徹底的に着目することが重要になる。

この点は非常に重要なので、次の**テーマ042**ではこの「①予期せぬもの」について詳しく紹介することになる。

それから、これら七つの源泉は、①〜④が組織や業界・市場の**内部環境**[2]、⑤〜⑦が業界を取り巻く**外部環境**に関わるものという構造になっている。

これは、身近なイノベーションは、自社や業界、市場の内部に転がっている、ということを示しているわけだ。以下、さらに詳しく細部を見ていこう。

イノベーションの七つ源泉

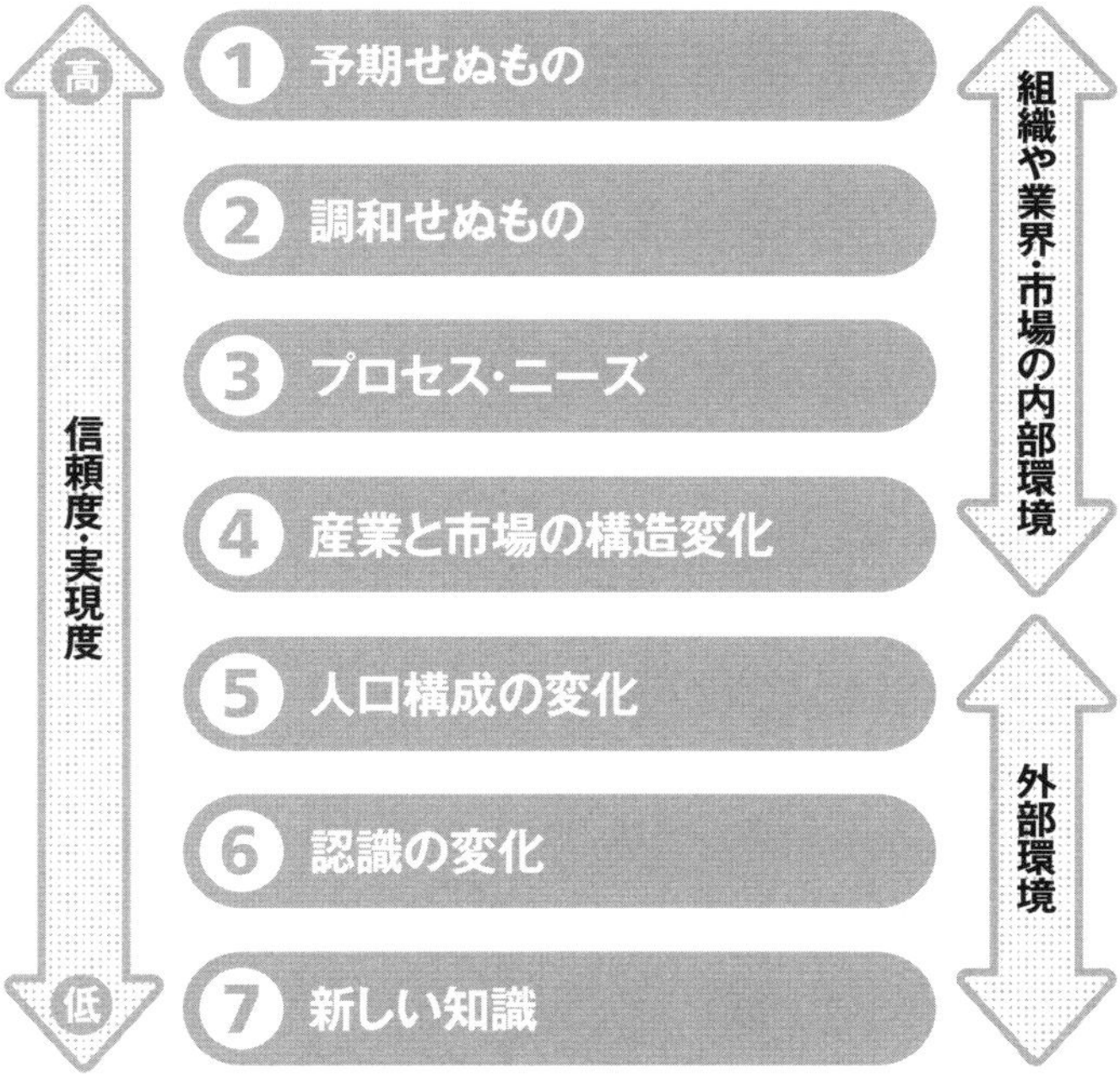

イノベーションの機会を見つけるには、これら七つの源泉を体系的に探索することが欠かせない。特に最も身近な「予期せぬもの」には大いに注目したい。詳細は次で解説することにしよう。

FOOTNOTE

1『イノベーションと企業家精神』P55～56

2 通常は組織内の環境を指して内部環境と呼ぶ。ここでは組織内ではなく、業界や市場の内部であることに注意したい。

042

最もリスクの小さいイノベーション

予期せぬ成功

Unexpected Success

電話と予期せぬ成功

最も身近なイノベーションのタネは、**「予期せぬもの」**に見出《みいだ》せる。

この予期せぬものは、**①予期せぬ成功**、**②予期せぬ失敗**、**③予期せぬ外部の変化**に分類して考えるのが、イノベーションの機会を発見するのに効果的だ。

現在の**電話**について考えてみよう。電話は一対一の意思伝達をリアルタイムで行う道具として利用されている。

ところが驚くことに、**アレクサンダー・ベル**[1]は、当初、講演やコンサートの様子を遠隔で聞くことのできる実況中継装置として、電話を売り込もうと考えていた。[2] 実際、ホテルのロビーに電話が設置され、劇場のコンサートを鑑賞するというサービスが有料で行われたりした。

ところが電話はやがて、狭い地域でのコミュニケーション・ツールとして利用されるようになる。これは、狭い地域での手軽なコミュニケーションには、電報や手紙があまり役に立たなかったからだ。

当初、実況中継装置として売り込むのが正しいと考えていたベルにとって、電話が地域のコミュニケーション・ツールとして活用されるようになったのは、予期せぬことだったはずだ。

しかし、電話の需要は増えたわけだから、これは**予期せぬ成功**にほかならない。そしてこの予期せぬ成功が、電話本来の使い方として定着する。それなので、予期せぬ成功の結果、電話というイノベーションが確立したとも言えるわけだ。

予期せぬ成功は、従来定義していた事業や市場、顧客に何らかの変化が現れたことを告げているとも考えられる。この考えに従うと、予期せぬ成功をさらに追求していけば、市場や顧客の変化に対応したイノベーションの可能性は高くなる。

いわば**「柳の木の下には2匹目のドジョウがいる」**と考える態度が大切なのだ。

予期せぬもの

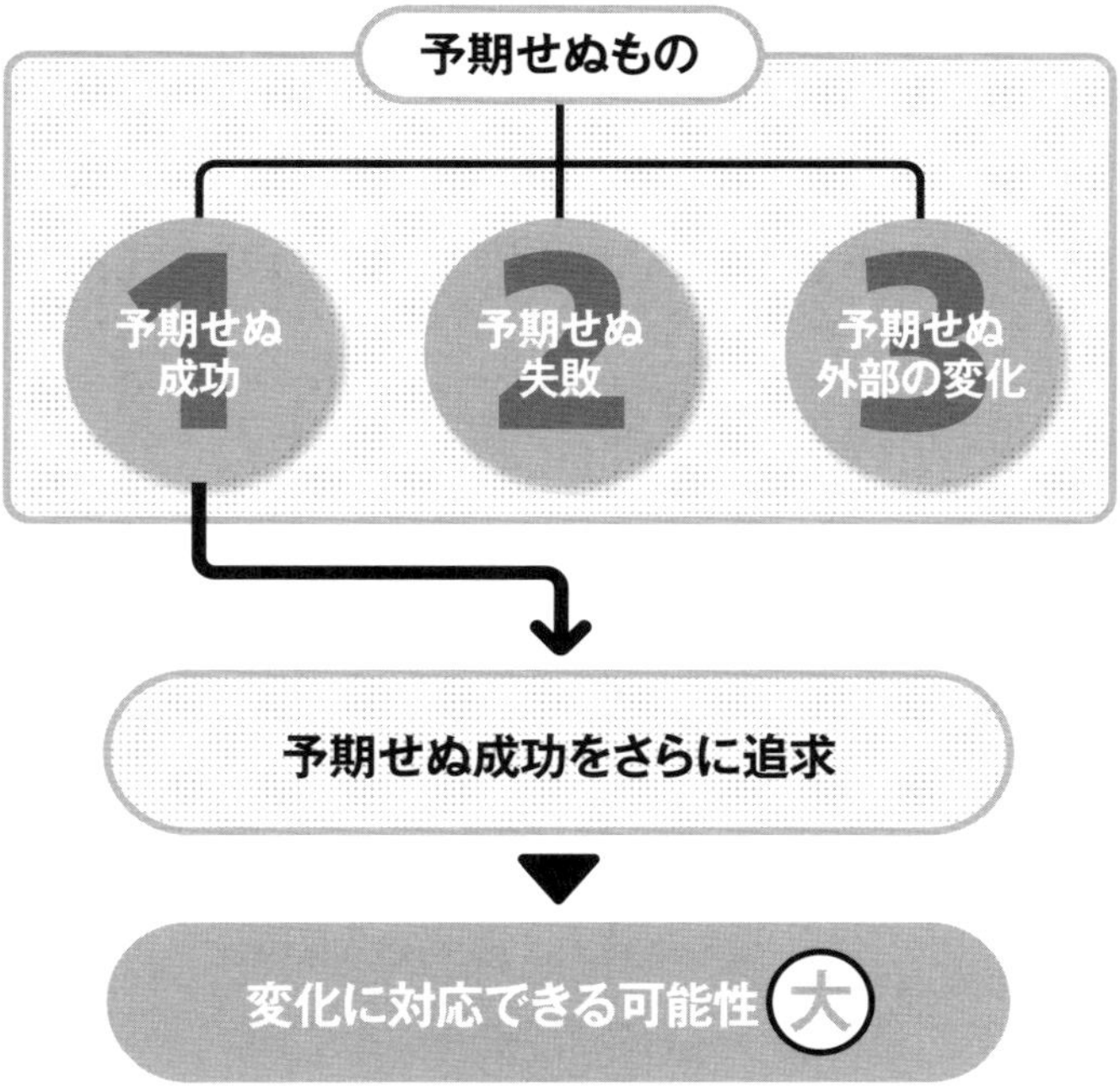

イノベーションの機会をもたらす七つの源泉の中で、予期せぬ成功がイノベーションの信頼度・可能性が最も高い。予期せぬ成功を見つけたら、それを徹底的に追求すべし、なのだ。

FOOTNOTE
1 Alexander Graham Bell（1847～1922）。アメリカの発明家。
2 ベルは電話の特許をとった1876年、その年に行われたフィラデルフィア万博で、自分の講演をボストンで聴けるようにし、電話の効能をアピールした。

043 予期せぬものの背景

Unexpected Failure

背景にある変化について考えよ

予期せぬ出来事の背景を考えよ

予期せぬ成功と同様、**予期せぬ失敗**にも着目すべきだ。予期せぬ失敗とは、従来うまくいっていたものが、どういうわけか失敗したという状況を指す。このような場合、「今回は偶然こうなったまでで、次回は大丈夫」と考えがちではないか。

とはいえ、予期せぬ失敗の背景にも、何らかの**環境の変化**が存在するかもしれない。それにもかかわらず従来のやり方を固守していたら、予期せぬ失敗は「定期的な失敗」に変わることにもなりかねない。

逆に、予期せぬ失敗から環境の変化をいち早く読み取り、それに対応できたならば、これは有望なイノベーションの機会になる。

また、成功や失敗には直接関係はないのだけれど、外部の状況が予期せず変化している場合がある。

たとえば、最近の居酒屋では、子連れのママさんグループや、祖父母・若夫婦・子供といった親子三世代が食事を楽しんでいる。もはや居酒屋は、かつてのように成人した人だけの場ではなくなってきているのだ。これも予期せぬ外部の変化の一例かもしれない。

これは「男性向け・女性向け」「大人向け・子供向け」という従来の市場の枠組みが崩れてきているのかもしれない。**予期せぬ外部の変化**の背景に、このような仮説が成立するとしたら、他の業界でもこの変化に対応することで、かつてない成功を手にできるかもしれない。

いずれにせよ、**テーマ034**でも述べたように、予期せぬ成功をしたら、まずは**「2匹目のドジョウ」**狙いで、同じ活動を繰り返すのが基本になる。[1]その一方で、その背景にある要因を確実に把握できたなら、イノベーションの可能性はさらに高まるに違いない。

なおドラッカーは、週間や月間報告書のトップに、予期せぬ成功を記すよう提案している。こうすることで、埋もれがちな予期せぬ成功に日を当てることができるだろう。

背景にある要因をつかめ

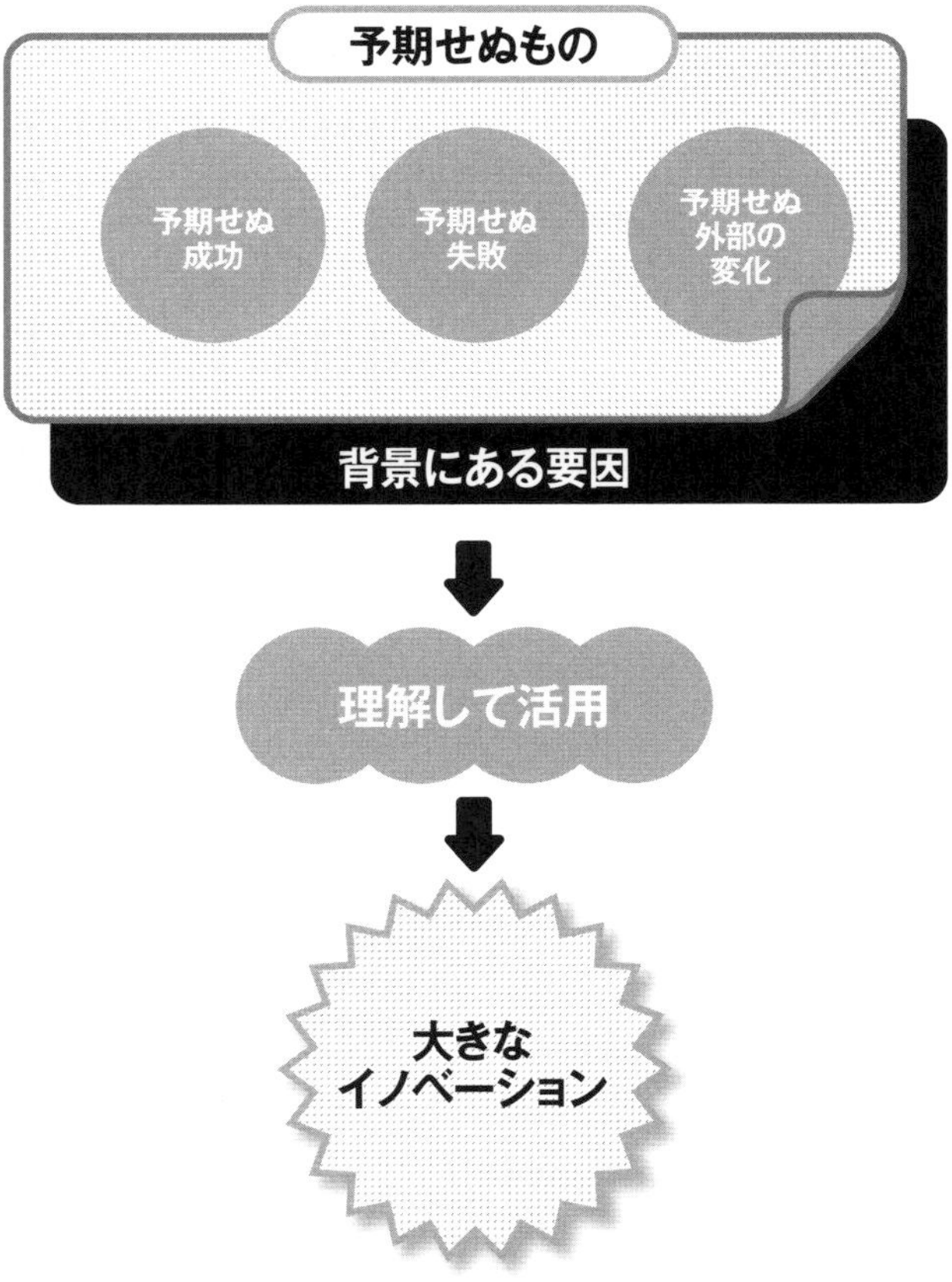

予期せぬものの背景を探り、変化の本質となった要因を特定せよ。特定した要因を活用すれば、イノベーションの可能性は大きく高まる。

FOOTNOTE

1 中国の故事に「守株《しゅしゅ》」がある。切り株に衝突してウサギが死ぬのを見た農民が、本業を辞めて切り株を守ることに専念するも、ウサギは二度と捕らえられず、国中の笑いものになった、という話だ。もちろんこういうケースも考えられる。だからと言って、「2匹目のドジョウ」狙いが無意味とは必ずしも言えない。

044 組織や業界の内部に見る源泉

Innovation Opportunity

イノベーションの観点から市場や業界を見よ

この基準で市場や業界をチェック

予期せぬものは、イノベーションの機会をもたらす最も有力な源泉だけれど、こればかりに着目していたら、せっかくの機会をみすみす見逃すことにもなりかねない。

身近なイノベーションの機会としては、他に「調和せぬもの」「プロセス・ニーズ」「産業と市場の構造変化」がある。いずれも組織や業界、市場にある要因だ。

①調和せぬもの　調和せぬものとは、あるべき姿と現実の間に大きな差がある状況を指す。**理想と現実のギャップ**と考えればよい。

テーマ014で、事業の将来やあるべき姿と、現在とを比較して目標を設定することを**ギャップ分析**と呼んだ。このギャップ分析の手法を用いて、イノベーションの機会をもたらす源泉を探索しようというのが、この調和せぬものにほかならない。

代表的な調和せぬものとしては、生産プロセスや流通プロセスにおけるギャップ、それに消費者の価値観と、企業側がもつ期待や思い込みの間にあるギャップなどがある。

②プロセス・ニーズ　これは成果をアウトプットするための過程の中に潜むニーズへの対処を指す。この場合、わかりやすいのは、過程に潜む欠陥を補いたいというニーズだろう。

それから、何かを付け加えて、すでにある過程の完成度を高めたいというニーズもあるかもしれない。

また、新しい知識に従って、古い過程を組み替えることで、完成度を高められることもあるだろう。

③産業と市場の構造変化　産業や市場の構造が時間とともに変化するのに対応して、企業は従来とは異なる新たな仕事の進め方を模索しなければならない。

たとえば、昨今、経営の行き詰まった老舗旅館を買収する、新興の格安旅館チェーンが成長している。これなども、旅館業という産業構造が変化することによって生じた現象の一つだと言えるだろう。

業界（市場）内にある機会の源泉

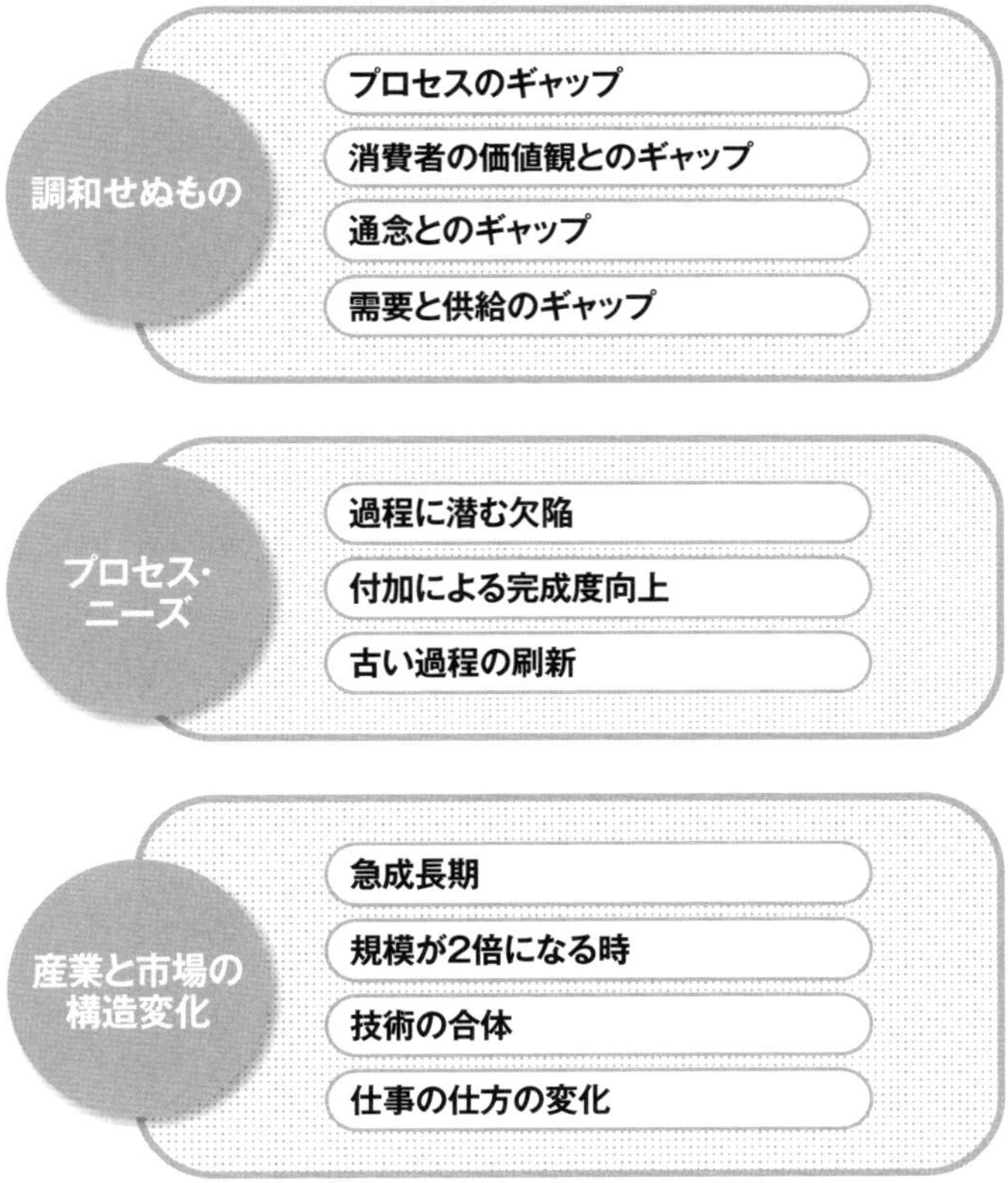

社内や業界、市場の内部にある機会の源泉については、「調和せぬもの」「プロセス・ニーズ」「産業と市場の構造変化」にも注目せよ。

045

外部環境に見る源泉

Innovation Opportunity

人口構成の変化に注目せよ

外部環境の変化に敏感になる

業界や市場の外で起こっている変化は、変化のスパンがさらに長期で、イノベーションの信頼性や確実性も低くなる。とはいえ、これらにも当然目配りをする必要があるし、仮に機会をうまく活用すれば大きなリターンを得られるだろう。

①人口構成の変化　業界や市場の外部における変化の中で、イノベーションの機会をもたらす源泉として最も信頼できるのが人口構成の変化だ。人口構成の変化は最も逆転しにくいという特徴をもつ。また、リードタイムが明らかだ。そのため、先を読みやすいという特徴がある。

たとえば、出生率の急激な低下は、それから5、6年後に、学校教育へ大きな影響を及ぼすだろう。同様の手法で、人口構成の変化が、自社の事業にどのような影響を及ぼすか考えることで、イノベーションの可能性は高くなる。

このようなことからドラッカーは、人口構成の変化は「すでに起こった未来」だと述べている。

②認識の変化　社会における価値観や文化の変化と言い換えてもよい。認識の変化は、人口構成の変化よりもリードタイムが長く信頼性や確実性も相対的に低い。

テーマ043で見た居酒屋の一例は、居酒屋に対する認識が変化した結果と言えるだろう。こうした認識の変化は、人間のライフスタイルを大きく変える。そこにイノベーションの機会が潜んでいるということは、言うまでもないだろう。

③新しい知識　イノベーションまでのスパンが最も長いのが新しい知識だ。たとえば、電気の存在については、紀元前4世紀には知られていたが、電気の具体的応用が可能になるのはボルタが19世紀初めに電池を発明して以降のことだ。

新しい知識によるイノベーションは時間がかかる。リスクも大きい。しかし極めてチャレンジングなイノベーションであることに間違いはない。

外部環境と機会の源泉

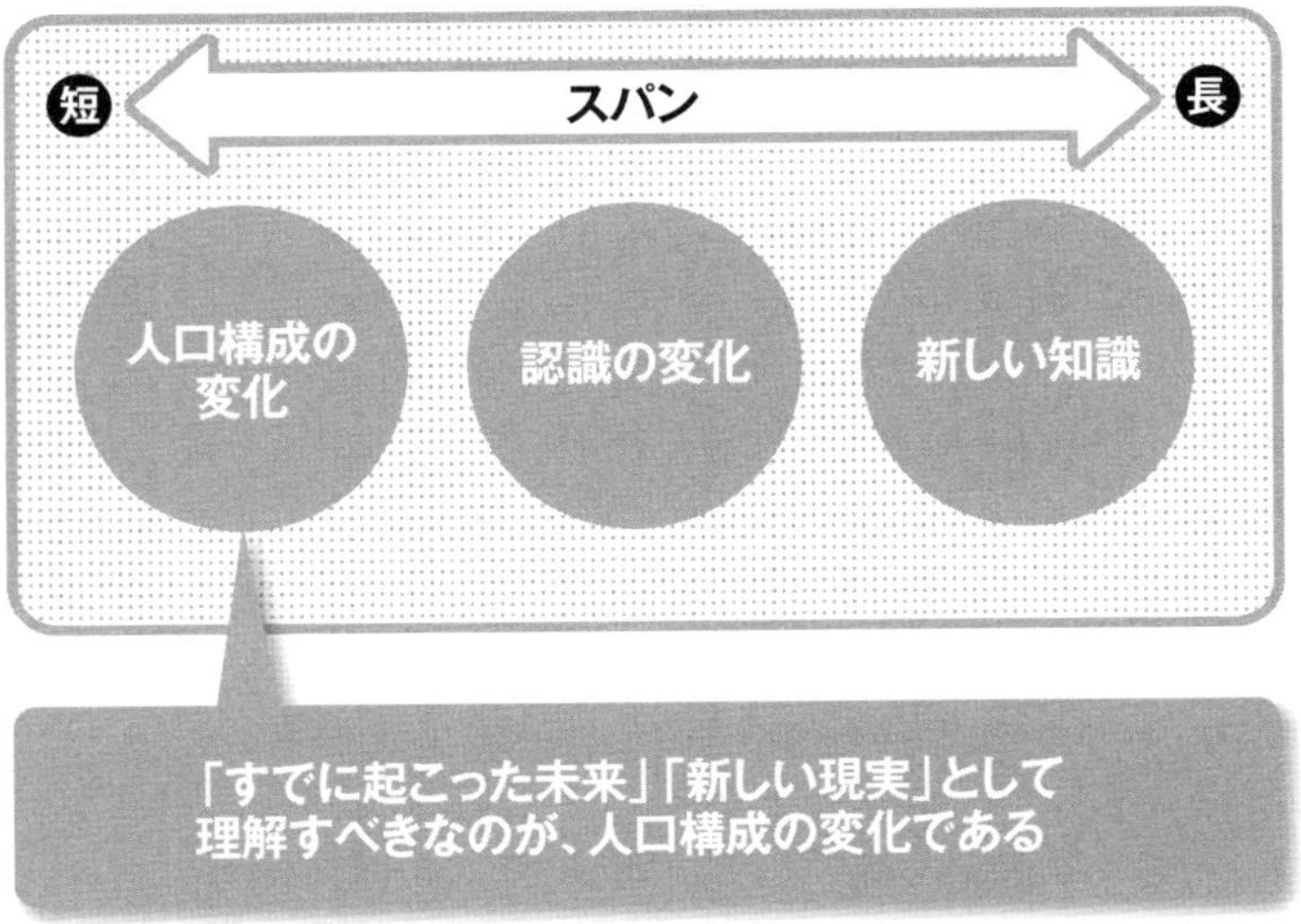

これらの変化が自分の組織にどのような影響を与えるか考える。そして、それへの対処を考案することで、イノベーションを実現できる。

046 イノベーション推進戦略

Entrepreneurial Strategies

イノベーション推進戦略の基本タイプを理解せよ

四つのイノベーション推進戦略

イノベーションの機会を発見したら、次はそれを現実のイノベーションにまで育てる戦略が問われる。

戦略策定の基本は、イノベーションが実現した時のビジョンと現状を比較することだ。この**ギャップ分析**により解決すべき目標が明らかになるだろう。次に、この目標を達成する手段を考える。つまり、この一連の活動が戦略の策定になる（**テーマ016**）。

ドラッカーは、イノベーションを具体化する戦略の基本タイプを四つ掲げている。

①総力戦略
②創造的模倣戦略
③生態的ニッチ戦略
④企業家的柔道戦略[1]

これらはイノベーション推進戦略を練る上で有力な指針を与えてくれる。ここでは、まず、総力戦略と創造的模倣戦略について説明したい。

総力戦略とは、総力かつ迅速で攻めて、一挙に市場を立ち上げるとともに、そのトップの位置を確立することだ。成功すれば大きなイノベーションを達成できる。しかし失敗のリスクも高い。失敗したら全てを失うという覚悟で挑むべき戦略である。

一方、**創造的模倣戦略**とは、先発の製品を模倣しながら、そこにさらなる価値を加えて、先発製品よりも高い支持を得ることを目指す。もともとはマーケティング学者**セオドア・レビット**[2]が用いた造語だ。

創造的模倣戦略を実行する企業は、先発企業の行動を凝視し、新しいイノベーションが完成に近づくまで待つ。

そして、完成品の全貌《ぜんぼう》が見えたら、そこから仕事を始め、先発企業よりも消費者が満足する製品を短期間に提供する。いわば他人のイノベーションに乗る戦略とも言える。

イノベーション推進の四つの戦略

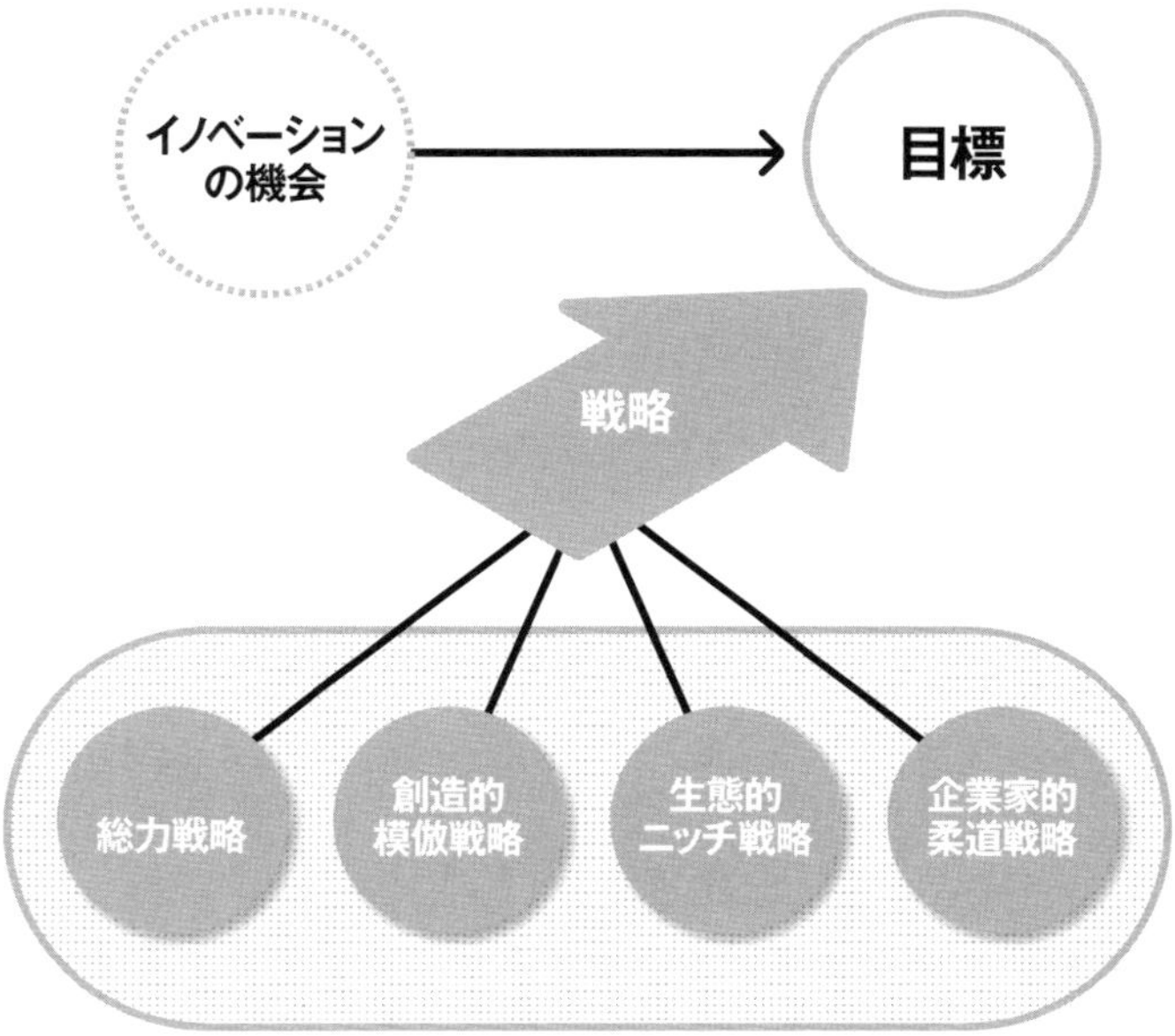

総力戦略はリスクが大きいため、実行は入念に検討する。創造的模倣戦略は日本企業が得意としたが、最近は他のアジア勢にお株を奪われた格好だ。

FOOTNOTE
1『イノベーションと企業家精神』の「III部　企業家的戦略」を参照されたい。
2 Theodore Levitt（1925〜2006）。ハーバード経営大学院の教授や『ハーバード・ビジネス・レビュー』編集長などを歴任する。

047

生態的ニッチ戦略

Ecological Niches

業界や市場を生態的にとらえてニッチを探せ

三つの生態的ニッチ戦略

ニッチとは、もともと廊下の隅や角にある花瓶などの置き場を意味する。これが転じて市場の隙間を指すようになった。

ドラッカーは、生態的な観点からこのニッチを見つけ出して、イノベーション推進の戦略を展開せよと言う。これが**生態的ニッチ戦略**だ。

ドラッカーが言う生態的な観点とは、業界や市場を生態的にとらえて、その中にニッチを見出すということだ。[1]発見したニッチは、生態系に組み込まれているのだから、その生態系にとってなくてはならないもののはずだ。

そのため、生態的ニッチを占拠してしまえば、たとえ占める位置は小さくても、生態系に組み込まれていることから、生態系が存続する限りメリットを享受できる。この点が通常のニッチ戦略とは大きく異なる点だ。[2]

ドラッカーは、生態的ニッチ戦略には、①トールゲート（料金所）戦略、②専門技術戦略、③専門市場戦略の三つがあると述べている。

まず、**①トールゲート戦略**は、その業界や市場において、誰もが通らなければならない場所を押さえる戦略を指す。高速道路の料金所のイメージからこの名前が付いた。

たとえば、ＥＣ（電子商取引）サイトのアマゾンは多くの企業や個人に販売システムを開放している。そして商品を自由に販売させ、全国に分散した利用者から金を徴収し、手数料を取った上で、企業や個人に売上を配分する。この手法は典型的なトールゲート戦略だと言ってよい。

また、**②専門技術戦略**は、専門的な技術によって特定の市場やその一部を支配する戦略だ。この戦略が大きな効果を発揮するのが、新たな市場が立ち上がる初期の段階において、ユニークな技術を展開することだ。

さらに、**③専門市場戦略**は、市場に対する専門知識を活用して、ニッチを攻略する。これは外国市場や特殊な製品市場でよく見られる戦略だ。

エコシステムのニッチを目指す

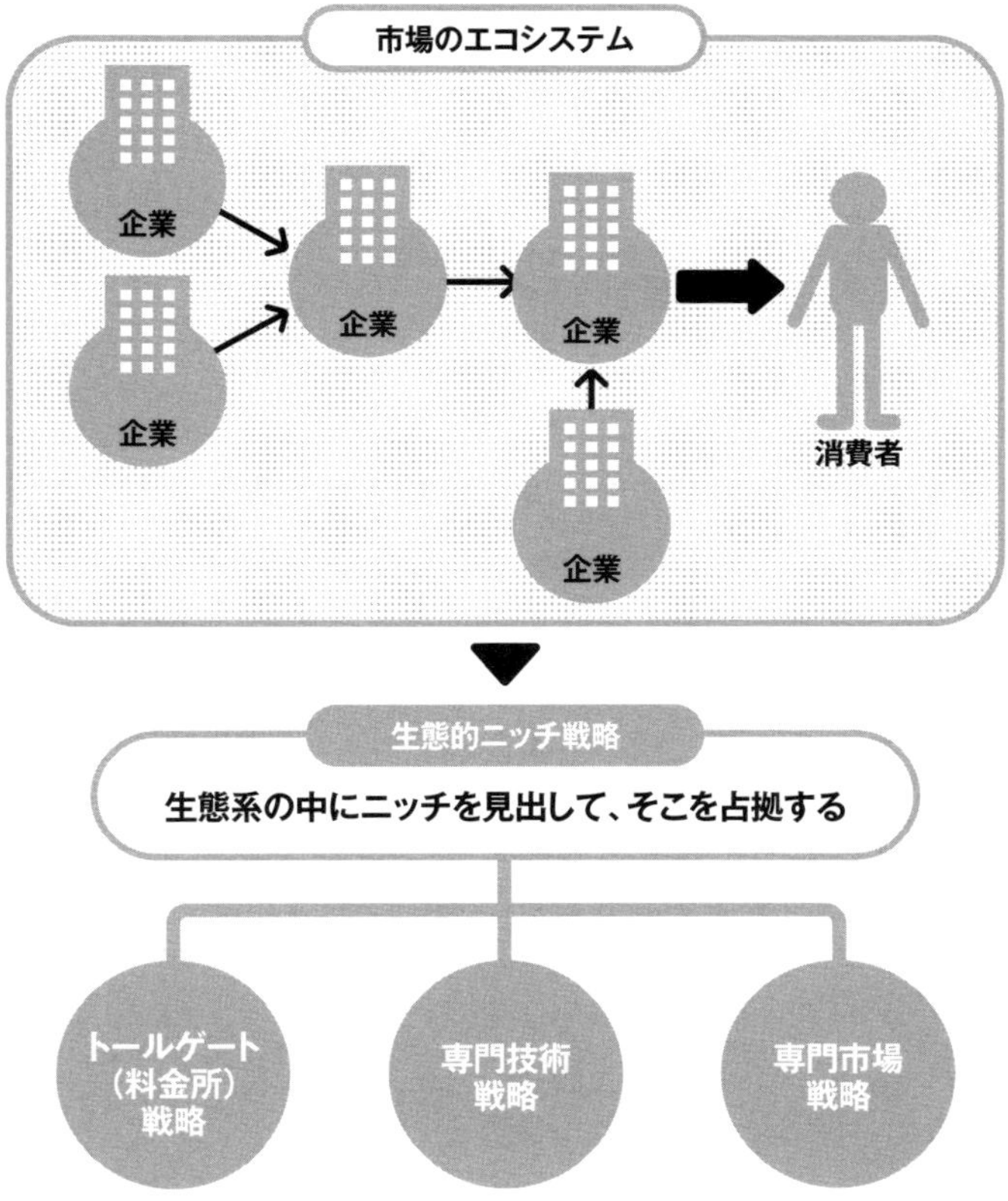

生態的ニッチ戦略では、市場や業界を生態系（エコシステム）としてとらえることが重要だ。その上で、エコシステム内に自分の居場所を探すのだ。

FOOTNOTE

1 これを近年はエコシステムと呼ぶ。

2 競争地位別に企業をマーケット・リーダー、チャレンジャー、フォロワー、ニッチャーに分類する考え方がある。通常のニッチ戦略とは、一般的なニッチの占拠を目指すニッチャーがとる戦略を指す。

048

先発企業が相手にしない市場を目指せ

企業家的柔道戦略と破壊的イノベーション

Entrepreneurial Judo

破壊的イノベーションに学ぶ

先発企業が相手にしない市場に参入し、そこを足がかりにして先発企業の市場を侵食する戦略を**企業家的柔道戦略**と呼ぶ。

先発企業には、ある種のおごりや市場を無視する態度が見られることがよくある。たとえば、市場の最もよい部分だけ占拠し、他の市場を無視したり低く扱ったりする態度などは、その典型と言えるだろう。

また、最高の品質を提供しているという自負心や、機能の極大化や複雑化に対する盲信は、利用者の価値観とマッチしなくなることがしばしば見受けられる。

先発企業がこのような態度の時に、先発企業が相手にしない市場が生まれるものだ。企業家的柔道戦略では、まさにそのスキに入り込んで、やがては先発企業を打ち倒すことを目指す。

このドラッカーの企業家的柔道戦略によるイノベーションを、より精緻《せいち》な理論に仕上げたものがある。**破壊的（秩序を乱すような）イノベーション**[1]がそれだ。

ここに機能は劣るが価格が安い技術がある。これを**破壊的技術**と呼ぶ。こうした破壊的技術が、先発企業が見向きもしない下位市場に導入されるとしよう。

破壊的技術が一旦《いったん》市場に導入されると、右肩上がりの性能向上が進められるであろう。するとやがて先発企業が占拠していた市場でも、十分対応するところまで、製品の性能が引き上げられるだろう。

破壊的技術には、もともと価格が安いという利点があった。性能が同じならば、価格が安い方がよいに決まっている。こうして、先発企業が占拠していた市場の顧客は、破壊的技術を用いた製品に流れる。つまり、先発企業の市場を侵食し、やがては先発企業を市場からたたき出す。

これを破壊的イノベーションと呼ぶ。破壊的イノベーションの起こる過程は、企業家的柔道戦略に先発企業が負かされる過程を示していると言ってよい。

破壊的イノベーション

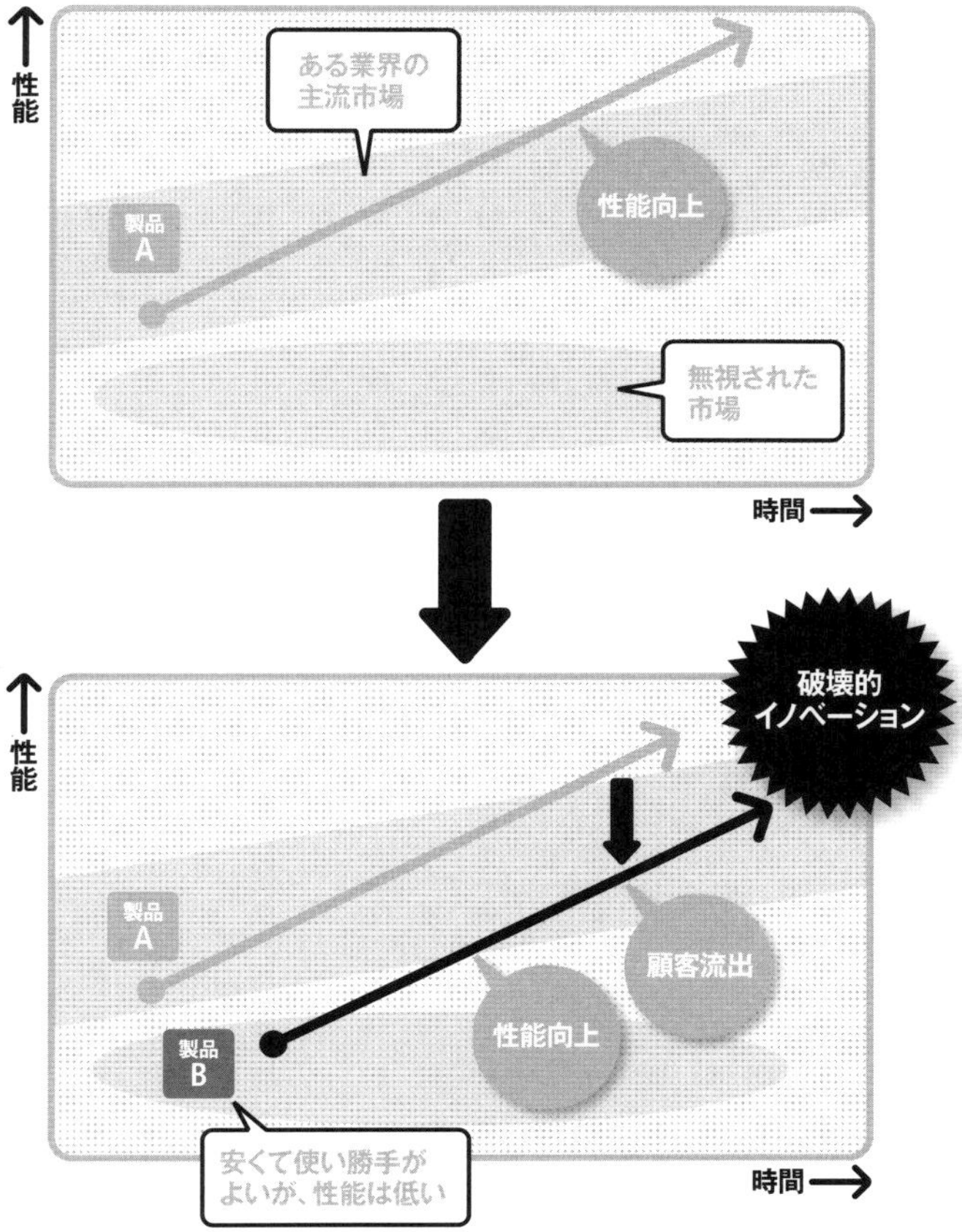

破壊的イノベーションは、クレイトン・クリステンセンが提唱したものだが、これはドラッカーの企業家的柔道戦略を理論的に精緻にしたものにほかならない。

FOOTNOTE

1 disruptive innovationの訳。経営学者クレイトン・クリステンセンが提唱した。本来は「秩序を乱すようなイノベーション」という意味。そもそもイノベーション自体が破壊的なものなので、破壊的イノベーションは意味が重複しており訳語としては不適切だろう。

049

イノベーションの基本手順を組織に埋め込む

イノベーション推進組織

Innovative Organization

イノベーターは機会志向

テーマ029でふれたように、古臭いものを捨て去り常に新しい組織であるためには**体系的廃棄**が欠かせない。これは**イノベーション推進組織**の最低限の条件でもある。

その上で、新しいものを創造する活動を体系的に実行する。それが、既存の製品や仕組みに対する体系的かつ継続的自己改善（カイゼン）であり、新しい適用方法の開発であり、イノベーションの推進であった。

まず、右の仕組みをもつことが、イノベーション推進組織の基本になる。その上で、イノベーションの機会を探索し、それを実現する基本的な手順を組織の機能の中に埋め込まなければならない。

この手順に関して、ドラッカーは次の四つのステップを掲げている。

まず、イノベーションの機会をもたらす七つの源泉について体系的に探索する体制を整える。そして、機会をもたらす源泉を徹底的に探索し、それらしきものを発見したら、それが本物かどうか検討する。

発見した事象を、イノベーションの機会だと認めたら、この機会を複雑にとらえず、シンプルに活用することを考える。ポイントは、焦点を絞ること、対象を明瞭かつ単純にすることだ。

具体的な行動に当たっては、まず、小規模に始める。**テーマ046**でふれた**総力戦略**はあまりにもリスクが大きい。そのため総力戦略の採用は稀《まれ》なケースだと心得る。

最後に、始めたからには、その分野でトップを狙う。そのためのものが先に示した戦略の数々にほかならない。

イノベーションの推進には、明らかに大きなリスクを伴う。しかしドラッカーは、「成功するイノベーターは保守的である」とした上で、「イノベーターは、リスク志向ではなく、**機会志向**である」[1]と述べた。

機会志向であるということは、本章で示したイノベーション実践手法を体系的に行うことなのだ。

組織にイノベーションの手順を組み込む

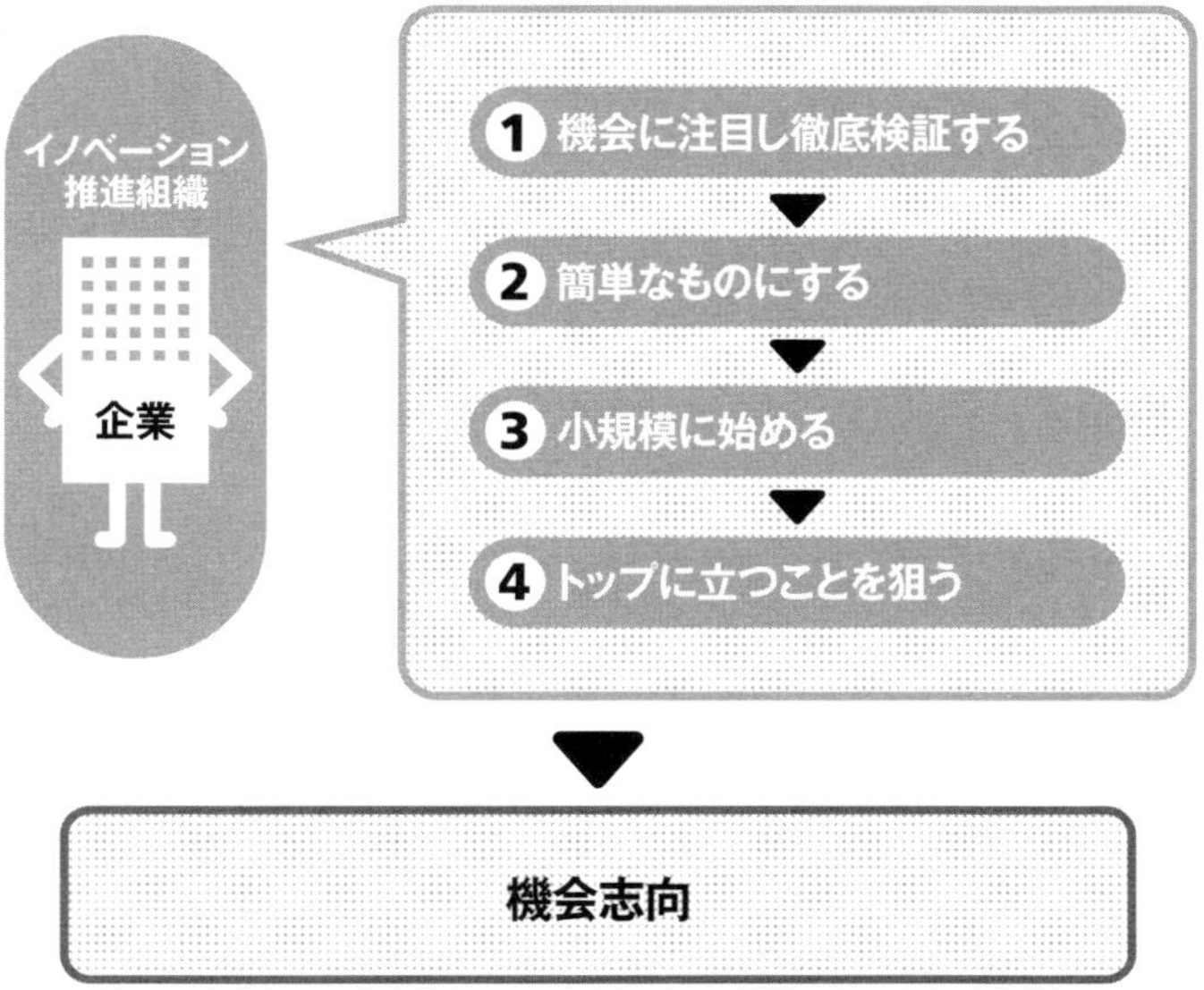

成功するイノベーターは保守的だ。イノベーターはリスク志向ではなく機会志向なのだ。ドラッカーのこの言葉を念頭にチェンジ・リーダーを目指したい。

FOOTNOTE 1『イノベーションと企業家精神』P241

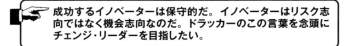

column
❶

目標管理とドラッカーの経験

テーマ031で紹介した目標管理は、働く人の生産性を高めるための手法としてもはや定番と言ってよい。驚くのはドラッカーと目標管理の関係をさかのぼると小学生時代の経験に行き着くという点だ。

ワークブックによる目標管理

ドラッカーは8歳から9歳にかけての小学生時代に、エルザ先生という人物と出会っている。エルザ先生は、ドラッカーの通う学校の校長であり担任でもあった。

ドラッカーはこのエルザ先生からワークブックに基づいた勉強法を習う。

このワークブックは、月ごとに1冊用意され、週初めに各科目の目標を書くようになっていた。実際の結果も週末に記入する。

そして、毎週1度、ドラッカーはこのワークブックを基に、エルザ先生と勉強結果について話し合ったという。

その際にエルザ先生は、ドラッカーの不得意科目を克服するのではなく、本当はできるはずだったことに焦点を絞って指導した。

そして、指導事項を次の週の新しい目標としてワークブックに書かせたという。これは、**目標と自己管理によるマネジメント**を実行しているのにほかならない。

これがドラッカーにとっての、目標管理の原体験だったという。

編集長から学んだ仕事の仕方

時代は下って、ドラッカーがドイツの有力夕刊紙「フランクフルター・ゲネラル・アンツァイガー」の編集者として働いていた時のことだ。

フランクフルト一の発行部数を誇る同紙は、編集長エーリッヒ・ドンブロウスキーに率いられていた。

ドンブロウスキーは、非常に厳しい男だったが、部下の指導に大変熱心だったという。そのやり方はこうだ。

毎週1回、部下の仕事ぶりについて話し合う他、年に2回、部下全員が半年間行った仕事について、①半年間に行った優れた仕事は何か、②一所懸命やった仕事は何か、③お粗末な仕事や失敗した仕事は何かを徹底検討したという。

これらについて話し合った後、さらに2時間ほどかけて、①集中すべきこと、②改善すべきこと、③勉強すべきことを考えて、次の半年間の目標を立てた。

以上は、**テーマ032**で紹介した、**フィードバック分析の六つの質問**にほかならない。

PART

2

ポーターの競争戦略 編

1980年、マイケル・ポーターは著作『競争の戦略』を発表した。この著作によりポーターは世界的に著名な経営学者にのし上がり、同書はいまでも「戦略論のバイブル」と考えられている。ポーターの戦略論の特徴は「戦略的ポジショニング」にある。本パートではこの重要コンセプトを手始めにポーター理論の全貌を紹介したい。

050

戦略的ポジショニングとは

ポーターの競争戦略論

Porter's Competitive Strategy

ひときわ輝くポーター理論

「**戦略**」という言葉を聞いて、真っ先に思い浮かぶのは**マイケル・ポーター**[1]ではないだろうか。何しろポーターは著書『競争の戦略』を1980年[2]に出版し、この著作は30年以上経った現在でも「戦略論のバイブル」と言われているほどだからだ。

しかし、戦略論はポーターのものが唯一というわけではない。カナダの著名経営学者**ヘンリー・ミンツバーグ**[3]らは、著作『**戦略サファリ**』[4]の中で、当世の戦略論を10種類の学派に分類している（左ページ参照）。本書ではこれらの詳細についてふれる紙数はないが、ポーターの戦略論は多様な戦略論の中の一つだとまずは理解したい。

ただし、ワンオブゼムだからといって、ポーターの戦略論の価値が下がるわけではない。この10種類の戦略論の中でも根強い支持を得ており、それがために確固たる位置を占めているのがポーターの戦略論だ。

そもそもポーターの戦略論の特徴は**ポジショニング**にある。そのためミンツバーグは、ポーターの戦略論を**ポジショニング学派**として分類している。もっとも、ポジショニングと言っても、マーケティングで言われるそれとは内容的にまったく異なるものだ（**テーマ108**）。

たとえばここに広大な競争空間があるとする。この空間は一般に**業界**と呼ばれている。

その業界に属する企業はこの競争空間のどこかに身を置いて、競争を繰り広げることになるだろう。ただ、身を置くには、競争上有利な地点もあればそうでない地点もある。そしてポーターの戦略論では、いかに有利な場所を見つけ出してそこに身を置くかを最重要課題として考える。この活動を**戦略的ポジショニング**と言う。

では、その有利な場所を探すにはどうすべきか。確保したそのポジションをいかに持続するのか。

実はこれらに答えるのが、ポーターの競争戦略論にほかならないのだ。

戦略論10の学派（スクール）

1	デザイン学派	コンセプト構想プロセスとしての戦略形成
2	プランニング学派	形式的策定プロセスとしての戦略形成
3	ポジショニング学派	分析プロセスとしての戦略形成
4	アントレプレナー学派	ビジョン創造プロセスとしての戦略形成
5	コグニティブ学派	認知プロセスとしての戦略形成
6	ラーニング学派	創発学習プロセスとしての戦略形成
7	パワー学派	交渉プロセスとしての戦略形成
8	カルチャー学派	集合的プロセスとしての戦略形成
9	エンバイロメント学派	環境への反応プロセスとしての戦略形成
10	コンフィギュレーション学派	変革プロセスとしての戦略形成

出典：『戦略サファリ』P5~6

戦略論といっても多様な学派がある。ミンツバーグらに従うと、ポーターは「ポジショニング学派」に分類される。

FOOTNOTE

1 Michael E. Porter（1947～）。アメリカの経営学者。30代の若さでハーバード大学経営大学院の正教授に就任した。競争戦略論の泰斗である。

2 日本では1982年にダイヤモンド社より出版された。M・E・ポーター『競争の戦略』（1982年、ダイヤモンド社）。

3 Henry Mintzberg（1939～）。カナダのマギル大学経営大学院教授。辛口の経営理論家として著名。

4 ヘンリー・ミンツバーグ、ブルース・アルストランド、ジョセフ・ランペル『戦略サファリ』（1999年、東洋経済新報社）

051

三つの基本戦略

Three Generic Strategies

コストのリーダーシップ・差別化・集中

長期的な基本戦略はたった三つしかない

ポーターの競争戦略論には、**戦略的ポジショニング**以外にも、キーとなるコンセプトがまだ少なくとも五つある。**①三つの基本戦略、②ファイブ・フォース、③バリュー・チェーン、④戦略的フィット、⑤ダイヤモンド・フレームワーク**だ。

企業の場合、①~④を熟知することで、独自の競争戦略を立案できるようになるだろう。さらに、競争戦略論を国家レベルにまで高めたのが⑤だ。いずれも戦略的ポジショニングと密接に関係するもので、本パートで順次解説することになる。まずは三つの基本戦略から始めよう。

テーマ050で述べたように、ポーターの競争戦略論では、戦略的ポジショニングが基本中の基本になる。当然、身を置く場所によって、企業がとる戦略も異なってくるだろう。

このように考えると、企業がとる戦略は、企業の数だけ存在するように思える。しかしポーターは、企業がとる長期的な基本戦略は、煎じ詰めると結局のところたった三つしかないと主張した。ポーターはこの**三つの基本戦略**を図解でシンプルに表現した（左ページ参照）。

縦軸は「戦略ターゲット」で、こちらは「業界全体」と「特定セグメントだけ」に分かれている。一方、横軸は「戦略の有利性」で、こちらは「顧客から特異性が認められる」と「低コスト地位」に大別されている。

そして、業界全体を対象に低コスト化を最大の武器に、業界の主導権を握る戦略が**「①コストのリーダーシップ」**だ。また、業界全体を対象にしながらも、「顧客から特異性が認められる」よう事業を展開するのが**「②差別化」**だ。さらに右記のいずれかの戦略を地域やターゲットなど特定のセグメント（**テーマ113**）で実行するのが**「③集中」**だ。

企業は長期的に見ると、この三つの基本戦略、言い換えると三つの戦略的ポジショニングのいずれかを選ぶ必要がある。これがポーターのとった基本的立場なのだ。

三つの基本戦略

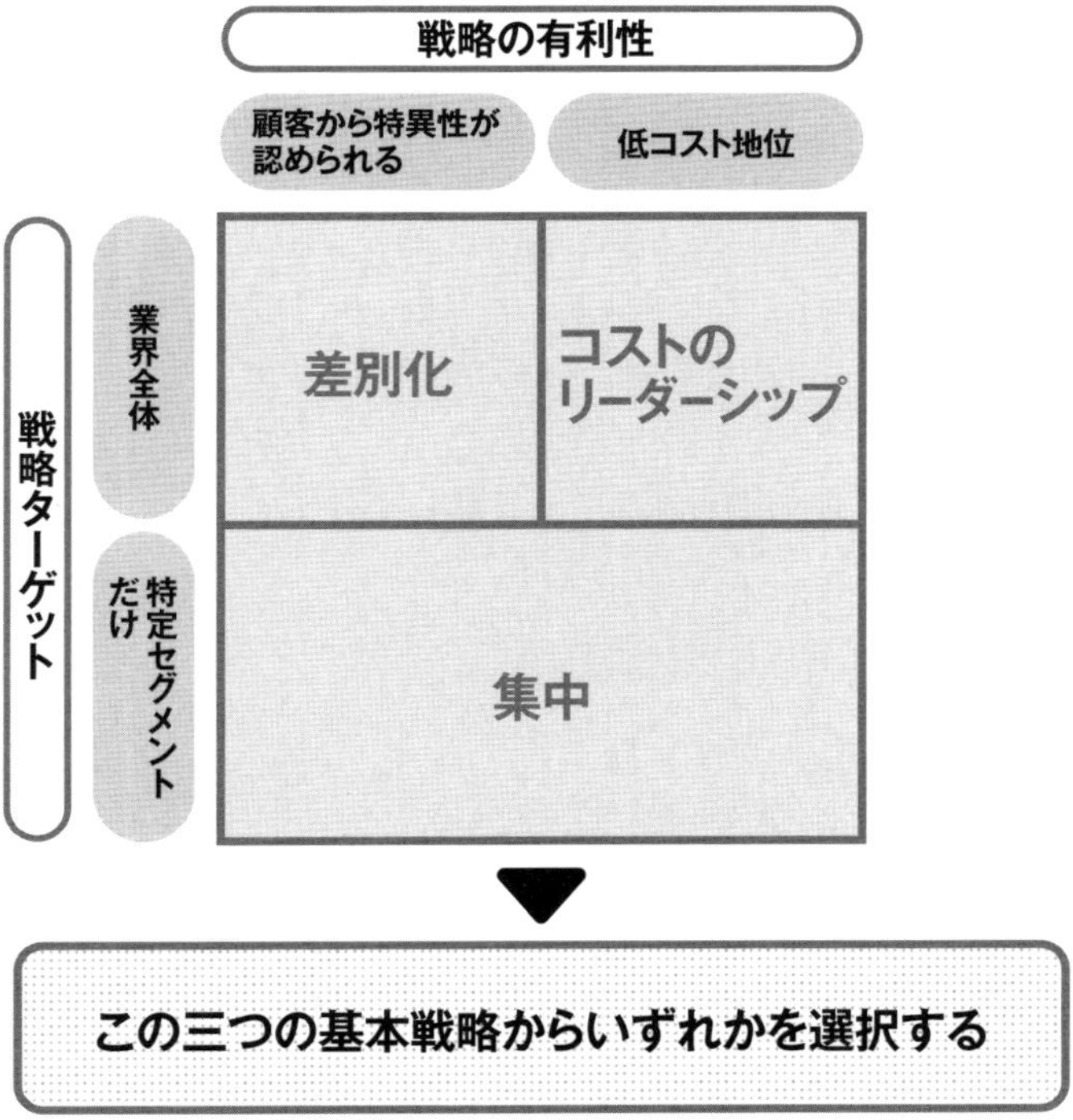

出典：M・E・ポーター『競争の戦略』（1982年、ダイヤモンド社）を基に作成

コストのリーダーシップ、差別化、集中。これが戦略の基本になる。この三つの基本戦略から一つを選ぶことが、企業には求められる。

052

コストのリーダーシップ戦略

Overall Cost Leadership

業界一の低コスト体質を実現せよ

ライバル企業よりも低価格を実現するために

コストのリーダーシップは、業界一の低コスト体質を実現することで、競合他社よりも低価格で製品やサービスを提供する戦略だ。

たとえば、ライバル企業とまったく同品質の製品を提供しているとしよう。品質が同じならば、誰しも安い方を購入するだろう。こうなるとやがてライバル企業との価格競争に突入する。では、この価格競争が延々と続いたとすると、生き残るのはいずれの企業だろう?

それは継続してより安い価格を提示し続けられる企業、ライバルより低コスト体質を実現している企業だ。

価格競争が続くと、極端な話、ある製品を一つ作ったときにかかる費用[1]と、その製品の価格とが均衡する地点まで行き着くことになるだろう[2]。さらに安い価格で売ったら損失が出るから、価格はここまでしか下がらない。経済学ではこれを**ベルトラン競争**[3]と呼ぶ。

とはいえ、ある製品にかかる費用は、企業のコスト体質によって決まる。低コスト体質だと、この費用がライバル企業よりも小さい。その結果、ライバル企業が損失を出すような価格でも製品を提供できるわけだ。こうして価格競争に勝つのは低コスト体質の企業、言い換えるとコストのリーダーシップ企業になる。

ただし、コストのリーダーシップ戦略が、**低価格戦略**と同義ではない点に注意しよう。低価格はコストの低減があって初めて実現できる。低コスト体質でもないのに低価格に邁進《まいしん》するのは自滅行為に等しい。

また低コスト体質だからといって、製品を低価格にする必要もない。需要に応じた価格を設定すればよい。そうすれば場合によっては、大きな利益を確保できるだろう。

もっとも、コストのリーダーシップ戦略を採用するには、左ページに示す条件をクリアする必要がある。こうした課題を解消して、コストのリーダーシップを実現したら、その企業は極めて競争力が高くなるだろう。

コストのリーダーシップとその条件

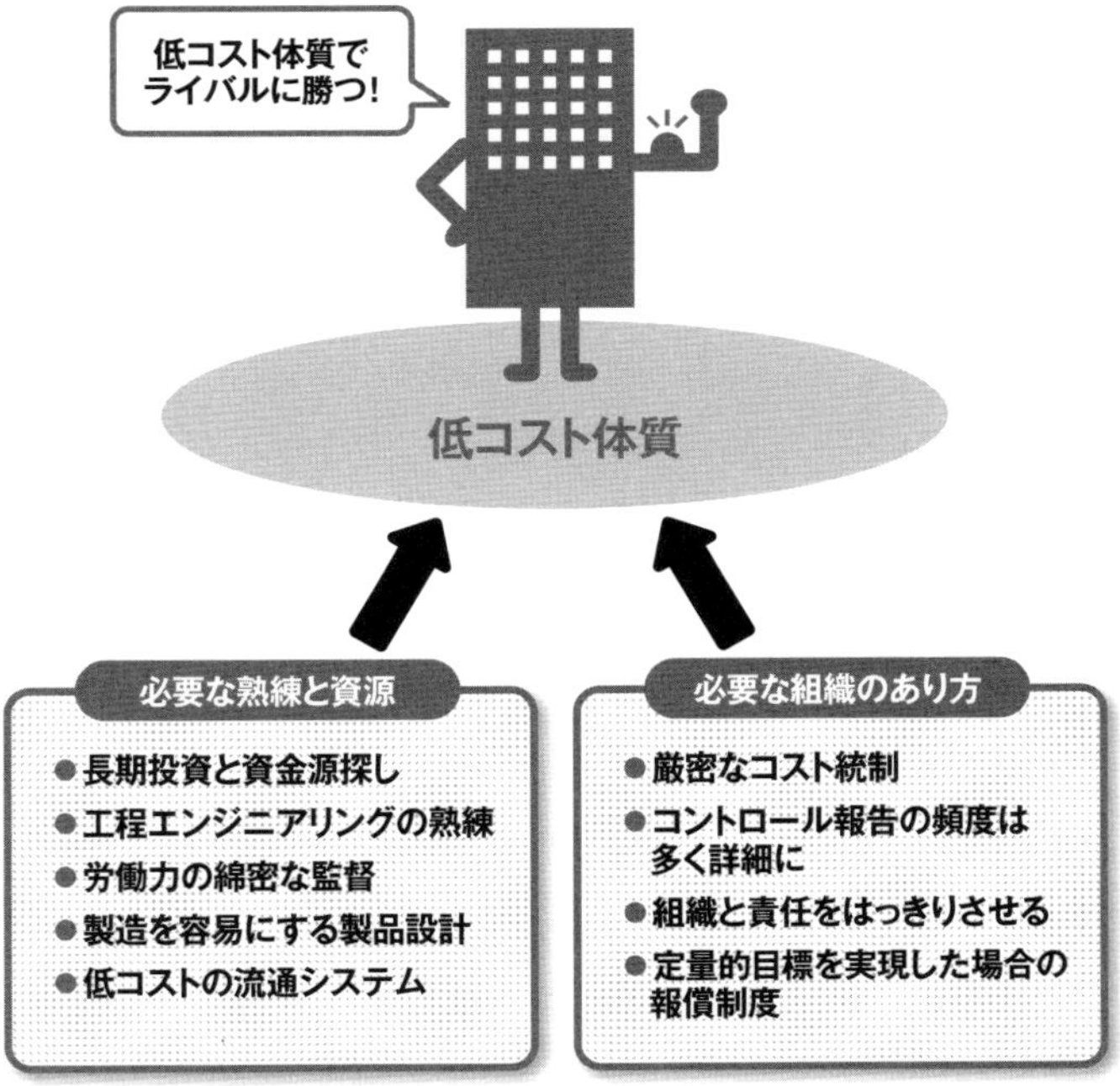

出典:M・E・ポーター『競争の戦略』P63を基に作成

低価格を実現するには、低コスト体質が欠かせない。
低コスト体質のない低価格は自滅への道だ。

FOOTNOTE

1 経済学ではこれを**限界費用**と呼んでいる。
2 これは言い換えると、限界費用と価格が等しくなる地点ということだ。
3 この名称はフランス人経済学者ジョセフ・ベルトラン(1822〜1900)にちなんでいる。

053

差別化戦略

Differentiation

独自性を前面に出せ

競合にはない自社ならではの独自性を出す

テーマ052では、**コストのリーダーシップ**が極めて強力な競争の戦略であることを示した。ただ、この戦略で必勝するには条件がある。それは、企業が顧客に提供する財が完全に代替可能だということだ。

代替可能とは、要するに、どっちでも変わりがないもの、ということだ。競争するあらゆる企業が完全に代替可能な製品を提供している場合、コストのリーダーシップは、競争に打ち勝つための決定的な決め手になる。

しかし、あらゆる企業がまったく同じ製品を提供するとは、ちょっと考えにくい。独自の機能やデザインとかを打ち出して、顧客を引きつけようと考えるだろう。

こうしてコストのリーダーシップとは異なる戦略が登場する。競合他社とは違う独自性を出すこと、つまり**差別化**だ。以下、代表的な差別化手法を列挙しよう。[1]

最もオーソドックスな差別化戦略は、**製品による差別化**だろう。これは製品がもつ形態や機能、デザイン、耐久性、テクノロジーなどで違いを出す戦略だ。いわば競合他社にない最高の品質を追求するのが、この差別化戦略の目指すところだ。

次に**スタッフの差別化**だ。スタッフを徹底的に教育して、顧客との親密性（これを**カスタマー・インティマシー**と呼ぶ）を追求する戦略だ。ちなみに、スタッフと顧客がふれ合う瞬間を**真実の瞬間**と呼ぶ。スカンジナビア航空は、この真実の瞬間で顧客のハートをがっちりつかみ、企業の差別化に成功したのは有名な話だ（**テーマ136**）。

チャネルによる差別化もライバル企業との違いを生み出す重要な要因になる。たとえば、高級食品店にしか置いていない食材は、スーパーで普通に見られる食材とは明らかに差別化されている。

企業イメージやブランド・イメージなどによる**イメージによる差別化**も効果は大きい。特に広告では、製品の機能もアピールするが、イメージを訴求する場合も多い。

差別化とその条件

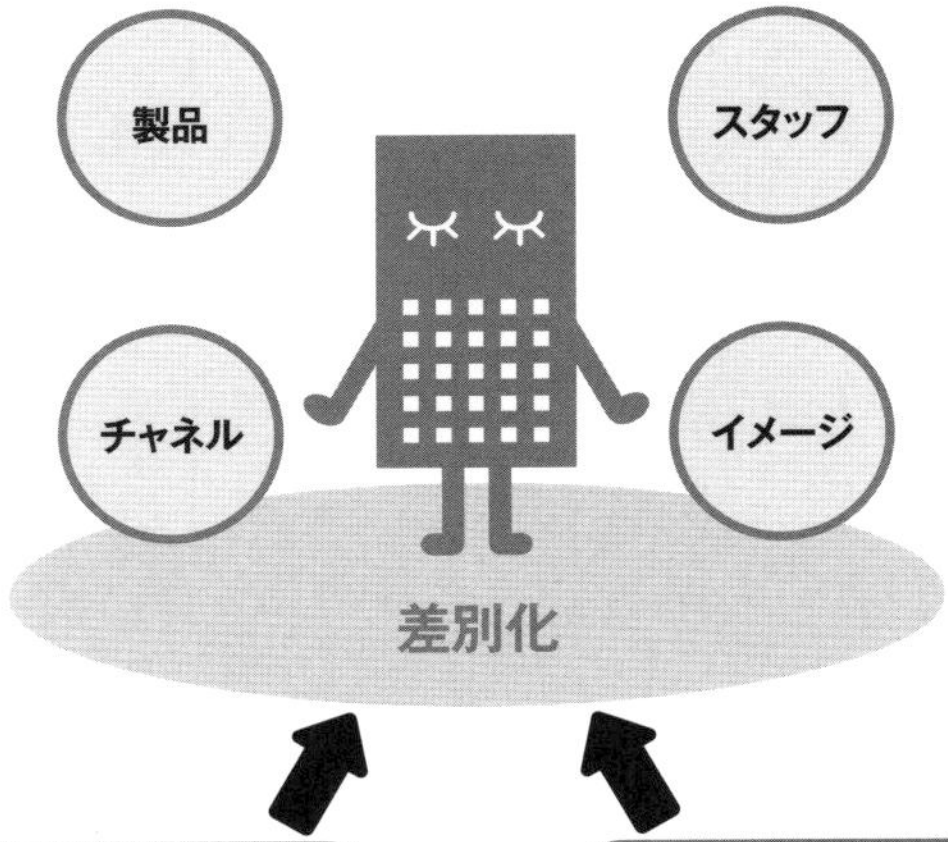

必要な熟練と資源

- 強力なマーケティング能力
- 製品エンジニアリング
- 創造的直観
- 基礎研究力
- 高品質またはテクノロジー主導という評判
- 業界内の歴史が古い、または他の事業経験からの熟練の独自の組み合わせ
- 流通チャネルからの強い協力

必要な組織のあり方

- R&D、製品開発、マーケティングのうまい調整
- 定量的測定よりも主観的測定による報償
- 高熟練工、科学者や創造的人間を惹きつける快適さ

出典：M・E・ポーター『競争の戦略』P63を基に作成

差別化は、上記以外に独自の価値活動の組み合わせからも生じる。この点は極めて重要なので第9章で徹底的に解説したいと思う。

FOOTNOTE

1 以下は、フィリップ・コトラー、ケビン・レーン・ケラー『コトラー＆ケラーのマーケティング・マネジメント（第12版）』（2008年、ピアソン・エデュケーション）P397〜401を参考にした。

054

集中戦略

Focus

特定のターゲットに集中せよ

市場を細分化して標的市場を決める

三つの基本戦略の最後は**集中**だ。これは特定の地域や購入者などに経営資源を集中し、そこでコストのリーダーシップか差別化、またはその双方を実施する戦略を指す。

現代マーケティング理論では、市場全体を対象にするのではなく、共通の特徴をもついくつかの小市場に分割することを**セグメンテーション（市場細分化）**と呼ぶ（**テーマ113**）。また、このセグメンテーションでできあがった小市場のことを**セグメント**と呼ぶ。

このセグメントの中から、自社にふさわしい市場を選択する。マーケティングではこれを**ターゲティング**と言う。また、選択したセグメントを**標的市場**と呼ぶ。そして、特定の標的市場に対して経営資源を集中させる。

その際、セグメンテーションされた標的市場に対して、**コストのリーダーシップ戦略**か**差別化戦略**のいずれかを適用する。これが集中の典型だ。ポーターによると、稀《まれ》にその両方を適用するのも可能だという。

このように考えると、集中戦略では、どのような基準で市場をセグメンテーションし、いずれの標的市場を選択するのか、という点が極めて重要になる。

セグメンテーションの基準としては、人口統計的変数や地理的変数がよく用いられる。前者はターゲットの年齢や性別、世帯規模、所得、職業で市場をセグメンテーションする方法だ。また後者は文字どおり地域や都市によって市場を細分化する。ポーター自身も**買い手選択のフレームワーク**を掲げて、ターゲットの細分化手法を述べている（**テーマ068**）。

セグメンテーションが行えたら、次にこの中から自社にとってふさわしいセグメントを選択しなければならない。これが**ターゲティング**だ。

その際、重要となる基準は、自社がライバル企業よりも上手に顧客がもつニーズに対応できるセグメントを選択することだ。

セグメンテーションの基準と集中戦略

セグメンテーション

❶人口統計的（デモグラフィックス）変数
年齢、性別、世帯規模、家族のライフサイクル、所得、職業

❷地理的変数
地域、都市、人口密度、気候

❸心理的（サイコグラフィックス）変数
ライフスタイル、パーソナリティ

❹行動上の変数
利用頻度、ベネフィット、ユーザーの状態、利用割合、利用状況、ロイヤルティ、購買認知段階、製品に対する態度

❺製品・サービスの属性変数
製品・サービスの品質、性能、サイズ、スタイル

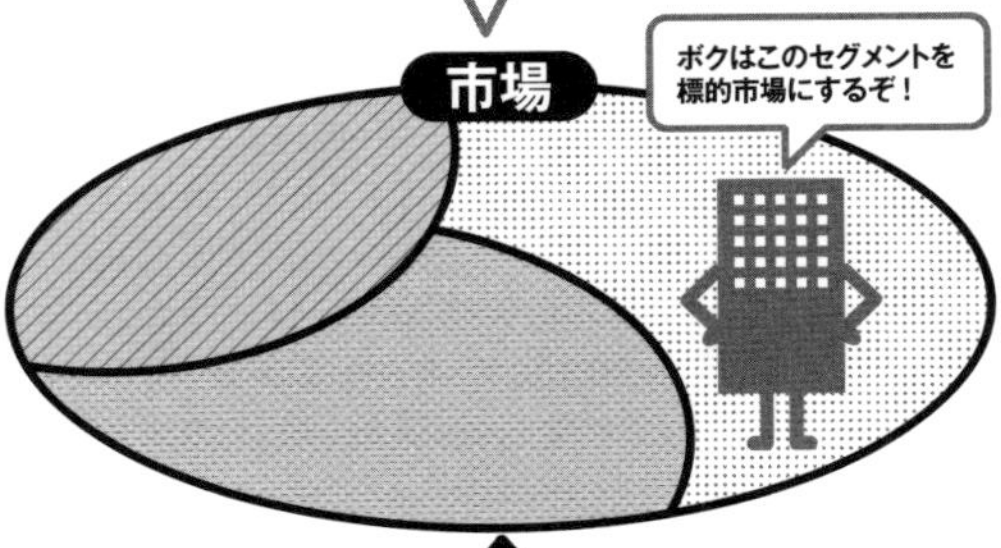
市場
ボクはこのセグメントを
標的市場にするぞ！

必要な熟練と資源／必要な組織のあり方

コストのリーダーシップ、差別化で必要だったものを、特定のターゲットに適合するよう組み合わせる

市場を細分化したら、ライバル企業よりも上手に顧客ニーズに対応できるセグメントを選ぶのが重要になる。

055

戦略がもつリスク

Risks of the Generic Strategies

三つの基本戦略からいずれかを選択せよ

三つの基本戦略と不振企業の特徴

ポーターによると、業績不振の企業は、**三つの基本戦略**のいずれも採用していないか、採用していたとしても短期間で方針を変更しているという。とはいえ、三つの基本戦略のいずれかを選択すれば必ず成功する、というわけでないことは言わずもがなだろう。

また、それぞれの戦略にはリスクもあることを十分に認識しておくべきだ。そのリスクには次のようなものがある。

コストのリーダーシップ戦略には必要とされる企業の能力がいくつかあった（**テーマ052**）。この能力が無に帰すとき、それがこの戦略のリスクになる。

たとえば、最新設備に投資するなど、大きな負担が必要になるのもその一つだ。この投資に耐え続けられなくなったとき、コストのリーダーシップを堅持できなくなる。

また、テクノロジーの変化により、一夜にして**経験曲線**（**テーマ060**）が水泡に帰すこともあるし、ライバル企業がさらなる低コストを実現することも考えられるだろう。

次に**差別化戦略**の最大のリスクは、差別化が差別化でなくなる点だ。たとえば、差別化要因が顧客に飽きられてしまったら、それはもはや差別化とは言えなくなる。また、模倣者が次から次へと登場することで、差別化が雲散霧消してしまうケースも考えられるだろう。

それから、低コスト企業とコストの差があまりに広がる危険性がある。これに、差別化に対する飽きや模倣者による低価格競争が加わると、差別化戦略をとる企業の立場は一夜にして悪化するだろう。

集中戦略では特定のセグメントに経営資源を集中する。ただ標的市場の規模が小さかったり、成長性に問題があったりすると、十分な収益を得られないだろう。これはセグメントの選択に大きなリスクが潜むことを意味する。

また、業界全体を対象とする企業とコストの差が大きく開く懸念や、戦略的に絞り込んだターゲットと全体市場のニーズが同じになることもリスクになる。

三つの基本戦略のリスク

コストのリーダーシップ戦略

- ▶持続力を失う
  - ●競争相手が模倣する
  - ●技術の変化
  - ●コストのリーダーシップの他の土台が崩れる
- ▶差別化で大差をつけられる
- ▶コストのリーダーシップ戦略をとる他社が、セグメントにおいてさらに低コストを実現する

差別化戦略

- ▶持続力を失う
  - ●競争相手が模倣する
  - ●差別化の土台が買い手にとって魅力を失う
- ▶コストで大差をつけられる
- ▶差別化戦略をとる他社が、セグメントにおいてさらに大きな差別化を実現する

集中戦略

- ▶模倣される
- ▶ターゲットとしたセグメントが構造的に魅力を失う
  - ●構造が崩れる
  - ●需要がなくなる
- ▶広いターゲットを狙う競争相手が自社のセグメントを席巻してしまう
  - ●他のセグメントとの差異が小さくなる
  - ●多い品数の優位が増す
- ▶新しい集中戦略をとる他社が、業界のセグメントをさらに細分化する

出典：M・E・ポーター『競争優位の戦略』P29を基に作成

何かを選択するということは、同時にリスクをとることでもある。三つの基本戦略がもつリスクもしっかり頭の中に入れておこう。

競争戦略の本質は差別化に行き着く

競争戦略の本質

Essence of Competitive Strategy

競争戦略の本質は差別化である

ここまでで三つの基本戦略の本質について述べてきた。この考えが公表されたのは、１９８０年に世に出た著作『**競争の戦略**』でのことだ。[1]

一方、その後、ポーターは三つの基本戦略について若干考え方を改めた節がある。ポーターは、論文「**戦略とは何か**」（１９９６年）で次のように述べている。

競争戦略の本質は差別化である。つまり、意図的にライバルとは異なる一連の活動を選び、独自の価値を提供することである。[2]

よく考えてみると、**低価格**はライバル企業の製品と差別化をはかるための大きな要因になる。コストのリーダーシップ戦略は、この低価格戦略を推進するエンジンだ。

となると、コストのリーダーシップ戦略も、差別化戦略の一環として語れるだろう。いわば、低コスト体質を背景にした低価格による差別化がコストのリーダーシップというわけだ。また、集中戦略は特定のセグメントを選択すること自体が差別化と言える。

こうしてポーターは次のように述べる。

戦略とは、他社とは異なる活動を伴った、独自性のある価値あるポジションを創り出すことである。[3]

では、三つの基本戦略はもはや無意味なのか。たぶんそうではない。他社と異なる方法で、コストのリーダーシップのポジションを獲得できれば強い競争力になるだろう。また、市場を細分化して標的市場に経営資源を集中することは、現代のマーケティングでは基本中の基本だ。

これらを代表的な差別化手法ととらえ、私たちはより効果的な、独自性のあるポジショニングを追求する必要があるのだ。

競争戦略の本質

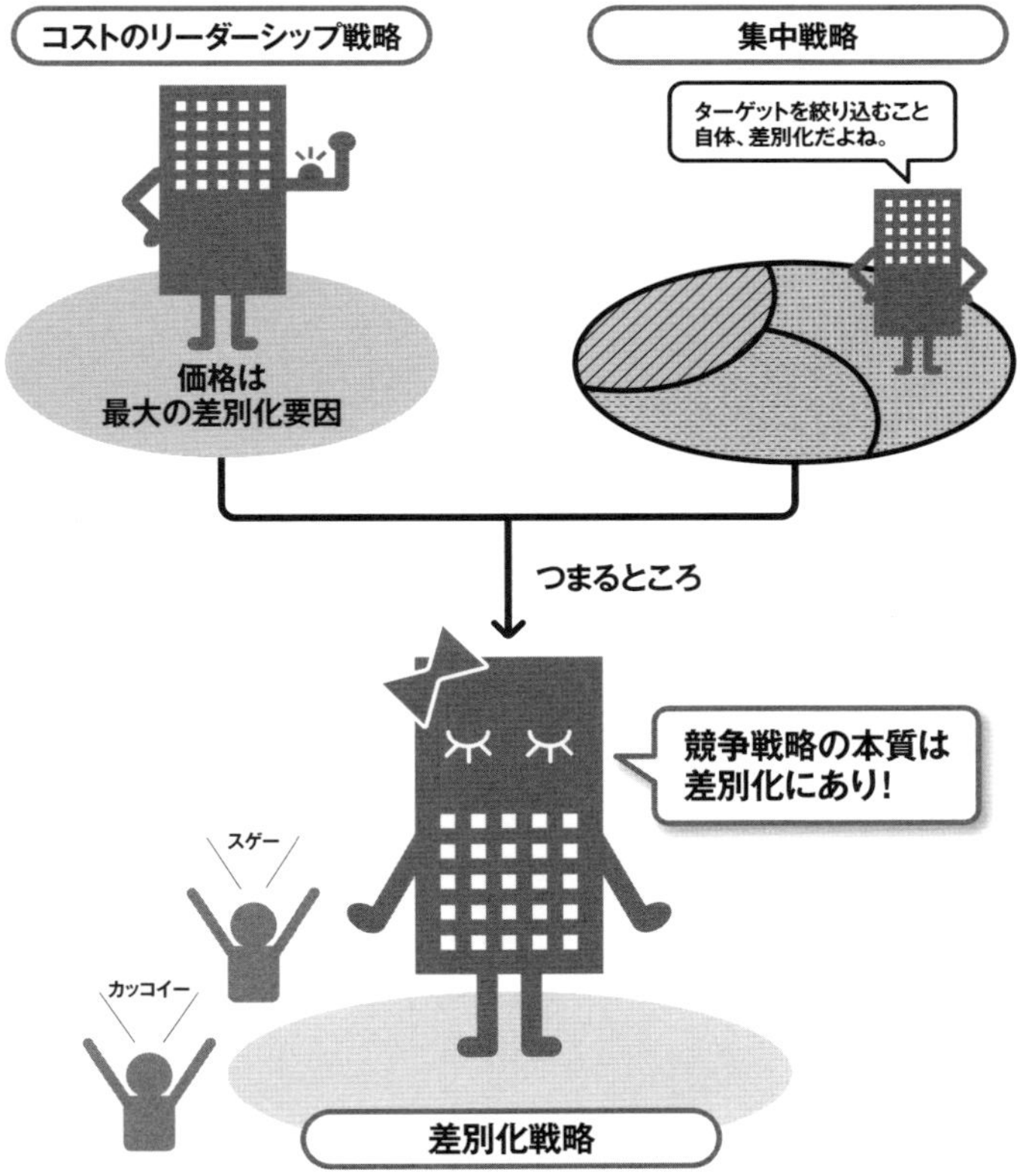

戦略とは、他社とは異なる活動を伴った、独自性があって価値あるポジションを創り出すことだと考えたい。

FOOTNOTE

1 それに先立って、『ハーバード・ビジネス・レビュー』誌上に論文「競争要因が戦略を決める」（1979年）として発表された。
2 M・E・ポーター『競争戦略論Ⅰ』（1999年、ダイヤモンド社）P76
3『競争戦略論Ⅰ』P90

057

競争戦略を立案する

競争戦略立案のフレームワーク

Framework

戦略立案のための二つのフレームワーク

テーマ056で述べたように、**競争戦略の本質は差別化**だ。そして差別化は、「他社とは異なる活動を伴った、独自性のある価値あるポジションを創り出すこと」[1]で生まれる。となると、具体的にどうすれば、他社とは異なる活動で、独自性のある価値あるポジションを構築できるのか。

順番は逆になるが、独自の価値あるポジションを構築する方法としてポーターは**ファイブ・フォース**を掲げる。これは業界の競争環境を五つの競争要因で分析するものだ[2]。

一方、持続的な競争優位の源泉となる他社とは異なる活動を構築する方法として、ポーターは**バリュー・チェーン（価値連鎖）**の活用を提唱する。これは企業の活動を価値創造の連鎖ととらえ、これを一般化したモデルだ[3]。

このように、ファイブ・フォースで戦略的ポジショニングを創造し、バリュー・チェーンで持続的競争優位を実現する。これがポーターの競争戦略論の基本的態度になる。

ところで、ファイブ・フォースとバリュー・チェーンは異なる分析対象をもつ。ファイブ・フォースの対象は、業界の競争環境だから、自社を取り巻く**外部環境**だ。対してバリュー・チェーンが対象にするのは、企業の価値創造活動についてだ。これは企業の**内部環境**を分析対象にする。

ポーター以前の経営戦略論では、外部環境と内部環境を分析して、戦略を策定するのが王道と考えられていた[4]。その際に重視したのが**SWOT**だ。これは**「強み」**と**「弱み」**を基準にして企業の内部環境を分析し、同時に**「機会」**と**「脅威」**で企業を取り巻く外部環境を分析するものだ。その上で、主たる成功要因と、自社の卓越した競争力をあぶり出して、唯一無二の戦略を創造する。

ポーターはことさらSWOTに言及していないが、内部環境の分析にはバリュー・チェーンで組織の「強み」と「弱み」を、外部環境についてはファイブ・フォースで「機会」と「脅威」を、それぞれ分析できると考えてよい。続いてこの二つのフレームワークの詳細について解説したい。

競争戦略を立案する

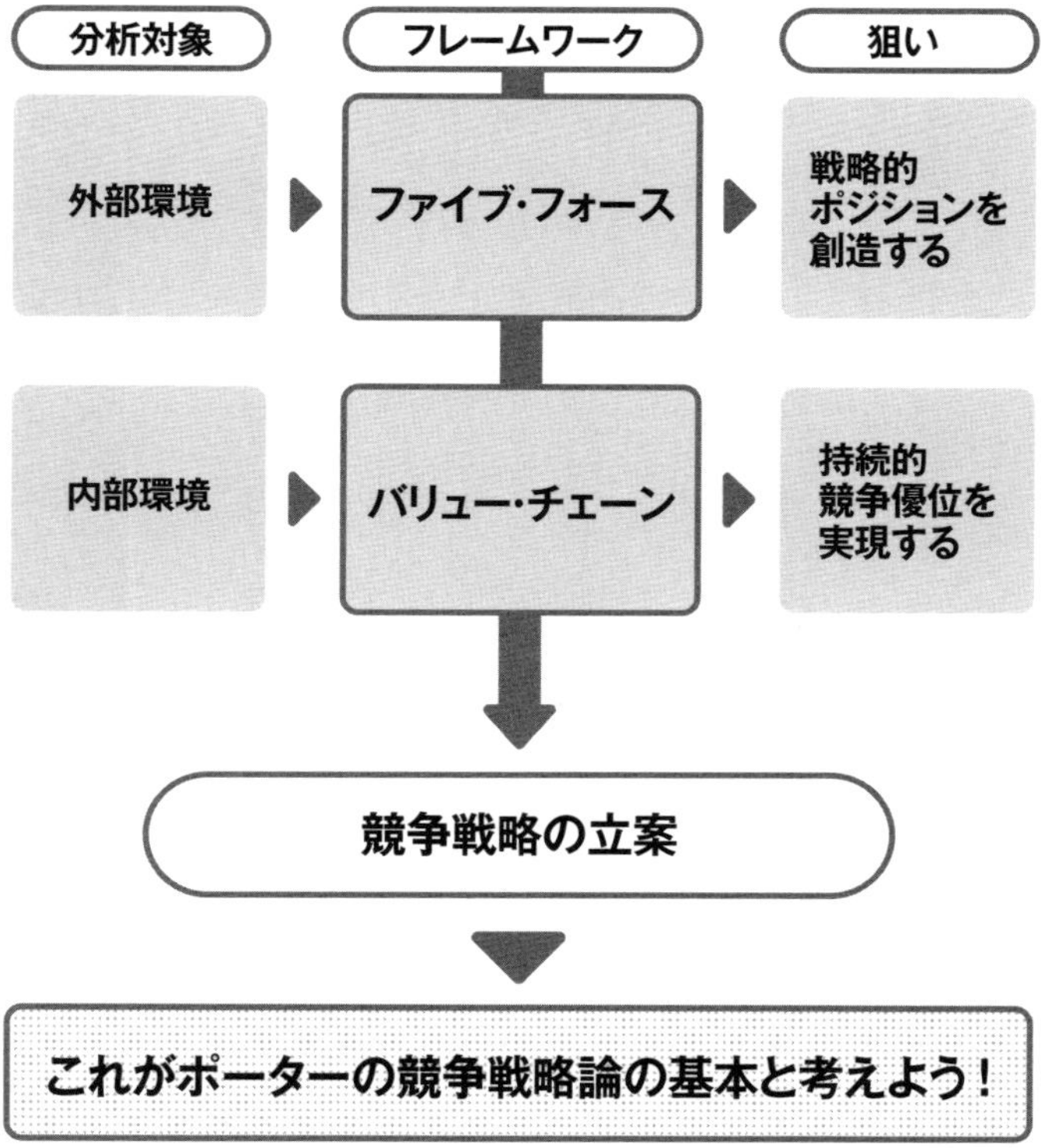

ファイブ・フォースとバリュー・チェーンは、競争戦略立案用の2大フレームワークだ。おおいに活用しよう!

FOOTNOTE

1『競争戦略論Ⅰ』P90

2 このフレームワークは著作『競争の戦略』の中で示されている。

3 こちらのフレームワークはM・E・ポーター『競争優位の戦略』(1985年、ダイヤモンド社)の中で示されている。

4 ハーバード・ビジネス・スクールのケネス・アンドルーズやローランド・クリステンセンらがその主たる提唱者であった。また、ハーバードの系統ではないが、イゴール・アンゾフの戦略経営論もこの系統に分類できる。

058

ファイブ・フォースとは何か

Five Basic Competitive Forces

業界の競争環境を正しく分析するのに欠かせないツール

業界の競争環境を分析する著名フレームワーク

ポーターが著した『競争の戦略』の中で、三つの基本戦略と並んで著名な理論が**ファイブ・フォース**[1]だ。

企業が競争を有利に展開するには、企業を取り巻く外部環境、中でも業界内の競争環境を正しく分析することが欠かせない。業界内のあり方が、企業の戦略に大きな影響力をもつと同時に、競争のルールを左右するからだ。

こうした業界の競争環境を分析するために開発されたのがファイブ・フォースだ。

その名が示すように、ポーターは、図に示した**五つの競争要因**が、業界の競争環境を決めると考えた。図にある五つの箱が競争要因に相当する。中央に「競争業者」があり、その四方に残り四つの競争要因が配置されている。

そして、この四つの箱から「競争業者」に向けて矢印が出ているのに注意しよう。加えて、「競争業者」の箱の中にも円を描く矢印が見える。これらの矢印は、五つの競争要因から出る競争圧力だ。この競争圧力が強いほど、業界の競争は激しくなる。ポーターは個々の矢印にも名前を付けている。

①新規参入の脅威
②業者間の敵対関係
③代替製品・サービスの脅威
④売り手の交渉力
⑤買い手の交渉力

私たちは「競争業者」の中にいると考えてもらいたい。ここに五つある競争要因から圧力がかかる。

たとえば「競争業者」内にある円を描く矢印は「業者間の敵対関係」という競争圧力だ。要するにライバル企業との敵対関係だ。敵対が強いほど、業界内の競争は熾烈《しれつ》になる。他の要因も同様のことが言える。

以下、**五つの競争要因**の詳細について説明しよう。

ファイブ・フォース

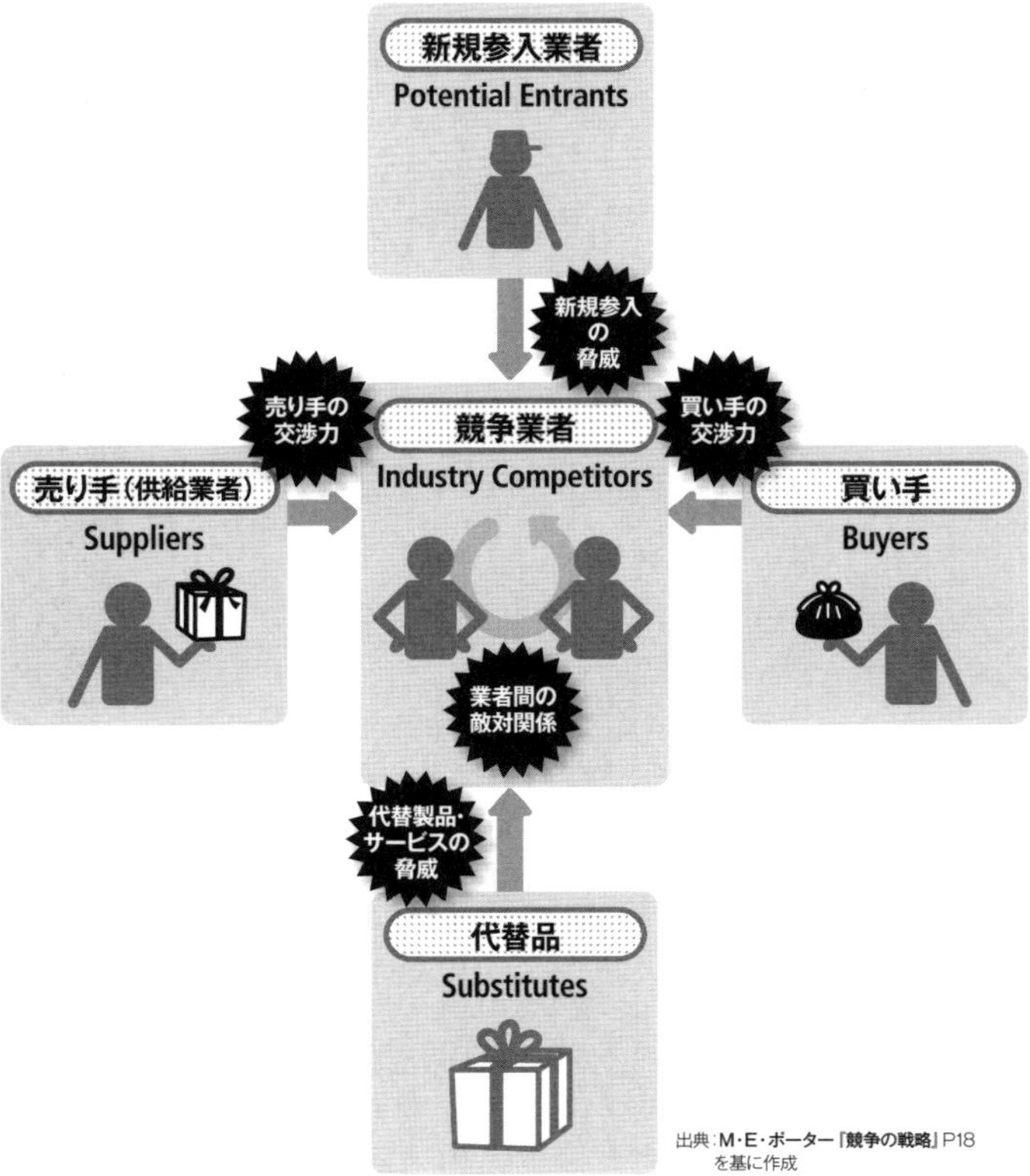

出典：M・E・ポーター『競争の戦略』P18を基に作成

ファイブ・フォースはポーターが提示した競争環境を分析するためのフレームワークだ。ポーターの競争戦略論のキー・コンセプトの一つと言ってよい。

FOOTNOTE | 1 略して5Fとも呼ばれ、日本では五つの競争要因とも称する。

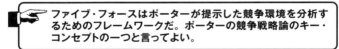

059

新規参入業者によって起こる競争圧力

新規参入の脅威

Threat of Potential Entrants

新規参入業者の多寡を決める要因とは何か

業界には、参入しやすい業界とそうでない業界がある。たとえば、重厚長大の代名詞である鉄鋼業界を考えてもらいたい。新たな鉄鋼会社を立ち上げて業界に新規参入するのは、誰もが非常に難しいと考えるだろう。

一方、近くの商店街にカレー屋をオープンさせる場合はどうだろう。鉄鋼業界に参入するよりも容易なのは言うまでもないだろう。

そして当然のことながら、新規参入業者が少ないよりも多い方が、業界の競争環境は激しくなる。この競争圧力が、ファイブ・フォースの新規参入業者から発生する**新規参入の脅威**だ。

では、新規参入の脅威は何によって決まるのか。

ポーターは、その業界に新規参入の脅威がどれくらいあるのかは、大きく二つの要素によって決まると考えた。一つは**参入障壁**、もう一つは**既存業者の報復**だ。

まず前者の参入障壁だが、こちらは新規参入業者が業界に参入する際の障壁を指す。たとえば、参入障壁の一つに巨額の投資がある。

鉄鋼会社のように、その業界に参入するのに巨額の投資が必要な場合、参入できる企業は限られてくるだろう。

一方、外食店のように、普通の人でも手の届く範囲での投資で済むのなら（それでも結構な投資額にはなるけれど）、新規参入業者の数は増えるだろう。

当然、後者の方が新規参入の脅威が大きく、業界の競争環境が熾烈になる要因として働くにちがいない。

左ページに掲げたように、ポーターは他にも具体的な参入障壁について列挙している。

それから、既存業者の報復も、新規参入の脅威を左右する要因として働く。たとえば、既存業者が新規参入に対して、競争的な価格で受けて立つと表明したとしたら、新規参入業者は参入に二の足を踏むかもしれない。この場合、競争的な価格とは、まさに既存業者からの報復だ。

参入障壁

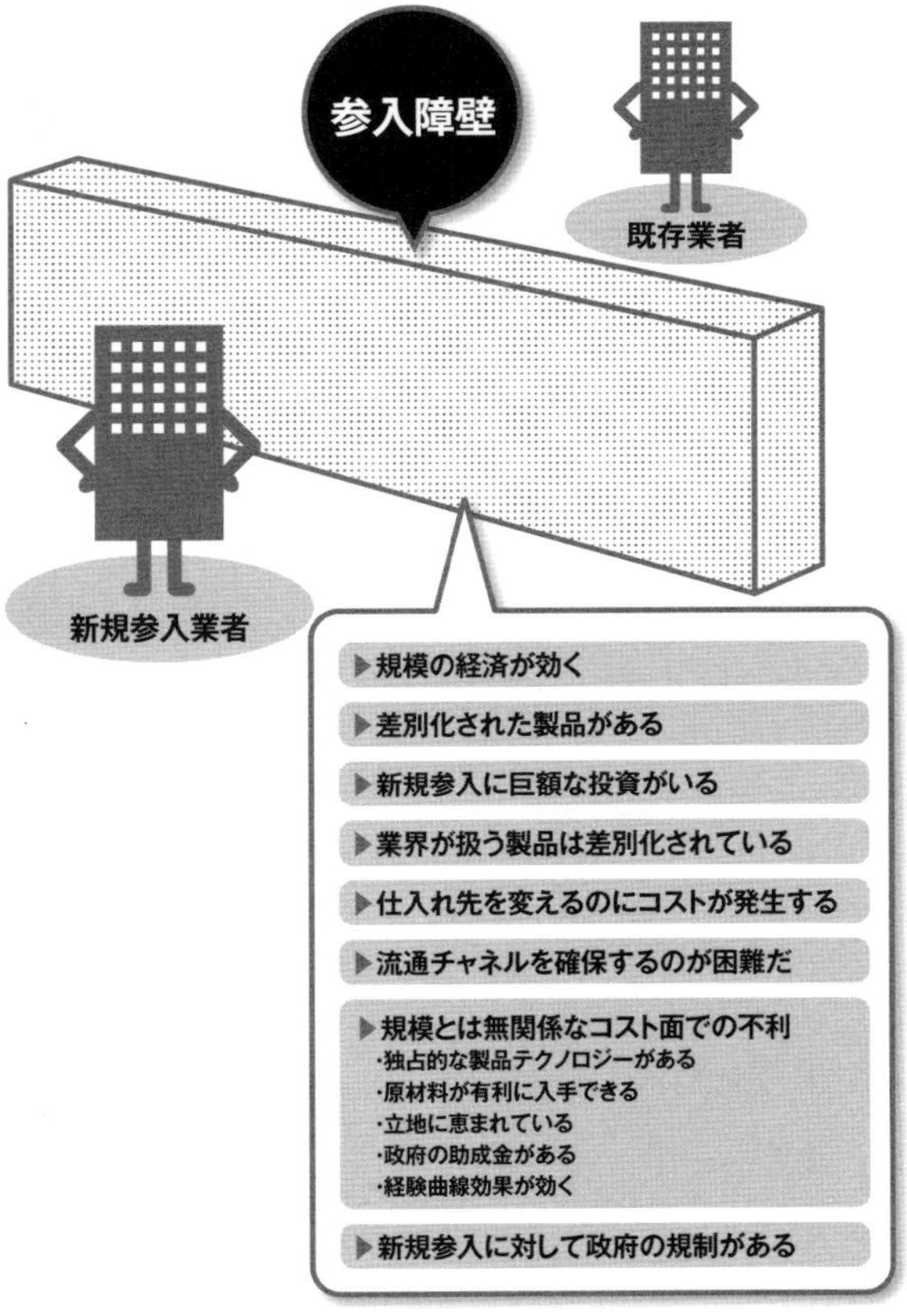
参入障壁
既存業者
新規参入業者
▶規模の経済が効く
▶差別化された製品がある
▶新規参入に巨額な投資がいる
▶業界が扱う製品は差別化されている
▶仕入れ先を変えるのにコストが発生する
▶流通チャネルを確保するのが困難だ
▶規模とは無関係なコスト面での不利
・独占的な製品テクノロジーがある
・原材料が有利に入手できる
・立地に恵まれている
・政府の助成金がある
・経験曲線効果が効く
▶新規参入に対して政府の規制がある

参入障壁が高いほど、新規参入の脅威は弱まることになる。もちろん、その逆だと競争圧力は強くなる。

060

参入障壁としての経験曲線

Experience Curve

経験が参入障壁として強力に働く

ヘンダーソンが見出した経験曲線と市場シェアの関係

テーマ059の図解ページで若干ふれたように、**経験曲線**も参入障壁の一つだ。

経験曲線は、世界的に著名なコンサルティング会社であるボストン・コンサルティング・グループ（略称ＢＣＧ）の**ブルース・ヘンダーソン**[1]らが考案したものだ。１９６６年のことだと言われている。[2]

経験曲線とは、企業が製品製造などで経験を積むことで単位当たりのコストが下がる様子を示したものだ。一般に、製品の累積生産量が倍増するごとに、コストは20～30％下がると言われる。これを**経験曲線効果**と呼ぶ。

さらにヘンダーソンは、この経験曲線と企業の市場シェアを結び付けて考えた。市場で最も大きなシェアをもつ企業とは、言い換えるとその製品を最も多く売りさばく企業だ。当然、累積生産量もライバル企業より大きくなる。これは、製品の製造について最も経験を積むことを意味する。結果、市場シェアトップの企業には経験曲線効果が働いて、業界トップの低コスト体質を実現できる可能性が高くなる。

コストのリーダーシップは**低コスト体質**を目指す戦略だった。よって、市場シェアトップを目指すことは、コストのリーダーシップ戦略の考え方とも合致する。

こうした他の追随を許さぬほど経験を積んでいる企業に、新規参入業者がコスト面で太刀打ちするのは難しい。なぜなら、新参者が経験を積むのはまさにこれからで、コスト面での不利は避けられないからだ。こうして、経験曲線が参入障壁として働く。

一方で経験曲線が無意味になることもある。たとえば、ある製品を製造するのに、極めて標準的な手法があるとする。この場合、経験曲線効果が働くだろう。

しかし、新規参入業者が、従来とは異なる、より効率的な生産方法を導入したらどうか。新たな生産方法が画期的であるほど、既存企業の経験は無意味になるだろう。

経験曲線

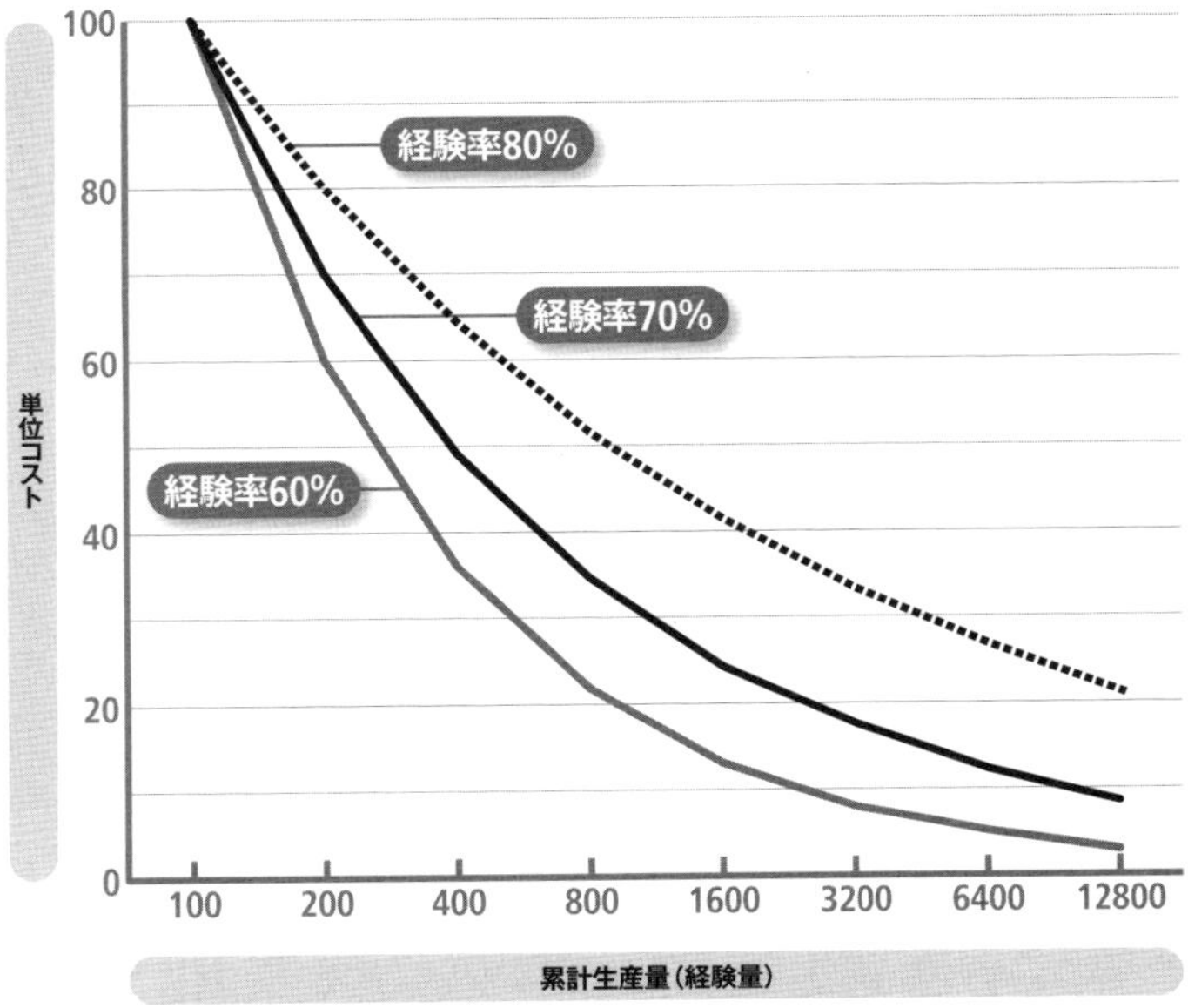

出典:水越豊『BCG戦略コンセプト』(2003年、ダイヤモンド社)P186を基に作成

▼

経験曲線効果が働くのは市場シェアが最も大きい企業

上記は経験率を80%、70%、60%に設定して、経験曲線の推移を見たグラフだ。これは生産量が倍増することでコストが20%、30%、40%下がるケースを意味している。こうしてコストのリーダーシップを実現するために、市場シェアが重視されるようになったのだ。

FOOTNOTE

1 Bruce Doolin Henderson (1915〜1992)。ボストン・コンサルティング・グループの創設メンバーの一人。同社は1963年に発足したボストン・セーフデポジット・アンド・トラスト社の経営コンサルティング事業部を源にする。

2 ウォルター・キーチェル三世『経営戦略の巨人たち』(2010年、日本経済新聞出版社) P60

061

参入障壁・撤退障壁マトリックスを活用せよ

参入障壁と撤退障壁

Entry Barriers and Exit Barriers

業界の中心的価格と参入を抑える価格

新規参入の脅威を左右する**参入障壁**と**既存業者の報復**は、新規参入業者にとってはコストみたいなものだ。**想定収益額**がコストを支払っても余りあるならば、事業者は新規参入に踏み切るだろう。

この想定収益額を測る基準となるのがその業界での**中心的価格**だ。たとえば、カレー店を出店する場合、1杯480円が一般的な価格だとしたら、これが中心的価格になる。

新規参入業者は、この中心的価格から得られる収益と、参入障壁や既存業者からの報復などのコストを勘案する。そして、収益がコストを上回るようならば、新規参入の脅威は大きくなるし、その逆ならば小さくなる。

また、中心的価格が相対的に高い業界は、新規参入業者にとって魅力的な市場として映る。結果、新規参入組が殺到して、中心的価格を押し下げる要因になる。

そういう意味で、新規参入の脅威にさらされている業界ほど、中心的価格が抑制されることになる。ポーターはこれを**参入を抑える価格**[1]と呼んだ。これは買い手にとっては極めて好ましい状況だ。こうして、規制を撤廃して市場での競争を促せという主張が叫ばれるわけだ。

それはともかく、参入障壁と関連して、**撤退障壁**についても理解しておこう。こちらは、商売をたたむときに生じる障壁を指す。

撤退障壁が大きいと業者間の競争激化の要因になる。というのも、撤退したくてもできない企業は、売上不振をカバーするために無謀な安売りに走ったりするからだ。

このように考えると、参入障壁と撤退障壁から、業界の競争環境を分析できることがわかる。左ページに示したのがその分析用の**「参入障壁・撤退障壁マトリックス」**だ。

たとえば、「参入障壁小・撤退障壁大」の業界は、新規参入が多く古参も撤退しないから、結果、競争が熾烈になるだろう。一方「参入障壁大・撤退障壁小」の業界にすでに属しているとしたら、競争圧力は小さくて済むだろう。

参入障壁・撤退障壁マトリックス

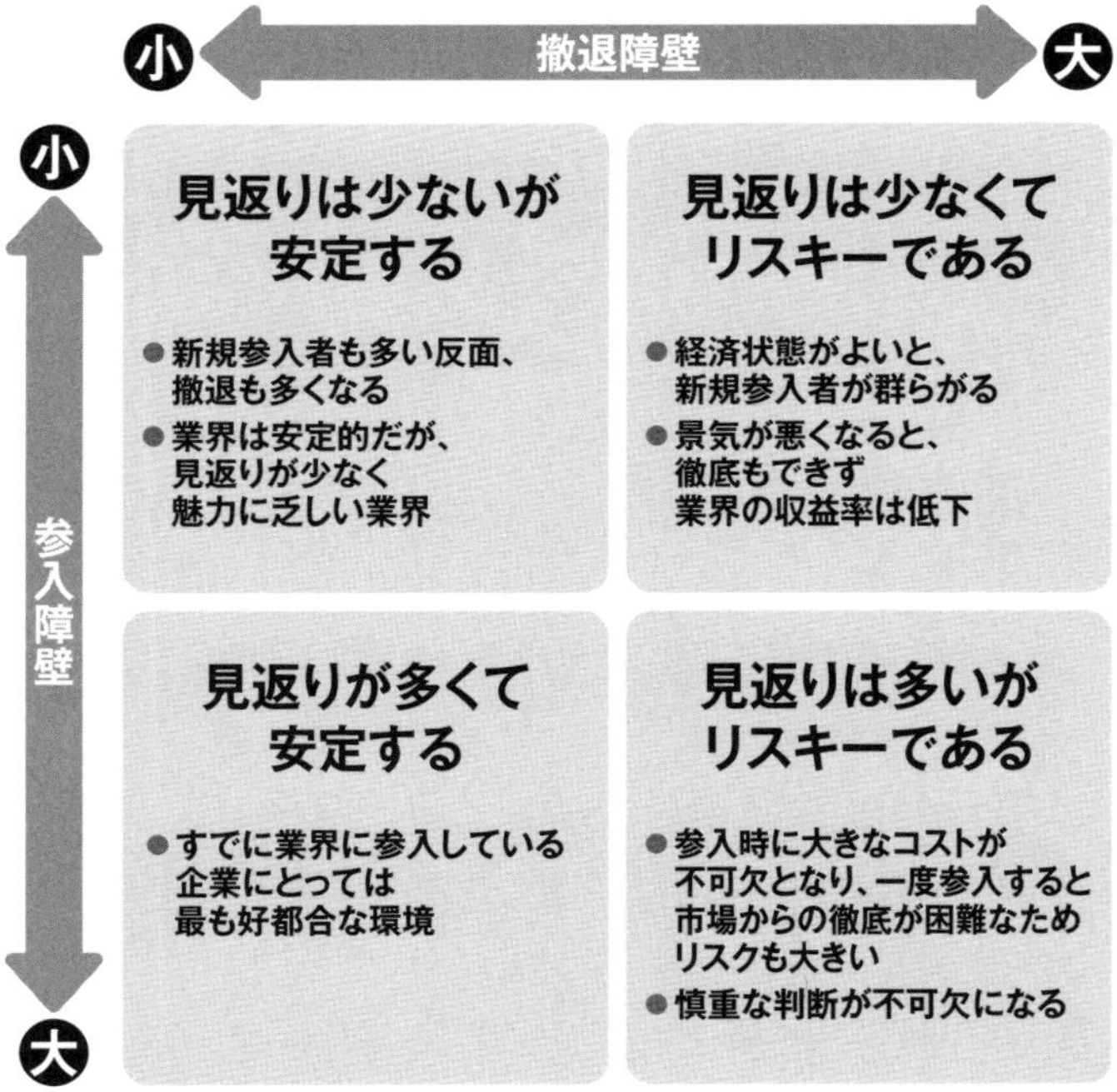
撤退障壁
小
大
参入障壁
小
大
見返りは少ないが安定する
●新規参入者も多い反面、撤退も多くなる
●業界は安定的だが、見返りが少なく魅力に乏しい業界
見返りは少なくてリスキーである
●経済状態がよいと、新規参入者が群らがる
●景気が悪くなると、徹底もできず業界の収益率は低下
見返りが多くて安定する
●すでに業界に参入している企業にとっては最も好都合な環境
見返りは多いがリスキーである
●参入時に大きなコストが不可欠となり、一度参入すると市場からの徹底が困難なためリスクも大きい
●慎重な判断が不可欠になる

出典：M・E・ポーター『競争の戦略』P40を基に作成

このように参入障壁と撤退障壁のマトリックスで、業界の競争環境を分析することもできるのだ。皆さんの業界を上記のマトリックスで分析してみよう。どの象限に位置づけられるだろうか。

FOOTNOTE 1『競争の戦略』P30

062

ライバル企業との競争の激しさを分析する

業者間の敵対関係

Rivalry among Existing Firms

敵対関係を熾烈にする八つの要因

続いて**競争業者**について分析しよう。この分析では業者間、つまりライバル企業同士の敵対関係の度合いを検討する。もちろん、競合との敵対関係が強いほど業界の競争は激しくなる。では、何がライバル企業との敵対関係を熾烈にさせるのか?

この問いに対してポーターは、業者間の敵対関係が強まる要因を八つ列挙している(左ページ参照)。ここでは主なものについてふれよう。

まず、**同業者の絶対数**だ。これが多いと競争が激化するのは火を見るより明らかだ。加えて、あまたある同業者が、いずれも類似した規模だとしたらどうか。それこそ我こそはと顧客の取り合いになるだろう。

それから、**成長が緩やかな業界**、いわゆる成熟市場型の業界だ。一般に市場は、**製品ライフサイクル**[1]の理論から、導入期、成長期、成熟期、衰退期のステップを踏むと考えられている。

成熟期になると、新規顧客の数がぐんと減る。このような状況で企業がさらなる成長をはかろうとすると、新規顧客の獲得もさることながら、ライバル企業から顧客を横取りしなければならない。結果、業者間の敵対関係は険悪にならざるを得ない。

それから、**固定コストや在庫コストが高い**ことも、業者間の敵対関係を強める働きをする。固定コストとは、売上があってもなくてもかかる費用のことだ。地代やテナント料、従業員の給料などは、固定コストの代表だ。固定コストが高いと、**損益分岐点**[2]がどうしても高くなる。利益を得ようと思うと少々無謀な営業もしなければならない。

また、三つの基本戦略の一つだった**差別化**も重要な要因になる。どの企業も似たり寄ったりの製品を提供しているとしたら、買い手にとってはどの企業から購入しても変わりがない。結果、客の取り合いになり、ライバル企業との競争が激しくなる。

敵対関係を激化させる要因

1. 同業者が多いか、似た規模の会社がひしめいている
2. 業界の成長が遅い
3. 固定コストまたは在庫コストが高い
4. 製品差別化がないか仕入れ先を変えるのにコストがかからない
5. キャパシティの増加が小刻みにはできない
6. 競争業者がそれぞれ異質な戦略をもつ
7. 戦略がよければ成果が大きい
8. 撤退障壁が大きい

ライバル企業同士の敵対関係を激化させる要因はさまざまだ。皆さんの業界では、どの要因が当てはまるだろうか。

FOOTNOTE

1 プロダクト・ライフサイクルやPLCとも言う。製品の成長と衰退を示した一般モデル。

2 企業活動による売上と費用がプラスマイナスゼロになる地点。総費用は固定費と変動費からなり、売上がこれを超えれば利益、下回れば損失になる。

063 ライバル企業の分析

Competitors Analysis

「攻撃的な動き」と「防衛能力」

競争業者分析のフレームワークを活用する

競争環境の分析と言うと、まずライバル企業に目が行くものだ。ライバル企業の強さやその動きは、競争環境を決定する要因として強力に作用する。ファイブ・フォースでは競争環境を決定する要因が五つあるとはいえ、それでライバル企業、すなわち敵対業者に関する分析の重要性が低くなるわけでは決してない。

この点については当然ポーターも理解していて、著作『競争の戦略』では、ライバル企業を分析するための手法について、かなりの紙数を割いている。[1]

その中でポーターは、**競争業者分析のフレームワーク**と**競争業者の反応プロフィール**を示している。

まず、前者の競争業者分析のフレームワークだが、これは次の四つの基準で競争業者を分析するものだ。

まず、**①将来の目標**は、ライバル企業がもつ将来の目標を指す。これを明確にできれば、自社がライバル企業の目標達成を阻止する行動に打って出られるだろう。逆に目標達成を脅かさないようにすれば無駄な戦いを回避できる。

次は**②仮説**だ。これはライバル企業が自社や同業他社に抱いている仮説を意味する。

続いて**③現在の戦略**は、文字どおりライバル企業がもつ現在の戦略を意味する。

そして最後の**④能力**は、ライバル企業の実行能力や研究能力などを含めた総合的能力を指す。

ライバル企業を四つの基準で分析したら、次は競争業者反応プロフィールを作成する番だ。これは、競争業者の「**攻撃的な動き**」と「**防衛能力**」を明らかにするものだ。

まず、ライバル企業の攻撃的な動きを整理する。これは左ページに示した四つの質問に答えることで明確にする。

同様にライバル企業の防衛能力についても明らかにしよう。こちらについては左ページに示した三つの基準で整理できるとポーターは言っている。以上を個々のライバル企業について整理して、ライバル企業の行動を推測する。

競争業者反応プロフィールを作成する

ライバル企業

将来の目標　仮説　現在の戦略　能力

↓

攻撃的な動き

1. その競争業者は現在の地位に満足しているか
2. その競争業者は今後どんな動きをするか、またどんな戦略変更を行うのか
3. その競争業者の弱点はどこか
4. その競争業者の報復行動が大きくなるのは、こちらがどういう動きをしたときか

＋

防衛能力

1. 事象に対する競争業者の弱点
2. 事象の発生により競争業者が対抗策をとる程度
3. 事象に対する競争業者の対抗策の効果度

この質問の答えをとりまとめて、競争業者反応プロフィールにする。もちろん、ライバル企業の数だけ必要になる。

FOOTNOTE
1『競争の戦略』の「3.競争業者分析のフレームワーク」がそれに相当する。また、「4.マーケットシグナル」や「5.競争行動」も関連した内容になっている。

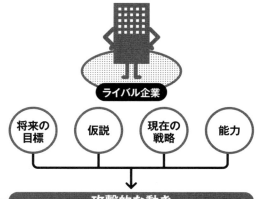

064

代替品の脅威に注目せよ

代替製品・サービスの脅威

Threat of Substitutes

代替品には二つのタイプがある

業界で扱っている製品を代替するもの、これが代替品だ。代替製品や代替サービスの出現する可能性が高いほど、業界の競争は激しくなる。この代替品には、大きく二つのタイプがある。

まず、従来業界で扱ってきたものとは**形態が異なるけれど、その機能は同じ製品やサービス**だ。

たとえば、音楽を考えてみよう。かつて音楽はレコードに収録されていた。その後、CDが登場するわけだけれど、これは形態こそ異なるが、機能は同じ製品と言える。

さらに、音楽はインターネットからダウンロードして購入するようになった。また、一定料金を支払えば、一定期間、あらゆる音楽が聴き放題になるサービスも台頭してきた。これらも新たな代替品と言えるだろう。

もう一つは**機能や形態が異なるにもかかわらず、目的が同じ製品やサービス**を指す。

たとえば、CDと携帯電話は、形態も機能も異なるまったく別物の製品だ。しかし、両者の目的を「暇な時間を消費するための娯楽」と見るとどうなるか。CDも携帯電話も、たちまち代替可能な製品に早変わりする。実際、かつてCDの売上が減少したのは、若者が音楽を聴く代わりに、携帯電話に夢中になったのが原因といわれた。

この一例からもわかるように、意外なものが代替製品や代替サービスになり得る。そういう意味で、代替製品・サービスの脅威はつかまえにくいのが難点と言えるだろう。

代替製品や代替サービスの脅威を早期に把握するには、右に見た二つのタイプについて日頃アンテナをはっておくことが欠かせない。加えて左ページに示した意外な代替品にも注意を怠らないことだ。

その上でポーターは、注意すべき代替品として、**①現在の製品よりも価格性能比がよくなる傾向をもつ製品**、**②高収益を上げている業界によって生産される製品**を挙げている。これらを重点的にチェックするのがキモになる。

代替製品・代替サービスに注意せよ

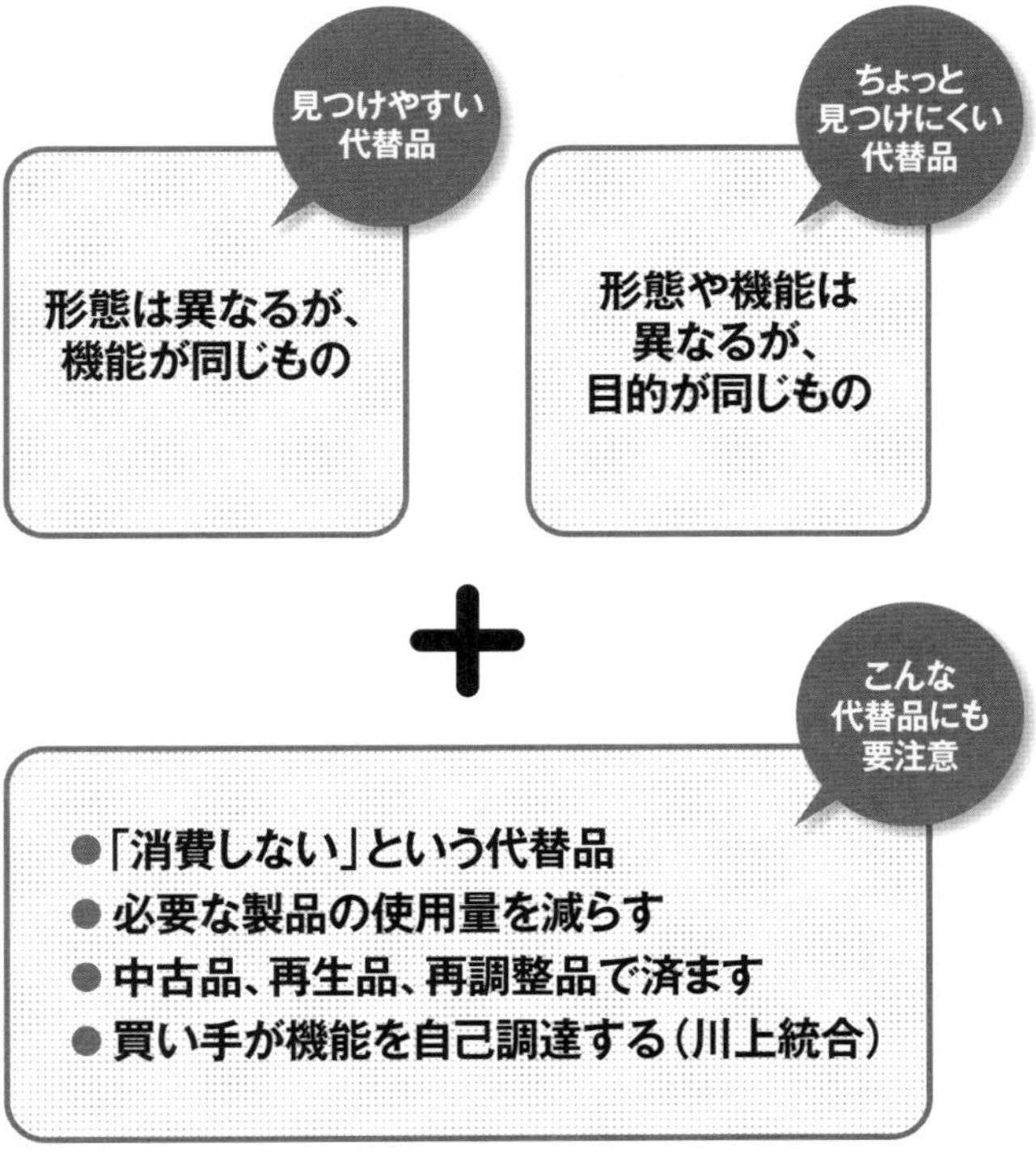
見つけやすい代替品
形態は異なるが、機能が同じもの
ちょっと見つけにくい代替品
形態や機能は異なるが、目的が同じもの
＋
こんな代替品にも要注意
●「消費しない」という代替品
●必要な製品の使用量を減らす
●中古品、再生品、再調整品で済ます
●買い手が機能を自己調達する（川上統合）

健康によくないという理由からタバコを控えたとしたら、タバコにとってそれは「消費しない」という代替品になる。こんな意外な代替品にも要注意だ。

FOOTNOTE

1 このように期間内の使用料を支払って利用するサービスが増殖中だ。これを**サブスクリプション・サービス**と呼ぶ。

065

売り手が集約されていれば交渉力は強くなる

売り手の交渉力

Power of Suppliers

売り手の交渉力が強まる要因とは

ある業界に製品やサービスを提供するのが**売り手**だ。供給業者（サプライヤー）や仕入れ先と言い換えてもよい。

売り手の交渉力が強くなると、その業界に属する企業は不利な条件で製品やサービスの提供を受けなければならない。これは業界の競争環境を激化させる要因として働く。

では、売り手の交渉力が強まる要因にはどのようなものがあるのか。これに関してポーターは多様な要因を掲げている。以下、主なものについてふれておこう。

まず、売り手の業界が少数の企業によって牛耳られているようなケースだ。言い換えると、売り手の業界の方が買い手の業界よりも**集約**されている状況だ。

当然買い手は、集約されている売り手に殺到する。この場合、買い手に供給業者を選ぶ自由はあまりないから、売り手の交渉力は高まらざるを得ない。これを「**売り手市場**」と呼ぶのは周知の通りだ。

それから、供給業者の製品が買い手の事業にとって、とても重要な仕入れ品である場合も、売り手の交渉力は明らかに強まるだろう。

これと似た状況に、供給業者の製品が極度に**差別化**されているケースがある。差別化されているということは、その供給業者でしか買えないことを意味する。このような場合、売り手は高圧的な態度をとることも予想される。

また、一旦《いったん》、製品やサービスの供給を受けると、他の供給業者にスイッチするのにコストがかかる場合がある。こうしたケースも、売り手の交渉力を高める要因になる。

たとえば、フランチャイズ・チェーンに一旦加入したら、他のチェーンに移行するのはコストもかかり面倒だ。これはフランチャイザー[1]にとって、フランチャイジーとの交渉を有利に進められる要因の一つになる。

通常は、こうした複数の要因が交錯して、売り手の交渉力は高まる。いまも身近に横柄な売り手がいる。彼らの交渉力がなぜ強いのか、右の要因を使って検証したい。

売り手の交渉力が強まる要因

- 売り手の業界が買い手の業界よりも集約されている
- 売り手が別の代替品と戦う必要がない
- 売り手にとって、買い手が重要な顧客ではない
- 売り手の製品が買い手にとって重要な仕入品である
- 売り手の製品が差別化されていて、他の製品に変更するとコストが増える
- 売り手が川下統合に乗り出す意思をもっている

態度の大きい売り手は、上記に示したいずれかの要因をもっているにちがいない。よく分析してみよう。

FOOTNOTE

1 フランチャイズを運営する側を指す。加入者側はフランチャイジーと呼ぶ。フランチャイジーは、フランチャイザー（供給業者）から商品を仕入れて販売する。

066 購買戦略の推進

Purchasing Strategy

売り手の交渉力を強める要因を除去する

売り手の交渉力を弱める多様な戦略

テーマ065では、売り手の交渉力が強まる要因について見てきた。その中で、多くの人が「買い手の交渉力を高める方法はないの?」と思ったにちがいない。ポーターはこの点に関して、**購買戦略のあり方**を提示してくれている。

売り手に対して有利なポジションを築くための最もオーソドックスな方法は、**複数の仕入れ先を確保**する戦略だろう。仕入れ先が1カ所だと、売り手の交渉力を弱めるのは難しい。仕入れ先の複数化はこれを回避し、逆に売り手同士を競争させるメリットをもたらす。

また、仕入れ先が複数ある場合、**弱小仕入れ先の体質強化**を手助けするのも一つの戦略となり得る。これにより、強力な仕入れ先との競争が激化して、買い手にとっては好都合の展開となる。

それから、売り手が高飛車な態度をとるのは、売り手が買い手よりも集約されているのが一つの要因だった。それならば、買い手同士がタッグを組み(つまり**自らを集約化**し)、売り手に対して共同で交渉する手がある。

インターネットでは**共同仕入れ**のサイトが存在する。これは分散化していた顧客が一つにまとまることで、売り手に対する交渉力が強くなる例の一つだ。

仕入れ先を変更するとコストがかかる場合、売り手の交渉力は高まると先に述べた。このような場合、何らかの対策を講じて仕入れ先の変更コストをなくすよう工夫したい。また、差別化された製品を仕入れている場合についても、売り手の交渉力は強まるとも述べた。こちらの場合、仕入れ品を**標準化**する手がある。

それから、供給業者に対して川上統合の意思をちらつかせる手もある。川上統合とは、**サプライ・チェーン**[1](**テーマ129**)の上流にある機能を統合することを意味する。買い手が存在しなくなることは、供給業者にとっては脅威なので、高飛車な態度も弱まるだろう。また、場合によっては本当に川上を統合することも考えられる。

売り手の交渉力を弱める要因

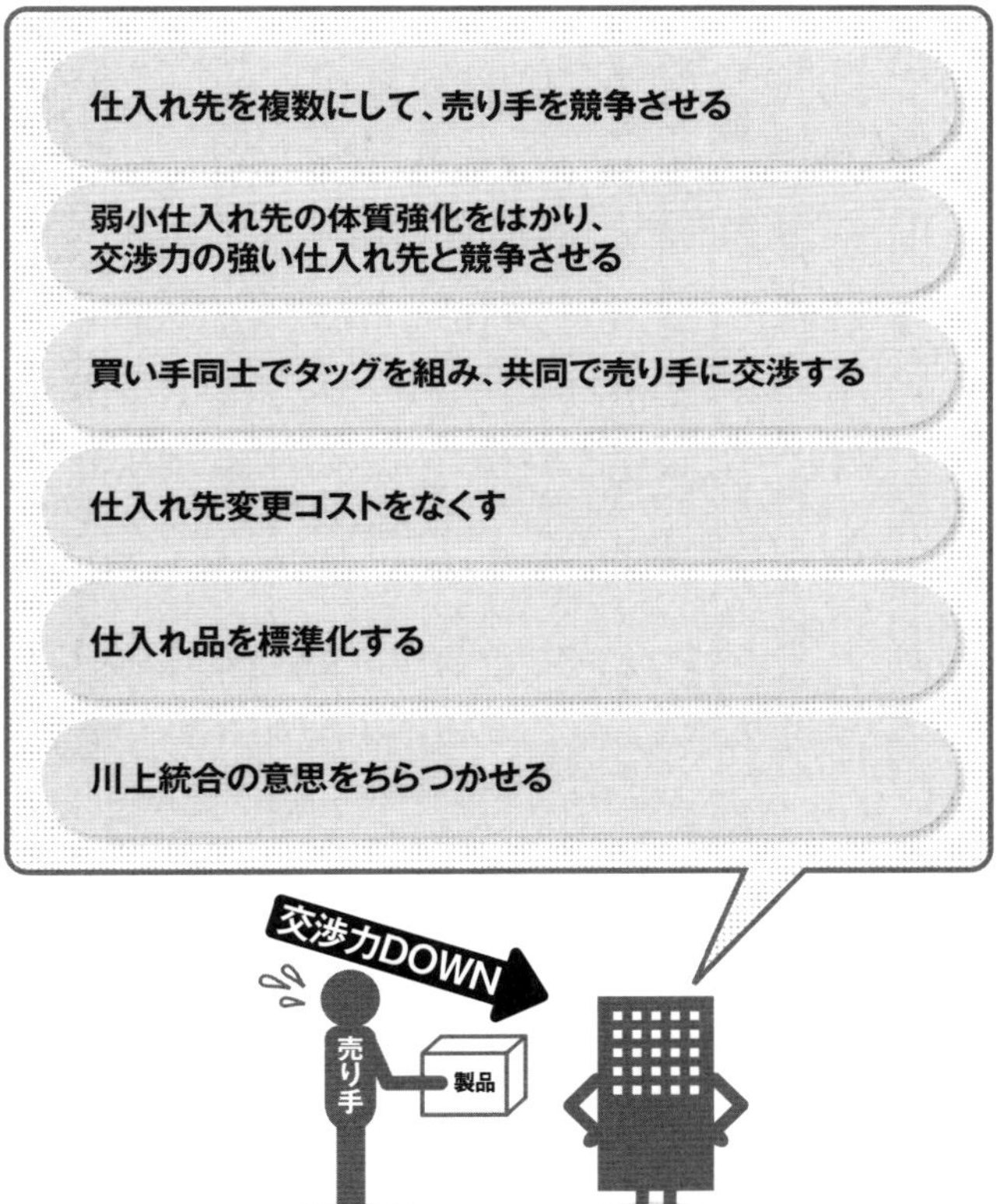
仕入れ先を複数にして、売り手を競争させる
弱小仕入れ先の体質強化をはかり、
交渉力の強い仕入れ先と競争させる
買い手同士でタッグを組み、共同で売り手に交渉する
仕入れ先変更コストをなくす
仕入れ品を標準化する
川上統合の意思をちらつかせる
交渉力DOWN
売り手
製品

売り手の交渉力を弱める作戦にはいろいろなものがある。
態度の大きい売り手に上記の作戦を試してみよう。

FOOTNOTE

1 原材料や部品の調達・生産・流通・販売・サービスという、製品が顧客に届くまでの、多様な企業が行う一連の活動を供給の鎖ととらえる考え方。

067

顧客の交渉力に着目する

買い手の交渉力

Power of Buyers

買い手の交渉力が強くなる要因の数々

ピーター・ドラッカーは、企業の唯一の目的は**「顧客の創造」**だと喝破した（**テーマ005**）。とはいえ、買い手すなわち顧客の交渉力があまり強力だとビジネスはとてもやりづらくなる。いわゆる**買い手市場**だ。

まず、買い手が売り手よりも**集約**されている場合、買い手市場になる可能性が高い。これは売り手に対して買い手の数が少ないことを指す。結果、買い手の交渉力はいやが上にも高まるだろう。

また、ある買い手の**取引量**が、売り手の総取引量の大部分を占める場合も買い手市場になる。たとえば、仮に超得意客だけで売上の7割とか8割を占める売り手がいたとしたら、売り手は得意客においそれと頭が上がらない。

さらに、買い手が売り手から購入する製品が、買い手のコストまたは購入物全体に占める**割合が大きい場合**だ。

たとえば私が自宅を購入するとしよう。自宅購入費は、その人が生涯使うお金の大部分を占めることになる。このような場合、買い手としては、少しでも上手に買い物をしたい、少なくとも後悔はしたくないと思うはずだ。その結果、売り手に対して厳しい交渉を行うだろう。

また、**仕入れ先をスイッチ**するのにコストがかかる場合、売り手の交渉力は強まると述べた（**テーマ065**）。逆のことが、業界と買い手の間に言える。ここで言う業界とは、買い手から見れば売り手、すなわち仕入れ先だ。したがって、買い手が売り手をスイッチするのにコストがかからないとしたならば、買い手は容易に売り手を変更できる。

さらにもう一点、**買い手の情報力**だ。商品に対して買い手が豊富な情報を有しているとしたら、買い手の交渉力はいやが上にも高まる。

これに拍車をかけているのがインターネットの進展だ。今やネットの普及で、製品の標準的な販売価格やクチコミ情報を瞬時にチェックできる。これは買い手の交渉力を高める上で、大きな役割を果たしていると言ってよい。

買い手の交渉力が強まる要因

- 買い手が集中していて、総取引に占める割合が大きい
- 買い手のコストまたは購入物全体に占める割合が大きい
- 買い手が売り手（仕入れ先）を変えるコストが安い
- 買い手の収益は思うほど高くない
- 買い手が川上統合に乗り出す意思をもっている
- 売り手の製品が、買い手の製品やサービスの質にとってほとんど関係ない
- 買い手が十分な情報をもっている

買い手の交渉力が高まる要因もさまざまだ。皆さんの業界の買い手は、こうした要因をもっているだろうか。

068

顧客をセグメンテーションせよ

買い手選択のフレームワーク

Buyer Selection

4項目で分析する買い手選択のフレームワーク

買い手が売り手を選ぶように、売り手も買い手を選ばなければならない。そして、多様な買い手の中から、自社の収益に最も貢献する相手をターゲットにする。これが的中すれば、企業の収益力はおおいに高まるだろう。そのためには、ターゲットとなる顧客を明確にする。いわゆる**セグメンテーション**と**ターゲティング**だ（**テーマ054**）。

セグメンテーションで重要になるのが、どのような基準で顧客を分類するかという点だ。これに関してポーターは、**買い手選択のフレームワーク**の活用を推奨している。このフレームワークでは次の4項目を分析する。[1]

最初は、買い手の**購入ニーズ**とそれに応える**自社の能力**だ。これは自社にとっての得意客を見つけることを指す。買い手のニーズに対して十分に応える能力が自社にある場合、その買い手は自社にとっての得意客になる。

ただし、ここで言う**「得意」**とは、他社よりもそのニーズに対応するのが「得意」という意味だと考えよう。したがって、まず顧客のニーズを見きわめることが重要になる。その際に**顧客経験サイクル**からニーズを見つけ出す手がある（左ページ参照）。その上で、自社の能力がいずれのニーズに、他社よりもうまく対応できるのかを検討してみる。

次に対象とする買い手の**成長力**を検討する。当然、成長力が期待できる買い手をターゲットにした方が企業にとって有利なのは言うまでもない。

さらに買い手の**地位**についても分析する。これは買い手が本来有している交渉力や交渉の際のクセを指す。その買い手は口うるさいのか、値段に敏感なのか、自社に対する忠誠度はあるのか、などといった点で分析する。

最後は買い手との**取引コスト**だ。買い手によっては、契約まで何度も見積もりを出させるところもあれば、一発で契約を成立させるところもあるだろう。こうした取引に関するコストについても、買い手ごとに分析しておきたい。もちろん取引コストは安いに越したことはない。

買い手選択のフレームワーク

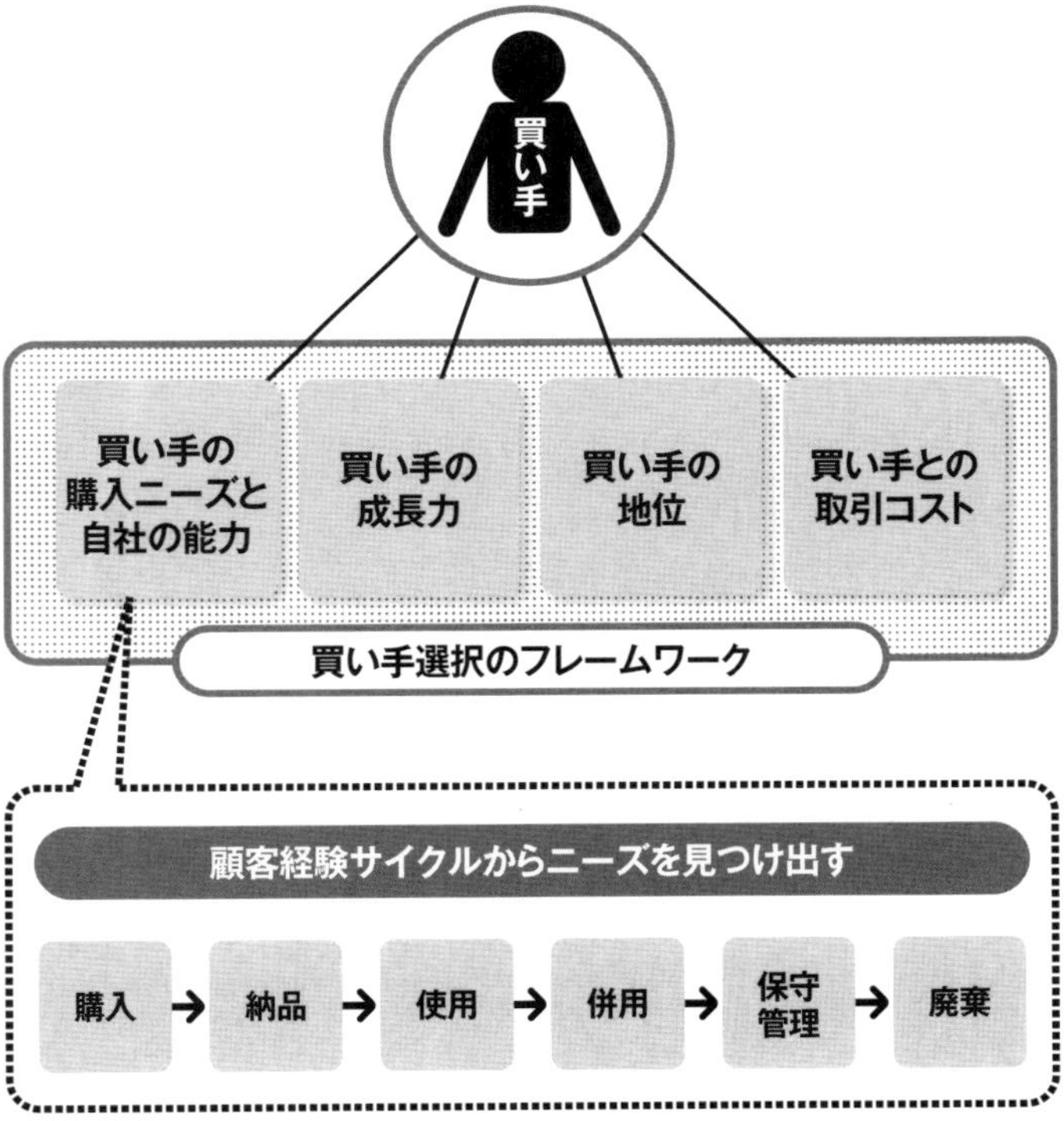

四つの視点で買い手を評価しよう。
なお、顧客ニーズは、製品を使用する顧客経験サイクルの各段階に潜んでいると理解すべきだ。

FOOTNOTE　1『競争の戦略』P155

069

厳しい競争が手に取るようにわかる

パソコン業界の分析

PC Industry

パソコン業界に見るファイブ・フォース

以上、ファイブ・フォースを構成する五つの要因について解説した。次はこのファイブ・フォースを用いて、自社の属する業界について分析する番だ。

ここでは具体例として、ファイブ・フォースを用いた競争環境分析を2例紹介したい。最初は皆さんにもおなじみのパソコン業界だ。左ページに示したのは、パソコン業界のファイブ・フォースだ。これに基づいてパソコン業界の競争環境を概観しよう。

まず、**新規参入の脅威**だ。すでにパソコンの内部構造は標準化が進展している。そのため技術的には、パーツさえそろえば誰でも組み立てられるようになった。これはパソコン業界への参入が比較的容易なことを意味する。

大小多様で多数の企業がしのぎを削っているのもこの業界の特徴だ。またパソコンの汎用品化によりブランドの差別化が難しくなってきている。[1] そのため価格競争が熾烈で、**業者間の敵対関係**は非常に強いと言える。

かつては携帯電話がパソコンの**代替品**として有力だった。今やスマートフォンがそれに取って代わっている。また、タブレット端末も、従来型パソコンの代替品と言える。これらの影響でパソコンの販売はさえない。依然、代替品の脅威にさらされている業界だ。

パソコンの頭脳部分にあたるCPU(中央演算処理装置)市場で絶大な力をもつインテル、パソコンのOS（基本ソフト）市場で大きな力を有するマイクロソフトは、**売り手**として集約され、差別化された製品を提供している。これは業界の競争を熾烈にする要因として働く。

買い手には2種類ある。一つは流通経路、もう一つはエンド・ユーザーだ。流通経路については大手家電量販店が強い交渉力をもつ。また、エンド・ユーザーもパソコンに対する知識が豊富になり強い交渉力を有している。

以上のようにファイブ・フォースで整理すると、パソコン業界が熾烈な競争にさらされているのがよくわかる。

ファイブ・フォースで見るパソコン業界

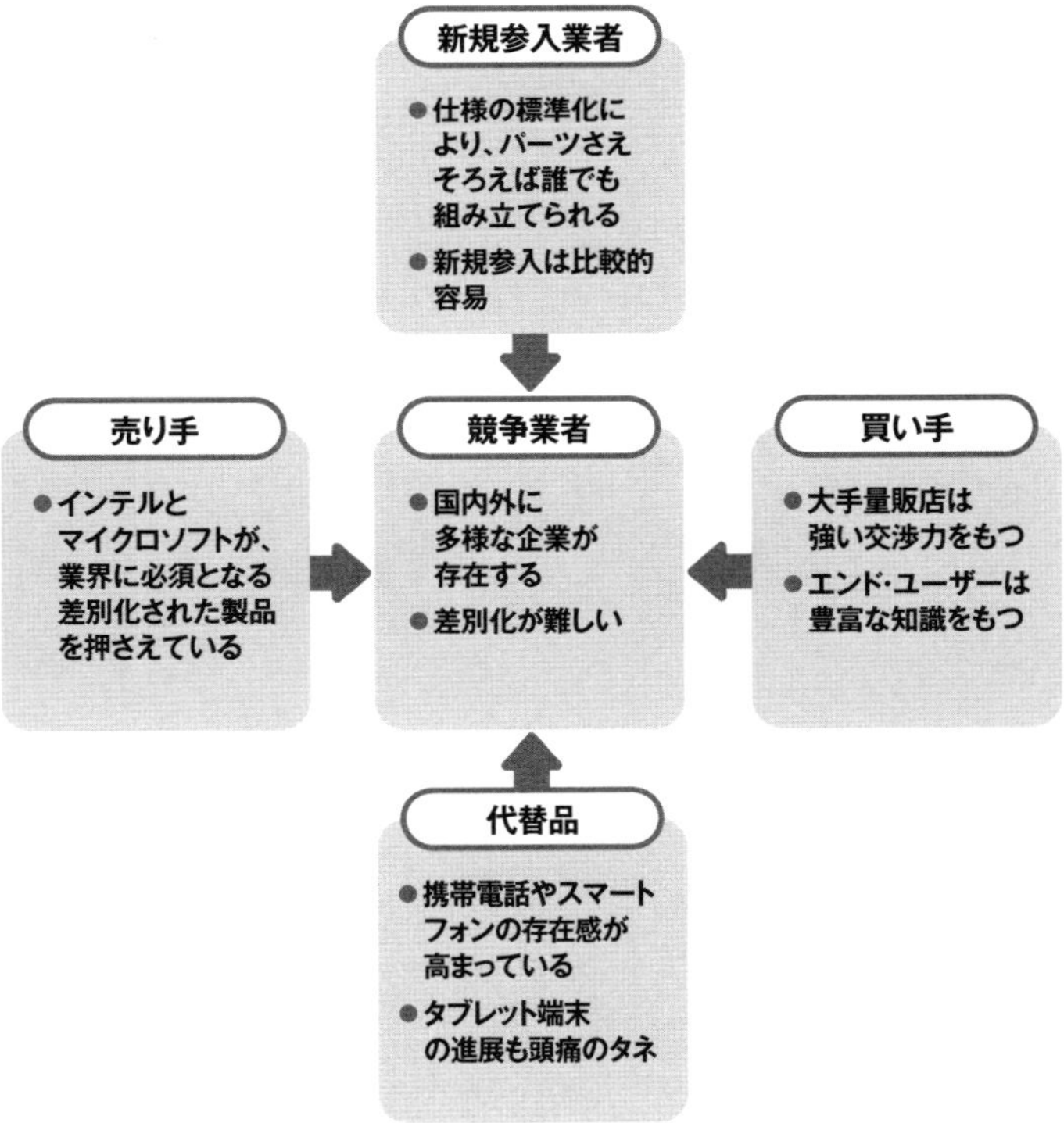
新規参入業者
●仕様の標準化により、パーツさえそろえば誰でも組み立てられる
●新規参入は比較的容易
売り手
●インテルとマイクロソフトが、業界に必須となる差別化された製品を押さえている
競争業者
●国内外に多様な企業が存在する
●差別化が難しい
買い手
●大手量販店は強い交渉力をもつ
●エンド・ユーザーは豊富な知識をもつ
代替品
●携帯電話やスマートフォンの存在感が高まっている
●タブレット端末の進展も頭痛のタネ

ファイブ・フォースを使うと、このように業界の競争環境を適切に整理できる。この分析から、パソコン業界の競争環境が熾烈なのがよくわかるだろう。

FOOTNOTE 1 この点でマックを販売するアップルは独自のポジショニングを維持していると言える。

070

コップの中の争いか？

携帯電話業界の分析

Mobile Carrier Industry

携帯電話業界をファイブ・フォースで分析する

続いて移動体通信事業者（携帯電話会社）業界をファイブ・フォースでとりまとめた。それぞれの競争要因の概要は次のとおりだ。

まず、**新規参入の脅威**について見ると、携帯電話事業は免許制だ。これは利用できる電波が有限なため、国が民間事業者に割り当てるからだ。また、携帯電話事業には初期投資に巨額な資金が必要となる。加えて既存業者には経験曲線も働くだろう。以上から、新規参入が非常に難しいのが、この業界の特徴と言えるだろう。そのため、国ではMVNO[1]などにより事業者の新規参入を進め、競争を促そうとしている。

事業者の数が圧倒的に少ないのもこの業界の特徴だ。これは業界の競争圧力を高める要因とはならない。ただ、事業者はほとんど差別化されていない。これは買い手にとってどの事業者を選択しても、あまり変わりがないことを意味する。これは**業者間の敵対関係**を強める要因として働く。

通話に関して見ると、無料電話サービスの台頭が著しい。これは従来の通話サービスの**代替品**として競合する。

有力な**売り手**に端末メーカーがある。従来、携帯電話事業者は、自社が設計した仕様のもとに、メーカーに携帯端末を作らせ、それを一括で購入してきた。しかしｉＰｈｏｎｅの人気でこの構造も大きく変化した。今や、端末メーカーは交渉力の強弱が鮮明になりつつあるようだ。

買い手よりも携帯電話事業者の方が集約されている。そのため買い手の交渉力は弱くならざるを得ない。ただ、先にもふれたように、携帯電話事業者自体はほとんど差別化されておらず、またMNP[2]により事業者の乗り換えも比較的容易になった。この点は業界の競争を激化させる要因として働く。

この業界の特徴は、規制に守られ新規参入が少なく、供給業者に対して絶大な交渉力がある点だ。どこかコップの中での競争の感が否めない。

ファイブ・フォースで見る携帯電話業界

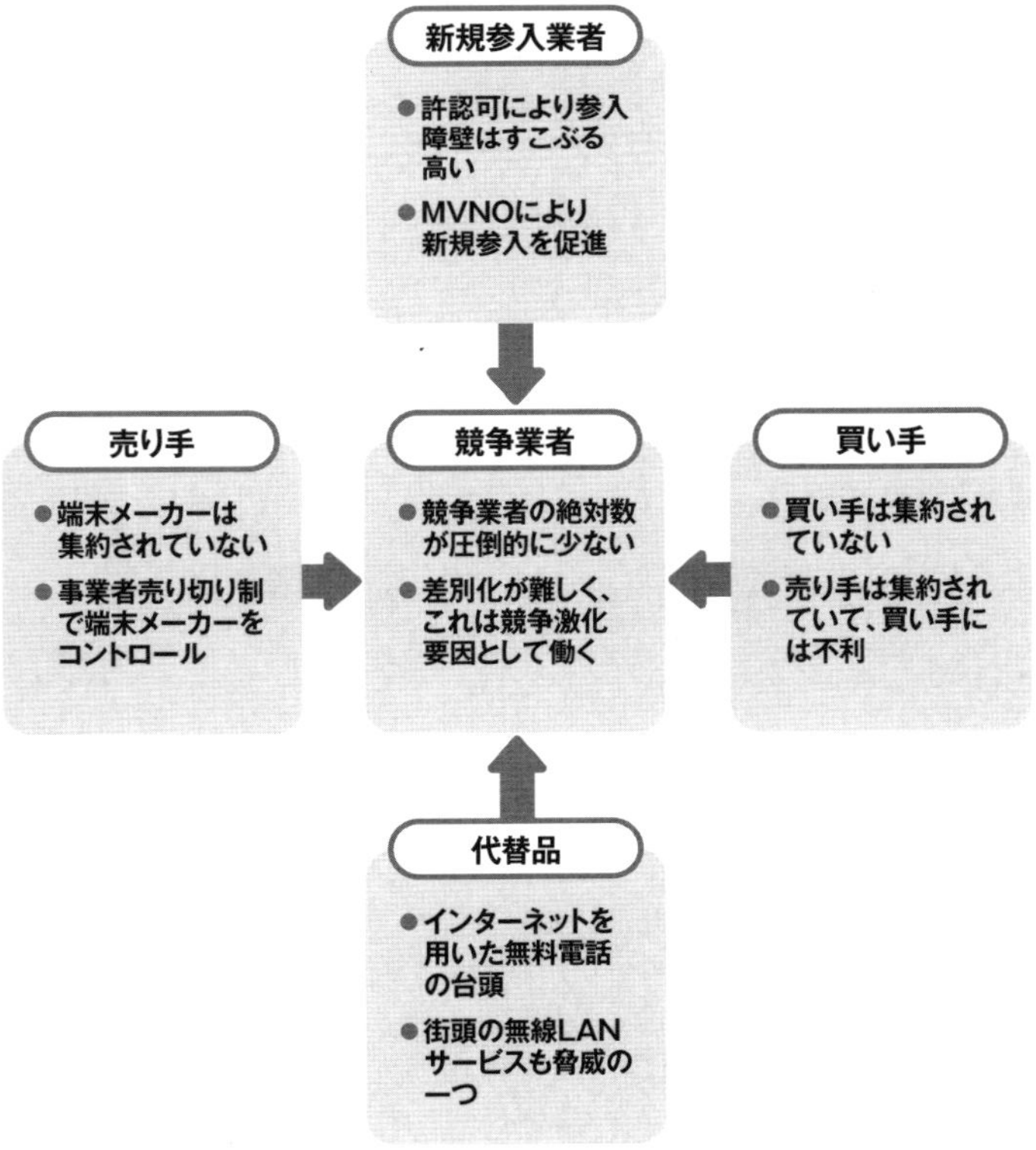
新規参入業者
●許認可により参入障壁はすこぶる高い
●MVNOにより新規参入を促進
売り手
●端末メーカーは集約されていない
●事業者売り切り制で端末メーカーをコントロール
競争業者
●競争業者の絶対数が圧倒的に少ない
●差別化が難しく、これは競争激化要因として働く
買い手
●買い手は集約されていない
●売り手は集約されていて、買い手には不利
代替品
●インターネットを用いた無料電話の台頭
●街頭の無線LANサービスも脅威の一つ

携帯電話業界は、5Fからの競争圧力が比較的緩いのがわかる。携帯電話業界は、規制により新規参入業者が極めて少なく、売り手に強い態度で挑めるのが特徴だ。

FOOTNOTE

1 Mobile Virtual Network Operatorの略。仮想移動通信事業者とも言う。他事業者のインフラを借りて通信サービスを提供する。

2 Mobile Number Portabilityの略。日本では携帯電話番号ポータビリティと呼ぶ。

071

自分自身の競争環境を分析せよ

5Fで自分自身を分析する

Analyse Myself by 5Fs

五つの競争要因を読み替えて自身の競争環境を分析する

ファイブ・フォースは実際に分析ツールとして使わなければ意味がない。そこで、その試運転として、自分自身を取り巻く競争環境をファイブ・フォースで分析してはどうか。五つの競争要因を次のように読み替えて、自分自身の現状について考えてみよう。

先の説明と順番は違うけれど、まず、**競争業者**からだ。左図の中央の箱が皆さんの属する会社だ。そして、その中に自分自身がいると考えてもらいたい。となると、皆さんにとっての競争相手とは、社内のライバルということになる。これは同僚であったり、部下であったり、あるいは上司であったりするかもしれない。その上で、会社のライバル間の敵対関係を分析してもらいたい。

次に**新規参入業者**だ。これは新入社員や中途採用者など、新たに社に入ってくる人たちだ。皆さんの会社では毎年大量の新入社員を採用するか。中途採用者に門戸は広いか。これらは、新規参入の脅威に影響を及ぼすだろう。

アルバート・ゴアのスピーチライター[1]だった**ダニエル・ピンク**は、現在のホワイトカラーは、**「代行」**の危機にあると述べている[2]。これはその人の能力が低い場合、アウトソーシングやコンピュータに置き換えられてしまうことを意味する。つまりアウトソーシングやコンピュータ化は、皆さんにとっての**代替製品・代替サービス**となるだろう。また、中長期的には**AI**[3]も代替品の有力候補になる。

次に**売り手**だが、これは一緒に仕事をしている協力会社の人たちに相当する。皆さんは協力会社の人たちに強い交渉力をもっているだろうか。それともその逆だろうか。

最後の**買い手**とは、皆さんの顧客と考えればよい。顧客との交渉力はどちらに分があるだろうか。自身の交渉力を強める手立てはあるだろうか。

以上、五つの競争要因についてじっくり考えてみよう。現在の自分自身のポジションはどこにあるのか。それがわかれば次の打ち手も考えられる。その点を次に述べよう。

自分自身を分析するためのファイブ・フォース

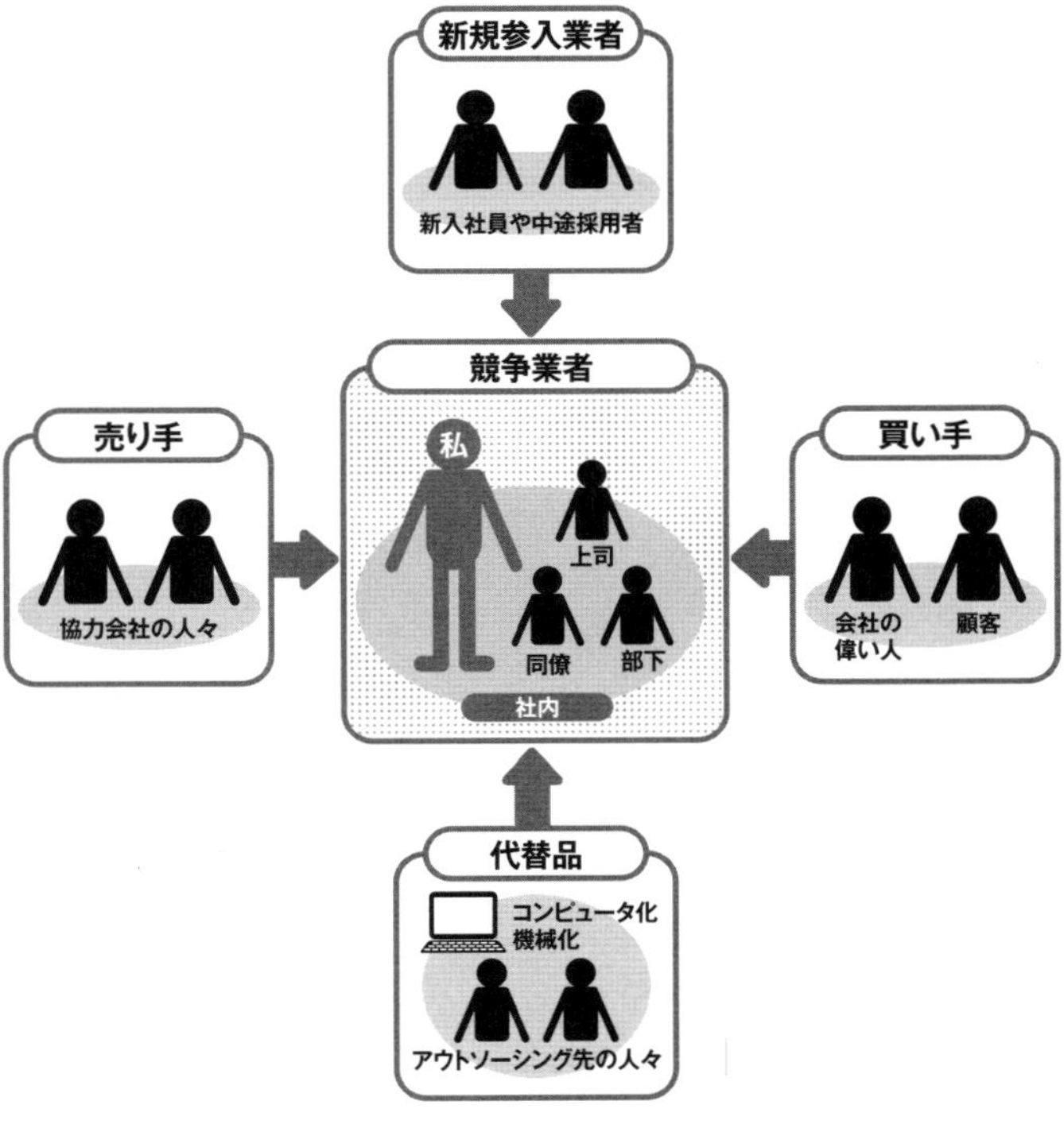

このようにファイブ・フォースは自分自身の競争環境を分析するのにも活用できる。まずは、5Fの分析を自分自身で試してみよう。

FOOTNOTE

1 Albert Gore（1948～）。クリントン大統領時代の副大統領。大統領選に出馬するも、ジョージ・ブッシュに敗れる。
2 Daniel Pink（1964～）。ダニエル・ピンク『ハイ・コンセプト』（2006年、三笠書房）P85～97
3 Artificial Intelligence。人工知能。

072

5Fから戦略の策定へ

Construction of Competitive Strategy

いかに有利なポジションを占めるのかを考えよ

競争の第一要因にまず注目せよ

以上でファイブ・フォースを利用した**競争環境**の整理ができた。次に問題になるのはここからどうやって戦略を導き出すのかという点だ。

競争環境とは、企業や自分自身にとっての外部環境だ。今までに行ってきたことは、この外部環境について熟知するものだった。引き続き、得られた情報に従って、戦略を描く。これこそ**競争の戦略**だ。ポーターはこう言う。

企業が成長するうえで（いや、生き残るためにも）カギとなるのは、ポジショニングである。既存の企業であれ将来の新規参入組であれ、直接の競合企業からの攻撃に対して備えを固めつつ、買い手、供給業者、代替製品といった方面の侵略にも強いポジションを獲得しなければならない。[1]

つまり、自社にとって五つの競争要因ごとに最も有利なポジション、言い換えると、業界の中で最も競争要因の圧力が弱い場所を見つけ出しそこに身を置くようにすることが、ファイブ・フォースから得られる戦略になる。これすなわち**戦略的ポジショニング**の探索だ。

中でも注目すべきが**競争の第一要因**だ。これは業界の競争環境を定義づける主力要因だ。この競争の第一要因をやり過ごせるポジションに身を置くことが重要になる。

また、企業がもつ強みを活《い》かして業界内で独自の地位を築いて、そこに身を置く手も考えられる。競争要因のバランスを変えたり、変化を先取りしたりすることも大切だ。

再び携帯電話業界の話になるけれど、従来のスマートフォンには特定の通信事業者でしか使えないように**ＳＩＭロック**[2]がかかっていたが、これが原則解除になった。これにより好みのスマホを好みの通信事業者で使いやすくなった。ＳＩＭロックの解除が、携帯電話業界の競争要因のバランスを変える試みであることがわかるだろう。

ファイブ・フォースから戦略を練る

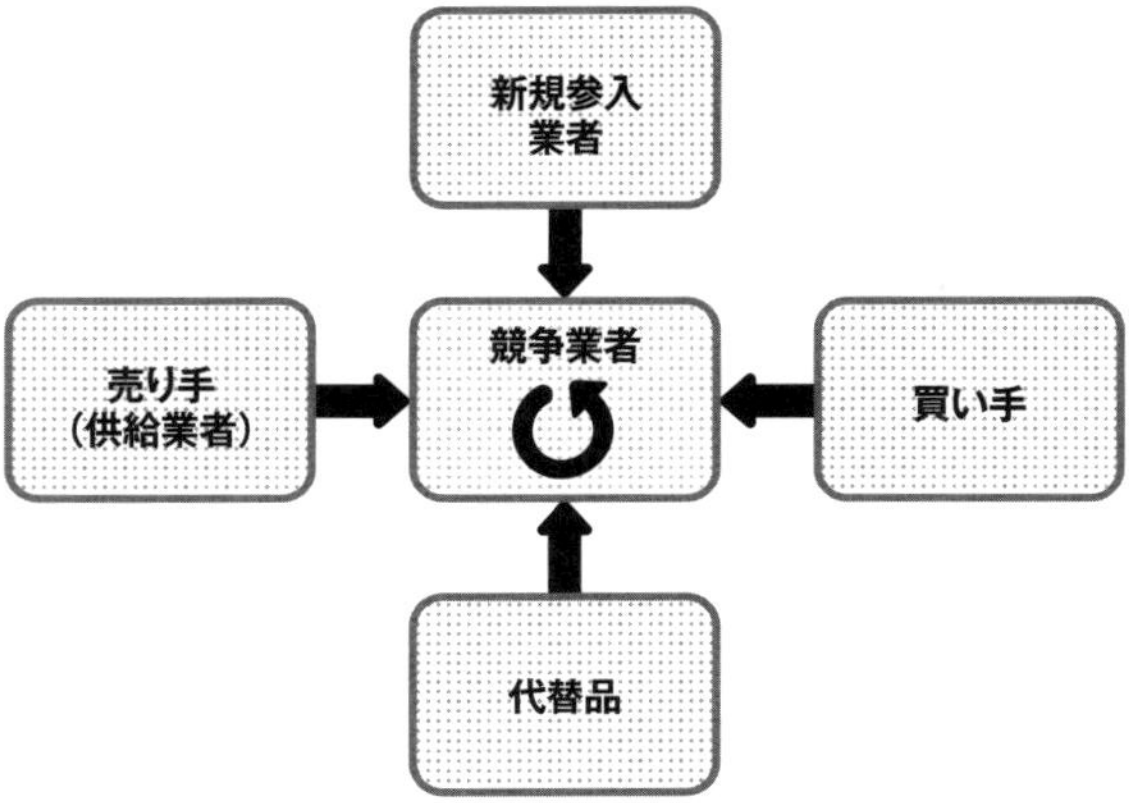

1. 競争圧力が最も弱いポジションに移動する
2. 競争の第一要因を回避するポジションに移動する
3. 強みを活かして独自のポジションを築く
4. 競争要因のバランスを変える
5. 変化を先取りする

ファイブ・フォースを入念に分析して、自社にとって最も適切な場所に身を置け。それが戦略的ポジショニングにほかならない。

FOOTNOTE
1『競争戦略論 I』P60
2 Subscriber Identity Module。携帯電話の利用者を識別するICチップ。このSIM機能を一部不能にすることをSIMロックと呼ぶ。

073

五つの競争要因に対して有利なポジションを築け

5Fと三つの基本戦略

5Fs and Three Generic Strategies

ファイブ・フォースと三つの基本戦略との関係

テーマ072では、ファイブ・フォースから描く戦略について話をした。では、ファイブ・フォースで描く戦略と、**三つの基本戦略**にはどのような関係があるのか？

　コストのリーダーシップ、差別化、集中の三つが、競争戦略の基本として位置づけられるのは、これらの戦略を取ることで**五つの競争圧力**に対して有利なポジションを築けるからだ。その点について、**コストのリーダーシップ戦略と五つの競争要因**の関係を見てみよう。

　まず、新規参入の脅威だ。こちらに対しては、低コスト体質という参入障壁で、新規参入を牽制《けんせい》できるメリットがある。また、低コスト体質は競合他社からの攻撃にも耐え得る体力を養えるし、代替品に対しても、同業者より有利な立場を占められる。

　それから、低コスト体質は、供給業者の値上げ攻勢などにも対処しやすくなるだろう。加えて、買い手の値引き攻勢にも、ライバル企業よりもちこたえられるにちがいない。

　このように、コストのリーダーシップ戦略に成功すると、五つの競争要因それぞれについて、有利なポジションを作れることがわかるだろう。

　次に**差別化戦略**だ。新規参入業者にとって差別化された製品やサービスは模倣しにくい。そのため大きな参入障壁として働く。また、製品が差別化されていると、競合企業からの攻撃も回避しやすい。それから、代替製品や代替サービスが現れたとしても、強力な差別化要因により他の同業者よりも有利に競争を進められるだろう。

　差別化に成功すると利幅の大きい価格で販売できる。こうした大きなマージンは供給業者の圧力回避の資源に流用できるだろう。また、差別化された製品は他企業からは購入できないので、買い手の交渉力は弱くならざるを得ない。

　最後は**集中戦略**だ。こちらは、セグメントを特化してコストのリーダーシップか差別化を実行する。これにより右に記したいずれかのメリットを享受できるわけだ。

三つの基本戦略の強み

	基本戦略		ファイブ・フォースに対する強み
業界全体	コストのリーダーシップ戦略		●強力な競争要因が生じても収益を確保でき、同業者の攻撃を回避できる ●強力な買い手の値引き攻勢にも対抗できる ●強力な供給業者にも、生産性アップなどで対抗できる ●規模の経済で新規参入を阻止する ●代替品に対して同業者よりも有利な立場を占められる
業界全体	差別化戦略		●同業者に対して特異性で対抗できる ●他社からは買えない特異性で、買い手の交渉力を弱められる ●差別化による高マージンで供給業者の力に対抗できる ●特異性で新規参入の障壁を高くできる ●代替品に対して、同業者より有利な立場に立てる
特定セグメント	集中戦略	低コスト	特定のセグメントにおける、上記コストのリーダーシップ戦略によるのと同等のメリットが得られる
特定セグメント	集中戦略	差別化	特定のセグメントにおける、上記差別化戦略によるのと同等のメリットが得られる

▼

三つの基本戦略は、五つの競争要因それぞれに強みをもつ

三つの基本戦略は、五つの競争圧力に対してそれぞれ強みをもつ。だからこそ「基本戦略」なのだ。

074

競争上の強みや弱みを把握せよ

バリュー・チェーンとは何か

Value Chain

企業の価値創造を示す基本モデル

あらゆる企業は**価値**を創造し、それを顧客に提供する。ポーターはこの価値のことを「買い手が会社の提供するものに進んで払ってくれる金額」[1]だと定義している。

企業はこの価値創造の実現に向けて、製品の設計から部品の調達、製造、マーケティングを実行し、流通チャネルに送り出して販売し、さらには各種サービスを提供する。

企業はこうした一連の、そして別々の活動から価値を生み出す。注意したいのは、これらの活動が、ライバル企業と比較したときの相対的なコスト地位を決定づけたり、製品の差別化を作り出したりするという点だ。いわば、これらの活動のどこか、あるいはこれらの活動の相互関係に、その企業の**強みの源泉**が隠されているはずだ。

したがって、その一連の活動を分析することで、企業が競争上優位に立つ理由を解明できるだろう。あるいは、いずれかの活動やその相互関係をチューニングしたり、組み替えたりすることで、ライバル企業よりも上手に、あるいは廉価に価値を創造できれば競争優位を獲得できるはずだ。

企業のありようは企業の数だけあるとはいえ、この価値創造のプロセスには基本となるモデルがある。この基本モデルを利用して自社やライバル企業を分析したら、自社やライバル企業の相対的な強みや弱みが把握できよう。

ポーターはこの基本モデルを**バリュー・チェーン**として表現した（左ページ図）。日本語訳では**価値連鎖**と言う。

ご覧のようにバリュー・チェーンは横長の奇妙な五角形[2]をしている。これは大きく二つの活動からなっていて、五角形の下部が**主活動**、上部が**支援活動**だ。主活動は製品の創造やそれを顧客に届けサービスを提供するまでの一連の活動を示している。一方支援活動は、主活動を支援する全社的な機能を意味する。そして、この二大活動の結果にマージン（五角形の右端部分）が付け加えられて、価値が提供される。また二大活動は九つの活動に分解できる。

以下、個々の活動について解説しよう。

バリュー・チェーン

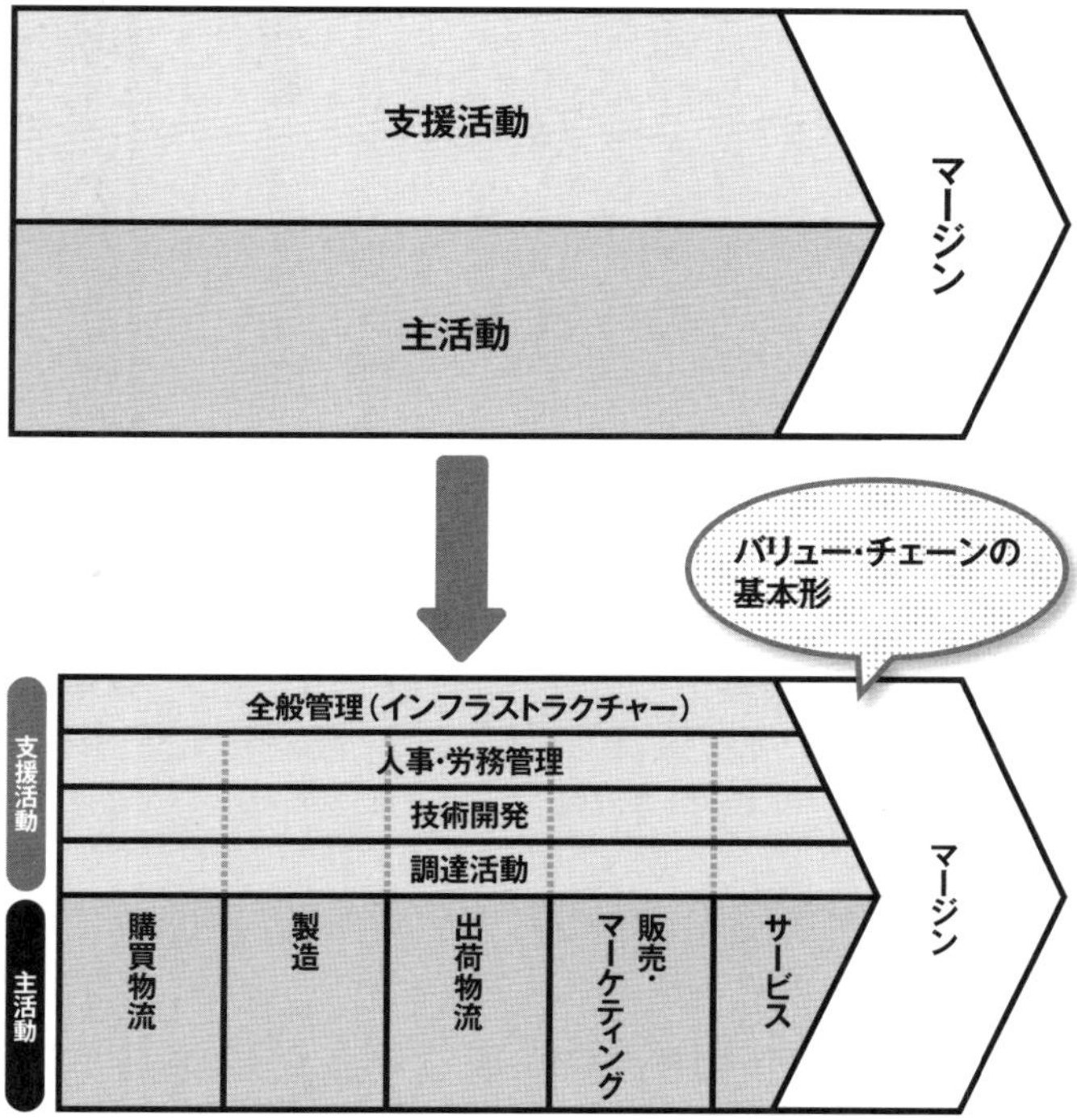

出典：M・E・ポーター『競争優位の戦略』P49を基に作成

バリュー・チェーンは、主活動と支援活動からなる。矢印の向きは価値が創造され、マージンが付加される流れと考えればよい。

FOOTNOTE

1『競争優位の戦略』P49

2 よく見ると右向きの矢印になっているのがわかる。これは価値創造の流れを示しているのにほかならない。

075

バリュー・チェーンの構成要因

Elements of Value Chain

九つの活動が価値創造の源泉になる

主活動と支援活動にまたがる九つの活動

バリュー・チェーンの主活動と支援活動は、さらに細分化された活動から構成されている。[1]

まず主活動だが、こちらは5種類からなる。

①購買物流は、原材料を外部から入手し、これを貯蔵して配分する活動を指している。企業が原料を手に入れて製品にするまでの段階と考えればよい。

次に**②製造**は、原料を最終製品の形にするステップだ。ここでは製造装置そのものや、装置を操作する技術、装置のメンテナンスなどの要因も含まれる。

続いて**③出荷物流**は、完成した製品を買い手に届けるまでの活動を指す。ここには製品の荷造りや保管、輸送、受注処理などが含まれる。

さらに**④販売・マーケティング**は、顧客に製品を提供するとともに顧客が製品を購入したくなるようなあらゆる工夫を指す。広告やセールス・フォースによる営業活動は、販売・マーケティングの主要活動になる。

最後の**⑤サービス**は、据え付け工事や修理、クレーム対応など、製品の価値を高めたり維持したりする活動を指す。

次に支援活動を見てみよう。こらちは4種類からなる。

最初は、**①全般管理**（インフラストラクチャー）だ。これはバリュー・チェーン全体を支援する活動で、本社経営や企画、財務、経理、法規対策などの活動が該当する。

次に**②人事・労務管理**は、社員の募集や採用、教育、給与の支払いなどの活動を指す。

また、**③技術開発**は、製品の品質を上げる活動と、生産工程を向上させる活動に大別できる。

最後は**④調達活動**だ。これはバリュー・チェーンに用いられるものを購買する機能を指す。

なお、②～④の支援活動に見られる点線（**テーマ074**）は、これらが個々の主活動をそれぞれ個別に支援することを示している。全般管理に点線がないのは、この機能が主活動を個別に支援するものではないからだ。

バリュー・チェーンを構成する九つの活動

支援活動		
全般管理	本社経営、企画、財務、経理、法規対策などの活動	マージン
人事・労務管理	社員の募集や採用、教育、給与支払いなどの活動	
技術開発	製品の品質を上げたり、生産工程を向上させる活動	
調達活動	原材料や燃料、消耗品などを購入する活動	

主活動	購買物流	製造	出荷物流	販売・マーケティング	サービス	
	原材料の入手、貯蔵、配分などの活動	原材料を最終製品の形にする活動	完成した製品を買い手に届ける活動	買い手に製品を提供するとともに、買いたくさせるあらゆる活動	据え付け工事や修理、クレーム対応など、製品の価値を高め維持する活動	マージン

バリュー・チェーンは、九つの異なる活動によって構成されている。そして、この連鎖から価値が創出されるのだ。

FOOTNOTE 1 以下の説明は『競争優位の戦略』P52〜53を参考にしている。

076

自社の価値連鎖を明確にせよ

自社の価値活動を見きわめる

Value Activities of Company

自社のバリュー・チェーンを分析せよ

バリュー・チェーンの基本形が頭に入ったら、引き続き自分の会社のバリュー・チェーンを明らかにする。**テーマ074や075**で示したバリュー・チェーンはあくまでも基本形だ。これをベースにして、自社にとっての独自の活動を特定しよう。

購買物流や製造などバリュー・チェーンを構成する九つの主活動・支援活動は、より詳細な活動に細分化されなければならない。この細分化された活動のことをポーターは**価値活動**と呼ぶ。価値活動は企業によって千差万別だろう。左ページに掲げたバリュー・チェーンは、出版社を例に挙げて、その一般的な価値活動を分析したものだ。

自社の価値活動を列挙する場合に問題となるのが、活動をどの程度細分化すればいいのかということだ。

たとえば、広告活動とセールス部隊による営業活動は、まったく**異なる経済法則**に従っている。これらはいずれも販売・マーケティングに属するけれど、異なる価値活動として細分化すべきだろう。

また、差別化することで大きな影響力を及ぼせる活動も、独立した価値活動として扱うようにする。ポーターも指摘するように、細分化するほど競争優位への重要性が際立つ活動は、どんどん分解していけばよい。その逆ならばひとまとめにすればよい。さらに、全コストに占める割合が大きいものも価値活動として独立させる。

では、完成した自社のバリュー・チェーンをながめてみよう。個々の価値活動は、価値創造のための源泉になる。でも、単独では機能しない。ある価値活動は他の価値活動と**連結関係**にある。こうして、価値活動が相互に依存した一つのシステムとして成立するわけだ。

以上を念頭に、個々の価値活動および連結関係を調整し、**最適化**を実行する。つまり、バリュー・チェーンをチューニングすることで、三つの基本戦略の**コストのリーダーシップ**や**差別化**が可能になる。引き続きその点を見よう。

出版社のバリュー・チェーン

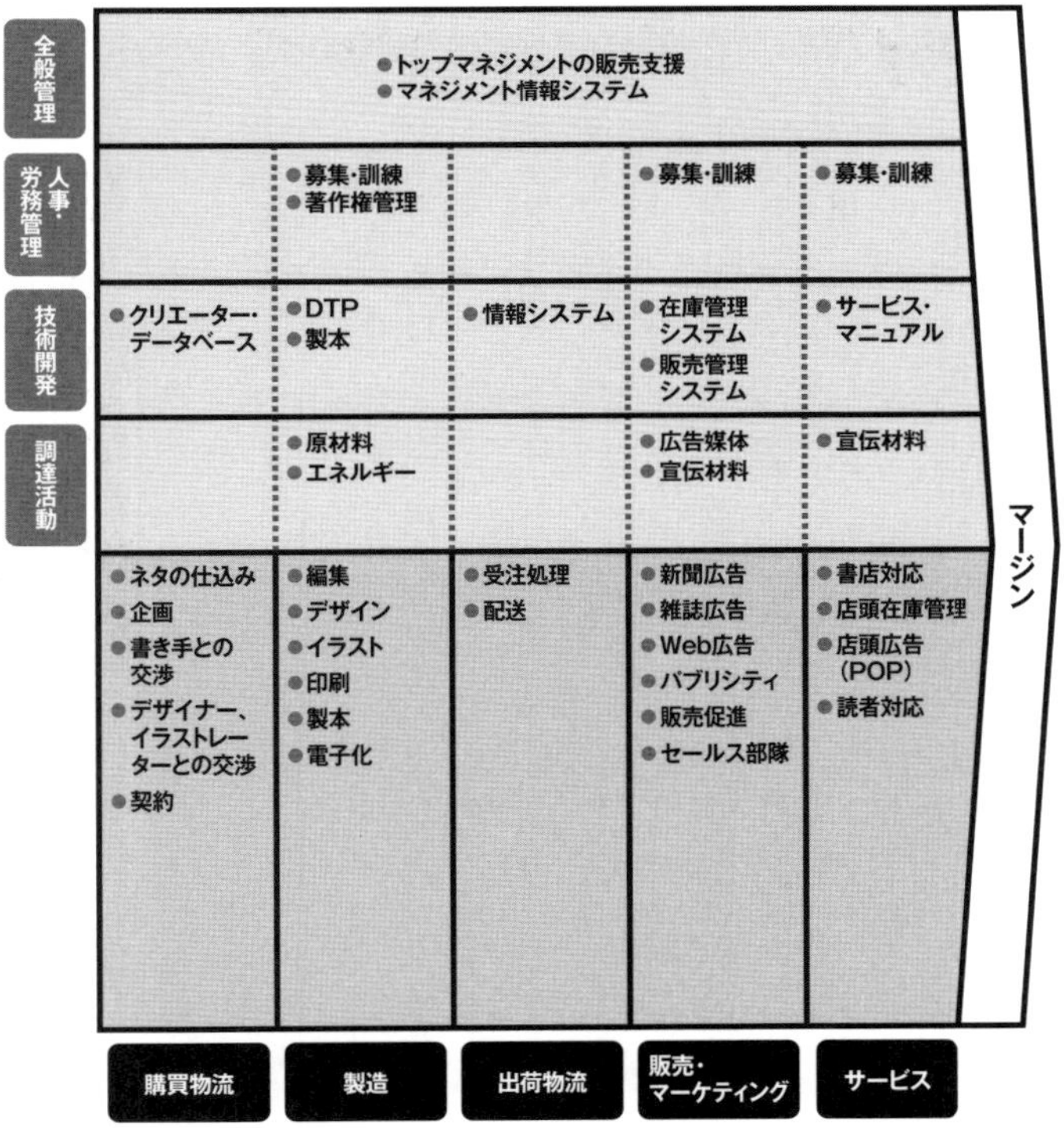

出版社のバリュー・チェーンをとりまとめてみた。多様な価値活動が連結して、価値が創造される様子がわかるというものだ。

077

コスト優位の創造

Creating Cost Advantage

低コスト体質を目指す戦略を練る

価値活動に運用コストと資産を配分する

コストのリーダーシップ戦略を目指すには、低コスト体質の実現が欠かせない。そのためには、まず、現状の把握が重要だ。

その第一歩として、**テーマ076**で明確にした自社のバリュー・チェーンを構成する各価値活動について、**運用コストと資産を配分**するのがよい。

コストが発生する価値活動については、その規模がどの程度かを、金額ベースで明らかにしよう。また、資産を使用する活動は、資産の内容とその程度を示す。以上はいずれも推定値で構わない。

現状が明らかになったら、**コスト優位**[1]をいかに実現するか、その戦略を考えなければならない。その際に重要になるのが、**コスト推進要因**の理解だ。

コスト推進要因とは、個々の価値活動においてコストが発生するメカニズム[2]の構成要因だと考えればよい。そもそもコストは、複数のコスト推進要因が組み合わさって発生する。これを前提に、個々の価値活動について、どのようなコスト推進要因が組み合わさっているかを明らかにする（**テーマ078**）。

さらにコスト推進要因を把握できたら、二つの方針を念頭にコスト優位を創造する戦略を描くことになる。

第1の方針は**コスト推進要因のコントロール**だ（**テーマ079**）。これはコスト推進要因を上手に管理することで、同じ価値活動をより効果的に行えないかを考える。

一方、第2の方針は、まったく新たな価値活動の導入や、価値活動の連結関係を組み替えることだ。いわば**価値連鎖を再編成する**わけだ（**テーマ080**）。これが効果的に進めば、低コスト体質への強力な推進要因となるだろう。

もちろん、いずれの方針でも、調整後または再編成後のバリュー・チェーンに**持続性**が欠かせない。持続性とは、ライバル企業に簡単には**模倣**されないことだと考えればよい。これが実現できれば**持続的競争優位**を確保できる。

コスト優位を創造するための手順

1. 適切な価値連鎖を見つけて、コストと資産を配分
2. 価値活動のコスト推進要因を見きわめる
3. 競争業者の価値連鎖のベンチマーキング
4. コスト推進要因のコントロールまたは価値連鎖の再編成
5. 差別化を台無しにしないコスト削減努力
6. コスト優位の持続性をテスト

出典：M・E・ポーター「競争優位の戦略」P148～149を基に作成

バリュー・チェーン上にある個々の価値活動について、コスト推進要因を基準にして分析せよ。

FOOTNOTE
1 これはライバル企業よりもコスト的に優位に立つことと考えればよい。
2 これを**コスト・ビヘイビア**と呼ぶ。ポーターもこの言葉を何度となく用いている。

078

コスト推進要因

Cost Drivers

コストが発生するメカニズムを知る

コスト推進要因は10種類ある

テーマ077の**コスト優位**を創造する手順の中で、理解しづらい点がいくつかあったと思う。**コスト推進要因**もその一つだろう。

これはコストが発生するメカニズム、いわゆる**コスト・ビヘイビア**を決定づける要因のことを指す。そして、個々の価値活動のコスト・ビヘイビアについて、コスト推進要因を明らかにしなければならない。

ポーターはコスト推進要因を10種類掲げている。左ページに示したとおりだ。ここではこの中からトップにある**規模の経済性**[1]を取り上げて、コスト推進要因がどのようなものなのかを解説しよう。

規模の経済性は製品を大量に作ることで、単位当たりのコストが低下することを指す。**経験曲線**（**テーマ060**）とも密接に関連するものだ。たとえば、同一の装置で製品を1カ月に1000個作るのと、1万個作るのを比較してみよう。製品1個に対する装置のコストは前者が1000分の1、後者は1万分の1だ。後者の方が明らかに単位当たりのコストが低くなる。これが規模の経済性だ。

では、この規模の経済性が個々の価値活動にどのような影響を及ぼすのか検討してみよう。

第7章の**ファイブ・フォース**では、売り手や買い手の交渉力が強くなる要因について見てきた。この中で、ある買い手の取引量が、売り手の総取引量の大部分を占める場合、買い手の交渉力が強まると述べた。

となると、供給業者に対する注文量が大きな企業は、その交渉力も自ずと強くなるだろう。この結果、供給業者からより有利な条件で買い付けを行えるにちがいない。このように規模の経済性が調達活動という価値活動のコストを抑制する要因として働くわけだ。

このような要領で、個々の価値活動とコスト推進要因の関係を解明していく。この作業をライバル企業の価値連鎖でも実施することで企業の相対的なコスト地位がわかる。

10種類あるコスト推進要因

コスト推進要因

個々の価値活動のコスト・ビヘイビアを決定づける要因

▼

1. 規模の経済性または非経済性
2. 習熟と伝播
3. キャパシティ利用のパターン（資産の有効活用）
4. 内外の価値活動との連結関係
5. 他の事業単位との相互関係
6. 川上統合や川下統合の程度
7. 価値活動を実行したタイミング
8. 他の推進要因とは無関係な独自のポリシー
9. 立地
10. 制度要因

個々の価値活動について上記10のコスト推進要因を考慮し、コスト・ビヘイビアを明らかにせよ。

FOOTNOTE
1 規模の経済性と対になるものに範囲の経済性がある。これは同一の資本財を別の分野で活用して利益の拡大をはかることを指す。

079

コスト優位を向上させる決め手

コスト推進要因のコントロール

Control of Cost Drivers

コスト推進要因をコントロールするチェックポイント

個々の価値活動におけるコスト推進要因やライバル企業との比較による相対的な**コスト地位**が明らかになったら、いよいよ**コスト優位**を創造する活動に移る。

そのためには、①コスト推進要因をコントロールする、②価値連鎖を再編成する、これら二点が欠かせなかった(**テーマ077**)。まず、前者についてふれよう。

コスト推進要因のコントロールでは、まず、総コストに占める割合の大きな価値活動に注目し、そのコスト推進要因を有利に調整するようにする。

すでに、コスト推進要因には10種類あると述べた(**テーマ078**)。ポーターはこれら10種類のコスト推進要因について、管理のポイントを列挙している。左図はそのポイントを箇条書きにしたものだ。

前テーマに続き、ここでも規模の経済性を取り上げて解説してみよう。ポーターは、規模の経済性をコントロールするポイントとして、次の四つを掲げている。

①適切な規模のタイプを確保する。
②規模に敏感な活動において規模の経済性を強化するようなポリシーをつくる。
③会社が有利になる分野で規模の経済性を探索する。
④規模の経済に影響を受ける、会社が優位をもつ分野の価値活動に重点を置く。[1]

たとえば、①の場合、規模の拡大には異なるタイプがあり、それを念頭に置けということを意味する。企業がもつ既存の販売エリアで、販売量を増やすことができれば、これは規模の経済性によるコスト低下の原動力になる。ただ、販売エリアを拡張して、そこにセールス・フォースを投入した場合、物流費や人件費のコストが高まるだろう。

規模の経済性のメリットが、このコスト高を下回るようだったら利点はない。①はこのようなことを指している。

コスト推進要因をコントロールするポイント

❶規模のコントロール

- 適切な規模のタイプを確保する
- 規模の経済性を確保するポリシーを作る
- 会社に有利になる分野で規模の経済性を探索する
- 規模の経済に影響を受ける、会社が優位をもつ分野の価値活動に重点を置く

❷習熟のコントロール

- 習熟の向上に関する目標を設定する
- 習熟の独自性を維持する
- ノウハウを守るため川上統合する
- 習熟の中心になる従業員を確保する

❸キャパシティ利用の効果をコントロールする

- 生産量を常に平均化する
- 生産量の変動による損害を減らす

❹連結関係のコントロール

- 価値連鎖内部でのコスト連結を探す
- 供給業者やチャネルと行動をともにする

❺相互関係のコントロール

- 共同行動する
- 類似の活動で得られたノウハウを移す

❻統合のコントロール

- 統合や脱統合の可能性を調査しておく

❼タイミングのコントロール

- 先発会社または後発会社の利点を探す
- 景気変動の有利な時期に購買する

❽ポリシーのコントロール

- 差別化に寄与しないコスト高のポリシーを改良する
- コスト推進要因を自社に有利に変える技術に投資する
- 低コスト生産工程、オートメーション、規格化を推進する

❾立地のコントロール

- 立地条件を最適化する

❿制度要因のコントロール

- 制度要因を与件と考えない

出典：M・E・ポーター『競争優位の戦略』P126～P133を基に作成

それぞれのコスト推進要因をコントロールするためのポイントだ。チェックリストとして活用したい。

FOOTNOTE 1『競争優位の戦略』P126～127

080

劇的なコスト優位を確立せよ

バリュー・チェーンの再編成

Reconstructing Value Chain

バリュー・チェーンの劇的な再編成

コスト優位を確保するには、コスト推進要因のコントロールと並行して、**バリュー・チェーンの再編成**についても考えてみる必要がある。

価値連鎖の再編成の極端な方法は、ライバル企業とはまったく異なるバリュー・チェーンを採用することだ。この具体的事例としてわかりやすいのは、デル・コンピュータがかつて採用して大成功した**ダイレクト・モデル**だろう。

従来、パソコンは、メーカーから卸、小売店を通じてエンド・ユーザーに届くという、昔ながらの流通チャネルで販売されていた。

これに対してデル・コンピュータは、インターネットや電話を通して、エンド・ユーザーから直接注文を受け付ける。そして注文を受け付けてからパソコンを組み立てる。いわゆるBTO[1]だ。そして、完成した製品をエンド・ユーザーにダイレクトに届ける。これにより低価格を実現した。

デルが採用したバリュー・チェーンとはまったく異なっていた。このようにバリュー・チェーンを劇的に変化させたことが、デルの大きな強みの一つになったわけだ。[2]

もっとも、インターネットが世の中に現れた90年代半ば、インターネットの普及により**中抜き**が起きると言われた。だから、デル・コンピュータは、言われていたことをそのまま実行したに過ぎない、という見方もできる。

しかし、既存のライバル企業は、デルの進撃を横目に、同じビジネス・モデルをなかなか採用できなかった。これは、従来の取引関係にある流通チャネルに配慮したからだ。デルが儲かっているからといって、取引先の手前ダイレクト・モデルになかなか切り替えられなかった。だから、模倣したくても自社の都合でできなかった。

デルのダイレクト・モデルは一見ありふれたバリュー・チェーンに見える。しかしその背景には模倣に対する右のような強みがあったわけだ。

バリュー・チェーン再編成のインパクト

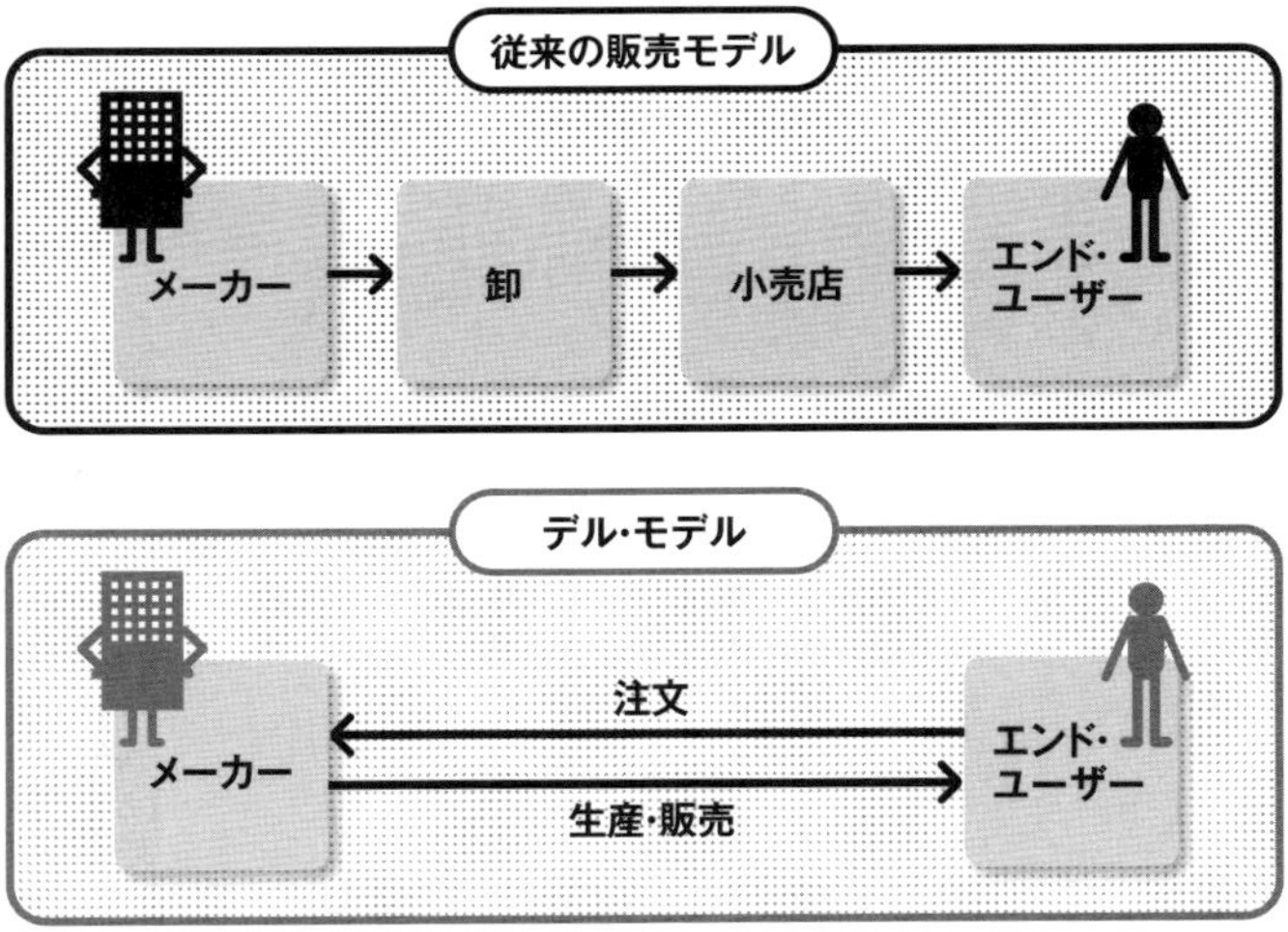

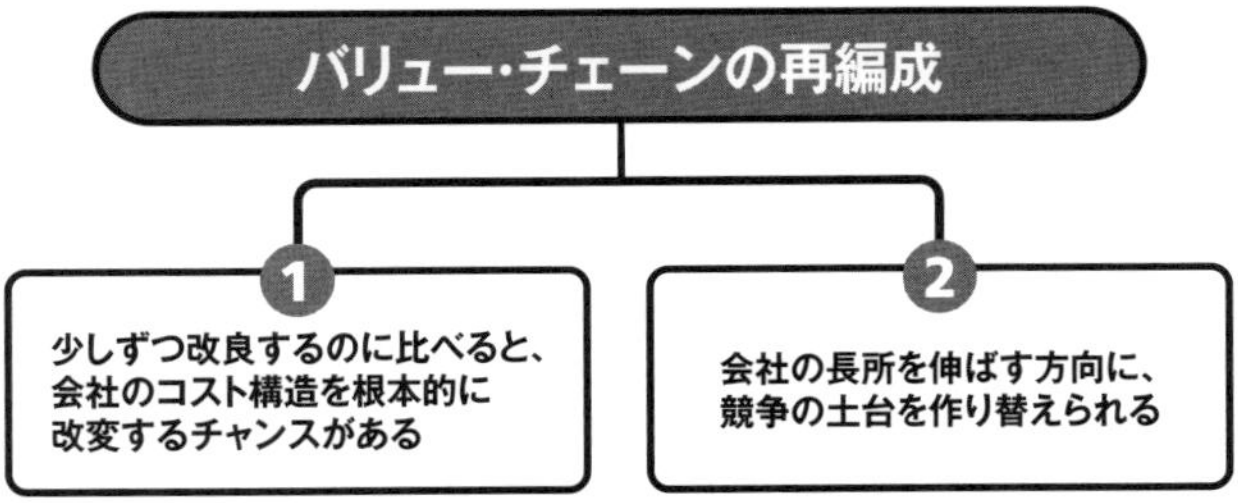

バリュー・チェーンを再編成することで、劇的なコスト優位を達成できる場合がある。チャレンジする価値はある。

FOOTNOTE

1 Build to Orderの略。注文生産方式とも呼ばれる。

2 ダイレクト・モデルはサプライ・チェーン（**テーマ129**）の再編とも言える。ちなみにポーターは、サプライ・チェーンのことを**価値システム**とも呼ぶ。

081

自社ならではの強みを創造する

バリュー・チェーンと差別化

Value Chain and Differentiation

バリュー・チェーンから差別化を実現する

バリュー・チェーンの分析と調整は、企業の**差別化戦略**にも大きな影響を及ぼす。というか、バリュー・チェーンを構成する価値活動をコントロールすることで、差別化を生み出せる、と言っても過言ではない。

しかし、本当にバリュー・チェーンから差別化を生み出せるのか、と疑問をもつ人もいるにちがいない。というのも、そもそも我々が差別化と言うとき、真っ先に思い浮かぶのは、製品そのものの差別化や広告宣伝による差別化だからだ。

とはいえ、差別化の源泉はそればかりではない。ぜひともポーターの次の言葉に耳を傾けてもらいたい。

差別化が重要なことは当然なのだが、差別化がどこから生まれるかについては、充分理解されていないようだ。（中略）製品そのものやマーケティングのやり方で差別化を考えることが多く、価値連鎖の中のどこにでも起こりうる差別化を考えようとはしない。[1]

ポーターからこんな指摘を受けたら、バリュー・チェーンのどこをコントロールすれば差別化の源泉になるのか、誰もが知りたくなるにちがいない。

左ページは、ポーターが示した**「価値連鎖における代表的な差別化源泉」**だ。ここには、バリュー・チェーンの基本形におけるそれぞれの価値活動で、差別化を推進するための源泉が列挙されている。

もちろん、個々の企業がもつ価値活動はそれぞれ異なる。それでも、ポーターが示す差別化の源泉は、自社の差別化の推進に大きな示唆を与えてくれるにちがいない。

また、どんな価値活動でも差別化の源泉になり得ると考えることも大切だ。その価値活動が自社の強みであり、しかも買い手がそれに価値を認めてくれるのならば、大きな差別化要因になるだろう。

価値連鎖における代表的な差別化源泉

	購買物流	製造	出荷物流	販売・マーケティング	サービス
全般管理	•トップマネジメントの販売支援 •会社のイメージを高める建物・施設 •優れたマネジメント情報システム				
人事・労務管理	•優れた社員訓練	•安定した労務政策 •労働の質を高める生涯計画 •最高の科学者・技術者を引きつける計画		•最高のセールスマンを辞めさせない奨励策 •質の高い販売・サービス用品の募集	•サービス技術者の広範な訓練
技術開発	•原材料の扱いと仕分けのための優れた技術 •独占的な品質保証機器	•特異な製品特徴 •モデル導入の速度 •特異な生産工程または機械 •自動検品法	•特異な輸送車スケジュール •ソフトウェア •特殊用途の車またはコンテナー	•応用技術支援 •優れた媒体調査 •特注モデルに関してすばやい見積り	•一歩抜きん出たサービス技術
調達活動	•資材納入のための最も信頼性の高い輸送	•最高品質の原材料 •最高品質のコンポーネント	•最良立地の倉庫 •破損を最小に抑える輸送会社	•最も望ましい媒体利用 •製品ポジショニングとイメージ	•高品質の取り替え部品
	•破損または品質低下を最小に抑える資材の扱い方 •製造にタイムリーに納品される資材	•仕様書に完全に一致する •魅力的な製品外観 •仕事の変更にただちに応じる •低い不良品率 •製造時間の短さ	•タイムリーな急配 •正確ですばやい受注処理 •破損を最小に抑える取り扱い	•うまい広告 •セールス活動のもれのなさと質の高さ •チャネルとの個人的な親密さ •技術説明書その他の販売援助物が優れている •広範な販売促進 •買い手に供与するクレジット	•早い据え付け •高いサービスの質 •取り替え部品の完全装備 •サービス範囲の広さ •買い手訓練の徹底

マージン

出典：M・E・ポーター『競争優位の戦略』P154

あらゆる価値活動は差別化の源泉になる。これを前提に独自の活動を実行して差別化を徹底したい。

FOOTNOTE 1『競争優位の戦略』P151

082

差別化を実現する上で欠かせない要因を特定せよ

特異性の推進要因

Drivers of Uniqueness

特異性を推進する9種類の要因

特異性の推進要因とは、差別化を発生させるメカニズム、言うならば**差別化ビヘイビア**[1]を決定づける要因だ。したがって、バリュー・チェーンを構成する各価値活動について、特異性の推進要因を検討することで、効果的な差別化を推進できる可能性が、より高まることになるだろう。

ポーターは、特異性の推進要因として、左ページに示した9種類を掲げている。この中で、「最大の影響力を持つ特異性要因」[2]だとポーターが言う、**ポリシーの選択**について、少々詳しくふれておこう。

ポリシーとは、ある目的や目標に対して、どのような活動を、どのような方法で実行するのか、その考え方を表明したものだ。

ジャック・ウェルチ[3]という人物を知っていると思う。ゼネラル・エレクトリック（GE）の中興の祖とも言われる人物だ。ウェルチはGEの立て直しにあたり、市場でナンバーワンかナンバーツー以外の製品からは撤退することに決めた。これは自社の強みに集中するためだ。

余談ながら、ジャック・ウェルチがゼネラル・エレクトリックのCEO（最高経営責任者）だった当初、**ピーター・ドラッカー**が同社のコンサルタントを務めていた。ドラッカーは、コンサルタント先の企業に、**強みへの集中**を常々アドバイスしていた。ウェルチのナンバーワンかナンバーツーの戦略も、ドラッカーの強みへの集中に感化されてのことだろう。[4]

それはともかく、ウェルチはこの戦略を推進することで、不振を極めていたGEを立て直すことに成功した。

ナンバーワンかナンバーツーの戦略はポリシーだ。このポリシーによってGEは特異性を際立たせることに成功した。この一点からも、差別化にポリシーがどれだけ重要になるかがわかると思う。

いずれにせよ、特徴のあるポリシーを打ち立てれば、それは特異性を推進する要因として強力に働く。

9種類ある特異性の推進要因

特異性の推進要因

個々の価値活動の差別化ビヘイビアを決定づける要因

▼

1. ポリシーの選択
2. 内外の価値活動の連結関係
3. タイミング
4. 立地
5. 内外の価値活動の相互関係
6. 習熟と伝播
7. 川上統合や川下統合
8. 規模
9. 制度要因

特異性を推進する要因も多様だ。個々の価値活動で、どの要因が影響力をもつのか分析せよ。

FOOTNOTE

1 差別化が生じるメカニズム。差別化ビヘイビアは本書での造語。ポーターはこのような表現は用いていない。
2『競争優位の戦略』P157
3 Jack Welch（1935〜）。アメリカの経営者。
4『ドラッカー20世紀を生きて』P147

083

持続的な差別化を実現せよ

模倣を防ぐ

Prevention of Imitation

模倣を防ぐための三つの処方箋

模倣は差別化の大敵だ。何しろ模倣に弱い差別化に**持続的競争優位**は期待できないからだ。ここでは模倣を防ぐ上で特に重要となる三つの要因を掲げたいと思う。[1]

まず、模倣に**コストや時間**がかかる場合、その差別化には持続的な競争力が期待できる。差別化要因の中には、長い時間をかけて練り上げられたものがある。これを真似《まね》るのは短時間では困難だし費用もかかる。コスト面では何とかなっても、ライバル企業が時間を早送りして模倣を自らのものにするのは非常に難しいと言わざるを得ない。

次に、企業の差別化がどのような要因から生まれてくるのか、その**因果関係**がよくわからない場合がある。こうしたケースも模倣がとても困難になる。

これには、そもそも差別化を生み出している要因の存在がわからない場合とか、要因が複雑にからみ合っていて理解できない場合も含まれる。

暗黙知という言葉がある。マネジメント理論では、企業内に蓄積された社員の知識や知恵のうち形式化したり他人に伝えたりするのが難しいものを指す。この暗黙知が組織全体に共有されると、その組織の競争力は当然高まることになるだろう。ただ、それは**形式化**されていないため、外部から観察してもどこに競争上の強みがあるのか理解できないわけだ。

三つ目は**ライバル企業の事情**で模倣が困難なケースだ。たとえばライバル企業の強みが理解できているとしよう。しかし、それを採用しようと思うと、従来のやり方を大きく変えなければならない場合などだ。[2]

そのような差別化は、徹底した**トレードオフ**の推進がなされているものだ。トレードオフとは一方を立てれば他方が立たない状態を指す。何をして何をしないかを明確にした態度とも言える。

なぜ、徹底したトレードオフの推進が模倣されにくい差別化になるのかは、**テーマ087**で改めて検討したい。

模倣を防ぐ処方箋

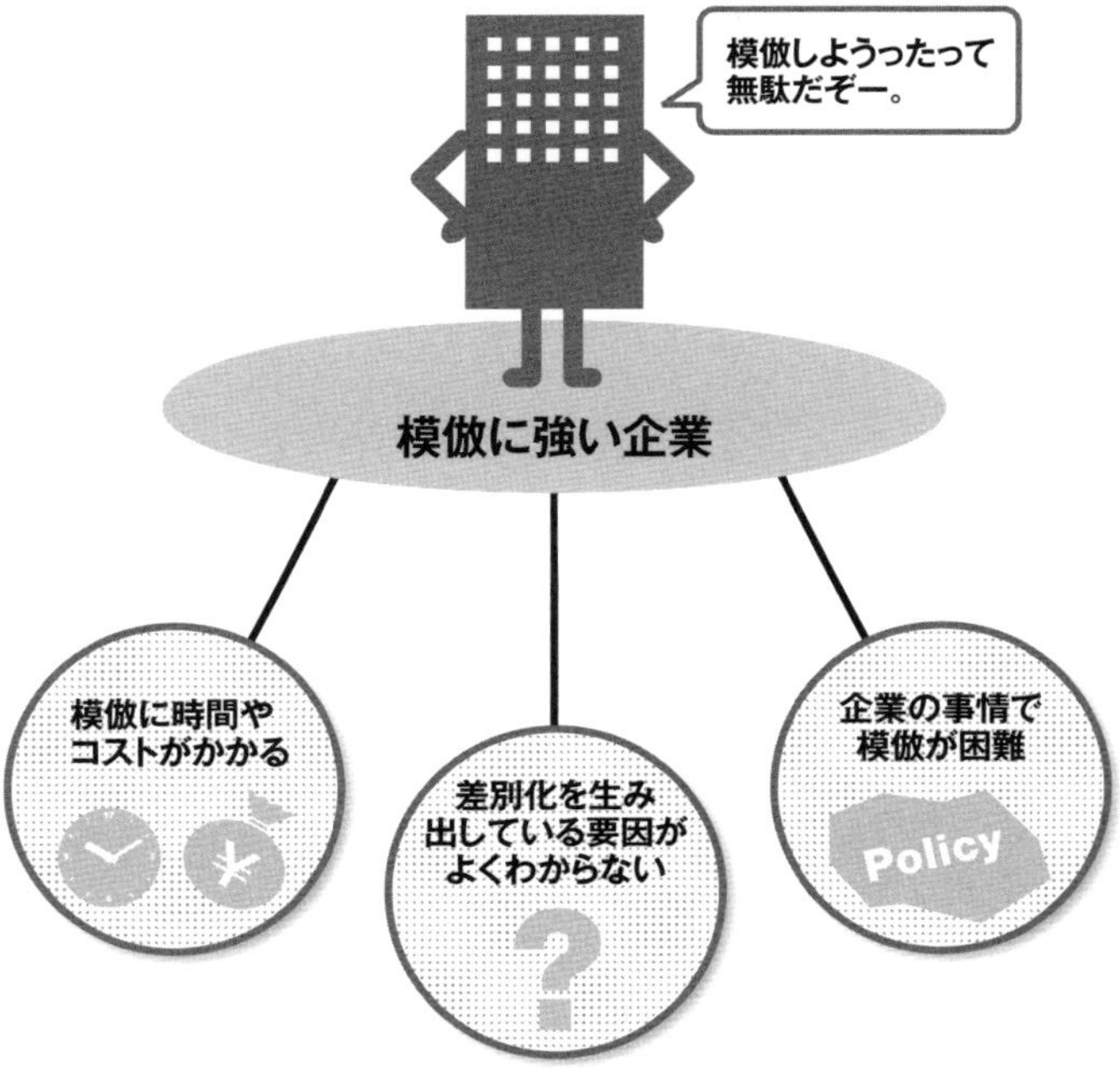

これら模倣されにくい差別化の基礎にあるのが徹底したトレードオフの推進だ。徹底したトレードオフは模倣を困難にするのだ。

FOOTNOTE
1 以下は青島矢一、加藤俊彦『競争戦略論』(2003年、東洋経済新報社) P98〜105を参考にしている。
2 テーマ080で述べたデルのダイレクト・モデルは、この点が原因で他社の模倣が困難だった。

084

差別化の糸口を見つける

使用基準とシグナル基準

Purchase Criteria and Signaling Criteria

差別化の基本指標になる使用基準とシグナル基準

差別化には多くの恩恵がある。まず、**プレミアム価格**をつけられるし、仮にライバル企業と同じ価格だとしても、差別化の分だけ魅力的だからより多く販売できる。**顧客ロイヤルティ**[1]の向上も期待できるだろう。

では、買い手はどういう場合に、プレミアム価格まで払って、差別化された製品を買おうとするのだろう。これには2種類のケースが考えられそうだ[2]。

まず、その差別化された製品が、ライバル企業のものより、買い手の**コストを押し下げる**場合だ。このコストには、獲得コストや使用コスト、メンテナンス・コスト、所有コスト、廃棄コストが含まれる。

もう一つのケースは、その差別化された製品が、ライバル企業のものよりも、買い手の**実績を上げる**場合だ。たとえば、その製品を所有することで、買い手は自分のプレステージが高まると感じるなら、これは買い手の実績を上げるのに役立つことになるだろう[3]。

このように売り手は、買い手のコストを押し下げたり、実績を上げたりする差別化で、買い手に「プレミアム価格を払ってもいいや」と思わせるように仕向ける。ポーターはこれを**使用基準**と呼ぶ。

ただ、使用基準を指標にしているだけでは、差別化活動はまだまだ不十分だ。加えて**シグナル基準**が必要になる。

そもそも、企業が念入りに差別化を推進し、高い価値を実現したとしても、それを100%買い手が認知するのは、ちょっと難しい。したがって、売り手は買い手に対して、製品に十分な価値があるという**シグナル**を多様な手法を用いて発しなければならない。代表的なシグナルには**広告**や**クチコミ**がある。こうしたシグナルは製品の価値を推測する基準に用いられる。これがシグナル基準だ。

こうして、実際の価値はライバル企業の製品よりも低いにもかかわらず、シグナル基準によって認知され、ライバルの製品より価値が高くなるケースがままあるものだ。

購買基準マトリックス

	使用基準	シグナル基準
エンド・ユーザー	•性能 •デザイン •OS •価格 •バッテリー •付属ソフト •重量 etc…	•ブランド •広告 •陳列店・陳列場所 •入手のしやすさ •クチコミ etc…
チャネル	•注文処理のスピード •チャネル・マージン •製品の信頼性 •販売促進案 •過去の販売データ etc…	•セールスマンの訪問頻度 •広告 •クチコミ etc…

出典：M・E・ポーター『競争優位の戦略』P188を基に作成

ライバル企業より価値ある製品なのに、シグナル基準による評価が低いため、価値が低いと判断されるケースがよくある。要注意だ。

FOOTNOTE

1 顧客がもつブランドや製品に対する忠誠。
2 以下『競争優位の戦略』P166〜189を参考にしている。
3 このように顧客のベネフィットから顧客のコストを差し引いたものが顧客価値になる。

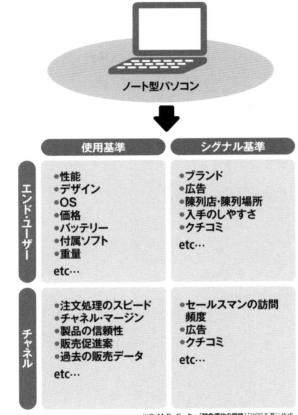

085

オペレーションの効率化は戦略ではない

戦略とオペレーションの効率化

Operational Effectiveness

競争優位の実現には二つの道がある

ここまでは、三つの基本戦略、ファイブ・フォース、バリュー・チェーンという、ポーターの競争戦略論の中でも非常に重要なコンセプトを説明しながら、企業が**競争優位**を実現する方法について解説してきた。

まとめると競争優位を実現するには二つの道がある。いや、たった二つの道しかない、と言った方がよい。一つはライバル企業よりもコストを抑えること、もう一つはライバル企業よりも高いプレミアム価格を要求することだ。

前者は明らかに**コストのリーダーシップ戦略**を指す。また、後者の高いプレミアム価格を実現しようと思うと、より大きな価値を顧客に提供しなければならない。となると、ライバル企業とは異なることを行わなければならない。つまり**差別化戦略**だ。この考え方は、競争優位の実現は、突き詰めると、コストのリーダーシップ戦略と差別化戦略に行き着くことを暗に示している。

ところで、ライバル企業より低コスト体質を実現しようと思ったらどうすべきか。すぐに思いつくのは**オペレーションの効率化**、いわゆる**カイゼン**だろう。

ただ、オペレーションを効率化しても、ライバル企業はそれを**ベンチマーキング**[1]してすぐに模倣する。こうしてかつては**ベスト・プラクティス**[2]だったものがすぐに陳腐化する。しかし、それでもオペレーションの効率化は推進される。そしてこれがまた模倣される。この繰り返しだ。

最終的にこの競争は、**競争による収れん**と呼ぶ状況に行き着く。模倣合戦が繰り返され、似たり寄ったりの企業が市場にひしめき合っている状況[3]だ。こうなると、最後まで市場に残れるのは、何とか我慢して市場に踏みとどまった企業だけだ。こうした不毛な競争を避け競争優位を持続するには、オペレーションの効率化よりもむしろ、差別化を推進しなければならない。

こうして、**テーマ056**で述べたように、「**戦略の本質は差別化**」だという結論に至ることになる。

競争による収れん

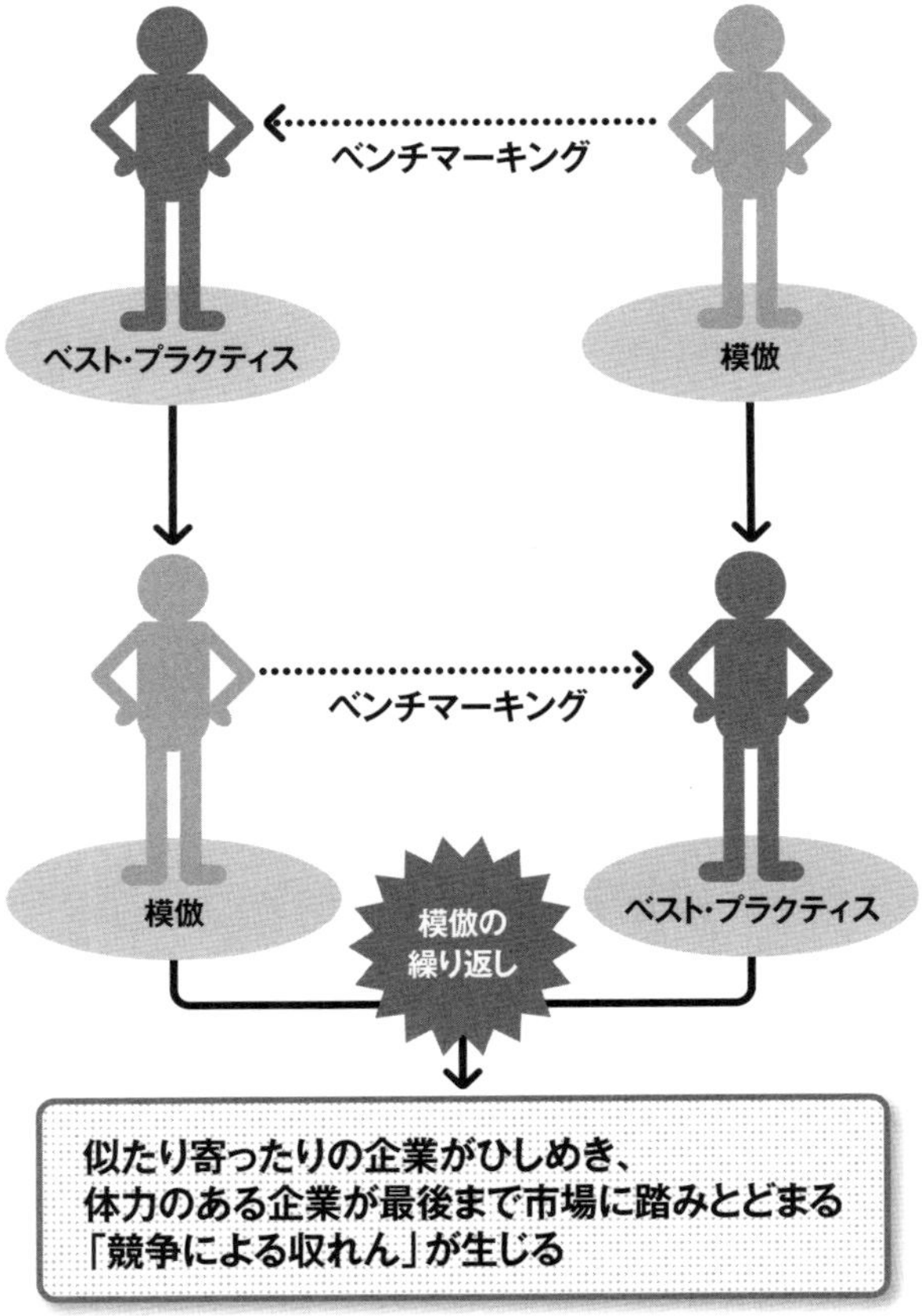

戦略の本質は差別化だ。模倣は戦略の欠如を意味している。要注意だ!

FOOTNOTE

1 ベスト・プラクティスを観察し分析すること。
2 自社やライバル企業の模範的行動を指す。
3 これは、W・チャン・キムとレネ・モボルニュが、ブルー・オーシャン戦略の中で指摘した、血みどろの競争が行われるレッド・オーシャンにほかならない（**テーマ089**）。

086 戦略的ポジショニングの重要性

Strategic Positioning

ライバルとは異なる独自のポジションを確保せよ

差別化と戦略的ポジショニング

左ページの図を見てもらいたい。これは、横軸に相対的なコスト地位、縦軸に価格以外の価値をとったものだ。

この二次元空間上に、最低のコストかつ最高のオペレーションで得られる最大限の価値を描くと、原点から等距離の弧となるだろう。この弧はその時点において**最大限のオペレーションの効率化**がなされている状態、いわば「ベスト・プラクティスの集大成」[1]と考えてよい。ポーターはこれを**生産性のフロンティア**と呼ぶ。

ところで、弧の右下に位置するのは**コストのリーダーシップ戦略**をとる企業だ。しかしそのポジションでは、すでに低コスト体質が追求し尽くされ、そのため**競争による収れん（テーマ085）**が生じることになる。

これを避けようと思うと、企業は弧の右下からできるだけ左上にポジションを占める必要が生じる。つまり**差別化**が不可欠になるということだ。

これがポーターの言う戦略の本質だと考えてよい。そして、この考え方をベースに独自のポジションを獲得することが**戦略的ポジショニング**にほかならない。

さらにこの図は次の点も示している。それはオペレーションの効率化が必要条件であって十分条件ではないということだ。

ある特定のコストで、オペレーションの効率化が不十分なケースを想像してみよう。この場合、その企業の活動は生産性のフロンティアよりも原点に近い位置にあるだろう。これは生産性のフロンティア上にポジションを占める企業に比べると、競争上明らかに不利だ。

したがって、オペレーションの効率化は最大限追求されなければならない。しかしそれはあくまでも戦略的ポジショニングが明確であってのことだ。

要するに、まず差別化をベースにした戦略的ポジショニングありきで、その後オペレーションの効率化が最大限に追求されなければならないということだ。

生産性のフロンティア

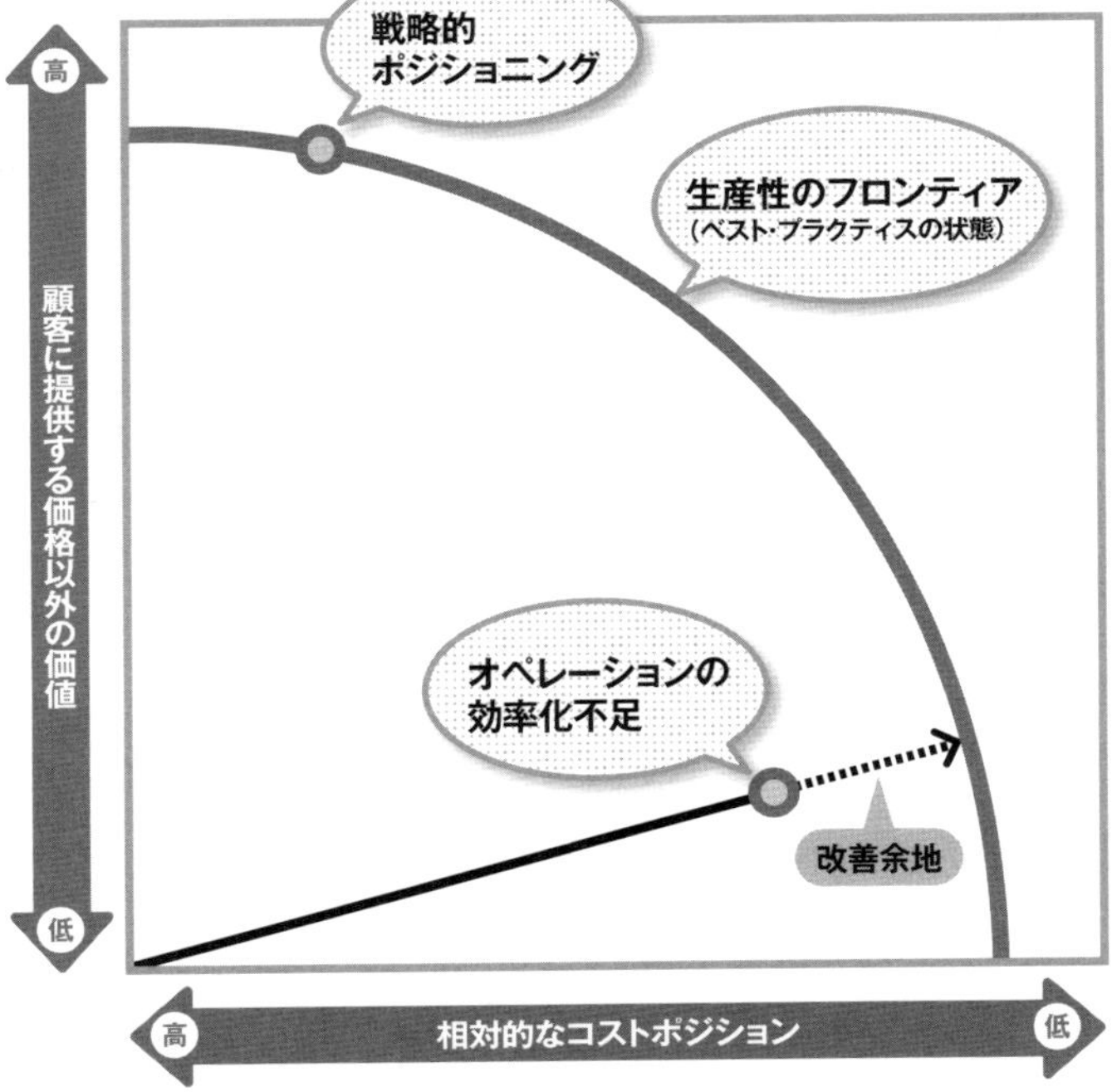

出典:M・E・ポーター『競争戦略論Ⅰ』P71を基に作成

オペレーションの効率化が徹底的に進められた生産性のフロンティアでは、戦略的ポジショニングが極めて重要になる。

FOOTNOTE 1『競争戦略論Ⅰ』P70

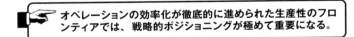

087

自社のポジショニングを明確にせよ

戦略とトレードオフ

Strategies and Tradeoffs

トレードオフで競争優位を持続させる

戦略的ポジションの決定だけでは、競争の戦略として不十分だ。戦略的ポジションを決めたら、このポジションで**持続的競争優位**を確保しなければならない。

持続的な競争優位を脅かすのがライバル企業の**模倣**だ。一般に模倣には、ライバル企業が**ポジションごと移動**してくる模倣と、**二股戦略**による模倣とがある。後者は、ライバル企業は現状のポジションを確保しつつ、成功しているポジションでの利益確保も狙うものだ。

これらの模倣に対しては**トレードオフ**で対決すべきだという立場をポーターはとる。トレードオフとは、あちらを立てればこちらが立たない状態を指す。一方を増やしたら他方は減らさなければならない状態だ。

ライバル企業が卓越した差別化戦略を模倣しようと思うと、従来の戦略を捨てて新たな行動をとらなければならない。これは、差別化が特異であるほどライバル企業にとって大きな賭けになる。また二股戦略は、あちらも立ててこちらも立てようとする。しかしそれでは経営資源を無駄に使うことになるだろうし、既存の戦略のパワーも弱くなるだろう。このように徹底したトレードオフは模倣に強く、持続的競争優位を維持できる可能性が高くなる。

一方で、トレードオフを両立させる戦略も考えられそうだ。**テーマ086**で**生産性のフロンティア**の話をしたが、その業界に属する企業がこのフロンティアに到達していない場合、トレードオフの両立の可能性は残されている。

しかし、生産性の向上が頭打ちになった状態での低コストの追求は、**競争による収れん**を引き起こす（**テーマ086**）。こうして、何をして何をしないか、すなわちトレードオフによる差別化が深刻な問題となる。

かつての日本企業は、この生産性のフロンティアを拡張することで成長してきた。それは、オペレーションを効率化してベスト・プラクティスを追求する道だった。しかし、その手法にも限界が見えてきたのが昨今なのだ。

戦略的ポジショニングとオペレーションの効率化

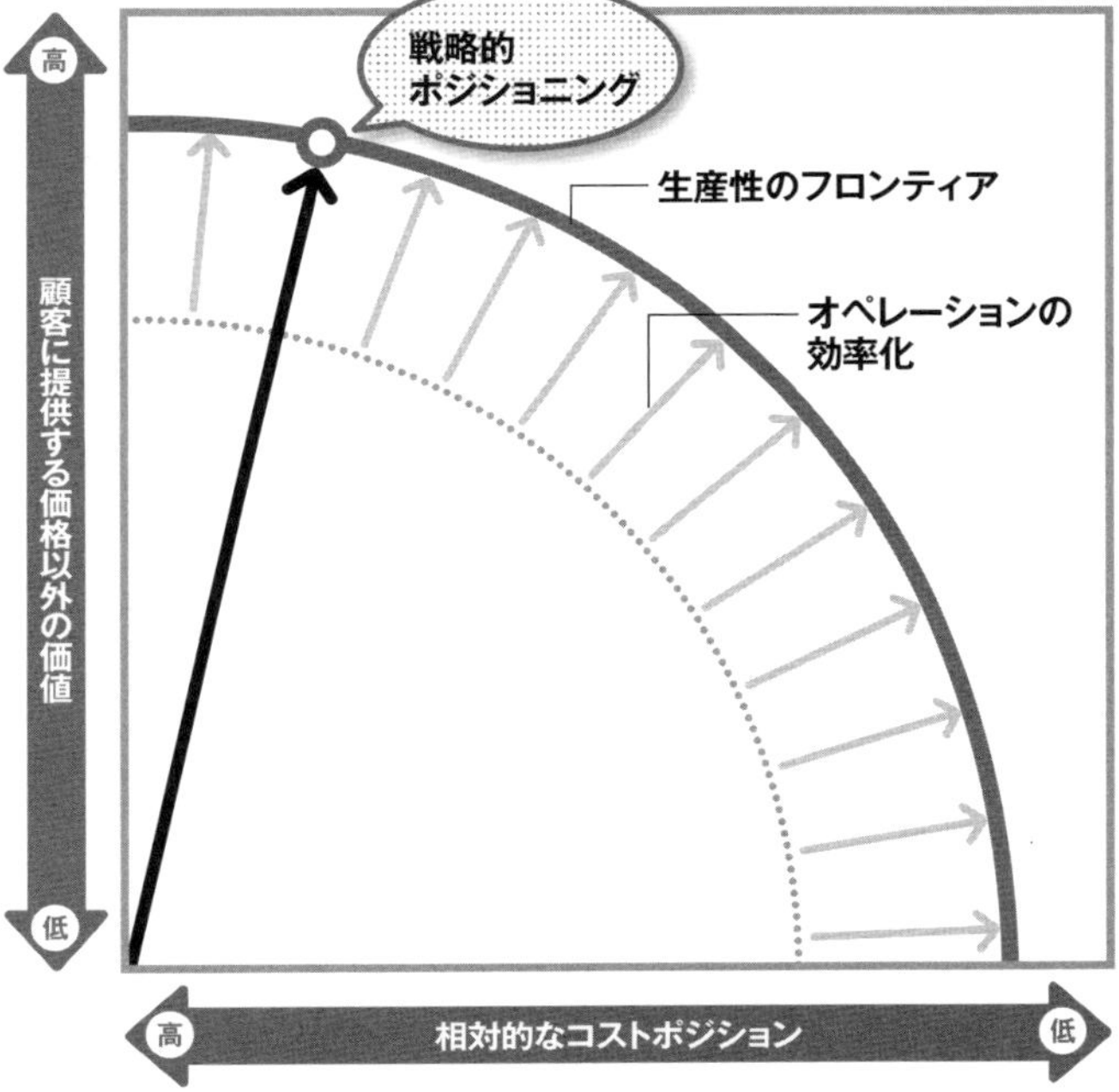

- 生産性のフロンティアを外に押し広げるのがオペレーションの効率化
- ベクトルの方向が独自の戦略的ポジショニング

オペレーションの効率化は必要条件だ。しかしそれよりも重要なのは戦略的ポジショニングだ。

088

トレードオフへの回帰

差別化が曖昧になるのには理由がある

Return to Tradeoffs

ホテリング・モデルで解くトレードオフの曖昧化

一般に戦略的なポジションは時間が経つにつれ、当初は際立っていた特徴がだんだん薄れていくものだ。これは、ライバル企業の模倣も一因かもしれないけれど、当事者の企業自身にも問題がある場合が多い。これは、多数を制しようとする場合「真ん中」に位置するのが得だとする**ホテリング・モデル**[1]を用いると上手に説明できる。

たとえば、ここに二つのテレビ局があるとしよう。一方はドラマが得意で、もう一方はドキュメンタリーが得意だ。では、ここに一本の線を引いて、その両端に二つのテレビ局を位置づけてみる（左ページ図上）。

ある日、ドラマが得意なテレビ局のトップが、もっと視聴率を稼ぐよう現場にはっぱをかけた。これに対して現場は、ドラマ以外の番組、中でも簡単に視聴率がとれそうなバラエティ番組を増やすことにした。

一方、それを見たドキュメンタリーが得意な局のトップも、うちももっと視聴率を稼ごうと考えた。そして、ドキュメンタリー以外の番組、特にバラエティに力を入れるよう指示する。

それを見たドラマが得意なテレビ局のトップは、さらに視聴率を稼ごうとバラエティに力を入れる。もちろんドキュメンタリーが得意な局も同様だ。

この結果、最初は差別化されていた両局が、やがていずれも大衆受け狙いになった。両社とも直線の中央に移動してしまった。つまり、多数を制しようとした結果、両者の差別化の度合いは著しく低下し、直線の中央、すなわち似たり寄ったりの番組で真っ向勝負するようになったわけだ。

ホテリング・モデルによるトレードオフの曖昧《あいまい》化、差別化の減少は、あらゆる業界に起きると考えてよい。その行き着く先は、ドングリの背比べによる熾烈《しれつ》な戦いだ[2]。

こんな泥沼に陥ったら、自社らしい独自性を再発見しなければならない。そのためには、左ページに示した**五つの質問**をぶつけるのが効果的だとポーターは言う。

ホテリング・モデルからの脱却

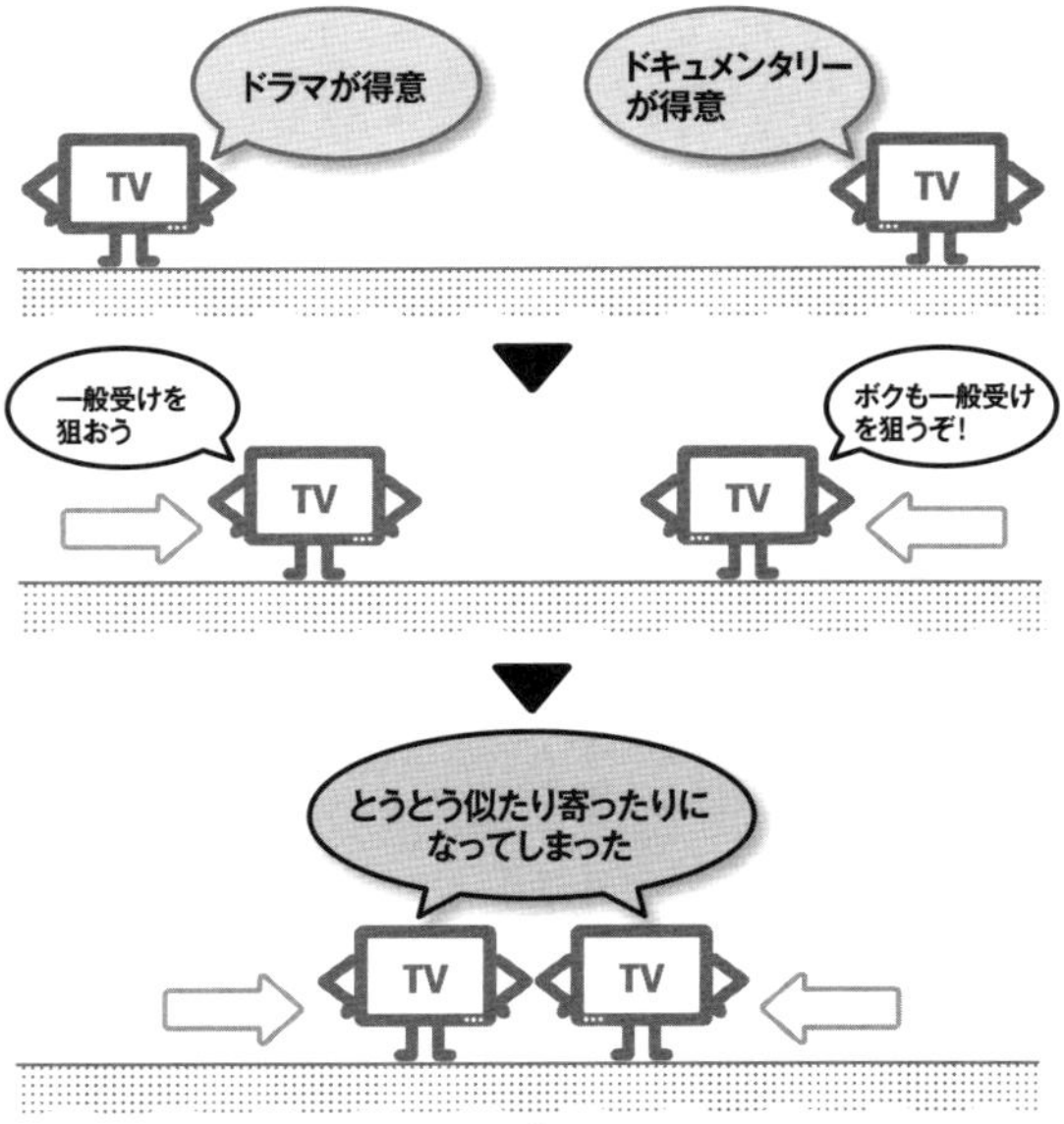

独自性を再発見する五つの質問

1. 我が社の製品・サービスのうち、最も他社と違うのはどれか
2. 我が社の製品・サービスのうち、最も収益性の高いものはどれか
3. 我が社の顧客のうち、最も満足しているのは誰か
4. 我が社の顧客、流通チャネル、購買機会のうち、最も収益性の高いのはどれか
5. 我が社の価値連鎖のうち、最も差別化されており効果的なのはどれか

出典:M・E・ポーター『競争戦略論Ⅰ』P127を基に作成

企業が似たり寄ったりになるのは、ホテリング・モデルで説明できる。上の五つの質問に答えて独自性を再発見せよ!

FOOTNOTE

1 米国の数理統計学者ハロルド・ホテリング(Harold Hoteling、1895〜1973)が1929年に公表した。
2 これは競争による収れん(テーマ085)と言い換えてもよい。

089

ブルー・オーシャン戦略

Blue Ocean Strategy

競争相手のいない新しい市場空間の創造を目指せ

血みどろの争いから脱却せよ

W・チャン・キムとレネ・モボルニュが2005年に提唱した**ブルー・オーシャン戦略**は、血みどろの争いが続く市場で戦うのではなく、ライバル企業のいない新たな市場を創造する戦略だ。[1]

テーマ088では、トレードオフが解消されてドングリの背比べ企業が血みどろの争いを繰り広げる構図についてふれた。キムとモボルニュは、こうした差別化が無に帰してしまった市場を指して**レッド・オーシャン**と呼ぶ。[2] そこで行われるのは血で血を洗う価格競争だ。

これに対してポーターは、五つの質問を発して、独自性に回帰せよと述べた（**テーマ088**）。一方、ブルー・オーシャン戦略では、異なる方法を提唱する。

その中でも重要になるのが、**戦略キャンバス**と**四つのアクション**だ。いずれもレッド・オーシャンから抜け出すための重要なツールになる。

戦略キャンバスは、その業界でビジネスを展開する企業が、いかなる戦略を有しているのか、その特徴をビジュアル化するツールだ。その一例を左ページに示した。ノート型パソコンを製造する企業の戦略キャンバスだ。

一見すると折れ線グラフのようだけれど、二次元軸の横軸には業界の各社が力点を置く要因が、また、縦軸には各要因に対する顧客価値がとってある。

そして、各要因について顧客がどの程度価値を認めているのか、自社、業界平均、ライバル企業の3者について測定する。こうして3本の折れ線ができあがるわけだ。ブルー・オーシャン戦略では、これを**価値曲線**と呼ぶ。

血みどろの争いを繰り広げている市場では、製品が差別化されていない。実行されているマーケティング活動も似たり寄ったりだろう。そのため、企業間の価値曲線にはあまり違いが見られないはずだ。この価値曲線を独自のものにすれば差別化を実現できるだろう。その活動を手助けしてくれるのが次に説明する四つのアクションだ。

戦略キャンバスと四つのアクション

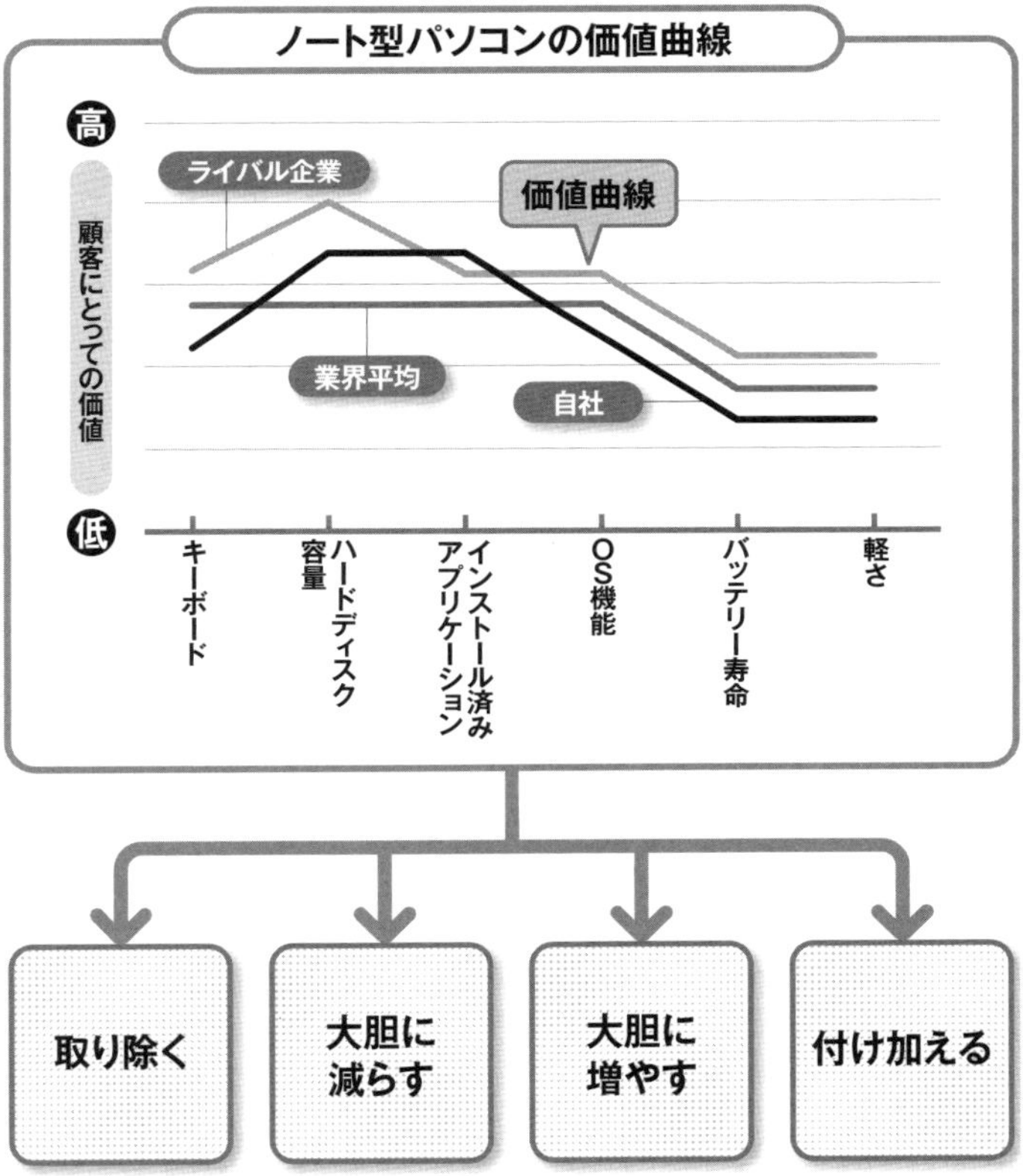

製品に差別化が見られない場合、戦略キャンバスの価値曲線は似たり寄ったりになる。四つのアクションで独自化をはかれ!

FOOTNOTE
1 この競争相手のいない市場をブルー・オーシャンと呼ぶ。ここからブルー・オーシャン戦略と呼ばれるようになった。
2 レッド・オーシャンとは、競争による収れん(テーマ085)の状態と言い換えてもよい。

090

差別化のための有力な手法

四つのアクション

Four Actions Framework

四つのアクションで価値曲線を描き直す

四つのアクションは**「取り除く」「大胆に減らす」「大胆に増やす」「付け加える」**を実行して、業界平均やライバル企業とまったく異なる**価値曲線**の創造を目指す。

これは、現在の業界が力点を置く各要因、つまり戦略キャンバスの横軸に列挙した各項目に対する取り組みを変更する活動だと考えてもらいたい。この取り組みを変えることで、まったく異なる価値曲線を描くのが四つのアクションの狙いだ。

まず、四つのアクションの前者二つについて考えてみよう。これは、現在業界や自社が価値を見出《みいだ》している要因を「取り除く」あるいは「大胆に減らす」ようにする活動だ。従来の市場で重視されていた要因を取り除いたり減らしたりすれば、顧客にとっての価値は大幅に減るだろう。

一方、四つのアクションの残りの二つでは、業界や自社があまり価値を見出していない要因について、注目度を「大胆に増やす」、あるいは見向きもされなかった要因を「付け加える」ことを実施する。

当然、付け加えた要因の顧客価値は上昇するはずだ。また、注目度を増やした要因の顧客価値も上がるだろう。でも、ライバル企業はこれらの要因を軽視するか無視しているものだ。

以上の結果、自社の価値曲線は、業界平均やライバル企業とはまったく異なるものに変身し、徹底した差別化を実現できることになるだろう。

キムとモボルニュは、こうした要領で新たな価値曲線を描くことを**バリュー・イノベーション**と呼ぶ。

バリュー・イノベーションの特徴は、「取り除く」と「大胆に減らす」でコスト削減しながら、「大胆に増やす」と「付け加える」で差別化する点にある。つまり、低コスト化と差別化を同時に実現するのがこのバリュー・イノベーションであり、言い換えるとポーターの言うトレードオフを超越しようとする試みなのだ。[1]

四つのアクションで価値曲線を描き直す

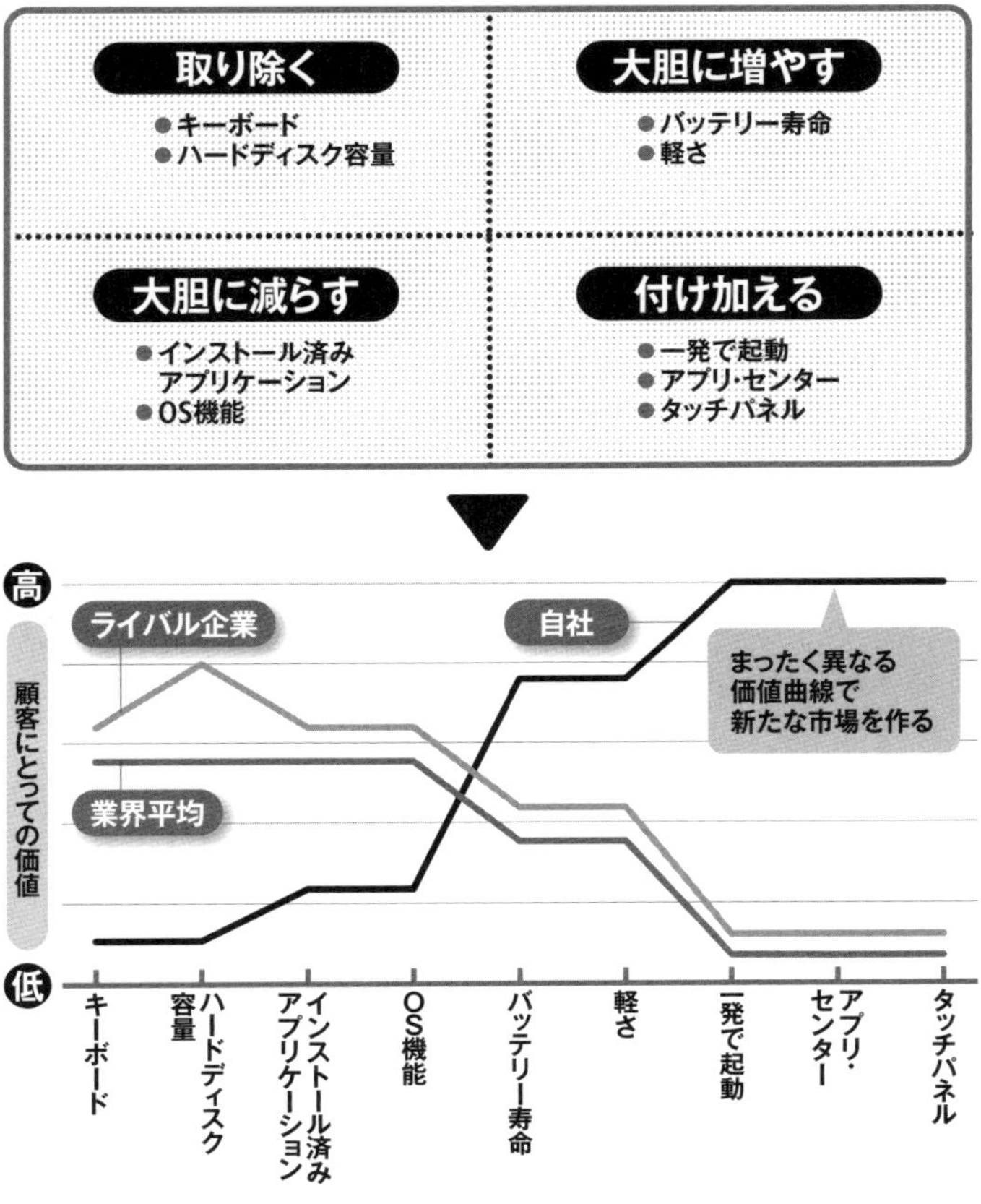

ノート型パソコンに四つのアクションを実行した。できあがった自社の価値曲線はまったく異なるものになった。もうおわかりかと思う。この新たな価値曲線はタブレット端末を示している。

FOOTNOTE

1 もっとも彼らの主張には反論もあって、四つのアクションを実行したとしても、新たな要因の増加や付け加えの方が多ければ、結果的にコスト高になることも考えられるだろう。

091 リソース・ベースト・ビュー

企業の内部環境に注目せよ

Resource-based View

企業内部のリソースに注目する競争戦略論

繰り返して見てきたように、ポーターの競争戦略論では、戦略的ポジショニングを重要視する。このポーターの主張に対して批判的な戦略論があることを知っておくと、ポーターの競争戦略論の特徴がより際立つだろう。

そのような立場をとる戦略論に、**リソース・ベースト・ビュー（RBV）**[1]がある。これは**資源基礎理論**とか、**資源アプローチ**などとも呼ばれている。

ポーターの戦略論が企業の「内」よりも、それを取り巻く「外」に注目するのに対して、「外」よりも「内」に注目する立場がRBVだ。

RBVでは、持続的な競争優位を確保する要因は、その業界の特質ではなく、企業が業界に提供できる**ケイパビリティ**[2]（能力）にあると定義する。

そして、そのケイパビリティが、稀少で模倣も困難ならば、競争優位を推進する源泉として強力に作用すると考えるのがRBVだ。

では、以上を前提に、競争優位を実現しようと思うとどうすべきか。

そう、自社固有のケイパビリティの開発に努め、組織がそのケイパビリティを存分に発揮できるよう編成されていたら、持続的な競争優位を達成できることになるだろう。

となると、次のような疑問が頭に浮かぶ。

外部環境の重視か、内部環境の重視か、どちらの戦略論が優れているのだろう——。

答えは簡単だ。甲乙はつけられない。どちらも必要だ。あるいは補完的関係にあると言ってもよい。一方しか考えない経営者など世の中に存在しない。実際、ファイブ・フォースで「外」に注目したポーターは、一転バリュー・チェーンで「内」も注視した。

そして、このポーターが「内」を見る目にも、ポーターの競争戦略論の特徴がある。この点について解説する前に、もう少しRBVの話をしよう。

戦略的ポジショニング VS RBV

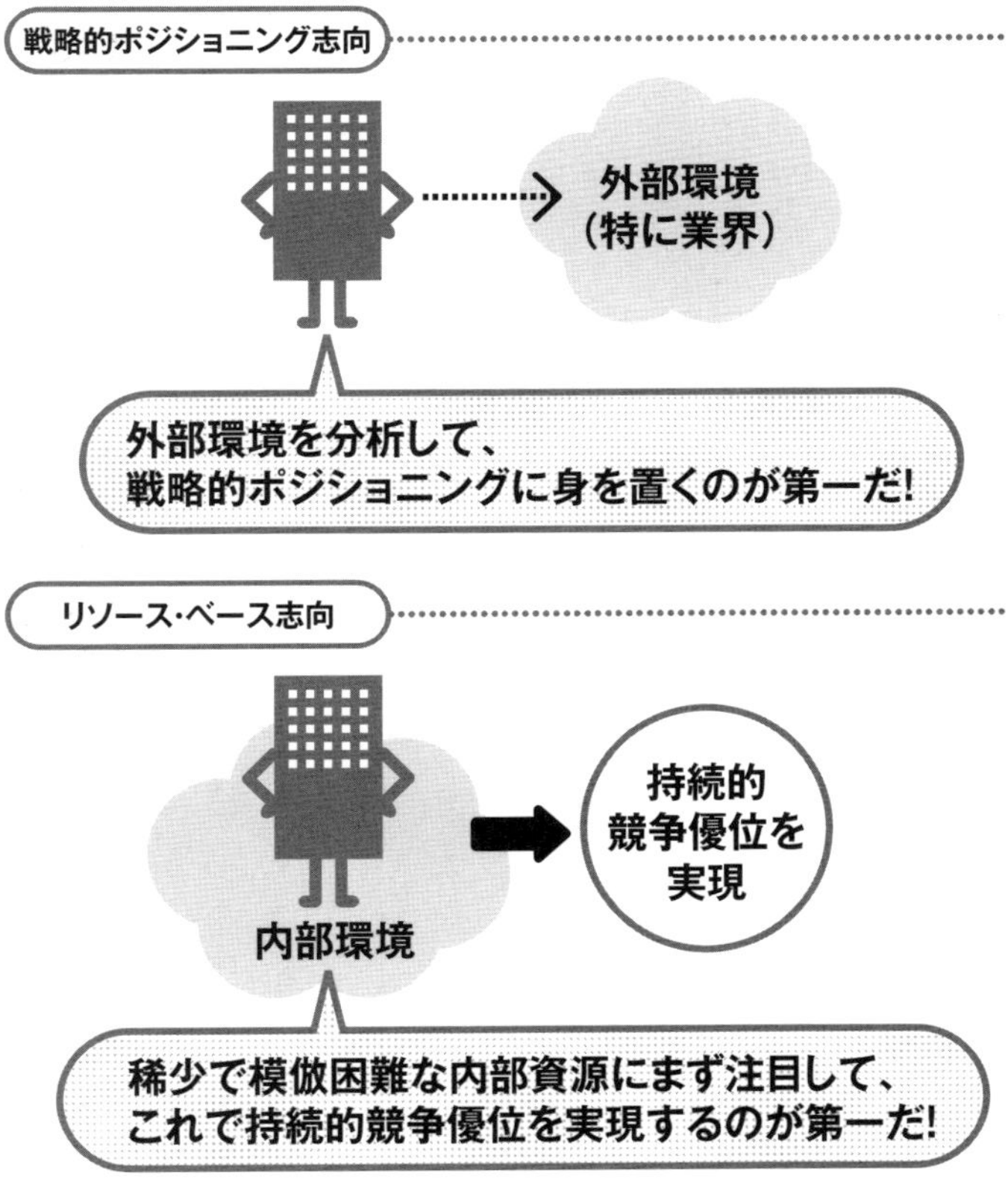

戦略的ポジショニングでは「外」に注目し、リソース・ベースト・ビューでは「内」に注目する。でも、両者は補完的関係にあるのだ。

FOOTNOTE

1 Resource-based Viewの略。バーガー・ワーナーフェルトやジェイ・バーニーらが代表的な論者。

2 企業が業界に提供できる能力のこと。RBVではこのケイパビリティという言葉を頻繁に利用する。

092 VRIO分析

VRIO Analysis

この四つの視点で分析せよ

四つの視点で企業の強みと弱みを分析する

リソース・ベースト・ビューには、**VRIO分析**と呼ばれるものがある。これは自社のバリュー・チェーンを分析する際に、「強み」と「弱み」を明確にするのに利用できる基準だ。VRIO分析では次の四つの視点で企業がもつ経営資源を分析する。

①その経営資源は外部環境の機会や脅威に適応するのを可能にするだろうか（経済価値＝Value）。

②その経営資源を有しているのは少数の企業だろうか（稀少性＝Rarity）

③その経営資源を模倣するのは困難だろうか（模倣困難性＝Inimitability）

④企業が有する独自の経営資源を有効に活用するポリシーが整っているだろうか（組織＝Organization）[1]

では、質問に対して「YES」か「NO」で答えよう。あるいは、5段階評価にして値を記入してもよい。以上を通じて、その企業がもつ経営資源やケイパビリティの強みや弱みを確認するわけだ。ただ注意したいのは、これはあくまでもリソース・ベースト・ビューの観点からの分析手法であって、むしろポーターはこういうやり方に否定的かもしれない。それは、RBVが戦略的ポジショニングに否定的な立場をとるからという単純な理由からではない。

ポーターは、バリュー・チェーンを構成する個々の価値活動相互の結び付きを非常に重視する。ポーターはこの結び付きを**フィット**と呼ぶ。そして、意図的にフィットを創り出すことを**戦略的フィット**と言う。

この戦略的フィットによってもたらされた結果が、企業の持続的競争優位になるとポーターは考える。この立場からすると、経営資源を個別に評価してもあまり意味はない、ということになる。となると、ポーターが指摘する戦略的フィットについて引き続き解説しなければならぬだろう。

VRIO分析のフレームワーク

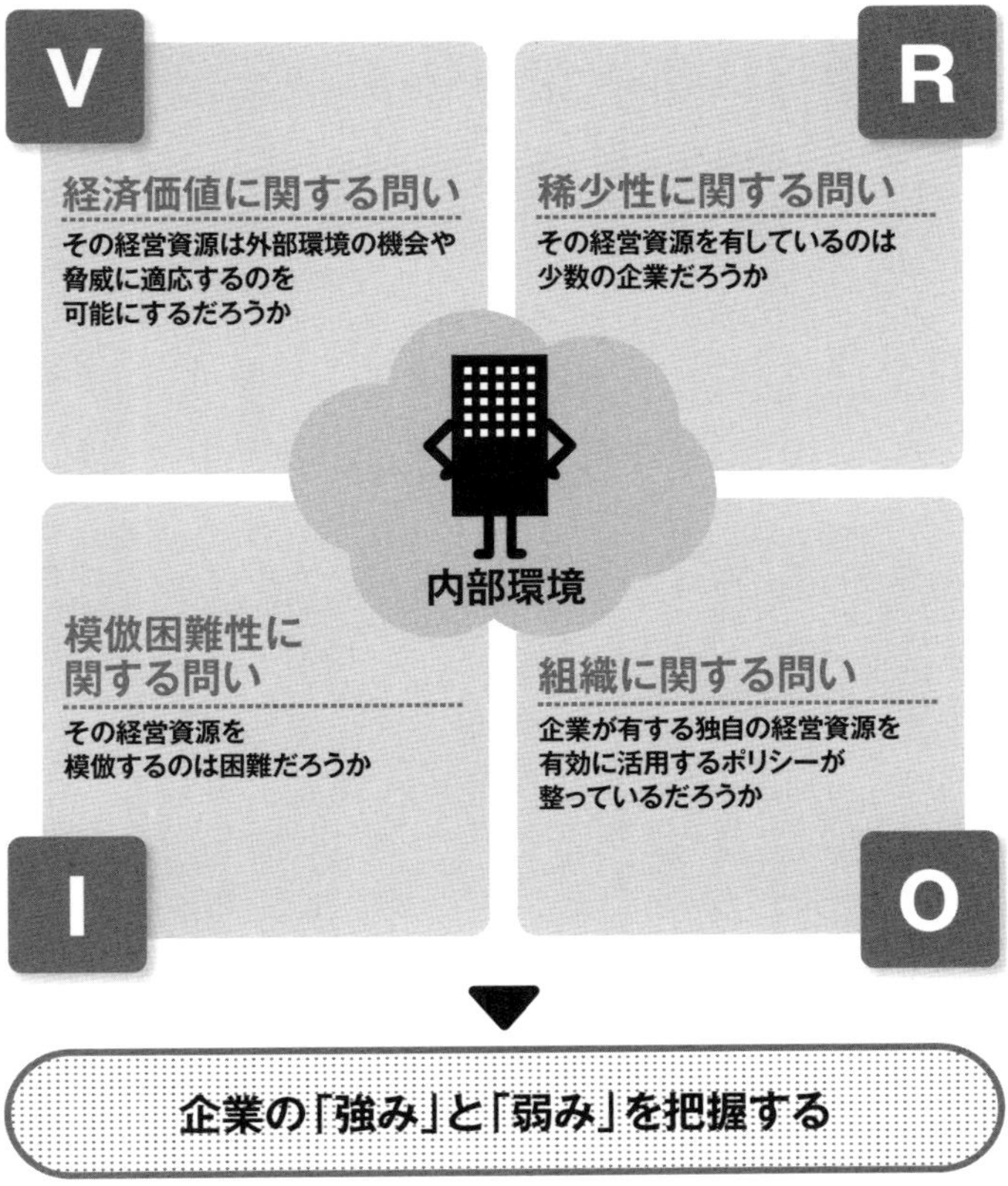
V
経済価値に関する問い
その経営資源は外部環境の機会や脅威に適応するのを可能にするだろうか
R
稀少性に関する問い
その経営資源を有しているのは少数の企業だろうか
内部環境
模倣困難性に関する問い
その経営資源を模倣するのは困難だろうか
組織に関する問い
企業が有する独自の経営資源を有効に活用するポリシーが整っているだろうか
I
O
企業の「強み」と「弱み」を把握する

VRIO分析は組織の「強み」「弱み」を分析する視点として有用だ。この視点で「経営資源」ではなく「バリュー・チェーン」を分析してみてはどうか。

FOOTNOTE
1 ジェイ・B・バーニー『企業戦略論』(2003年、ダイヤモンド社) P250

093

価値活動を連結するフィット

Value Activities

独自の価値活動を巧妙に結び付けよ

独自の活動で独自の価値を提案する

ポーターは、戦略の本質についていろいろ述べているけれど、次もその一つだ。

戦略の本質は、活動そのものにある。同じ活動をライバルとは違うやり方で進めたり、競合他社とは違う活動に着手する。それが戦略である。[1]

右の言葉にあるように、ポーターは「活動」が戦略の本質だと述べている。そもそも企業が特定のポジションを占めるには、何らかの活動が必要になる。また、そのポジションを占めて**持続的競争優位**を維持していくのにも、やはり一連の活動が必要になる。

しかもその活動は、ライバル企業とは異なる方法で進めたり、まったく違っている活動であったりする必要がある。加えてその活動は、ただライバル企業と異なっていればよい、というわけでもない。そもそも買い手が、その活動から作られる価値を受け入れてくれなければ話にならない。

したがって、独自の活動を通して、独自の価値を買い手に提案できなければならない。ポーターはこのような提案を**バリュー・プロポジション**（価値提案）と呼ぶ。

ところで再度、ポーターの言葉にある「活動」に注目してもらいたい。独自の活動を通じて、独自の価値を提供するということは、独自の**バリュー・チェーン**を通じて、独自の価値を提供することだと言い換えられる。

そして独自のバリュー・チェーンは、独自の価値活動やその連結からなる。こうして戦略は、**相互の価値活動を結び付ける役目**を帯びることになる。[2]

その際に重要となるのが**フィット**という考え方だ。これは相互の価値活動が密接に結び付き、互いを強め合う状況を指す。このフィットを戦略的に生み出すことが**模倣に強いバリュー・チェーン**を生み出す。これを**戦略的フィット**と呼ぶ。その点については続く**テーマ094**で述べよう。

戦略的フィットとは何か

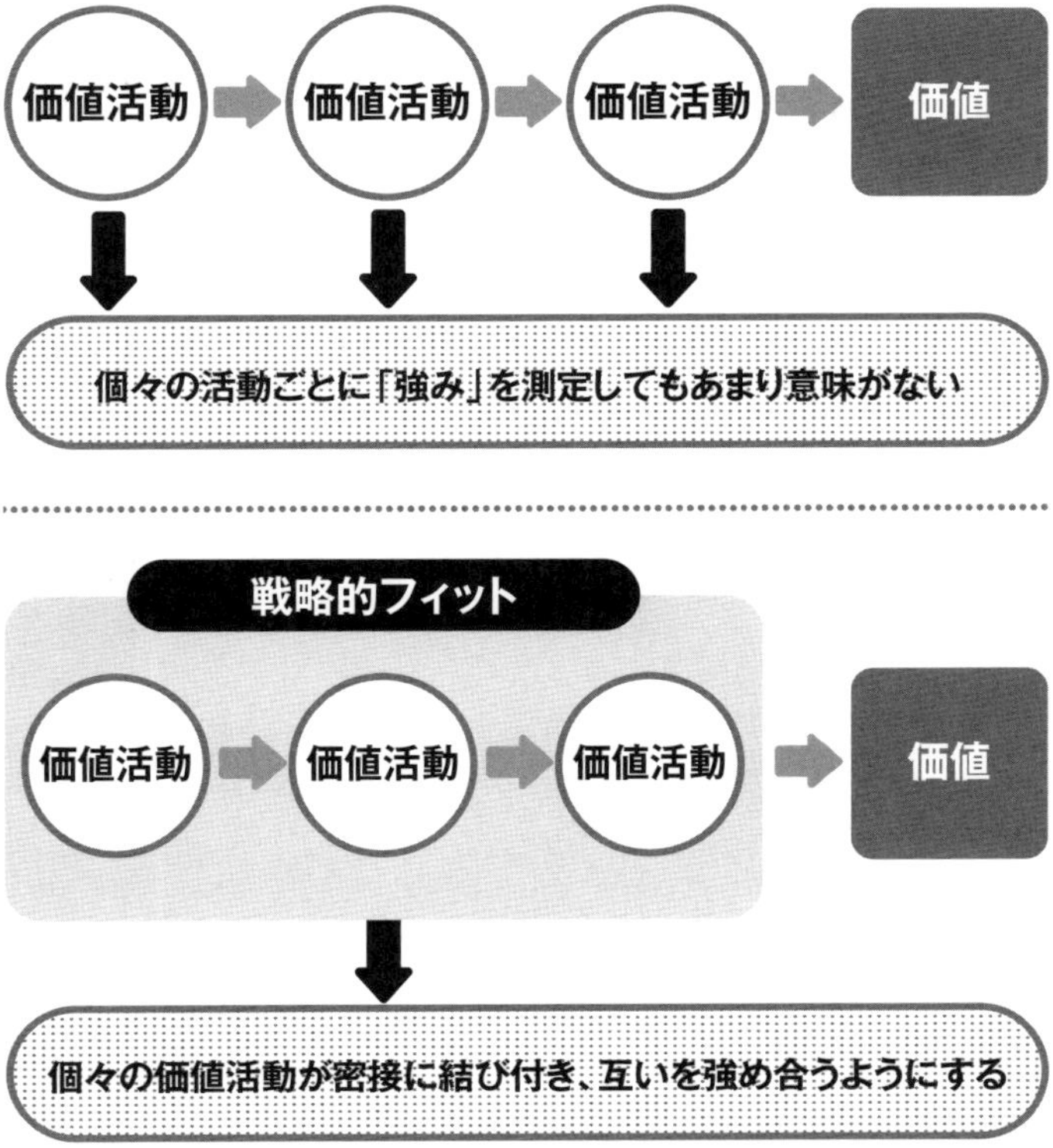

価値活動を単独に評価してもあまり意味がない。持続的競争優位に必要なのは、価値活動同士を密接に結びつけることなのだ。

FOOTNOTE

1『競争戦略論Ⅰ』P76

2 この点に関してポーターは、「オペレーションの効率化が個々の活動や機能において完璧を期するということに対して、戦略とは、活動を結びつけることなのである」(『競争戦略論Ⅰ』P98〜99)と述べている。

094

あらゆる企業活動にフィットを生み出せ

戦略的フィットによる競争優位の実現

Drives Competitive Advantage

フィットを形成するための三つのポイント

フィットの度合いが高いほど、企業の価値活動は互いが固く結び付く。それは相乗効果により1＋1以上の価値をもつ。ライバル企業の模倣を防御してくれる。いわば「競争優位の中核」[1]だ。戦略的にフィットを形成するには、三つのポイントがあるとポーターは言う。

まず、各価値活動と全体的な戦略との**一貫性**が重要になる。一貫性を保つことで、互いの活動がその効果を打ち消し合うことを避けることができるからだ。

次に、フィットは、互いの価値活動が**相互に強め合う**ときに起きる。その一例として、クライアントを歯科医に特化している税理士（私の友人でもある）について見よう。

彼は当初、歯科医の税務業務だけを見ていたのだが、顧客と付き合う中で、若手歯科医の多くが将来新規に医院を開きたいと考えていることを知る。そして顧客の中で幾人かの歯科医の独立を手助けする中で、彼は歯科医院の開業コンサルタントとしてのノウハウをもつようになった。

こうして、開業支援からその後の税務支援、経営支援をトータルに提供するようになる。いずれの活動も単独で行っていたのでは、トータルでのサービスに太刀打ちできない。このフィットは彼の強力な競争力になっている。そのためか、今や彼の会社は50名の社員のいる大所帯だ。

さらにもう一つ、価値活動相互の強みを強化するようフィットを**最適化**する。ポーターはこれを**取り組みの最適化**と呼ぶ。不思議かもしれないけれど、先の友人の税理士は、土地やテナントビルの情報にもかなり詳しい。歯科医の開業には立地が極めて大きな要因になるからだ。立地によって患者の数に大きな違いが出る。つまり、彼が土地やテナント情報に詳しいのは、歯科医開業コンサルタントとしてのトータル・サービスを最適化するための一環だ。

以上、三つのポイントを念頭にフィットを生み出すことが**戦略的フィット**だ。ポーターは言う。「戦略とは、企業としての活動の間にフィットを生み出すこと」[2]なのだ。

模倣に強い戦略的フィット

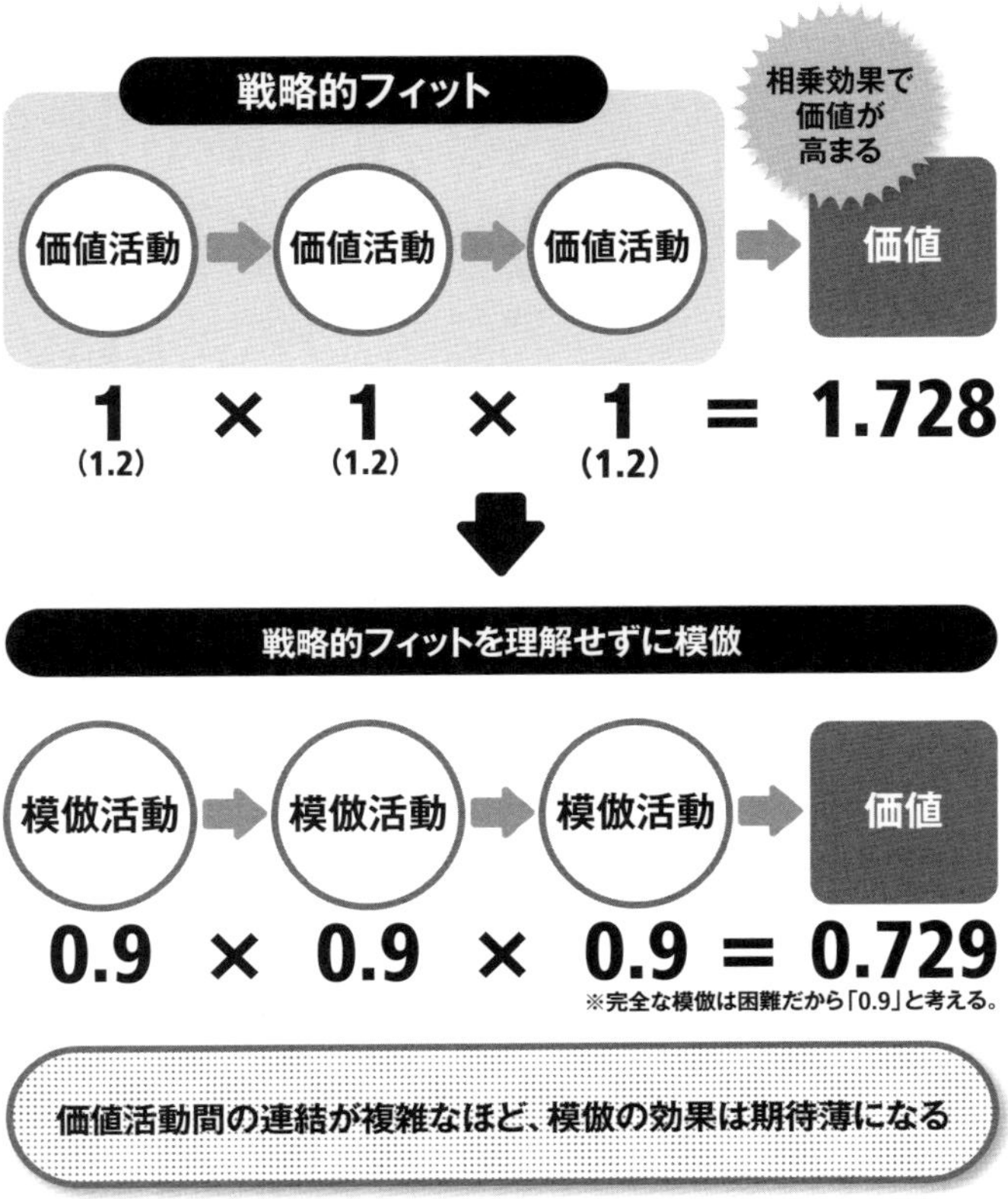

戦略的フィットを理解せずに個々の価値活動を模倣しても、期待した成果は得られないと考えるべきだ。

FOOTNOTE
1『競争戦略論Ⅰ』P100
2『競争戦略論Ⅰ』P109

095

フィットとあわせて押さえておきたい

ストーリーとしての競争戦略

Competitive Strategy as Narrative Story

競争戦略を人に話したいストーリーにする

戦略的フィットと、あわせて押さえておきたい競争戦略論のコンセプトに楠木建一橋大学大学院教授が提唱した**戦略ストーリー**[1]がある。

これは、競争戦略を人に話したくなるようなストーリー作りとして理解するアプローチだ。この戦略ストーリーの中で最も注目したいのは、競争優位には階層がある点だ。

戦略ストーリーでは五つの階層が想定されていて、それぞれの階層では持続的な競争優位を確保するための源泉が異なっている（左ページ図）。階層はレベル0からで、ここでは利益の源泉が全て外部要因まかせの状況だ。戦略も何もあったものではない。

また、レベル1は業界の競争構造に注目するもので、利益の出る構造の業界に参入せよ、という考え方だ。

注目したいのはレベル2だ。ここには**ポジショニング**と**組織能力**という階層がある。仮に業界の構造が所与ならば、そこで何とかする必要がある。これがレベル2の状況だ。

そして、ファイブ・フォースを駆使して、最も有利なポジションを獲得するのがポジショニングにほかならない。

さらに、ポジショニングを固めてオペレーションの効率化を推進する。これが組織能力というわけだ。つまり、レベル2での対応は、本書の第7章や第8章で述べてきたことの徹底追求にほかならない。

加えて、レベル3にも注目してもらいたい。戦略ストーリーとある。これは企業が実行する活動に一貫性をもたせ、相互の活動を強化することだ。つまりこれは**戦略的フィット**とほぼ同義と考えて問題ない[2]。

さらに、レベル4は**クリティカル・コア**となる。これはライバル企業から見ると、なぜ必要かわからない活動、無駄に見える活動を指す。これは、ポーターの言う**取り組みの最適化**（**テーマ094**）との関わりが深い。

このように、**戦略的フィットをストーリーとして語る**のが楠木教授の戦略ストーリーだと考えてよい。

競争優位の階層

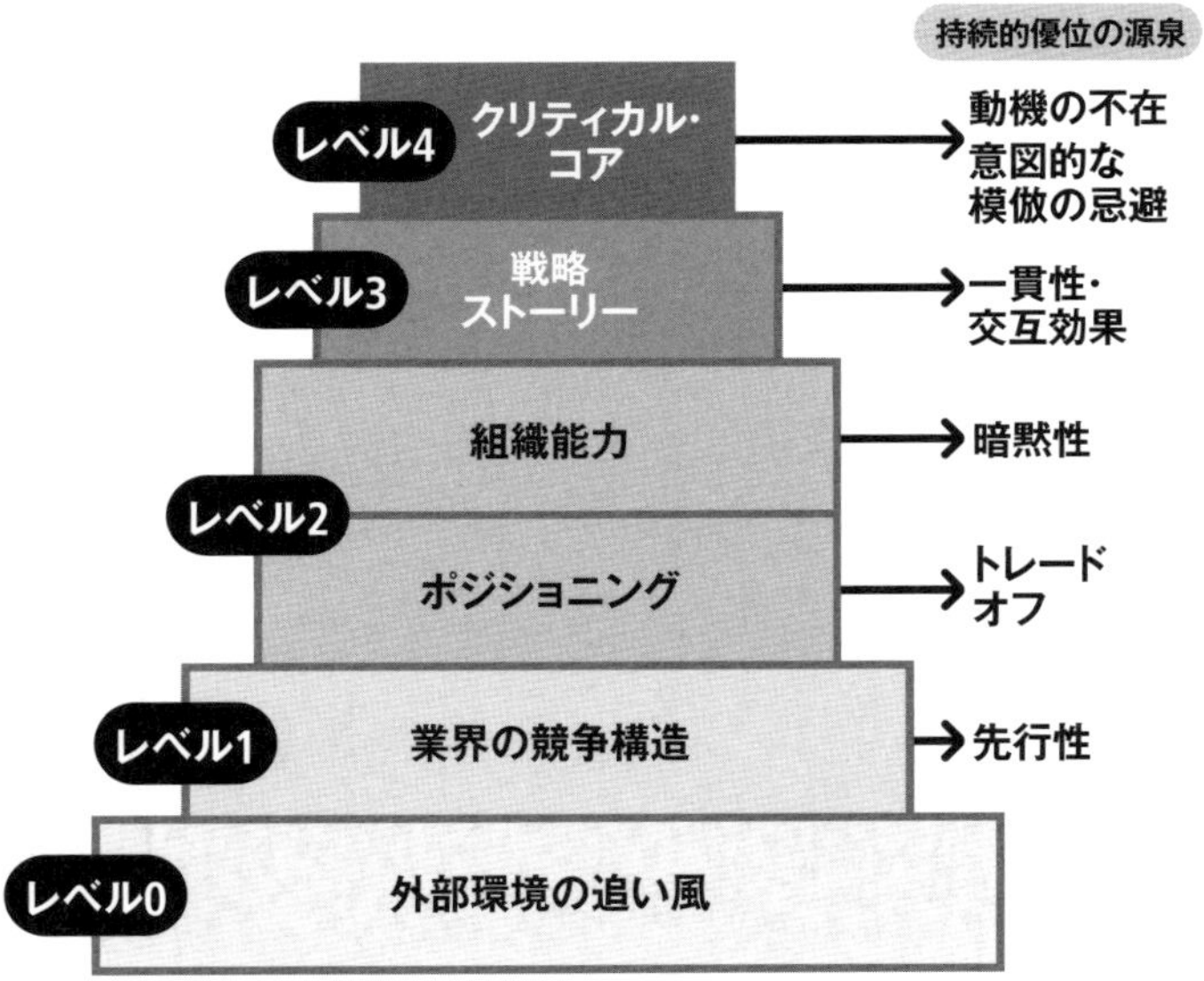

出典：楠木建『ストーリーとしての競争戦略』（2010年、東洋経済新聞社）P357

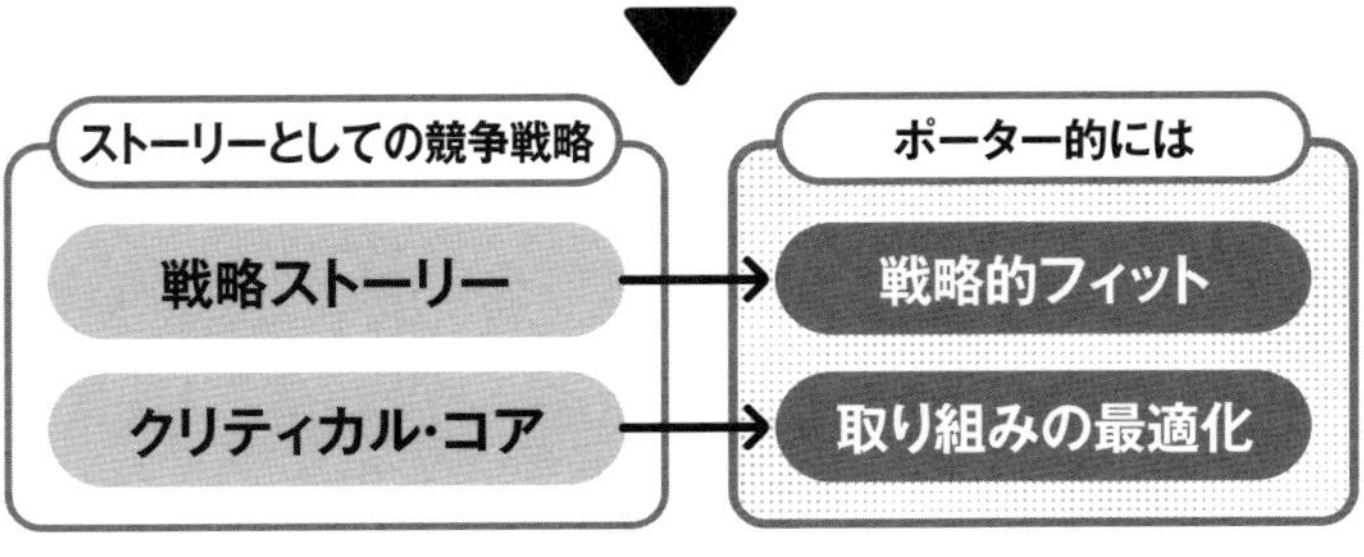

『ストーリーとしての競争戦略』の背景には、ポーターの競争戦略論の考え方が埋め込まれていると考えてよい。

FOOTNOTE

1 楠木建『ストーリーとしての競争戦略』（2010年、東洋経済新報社）

2 ただし楠木教授は戦略ストーリーをフィットとは別物と位置づけている。『ストーリーとしての競争戦略』P226参照。

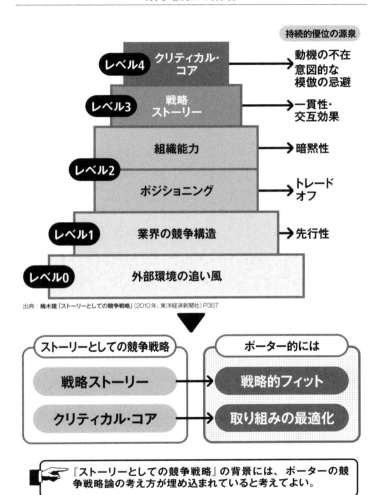

096 競争戦略の原則

戦略的ポジショニングを構築する6原則に着目せよ

Principal of Competitive Strategy

戦略的ポジショニングの6原則

以上、ポーターの競争戦略論について、かなり突っ込んだ議論をしてきた。確認の意味で、ポーターの競争戦略で最重要視される戦略的ポジショニングを確立・維持するためのポイントを、とりまとめておきたいと思う。ポーターはこれを**戦略的ポジショニングの6原則**と呼ぶ[1]。

①正しい目標　企業は持続しなければならない。そのためには利益が必要だ。したがって、戦略の最も基本的な部分には**長期的ROI**[2]があることを忘れてはならない。この正しい目標が戦略の出発点になると考えよう。見落としがちな点なので注意したい。

②バリュー・プロポジション（価値提案）　これは独自の価値を買い手に提案することであった（**テーマ093**）。企業の戦略は、このバリュー・プロポジションを買い手に提案できるものでなければならない。

③バリュー・チェーン　独自の価値は独自の価値活動の連鎖、すなわちバリュー・チェーンにより実現する。したがって自社独自の戦略はバリュー・チェーンに反映されなければならない。

④トレードオフ　明確な戦略はトレードオフを迫る。これが製品やバリュー・チェーンに反映されることで、企業は特色ある存在となる。模倣にも強い体質になれる。

⑤活動間のフィット（戦略的フィット）　バリュー・チェーンを構成する価値活動にはフィットが欠かせない。戦略的フィットにより、価値活動の連鎖が強化され最適化されることで、企業は総合的な持続的競争優位を獲得する。価値活動の一部を単に強化しても、それは部分最適化であり、トータルでの強みはあまり得られない。

⑥継続性　戦略には継続性が必要になる。継続性を徹底して独自性の高いバリュー・プロポジションを提案し続けること、この点が極めて重要になる。継続性を実現することで、独自性の高いスキルや経営資産を蓄積でき、高い評価を得ることが可能になる。

戦略的ポジショニングの6原則

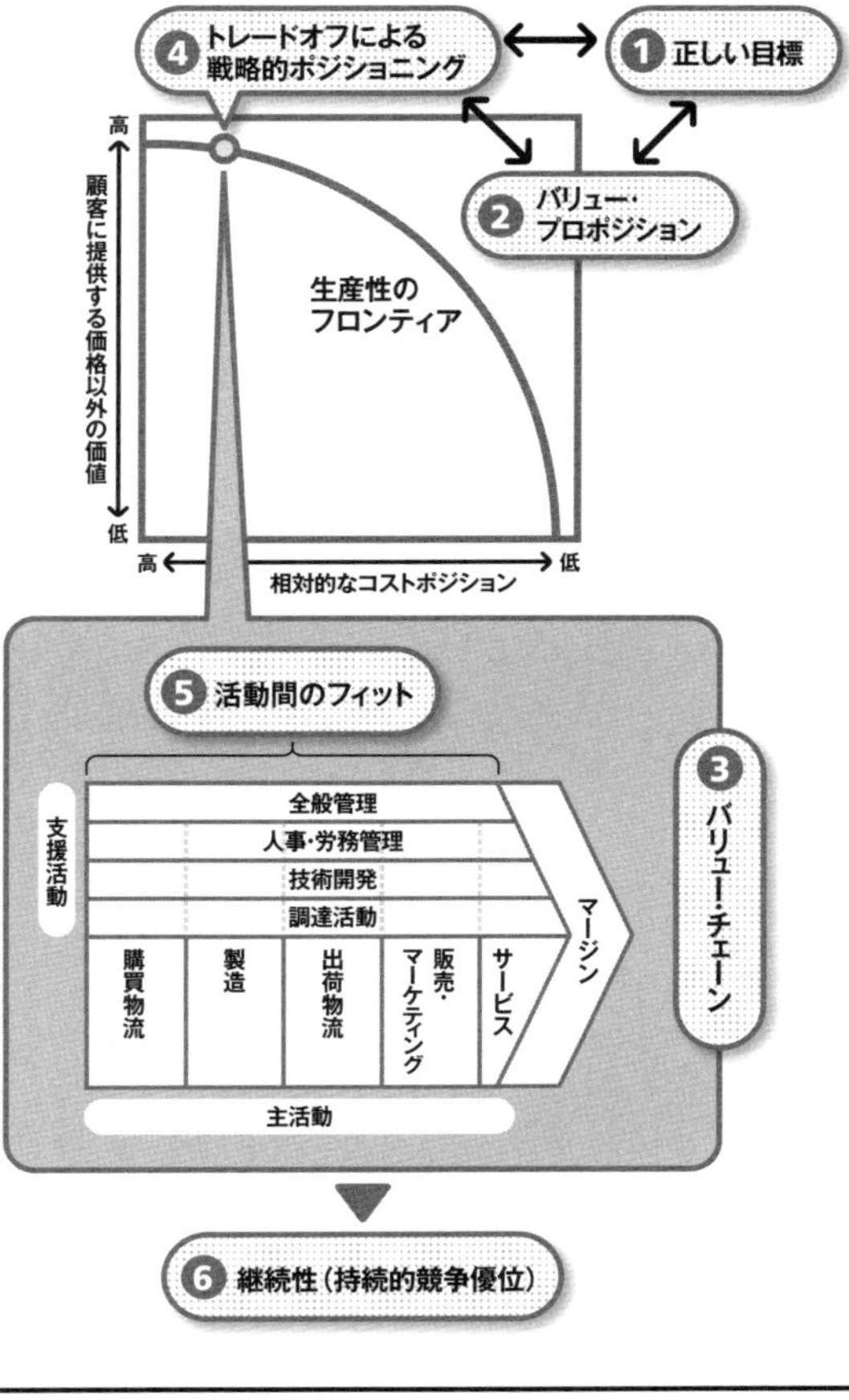

戦略的ポジショニングの6原則を念頭に、独自のポジショニングと持続的競争優位を確保せよ！

FOOTNOTE

1 以下は『ハーバード・ビジネス・レビュー』（2001年5月号、ダイヤモンド社）に収録されている「戦略の本質は変わらない」を基にしている。

2 Return on Investmentの略。投資利益率。全投資額に占める利益の割合を指す。

097

壁を乗り越えられない理由

日本型企業モデル

Model of Japanese Company

日本型企業モデルがもつ九つの特徴

ここからは、グローバル時代における日本企業の競争戦略について考えたい。そこでまず、**日本型企業モデル**を題材に、話のスタートを切ることにしよう。

日本型企業経営の特徴として著名なのは**年功序列、終身雇用、企業内組合**だろう。これはボストン・コンサルティング・グループの創設メンバーでもある**ジェームス・アベグレン**[1]が1958年に指摘したものだ。

一方、ポーターは2000年に竹内弘高一橋大学大学院教授（現ハーバード大学経営大学院教授）との共著『**日本の競争戦略**』を発表している。ポーターらは『日本の競争戦略』の中で、アベグレンとはまったく異なる視点で**日本型企業モデルの特徴**を九つにとりまとめている。左ページにその一覧を示した。

いずれも特徴的な項目なのだが、ここでは、まず、**高品質と低コスト**についてふれよう。これは、「もの作り」に誇りをもつあらゆる日本企業が追求してきた目標だ。そもそも、品質が卓越していて、低コストによる廉価な製品を提供できたならば、それは強い競争力になる。

この高品質と低コストを支えてきた**リーン生産**[2]も日本企業の大きな特徴だ。これは**リーン生産方式**とも呼ばれるもので、無駄を排除した効率的なシステムで多品種大量生産の実現を目指す。もとはトヨタ自動車の**トヨタ生産方式（TPS）**[3]を起源とする。

トヨタ生産方式は改善に次ぐ改善で低コスト化を目指す。それは「乾いた雑巾を絞る」に比喩されるけれど、このオペレーションの効率化を日本企業が得意にしてきた。

それから図の順序とは逆になるが、**幅広い製品ラインと付帯機能**にも注目したい。これは、あらゆる顧客を満足させる努力と言い換えてもいいと思う。そのため日本企業は、**多機能製品**を**フルライン**で展開するのが特徴となる。

このような日本型企業モデルが壁にぶち当たっているとポーターは言う。引き続きその点についてふれよう。

日本型企業モデルの九つの特徴

かつては

年功序列　終身雇用　企業内組合

今や

1. 高品質と低コスト
2. 幅広い製品ラインと付帯機能
3. リーン生産
4. 資産としての従業員
5. コンセンサスによるリーダーシップ
6. 強固な企業間ネットワーク
7. 長期的目標
8. 高成長産業への企業内多角化
9. 政府との密接な協力関係

出典：マイケル・E・ポーター、竹内弘高『日本の競争戦略』（2000年、ダイヤモンド社）P102

日本型企業モデルには利点もある。しかし、戦略的ポジショニングを追求する上で、大きなハンディがある。引き続きその点を理解してもらいたい。

FOOTNOTE

1 ジェームス・C・アベグレン『日本の経営』（2004年、日本経済新聞出版社）。なおこの姉妹書としてジェームス・C・アベグレン『新・日本の経営』（2004年、日本経済新聞出版社）もある。

2 リーン（lean）は「贅肉のない」という意味をもつ。

3 Toyota Production Systemの略。ジャスト・イン・タイムやそれを実現するためのカンバン方式など、トヨタで行われる生産方式の総称。

098

フロンティアの拡大に血眼になる

日本企業と生産性フロンティア

Japanese Company and Production Possibility Frontier

生産性のフロンティアを拡張してきた日本企業

テーマ097では高品質と低コスト、それを支えるリーン生産方式、そして幅広い製品ラインと付帯機能（多機能製品のフルライン展開）について述べた。

実はこれらの特徴は前章で述べてきた**トレードオフ**（**テーマ087**）、さらには**生産性のフロンティア**（**テーマ086**）と密接な関わりがある。さらにこれらのキーワードを使うことで、日本企業の特徴をさらに上手に説明できる。

生産性のフロンティアとは、横軸に相対的なコスト地位、縦軸に価格以外の価値をとった二次元上に、最低コストかつ最高のオペレーションで得られる最大限の価値を描いたものだった。すると原点から等しい距離の弧が描ける。この弧はその時点での**ベスト・プラクティス**の集大成と定義できた。

日本企業が素晴らしかったのは、リーン生産方式で、この生産性のフロンティアをどんどん外向きに拡張してきた点だ。乾いた雑巾を絞るがごとくのオペレーションの効率化で、低コスト化を実現してきた。また、幅広い製品ラインや付帯機能を次々と搭載して高品質化をはかってきた。

戦後の日本企業が得意としたこの生産フロンティアの拡張に、先発のアメリカ企業はついていくことができず、そのため自動車や電器製品で、アメリカは日本企業の後塵《こうじん》を拝することになる。そして1970年代の末には**「ジャパン・アズ・ナンバーワン」**という言葉さえ登場した。これはアメリカの社会学者**エズラ・ヴォーゲル**が同名の著作[1]を出版して一躍有名になった言葉だ。

ヴォーゲルはこの著作で、日本の優秀な点を列挙しつつ、そのためにこのままではアメリカが日本に追い越されることもあるかもしれない、とアメリカ人向けに警告した。しかし、やがて日本がバブル経済に突入すると、多くの日本人が「ナンバーワンの国・日本」と本当に勘違いするようになるのであった。そして生産性のフロンティアの拡大で勝ち組になった日本企業にやがて悲劇が起こる。

生産性のフロンティアを拡大する

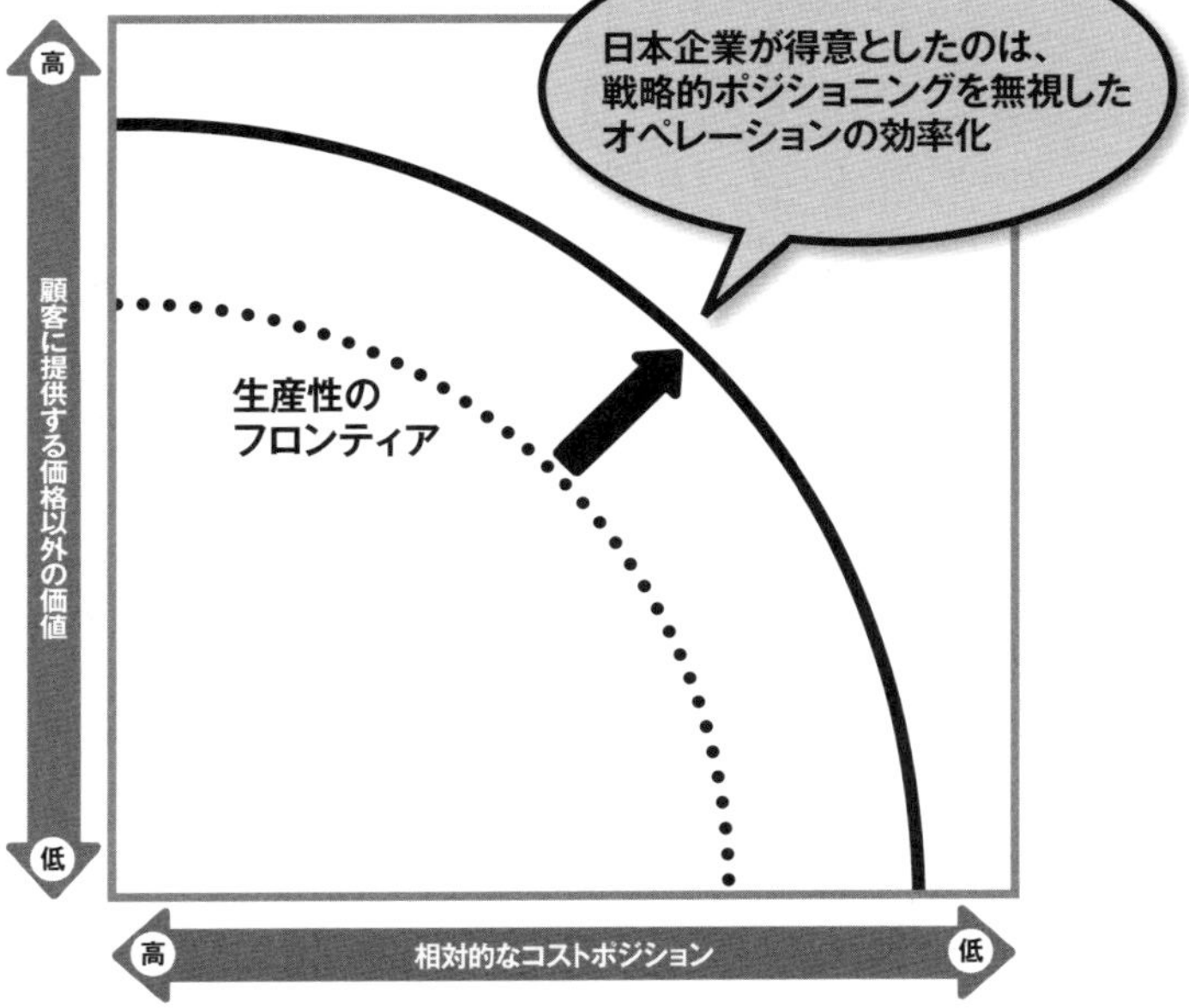

このおかげで日本は「ジャパン・アズ・ナンバーワン」ともてはやされるようになった。

オペレーションの効率化は必要条件だが十分条件ではない。かつての日本企業はオペレーションの効率化で成功した。

FOOTNOTE
1 Ezra Feivel Vogel（1930〜）。エズラ・ヴォーゲル著『ジャパン・アズ・ナンバーワン』（2004年、阪急コミュニケーションズ）。

099

戦略的ポジショニングを明快にせよ

日本企業と戦略的ポジショニング

Strategic Positioning

本当は戦略がなかった日本企業

バブル経済のピークそして崩壊を機に、**日本型企業モデル**にもほころびが見えてきた。[1] それには理由がある。

まず、日本以外の企業がリーン生産方式を模倣したからだ。たとえば、モトローラが採用した**シックス・シグマ**などはその代表例だ。これは製品を100万個作って不良品が出る確率を3・4個に抑えることを目標にした品質管理手法を指す。不良品発生率が**6σ（シグマ）**なのでシックス・シグマと呼ぶ。また、韓国企業や台湾企業も日本人幹部を雇い入れて、リーン生産に血眼になった。これにより、日本企業の競争優位は著しく低下することになる。

さらにこれに追い打ちをかけたのがIT（情報技術）の進展だ。ITを駆使して生産性のフロンティアを拡張する企業が現れたため、日本企業の競争優位はさらに埋没することになる。しかもITがデジタル技術を軸にしている点も日本には不利だった。というのも、日本の電器産業はアナログ技術を得意としていたからだ。

これは言い換えると、日本企業にとって従来型の手法では生産性のフロンティアを拡張するのが難しくなったことを意味する。

ところで、競争優位を実現するには二つの道があった。ライバル企業よりもコストを抑えるか、ライバル企業よりも高いプレミアム価格を要求できるかだ。しかしオペレーションの効率化による低コスト化は**競争による収れん**を招く（**テーマ085**）。これを回避するには**トレードオフ**による差別化で戦略的ポジショニングを明確にし、プレミアム価格を要求することが欠かせない。

しかし日本企業はこの戦略的ポジショニングをなかなか明確にできず、いたずらに生産性のフロンティアの拡大を目指し、自ら競争による収れんへと突入してきた。この意味で日本企業は、独自のポジショニングに対する明確な戦略をもたなかった。[2] したがって、今の日本企業に求められているのは、「明確な戦略をもつ」ということなのだ。

日本企業に求められること

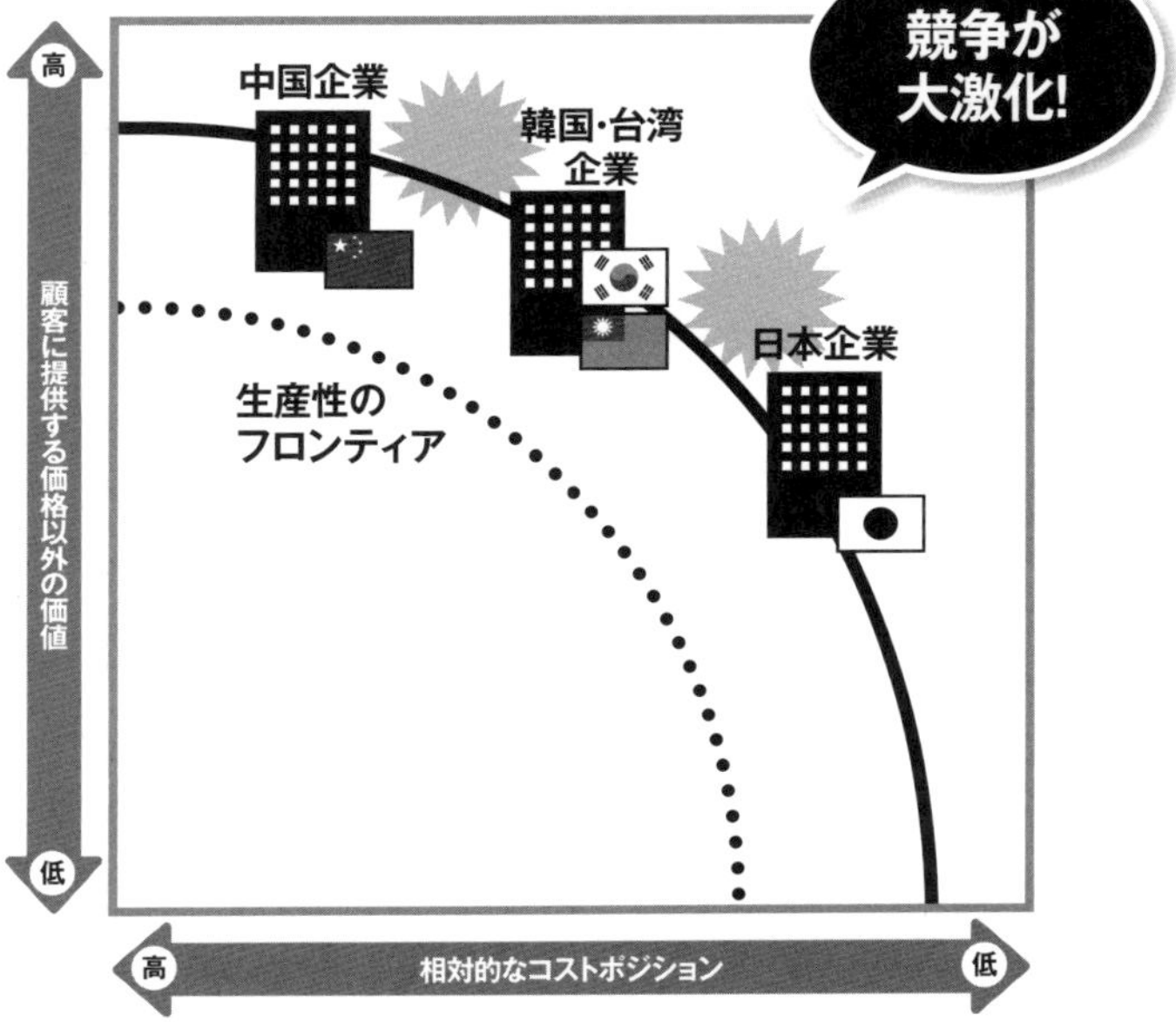

オペレーションの効率化で競争優位を得られない現在、戦略的ポジショニングを真剣に考える段階にきている

日本企業はオペレーションの効率化ではなく戦略的ポジショニングを必要とする。

FOOTNOTE

1 ポーターらの見立てでは1986年がそのピークではないかということだ。詳しくは『日本の競争戦略』P17を参照されたい。

2『日本の競争戦略』P122

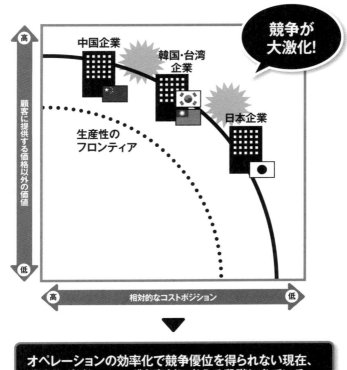

100

IBMとNEC

日本型企業モデルの特徴を浮き彫りにする

IBM and NEC

パソコン事業のかつての覇者、IBMとNEC

1980年代、アメリカではIBMが、日本ではNECが、それぞれの国のパソコン市場でトップ・ブランドとして君臨した。しかし、IBMはパソコンの仕様をオープンにしたため、他ブランドの互換機、すなわち新規参入業者が次々と登場する。パソコンの汎用《はんよう》品化は急激に進んだ。

各メーカーとも基本的に共通の仕様だから製品の差別化は難しい。となると競争は、**オペレーションの効率化**が中心課題になる。この結果、価格は低下し血みどろの戦いが繰り広げられた（**テーマ069**）。

そのような中、2004年にIBMが突然、中国のレノボにパソコン事業を売却することを発表した。ThinkPadというノート型パソコンで大変人気のあるブランドをもっていたにもかかわらずである。

IBMはパソコン事業の存続を望まなかった。「選択しない」ことにより**トレードオフ**を行った。B2Bにおけるトータル・サービスに特化すること、つまり**戦略的ポジショニング**を鮮明にすることを選んだ。

では、かつてのもう一方の雄、NECはどうしたか。パソコンが汎用品化し、自社の市場シェアが低下の一途をたどっても事業存続にこだわった。

このこだわりはリーン生産方式で、低価格を追求し続けることを強いる。でないと、差別化が困難なパソコン業界で生き残るのは難しいからだ。

しかしそれも限界に達したのか、IBMの撤退から7年が過ぎた2011年、日本市場でシェアを落とし続け、世界市場ではほとんどシェアをもたないNECは、レノボとパソコン事業で合弁会社を設立すると発表する。

ポーターは、戦略的ビジョンをもたない企業は、業績を上げる必要性から買収に走る企業が次々と現れると言ったものだ[1]。その上でポーターは、日本企業の多くが、オペレーションの効率化に邁進《まいしん》するだけで、戦略をもたないと切り捨てた[2]。NECのパソコン事業はその典型かもしれない[3]。

IBMとNECのパソコン事業

	IBM	NEC
1980年代	アメリカのパソコン市場シェアNo.1	日本のパソコン市場シェアNo.1
1990年代	競争激化で市場シェアが下がり続ける	競争激化で市場シェアが下がり続ける
2000年代	パソコン事業をレノボに売却（2004年）	パソコン事業でレノボと合弁（2011年）

NECのパソコン事業を見ていると、ポーター的な意味での戦略の欠如を感じざるを得ない。戦略的ポジショニングに活路を見出《みいだ》せないのだろうか？

FOOTNOTE

1『競争戦略論Ⅰ』P75

2 ポーターの競争戦略論の観点からすると、という点に注意したい。他の戦略論をベースにすれば、NECのパソコン事業にも戦略はあったのであろう。

3 買収と合併がまったく異なるのは百も承知だ。レノボの買収が困難だったから、合弁になったのだろう。いずれをとってもM＆Aに変わりはない。なお、2016年7月、NECは社会インフラ事業強化のため合弁会社への出資比率を引き下げることを発表した。

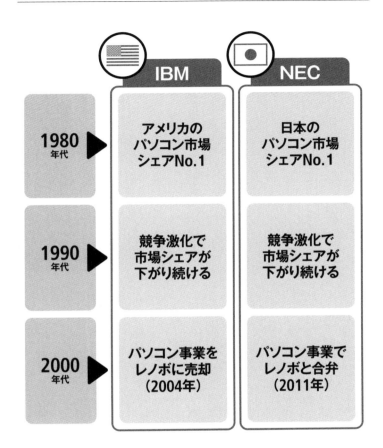

101

日本に未来はあるのか

企業と日本の成長

Corporation and Growth of Japan

国の富の源泉は企業活動にある

経済学者**ヨーゼフ・シュンペーター**は、国の経済発展をイノベーションに求めた（**テーマ039**）。シュンペーターの言う経済発展とは、「駅馬車から汽車への変化[1]」のように非連続な経済発展を指す。その原動力が**創造的破壊**、すなわち**イノベーション**だと考えた。

　では、シュンペーターは、経済発展の原動力となるイノベーションの主体を誰に求めたのか。**企業家**である。企業家は「新しいことを行ったり、すでに行われてきたことを新たな方法で行う[2]」ような人を指す。

　一方、ポーターの考えはどうだろう。ポーターはこのように言っている。

ある国の富は、最終的には、その国の企業が競争を通じて達成する生産性に依拠している。（中略）そして、この生産性が、一国の競争力を規定するのである[3]。

　企業家と企業、表現の違いはあるものの、シュンペーターもポーターも、国の経済発展、富の源泉に企業を据えている点に注目してもらいたい。

　そこで目を向けたいのが、日本の富の源泉たる日本企業の現状だ。**テーマ097〜100**で見てきたように、日本型企業モデルはずいぶん以前から曲がり角にきている。もはやオペレーションの効率化だけでは、世界の企業に対して競争優位を確保できないのが現実だ。

　日本経済の停滞は、ここ20年ほど続いているけれど、これは国の富の源泉である企業が、機能不全を起こしたことも原因の一つだろう。

　しかもこれに、日本で顕著な要因が関連してくる。少子高齢化による生産年齢人口の減少だ。

　企業の活力が薄れ、生産年齢人口は減少し、扶養すべき人口は増える。この状況の中で国の富を確保していくのは容易なことではない。

難問を抱える日本の現状

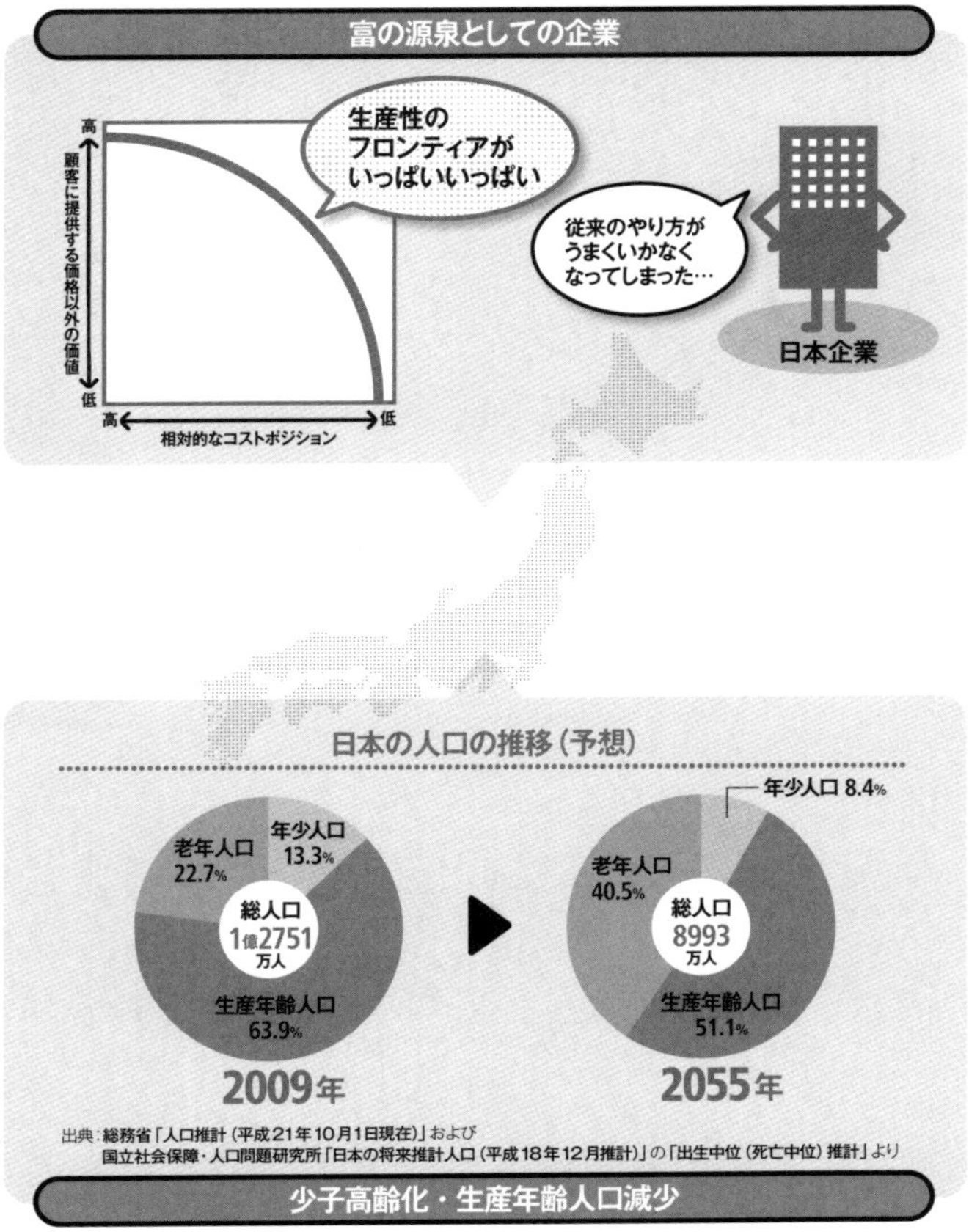

国家の富の源泉たる企業が低迷し、それに少子高齢化・生産年齢人口の減少が追い打ちをかける。これが、いまの日本の現状だ。

FOOTNOTE
1『経済発展の理論（上）』P171
2 J・A・シュンペーター『企業家とは何か』（1998年、東洋経済新報社）P90
3『日本の競争戦略』P158～159

102

ダイヤモンド・フレームワーク

Diamond Framework

日本のこれからを考えるツールとして利用せよ

国の競争優位を決めるダイヤモンド要因

国の競争優位を分析するツールに**ダイヤモンド・フレームワーク**[1]がある。ポーターが大著『**国の競争優位**』[2]で示したものだ。ダイヤモンド・フレームワークでは、国の競争優位の決定要因として以下の四つを掲げている。また、これを図解したものが左ページの図だ。

①要素条件　ある産業で競争するのに必要となる労働者や技術者、知的資源、資本、社会的基盤（インフラストラクチャー）を指す。これらがインプットされて企業は生産を行う。当然、品質の高いインプットを廉価で手に入れられる方が競争力は高まる。特に持続的で大規模な投資がいる専門性の高い要素条件が重要だ。

②需要条件　国内における市場で、ある産業がアウトプットする製品やサービスに対する需要条件を指す。たとえば、その製品やサービスに対して需要は大きいのか、要求水準は高いのか、などといった点がある。

洗練された国内需要は企業の競争力にプラスとして働く。これにより企業の技術力やマーケティング力などが磨かれるからだ。

③関連・支援産業　ある産業について、国内に国際競争力をもつ供給業者や支援業者が存在するかどうかを意味する。当然、有力な供給業者や支援業者が多く存在するほど、その産業の競争力は高まることになる。

④企業の戦略、構造、ライバル間競争　最後は、国内市場におけるライバル間の敵対関係だ。国内の激しい競合関係は、イノベーションを推進し、国際競争力を高める大きな要因になる。ちなみにポーターらは、国際市場における日本の産業競争力を最もよく説明する要因は、国内市場におけるライバル間競争の大きさだと述べている。[3]

ポーターは、この四つの要因からなるダイヤモンド・フレームワークに、さらに二つの補完的要因を付け加える。**チャンス**と**政府**がそれに相当する。

引き続きこの点について説明しよう。

ダイヤモンド・フレームワーク

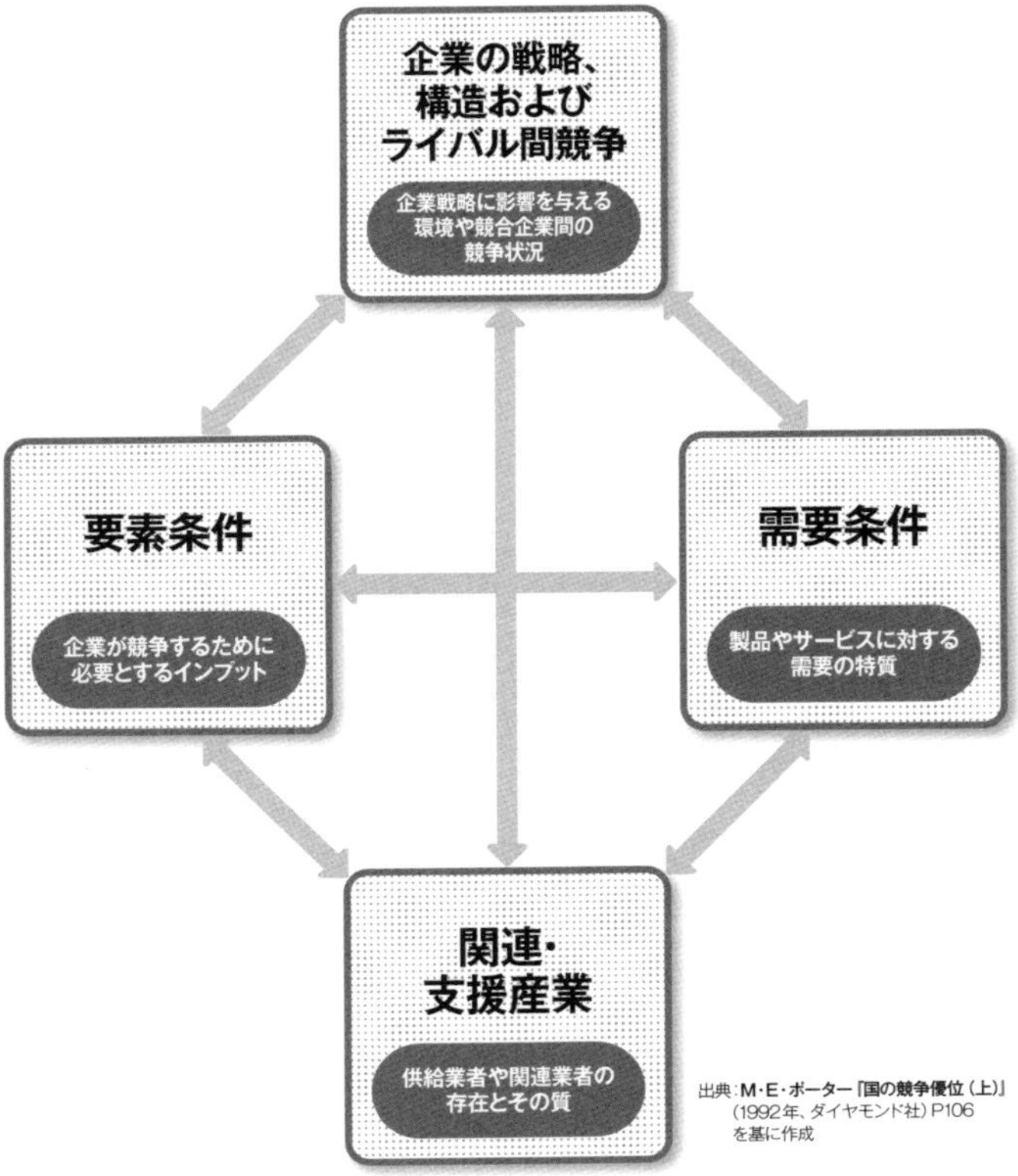

出典：M・E・ポーター『国の競争優位（上）』（1992年、ダイヤモンド社）P106を基に作成

国の競争優位を分析するダイヤモンド・フレームワークは、日本のこれからを考えるツールとして活用できる。

FOOTNOTE
1 これは国の競争優位の決定要因や四つの決定要因とも呼ぶ。
2 M・E・ポーター『国の競争優位（上）（下）』（1992年、ダイヤモンド社）
3『日本の競争戦略』P181

103

政府の役割

Role of Government

ダイヤモンド・フレームワークにプラスの影響を及ぼせ

補完的要因としてのチャンスと政府の役割

国の競争優位を決定する補完的要因の一つが**チャンス**だ。たとえば、発明や技術的飛躍、原材料コストの大変化、世界の金融市場や為替レートの大変動、さらには戦争などが挙げられる。[1]

それから残るもう一つの要因が**政府**だ。政府は四つの決定要因に大きな影響を与える。また政府自身も四つの要因から影響を受け、それを再びフィードバックする。

政府の本来の役割は、四つの決定要因に対して、何らかの影響を及ぼすことだ。政府が要素条件の環境をよりよく整備することもあるだろう。また、大口の需要家として企業から大量の製品を買うこともあるだろう。ただし政府による影響は、四つの決定要因にプラスになることもマイナスになることもある。

では、プラスの影響とは何か。ポーターは、**①変革の支援**、**②国内での競合関係の促進**、**③イノベーションの刺激**、これら三つが、競争力向上にプラスになる政府の役割だと考えている。[2] さらにポーターは具体的な政策アプローチにまで言及している点にも注目したい。その中からいくつか掲げておこう。

まず、**専門的要素の創出**だ。専門的要素条件に欠かせないのが熟練労働者だ。ただ、今や高卒や大卒の教育水準では、国際競争力を強める要因としては働きにくい。現在必要となっているのは、「産業固有のニーズに沿って高度に専門化された要素」[3]だとポーターは言う。あのピーター・ドラッカーも、高度に専門化された**知識労働者**がネクスト・ソサエティに欠かせないと述べたものである。

それから、**製品の安全性や環境面での厳格な基準**がある。これも政府が大きな影響を及ぼせる分野だ。アメリカの排ガス規制が、排ガスを低く抑えたホンダのエンジン製造に大きな影響を及ぼしたのは有名な話だ。

今後国際的に広まる基準を政府が先取りすれば、国際競争力を高めるのにプラス材料になるだろう。

四つの決定要因に対する政府の影響

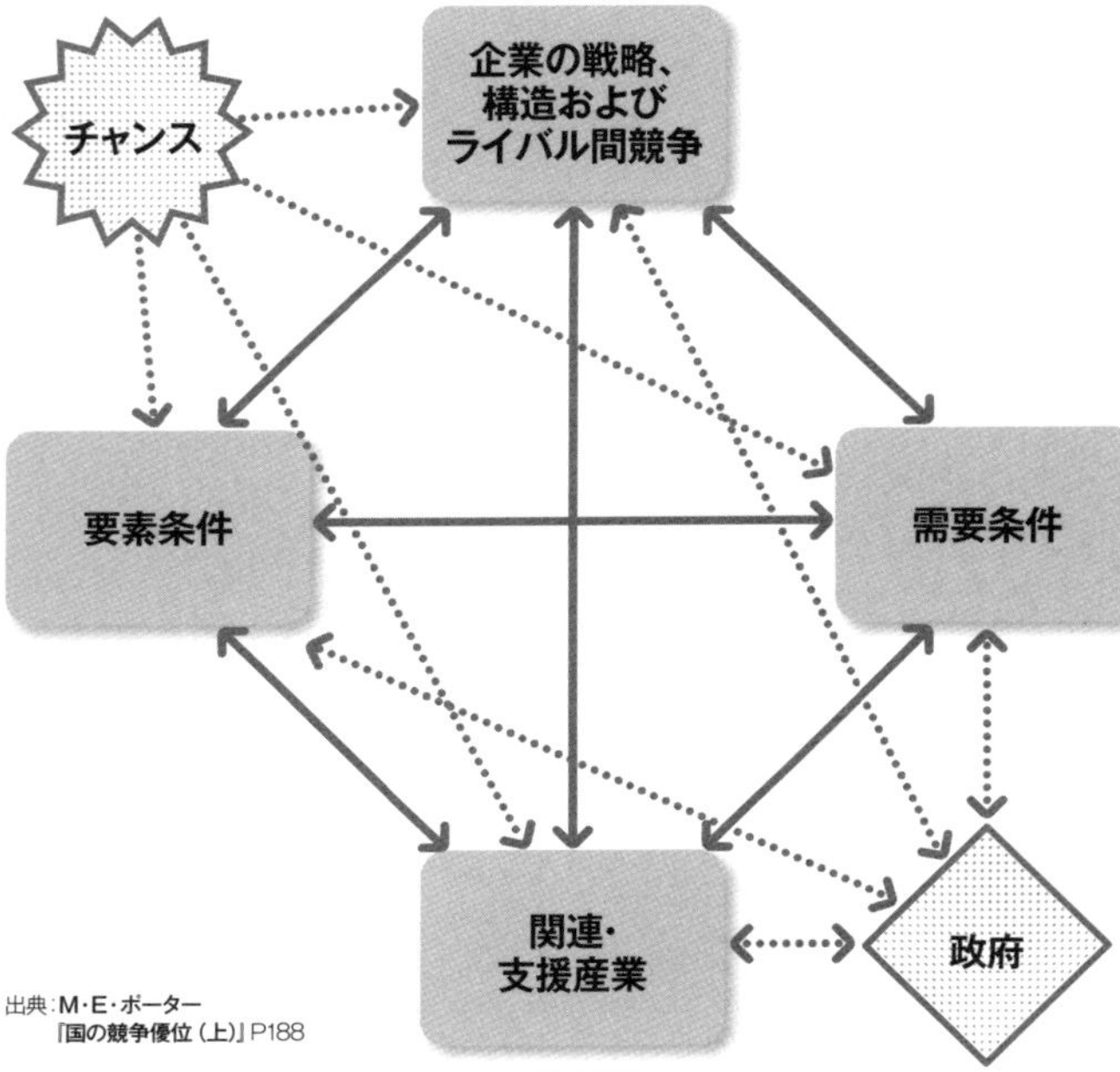

出典：M・E・ポーター
「国の競争優位（上）」P188

政府の影響（プラス面）

1. 変革の支援
2. 国内での競合関係の促進
3. イノベーションの刺激

政府の影響には、プラス面とマイナス面がある。国の富のために、政府にはプラス面に配慮した影響が求められる。

FOOTNOTE

1『国の競争優位（上）』P183〜184

2 以下はマイケル・ポーター『競争戦略論II』（1999年、ダイヤモンド社）所収の「国の競争優位」を参考にしている。

3『競争戦略論II』P15

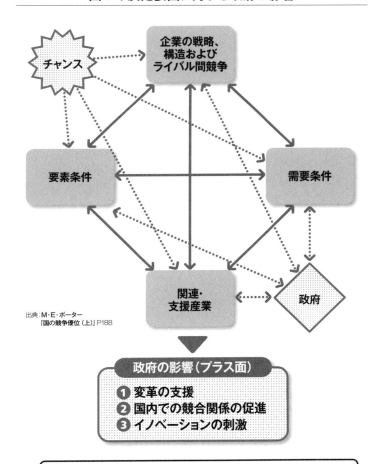

104

日本を背負うのは富の源泉たる企業だ

新しい日本型企業モデルの構築

New Model of Japanese Company

企業が担うべきこれからの役割

国の競争力を高める上で、日本企業は今後どのように対応すべきなのか。ポーターの考えを整理しよう。[1]

最初は、長期視野に基づいた**独自性のある戦略**の立案だ。オペレーションの効率化は今後も必要だけれど、それにも増して欠かせないのが**戦略的ポジショニング**だ。

では、そのためにはどうすべきか。

繰り返し述べてきたように、徹底した**トレードオフによる差別化**を実行しなければならない。何を選択し、何を選択しないかを厳しく問うという態度だ。特に何を選択しないかを決めることが重要なのは、前にも述べたとおりだ。これはとても勇気がいることだけれど、ライバル企業とは異なる明確な独自性を打ち出せる。

ただ、日本企業が本当に戦略をもてるのか、ポーターはいくつかの懸念材料を掲げている。その一つに、日本型企業モデルの特徴である**コンセンサスによるリーダーシップ**を挙げている。コンセンサスを十分にとることは企業経営には大切だが、これがデメリットになる場合がある。

独自性のある戦略的ポジショニングは、独自であるが故に、切り捨てなければならないものが多数出てくる。このような戦略的ポジショニングを合議制で決定するのは極めて困難だ。必ず反対意見が出てきて、決定は先延ばしとなり、意見が集約される頃には、独自性をもっていた戦略的ポジショニングは影を潜め、無難なポジションに落ち着くことになる。そういう意味で言うと、企業が戦略的ポジショニングを明確にするということは、**従来型の日本型企業モデルとの決別**を迫る。

これからの日本を担うのは政府ではない。国に富をもたらすのは**企業**だ。

政府はあくまでも企業が活動しやすい環境作りに徹する。企業の盛衰いかんで明日の日本の浮沈が決まる。企業やそこに勤める人には、こんな強い決意が求められる。これがポーターからのメッセージだと言えば言い過ぎだろうか。

日本企業が取り組むべき課題

1. 日本はたいがいの分野で競争することができるということを信じよ
2. 貿易自由化が日本企業の国際競争力の低下ではなく、向上につながることを認識する
3. 世界に通用する大学制度を構築する
4. 時代遅れの非効率な国内産業分野を近代化する
5. 真の企業責任を追及する制度を構築する
6. イノベーションと起業活動に関する新しいモデルを構築する
7. 国際競争に勝ち抜くための地方分権化、産業集積、クラスター構築を目指す

出典:マイケル・E・ポーター、竹内弘高『日本の競争戦略』P205～234

国の富は企業がもたらす。企業の生産性が国の富の源泉だ。この点を忘れてはいけない。日本の浮沈は企業にかかっている。企業の活力なくして、これからの日本の発展はない。

FOOTNOTE

1 以下は『日本の競争戦略』の「第六章　日本企業を変革する」を参考にしている。

column 2

計画的戦略と創発的戦略

テーマ050でふれたヘンリー・ミンツバーグは、著作『戦略サファリ』で、戦略には計画的戦略と創発的戦略があると述べている。

計画どおりことは運ぶのか?

計画的戦略とは、組織のミッションや目標に沿った成果を達成するためにプラン（計画）されるものだ。

計画的戦略では将来を展望し、組織はこうありたい、こうあるべきだと定義した、意図された戦略を明文化する。

一方、**創発的戦略**とは、一つ一つの行動が蓄積される中で、組織が学習し、その過程で練り上げられていく戦略を指す。

我々は計画的戦略で、当初意図した戦略を実現すべく、計画的に活動する。

しかし、意図された戦略が全て実現されるかというと、なかなかそうはいかない。

戦略を実際に進める中で、当初の意図に反し、実現できなかった戦略が存在するにちがいない。

それは予期せぬ環境の変化により、別の手を打った方が得策だと判断されたからかもしれない。

あるいは、戦略を進めていくうちによりよい打ち手が発見されたからかもしれない。

このように計画的な戦略は、その実現過程で経験や学習による影響を受け、創発的に方向が修正される。そして、最終的に実現された戦略へと落ちつくことになる。

計画と学習をバランスさせる

以上のように考えると、純粋に計画的戦略というものはあり得ないし、同様に創発的戦略のみで成り立つ戦略も考えられない。

「戦略は計画的に策定される、と同時に創発的に形成されなければならない」[1]とミンツバーグは語るけれど、まさにそのとおりだろう。

ともすると我々は、計画的戦略を重視して創発的戦略を軽んじる傾向がある。

これはトップダウン優先で、ボトムアップの意見を無視する態度につながる。

よりよい戦略とは、双方のバランスの上で成立すると考えるべきなのだろう。

FOOTNOTE 1『戦略サファリ』P13

PART 3

コトラーのマーケティング編

マーケティングとは「ニーズに応えて利益を上げること」だ。マーケティングに対してこのシンプルな定義を行ったフィリップ・コトラーは「現代マーケティングの父」とも呼ばれている。本パートではマーケティングの基礎知識を手始めに、コトラーが提唱する最新のマーケティング理論までを網羅したい。

105

マーケティングとは何か

What is Marketing?

ニーズに応えて利益を上げること

コトラーのマーケティング定義

そもそもマーケティングとは何か？　この問いに対して「現代マーケティングの父」と呼ばれる**フィリップ・コトラー**[1]はこう答えた。

マーケティングを最も短い言葉で定義すれば「ニーズに応えて利益を上げること」となろう。[2]

あまりにも簡単な定義に驚く人もいるにちがいない。マーケティングと言うと、何かとっても難解なもののように思えるけれど、煎じ詰めると右の15文字に集約できる。もっとも、もう少し説明的な定義もあるから、そちらも付け加えておこう。

こちらもコトラー自身による定義だ。

マーケティングとは、どのような価値を提供すればターゲット市場のニーズを満たせるかを探り、その価値を生み出し、顧客に届け、そこから利益を上げることである。[3]

こちらの定義は、「ニーズに応えて利益を上げること」を、よりかみ砕いて説明しているものだ。それから、コトラーの盟友でもあるピーター・ドラッカーによるマーケティングの定義も押さえておきたい。

「マーケティング」の狙いは、「販売」を不要にしてしまうことである。「マーケティング」の狙いは、顧客というものをよく知って理解し、製品（ないしはサービス）が「顧客」に「ぴったりと合って」、ひとりでに「売れてしまう」ようにすることである。[4]

コトラーはドラッカーによるこの定義を、多数の著作の中で繰り返して取り上げている。ドラッカーの定義はマーケティングの理想的な姿だと考えたい。

マーケティングの権威であるアメリカ・マーケティング協会（AMA）によるマーケティングの定義

1935年

マーケティングは、財とサービスの流れを生産者から顧客に方向づける全ビジネス活動の推進である。

※AMAの前身機関による定義

▼

1985年

マーケティングは、個人と組織の目標を達成する交換を創造するために、アイデアや物、サービスのコンセプト作り、価格設定、プロモーション、流通を計画し実行するプロセスである。

▼

2004年

マーケティングは、顧客に対して価値を創造、伝達、提供するとともに、組織とその利害関係者に利益をもたらすよう顧客との関係を管理する組織の機能および一連のプロセスである。

▼

2008年

マーケティングとは、顧客や依頼主、パートナー、さらには社会全体に対して価値のある提案を創造、伝達、提供、そして交換する一連の活動、一連の制度、プロセスである。

出典：American Marketing Association「The American Marketing Association Releases New Definition for Marketing」（2008年1月14日付プレスリリース）

いろいろな定義があるけれど「ニーズに応えて利益を上げること」と覚えてしまおう。

FOOTNOTE

1 Philip Kotler（1931〜）。ノースウェスタン大学ケロッグ経営大学院教授。「現代マーケティングの父」と呼ばれる。
2 フィリップ・コトラー、ケビン・レーン・ケラー『コトラー＆ケラーのマーケティング・マネジメント』（2008年、ピアソン・エデュケーション）P6。なお同書は現在、丸善出版が刊行している。
3 フィリップ・コトラー『コトラーのマーケティング講義』（2004年、ダイヤモンド社）P3
4『マネジメント（上）』P100

106

ニーズに応えるということ

顧客の創造とマーケティング

"To Create a Customer" and Marketing

企業は顧客を創造し続けなければならない

次に企業活動全体におけるマーケティングの位置づけについて考えてみよう。

ドラッカーは、企業を含めたあらゆる組織は**「社会の機関（オーガン）」**だと述べた（**テーマ003**）。社会の機関とは、あらゆる組織は社会やコミュニティ、個人のニーズを満足させるために存在する、ということを指す。

では、「ニーズを満足させる」を別の言葉で言い換えるとどうなるか。これに対してドラッカーは、**「顧客の創造」**という言葉を用いた（**テーマ005**）。

何かしらのニーズをもっている人は企業にとっての潜在的な顧客だ。そして、ニーズを満足させる、あるいはニーズに応えるということは、顧客を自社のものにすることだ。つまり企業は、ニーズに応えることで顧客を創造していることになる。

ドラッカーは、この顧客の創造が企業の唯一の目的だと考えた。顧客の創造により企業は、収益を得られ存続できるからだ。

では、顧客の創造のために企業は何をすべきか。こちらについてもすでに説明済みだが、ドラッカーは顧客創造の基本機能は二つしかないと言った。**マーケティングとイノベーション**だ（**テーマ006**）。

マーケティングは既存のニーズを満足させる活動、またイノベーションは今までにない新たな価値を創り出す活動とも言い換えられる。

再び企業を自動車にたとえてみよう。この自動車は顧客の創造に向かって突き進む。この自動車の両輪となるのがマーケティングとイノベーションだった。そしてその両輪をハンドリングするのがマネジメント、進むべき方向を示すのが戦略だ。

もちろん自動車は片輪では進まない。だから、マーケティングとは、企業が存在し続けようとする限り不可欠となる活動だと理解したい。

顧客創造の二つの機能

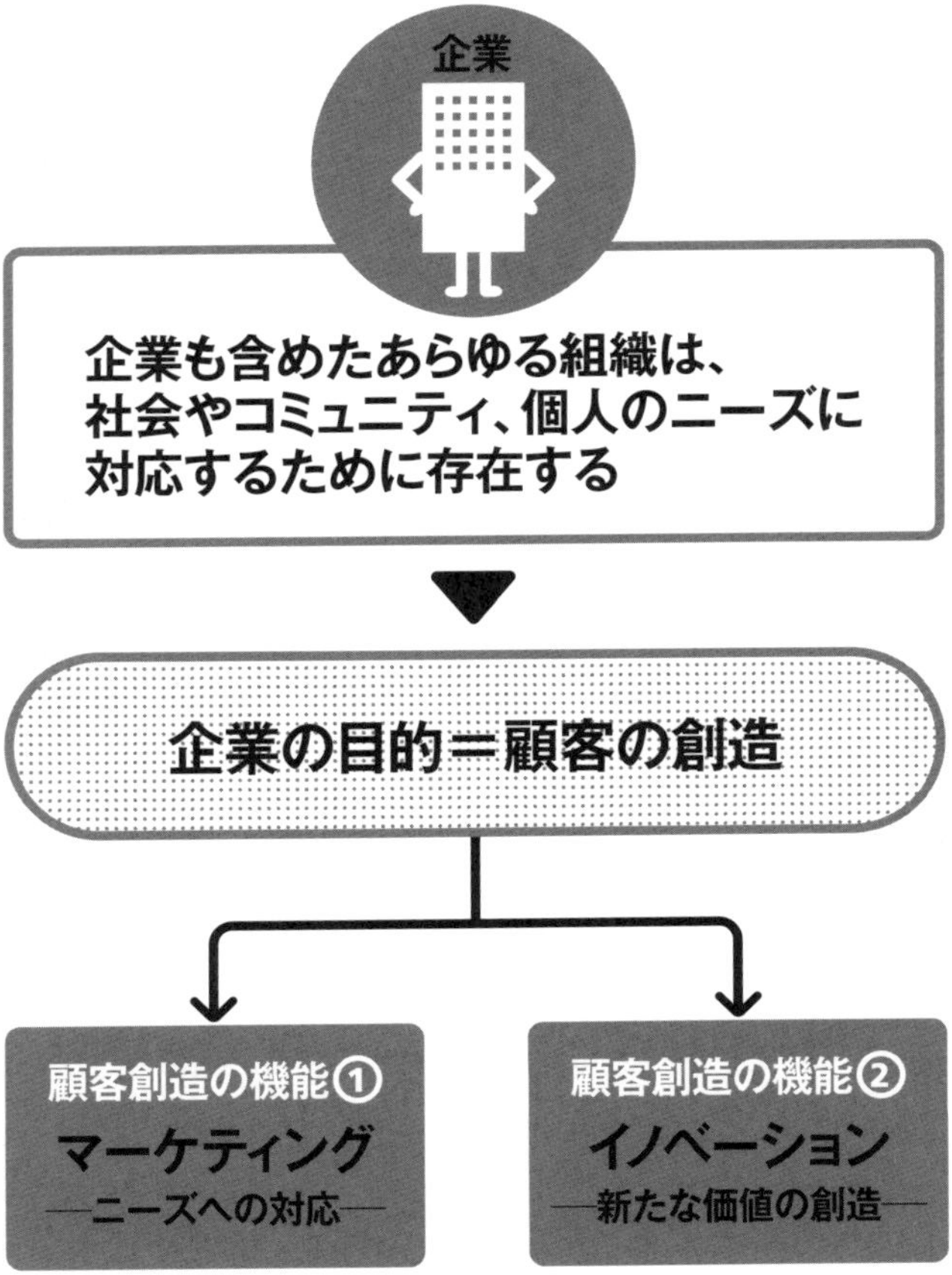

企業の経営にはマーケティングとイノベーションが欠かせない。いわばマーケティングは企業を動かす両輪の一方なのだ。

107

三者の関係をしっかり理解せよ

ニーズ・ウォンツ・需要

Needs, Wants, Demands

ニーズとウォンツのどこがどう違うのか

本書には、すでに**ニーズ**という言葉が何度も出てきた。マーケティングに対する理解をさらに深めるには、この語に関するより突っ込んだ理解が欠かせない。

コトラーの言葉を借りるならば、ニーズとは、「何かの不足を感じている状態[1]」を指す。その上でコトラーは、そもそもニーズとは人間に本質として備わっているものだと述べている。

一方、ニーズと混同されやすいものに**ウォンツ**がある。ウォンツとは「ニーズが形をとったもの[2]」にほかならない。そのため、ニーズをもつ人の文化的背景や個人的な特徴によって、その「形」は大きく違ってくる。

たとえば、ここにドリルがあるとしよう。これは壁に穴をあける道具だ。人は「穴」という不足（あるいは必要とするもの）があるから、ドリルを手にして穴をあける。

この場合、ニーズとは「穴（をあけること）」でありドリルではない。ドリルは「ニーズが形をとったもの」、つまりウォンツにほかならない。にもかかわらずドリルメーカーが、「顧客はドリルを欲している」と考えてしまったら、これはウォンツに気を取られ、顧客の本当のニーズをとらえ損なっていることになる。

このようにニーズとウォンツを取り違えることを、**マーケティング・マイオピア**（マーケティング近視眼）と呼ぶ。

そもそも顧客のニーズを満たせるものならば、何でも製品になり得る。そして、製品のタイプにはおおむね10種類あるというのがコトラーの考え方だ（左ページ参照[3]）。

しかし、形にしたウォンツがあまりにも高価だと顧客には手が届かない。逆にそれが購入できる値段だと需要が生じるだろう。つまり、ウォンツに購買力が伴うと、そこに**需要**が発生する。

そして、この需要をつかまえて初めて「ニーズに応えて利益を上げる」という、マーケティング本来の活動を実践できるわけだ。

製品の多様なタイプ

1 財	手にもてる有形の財。製品の大部分を占める。
2 サービス	顧客をもてなすこと。もてなし。 財とサービスが混ざり合っていることが多い。
3 イベント	コンサートやコンベンション、スポーツ大会、 演劇、展示会などの催し物。
4 経験	財やサービスなどを組み合わせることで 人が得る経験。
5 人	人そのもの。 芸能人やミュージシャンはその代表例。
6 場所	特定の場所や地域や国を指す。 観光地や商業地など多様な場所がある。
7 資産	不動産や金融資産などの所有権。
8 組織	特定の社会的・個人的ニーズの解消を目指す 統一体。
9 情報	紙媒体やネット上などで提供される情報。
10 アイデア	知恵。たとえばコンサルタントは豊富な知恵で ビジネスを展開している。

このように製品には多様なタイプがある。いずれがニーズに適切に対応できるのか考えなければならない。

FOOTNOTE

1 フィリップ・コトラー、トーマス・ヘイズ、ポール・ブルーム『コトラーのプロフェッショナル・サービス・マーケティング』（2002年、ピアソン・エデュケーション）P5
2『コトラーのプロフェッショナル・サービス・マーケティング』P5
3『コトラー＆ケラーのマーケティング・マネジメント』P9～11

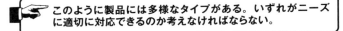

108

「R・STP・MM・I・C」

マーケティングの基本プロセス

Basic Process of Marketing

調査・STP・MM・実施・管理

マーケティングには、定石となるプロセスがある。「①調査(R)→②セグメンテーション・ターゲティング・ポジショニング(STP)→③マーケティング・ミックス(MM)→④実施(I)→⑤管理(C)」という五つの段階がそれだ。コトラーはこれを「**R・STP・MM・I・C**」と呼んだ。この略語はマーケティング・プロセスを覚えるのに何かと便利だ。ぜひとも暗記してしまおう。

①調査(Research) マーケティングの第1ステップは、マーケティング機会の分析から始まる。ここでは、マクロ環境およびミクロ環境を分析する。ミクロ環境については、外部環境、内部環境、双方の分析を実施する。

②セグメンテーション・ターゲティング・ポジショニング(Segmentation・Targeting・Positioning) 単にSTPとも呼ぶ段階だ。分析結果を基に、市場のセグメンテーション、標的市場の決定、提供する価値の位置づけを明確にする。

③マーケティング・ミックス(Marketing Mix) ②で設定した考えを満足させるべく、マーケティングの具体的なプログラムを立案し、複合的に組み合わせる。**テーマ118**でふれるように、**4P**(製品・価格・流通チャネル・プロモーション)でマーケティング・ミックスを構築するのが一般的な手法だ。

④実施(Implementation)、**⑤管理(Control)** マーケティング・ミックスを実行に移す。そして、実行内容をコントロールするとともに評価し、次のビジネスにフィードバックする。

マーケティングの基本プロセスでは、RからSTPに至る一連のプロセスが**マーケティング戦略**を構築する段階となる。一方、MMの立案以降が、すなわち**マーケティング戦術**の策定および実践だ。

以下、本章では、マーケティング戦略の各段階に関する理解を深めたい。

マーケティングの基本プロセス

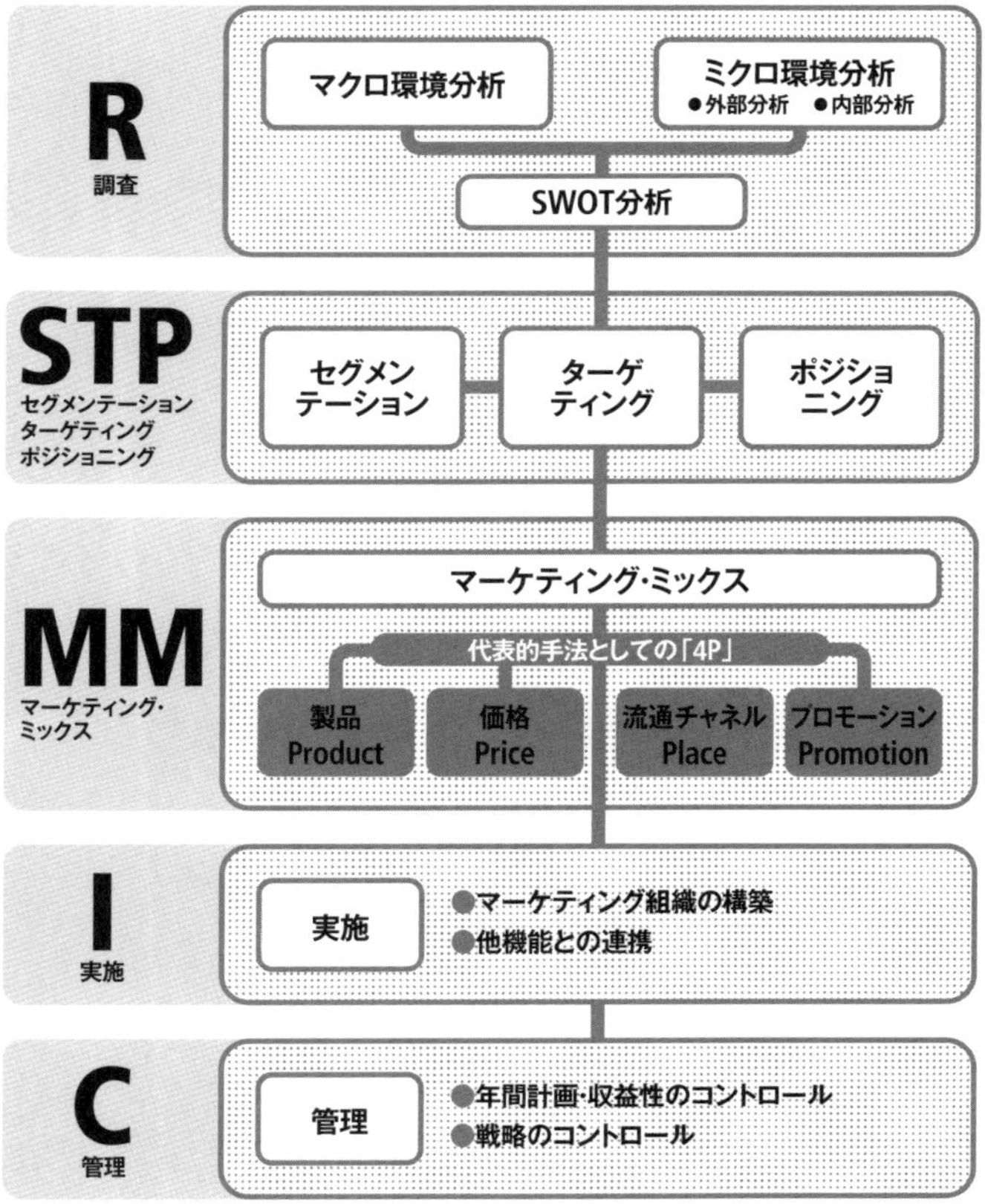

上記のように、マーケティングの基本プロセスは五つのステップからなる。「R・STP・MM・I・C」と覚えておこう。

FOOTNOTE 1 フィリップ・コトラー『コトラーの戦略的マーケティング』(2000年、ダイヤモンド社) P46

109

機会を評価する

マクロ環境とミクロ環境

Macro and Micro Environments

ファイブ・フォースとバリュー・チェーンを活用せよ

最初の**調査**（R）では、**マクロ環境**と**ミクロ環境**について分析する。

マクロ環境の分析とは、社会全体に関連する要因についての分析を指す。具体的には、人口動態、経済、社会文化、自然環境、技術、政治および法、これら**六つの要因**について検討する。

一方、ミクロ環境の分析では、より身近な要因に焦点を絞って分析を実行する。このミクロ環境の分析では、**マイケル・ポーター**が提唱したファイブ・フォースとバリュー・チェーンを利用するのが得策だ。

ミクロ環境は**外部環境**と**内部環境**に分類できる。このうち外部環境の分析に用いるのが、**ファイブ・フォース**（五つの競争要因）だ（**テーマ058**）。ファイブ・フォースでは外部環境を五つの要素で説明する。①新規参入業者、②競争業者（ライバル企業）、③代替品、④買い手、⑤供給業者（売り手）がそれだった（左図上）。これら五つの視点を用いることで、外部環境をまんべんなく分析できる。

一方、内部環境の分析については、**バリュー・チェーン**を利用する（**テーマ074**）。こちらは、企業がアウトプットする顧客価値はさまざまな活動の連鎖からなる、という考えだ。ポーターはこれを称して「バリュー・チェーン＝価値連鎖」と呼んだ。

バリュー・チェーンは左ページ下図に示すように九つの要素からなり、これらは主活動と支援活動に大別できた。これらを基準にして、企業の内部環境を分析する。そして、業界標準や競合企業のバリュー・チェーンと比較することで、自社の強みや弱みをあぶり出せる。

ちなみにポーターは、ミクロ環境分析のほうがマクロ環境分析よりも相対的に重要だと指摘している。それは、マクロ環境があらゆる企業に影響を及ぼすのに対して、ミクロ環境は個々の企業のポジションによって、影響の度合いが異なるからだ。

マクロ環境とミクロ環境を分析する

マクロ環境の分析要因

人口動態的要因
- 人口規模
- 世代別人口
- 地域別人口、人口密度

経済的要因
- GNP、GDP
- 為替、金利水準
- 所得分布

社会文化的要因
- 宗教
- 道徳観
- 文化的価値観

自然環境的要因
- 国や地域の自然環境
- 環境問題
- 環境保護上の規制

技術的要因
- 最新技術
- 技術特許
- 技術開発予算

政治的・法的要因
- 産業界への法的規制
- 産業界への政府助成
- 市場に対する政府の介入度

ファイブ・フォース

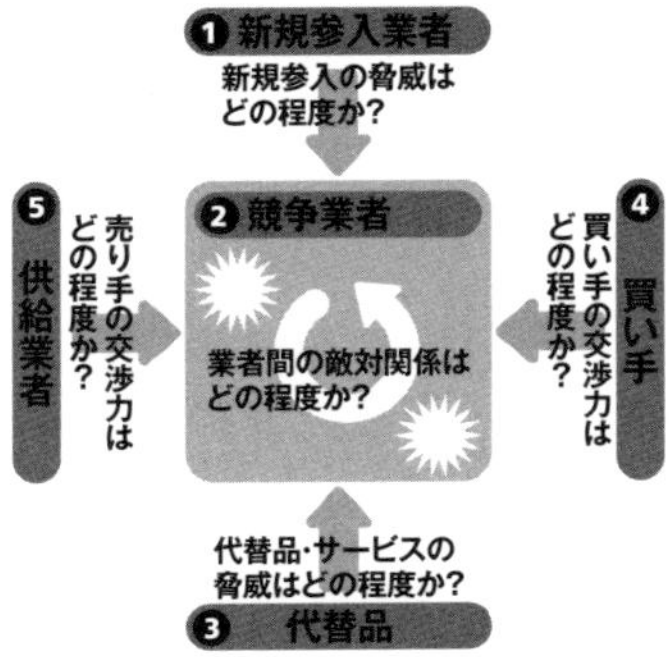

バリュー・チェーン

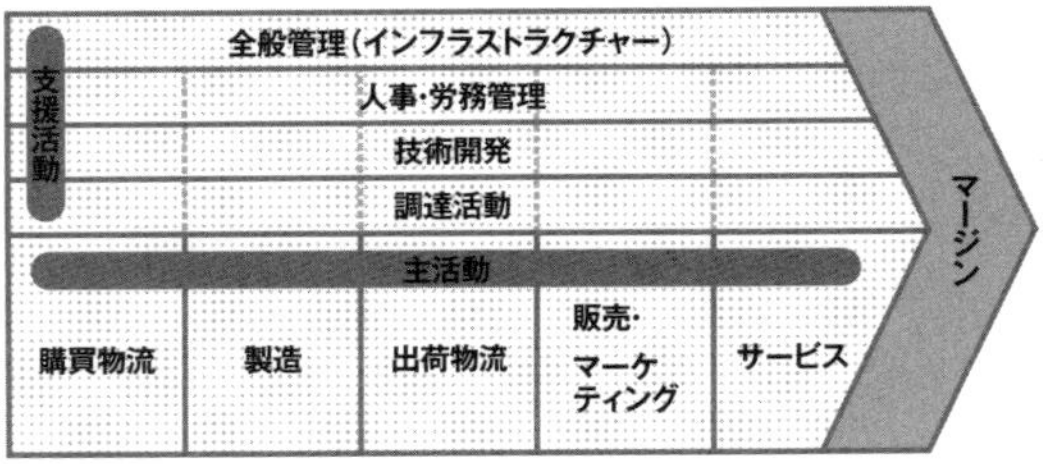

特に政治・経済・社会・技術に関する分析のことをPEST（Politics, Economics, Social, Technology）分析と呼ぶことがある。

110

イノベーション普及理論

Diffusion of Innovations

ミクロ環境の分析手法として利用価値は大きい

新製品はどのように市場に浸透するのか

ミクロ的な外部環境の分析には、**イノベーション普及理論**も活用したい。これは、アメリカのイノベーション理論学者**エベレット・ロジャーズ**が、半世紀ほど前に提唱したものだ。[1]

ロジャーズは「イノベーション＝新しいと知覚されたもの」と定義している。だからロジャーズの言うイノベーションは「新製品」と言い換えてもよい。

イノベーションの普及と時間の関係をグラフ化すると、一般的に導入時はなだらかな曲線を描く。それが、ある時期に突然急勾配となり、やがて再び緩やかな曲線になる。この曲線は、その形状がS字に似ていることから、**S曲線**とか**S字カーブ**と呼ばれる。

ロジャーズは、人がもつ**革新性**の違いでイノベーションの採用に時間的なずれが生じると考えた。ロジャーズはこの革新性の違いから、イノベーションの採用者を①イノベーター、②初期採用者、③初期多数派、④後期多数派、⑤ラガードに分類した。これを**イノベーション採用者カテゴリー**と呼ぶ。

革新性の違いによりイノベーション採用に時間的ズレが生じ、これがS字カーブになるわけだが、ロジャーズはこれを**正規分布**として表現することを思いつく。標準正規分布では、平均からの散らばりの度合い、すなわち**標準偏差**[2]がプラス・マイナス1シグマだと、全体の約68％をカバーする。これが2シグマになると約95％だ。

イノベーション採用者カテゴリーをこの正規分布にあてはめると左ページのようになる。新製品は、まず市場全体の2・5％（2シグマの残り左半分）といわれるイノベーターが採用する。その後イノベーションは初期採用者、そして多数派が控える一般市場へと普及するわけだ。

五つのカテゴリーにはそれぞれ特徴があるので、現在の製品や市場がS字カーブのどこに位置するかを理解すれば、マーケティング戦略が立案しやすくなるだろう。

S字カーブとイノベーション採用者カテゴリー

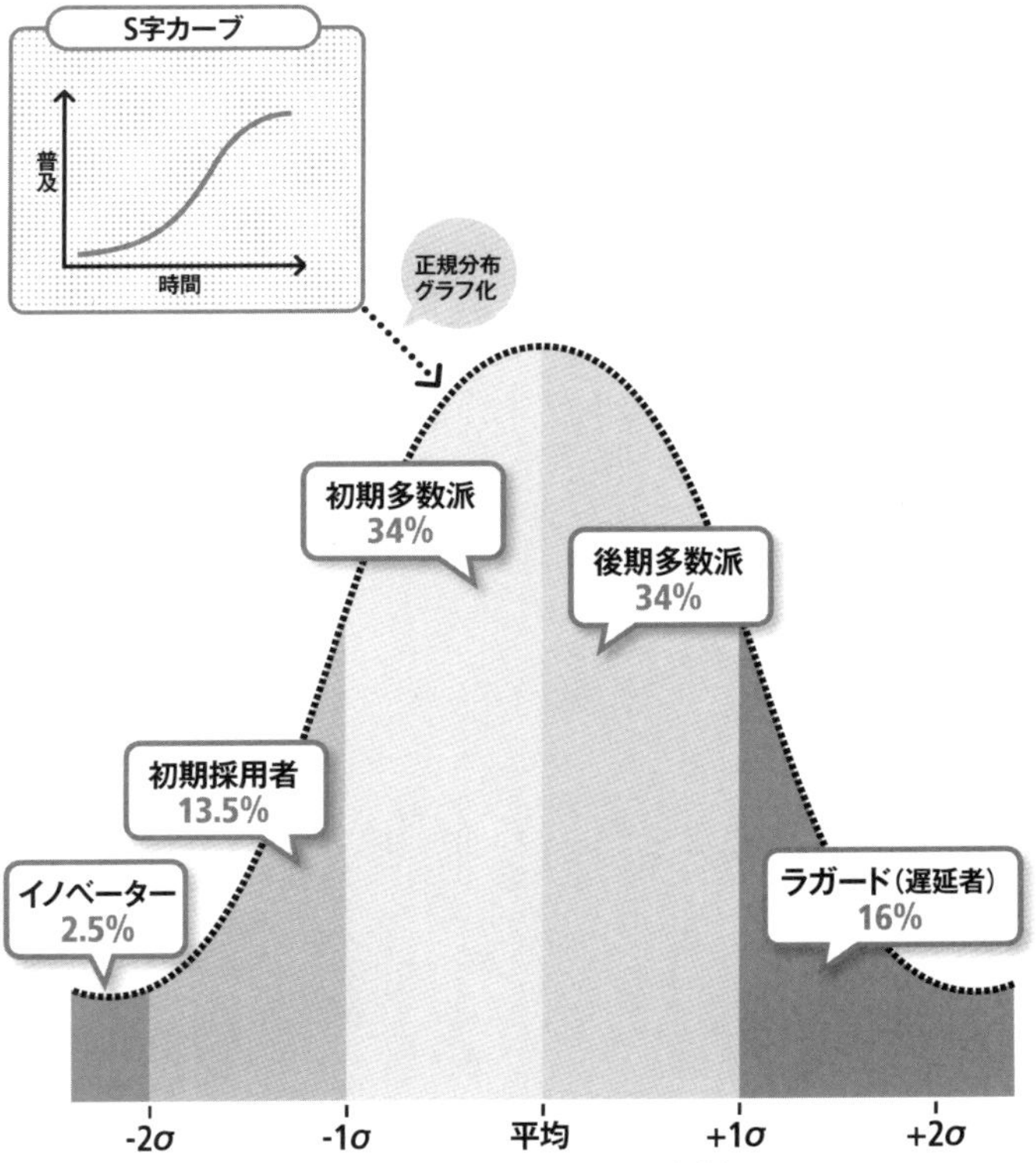

出典：エベレット・ロジャーズ『イノベーションの普及』（2007年、翔泳社）P229を基に作成

エベレット・ロジャーズが提唱したイノベーション普及理論は、ミクロ環境を分析する手法として、非常に利用価値が高い。

FOOTNOTE

1 Everett Rogers（1931〜2004）。エベレット・ロジャーズ『イノベーションの普及』（2007年、翔泳社）に詳しい。

2 標準偏差は分散の平方根をとったもの。この値は一般にシグマ（σ）という単位で表現される。

111

キャズム

Chasm

初期市場と一般市場との間にある裂け目

キャズムとイノベーション普及理論

イノベーション普及理論による外部環境分析では、マーケティング・コンサルタントの**ジェフリー・ムーア**が提唱した**キャズム**についても知っておきたい[1]。

ハイテク製品には、空前の話題になったにもかかわらず、一般市場に浸透することなく消え去っていったものが多数ある。ムーアは、**イノベーション普及理論**を用いてこの理由を解き明かした。その答えが**キャズム**だ。

ハイテク業界には、画期的なイノベーションが開発されると、手に入れて使ってみないことには気が済まない人がいる。このような人を**イノベーター**と呼ぶ。一方、イノベーターよりも採用時期は遅れるものの、新たなイノベーションが社会にどういった影響を及ぼすかを見抜く人々がいる。**初期採用者**がそうした人たちだ。製品がイノベーターから初期採用者へと普及すると、一般メディアでも話題が取り上げられるから、イノベーションは**多数派**が控える一般市場へと、スムーズに浸透していくかのように見える。

しかし、この初期採用者と多数派はまったく異なる特徴をもつ。初期採用者はテクノロジーに詳しい人たちだ。彼らはテクノロジーを用いて積極的に変革を試みようとする。

一方、多数派はテクノロジーに詳しくないし興味もない。使用にあたって面倒は願いさげだと考える。加えて、そのテクノロジーが自分の利益にどう結びつくか、彼らの興味はこれらの点につきる。そのため、多数派にイノベーションを浸透させるには、それがとても使いやすいこと、実利に直結すること、これらを納得させなくてはならない。

このように、初期採用者と多数派との間にある特徴のギャップを**キャズム（裂け目）**と呼ぶ。初期市場で成功したのに一般市場の普及に失敗したハイテク製品は、多数派を納得させる努力、キャズムを跳び越えるマーケティングを怠ったからだ、とムーアは言う。ミクロ環境分析から、現在の市場が初期市場に位置づけられたら、キャズムを念頭に置いたマーケティングが必須だ。

キャズムとキャズムを越える方法

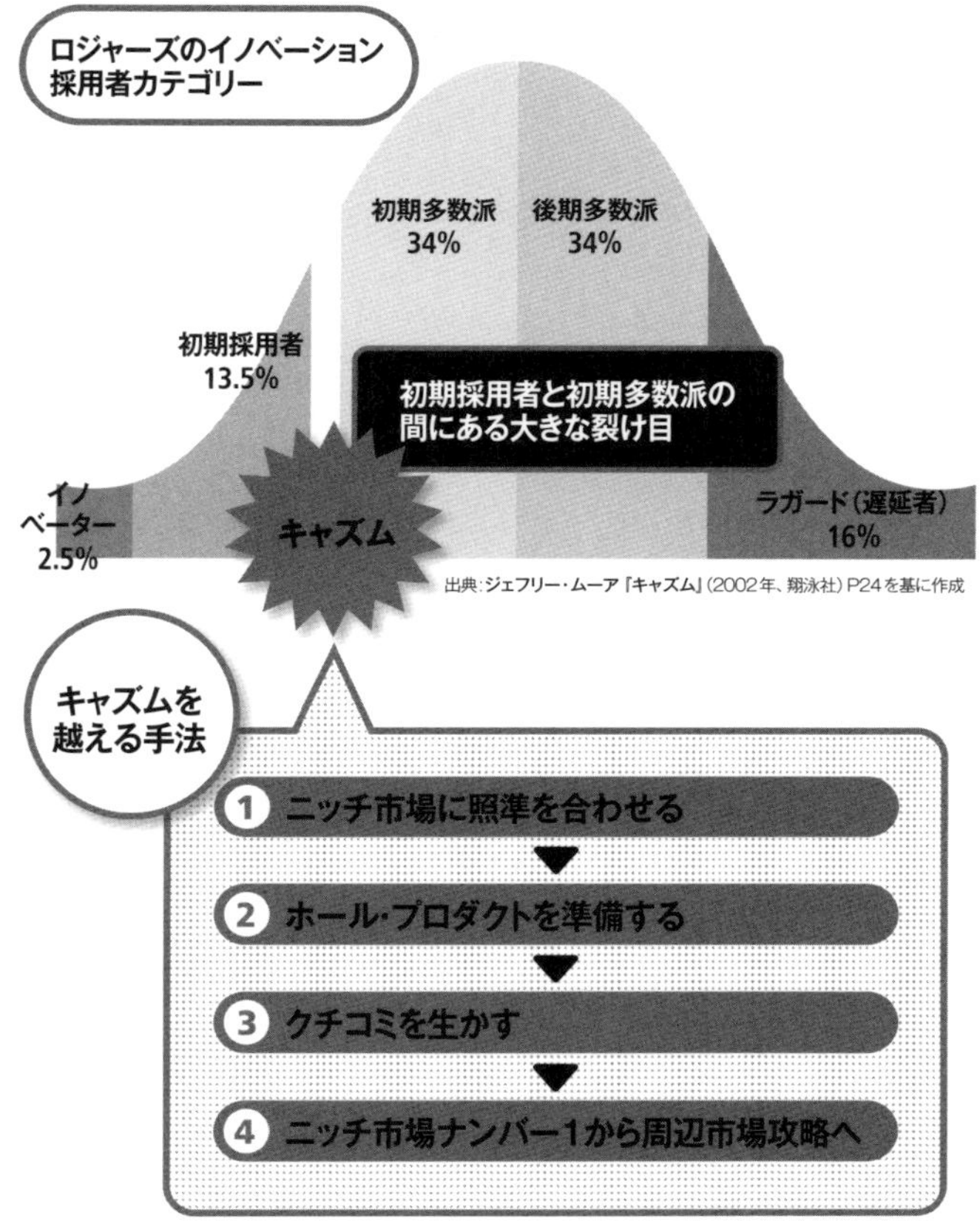

分析対象の市場が初期市場ならば、キャズムに配慮したマーケティング手法の採用が欠かせなくなるだろう。

FOOTNOTE 1 キャズムについてはジェフリー・ムーア『キャズム』（2002年、翔泳社）に詳しい。

112 SWOT

「強み」「弱み」「機会」「脅威」

Strengths, Weaknesses, Opportunities and Threats

バリュー・チェーンとファイブ・フォースを組み合わせる

以上、マクロ環境やミクロ環境を分析する手法について紹介してきた。これらのとりまとめには**SWOT**を活用したい。SWOTとは、「強み（Strengths）」「弱み（Weaknesses）」「機会（Opportunities）」と「脅威（Threats）」という四つの視点を指す[1]。

ここではSWOTが外部環境と内部環境、それぞれに着目した分析基準からなっている点に注目してもらいたい。「強み」「弱み」が企業の内部環境に着目しているのに対して、「機会」「脅威」はマクロ環境、ミクロ環境双方を含む外部環境に注意を払っている。これは次のように活用するのが基本だ。

まず、外部環境の分析では、マクロ環境を分析する**六つの要因**（テーマ109）や**ファイブ・フォース**、**イノベーション普及理論**、**キャズム**などを念頭に置く。これらについて、「機会」は存在しないか、「脅威」が潜んでいないか、この点を中心に検討するわけだ。

また、内部環境の分析では**バリュー・チェーン**を活用する。バリュー・チェーンでは、企業の内部を九つの要因に分類したが、これら全てについて自社の状況をチェックし、業界平均や他社と比較する。そして、自社の「強み」は何なのか、「弱み」はどこにあるのかを明らかにする。

以上の作業を通じて、自社にとっての機会や脅威、自社の強みや弱みが把握できるだろう。これらの情報は左図に示した「強み」「弱み」「機会」「脅威」を縦軸と横軸にとったマトリックスで整理しよう。

そして、①自社の強みを活《い》かせる機会はどれか、②自社の弱みを直撃する脅威はどれかという点に注目する。

機会に**強み**を活用したら大きな成果を得られる可能性が高まるだろう。これを見逃す手はない。また、**脅威**が**弱み**を直撃したら企業の存亡に関わるかもしれない。入念に対策をとっておく必要がある。SWOTを通じてこのような戦略を立案できるだろう。

SWOT マトリックスで分析する

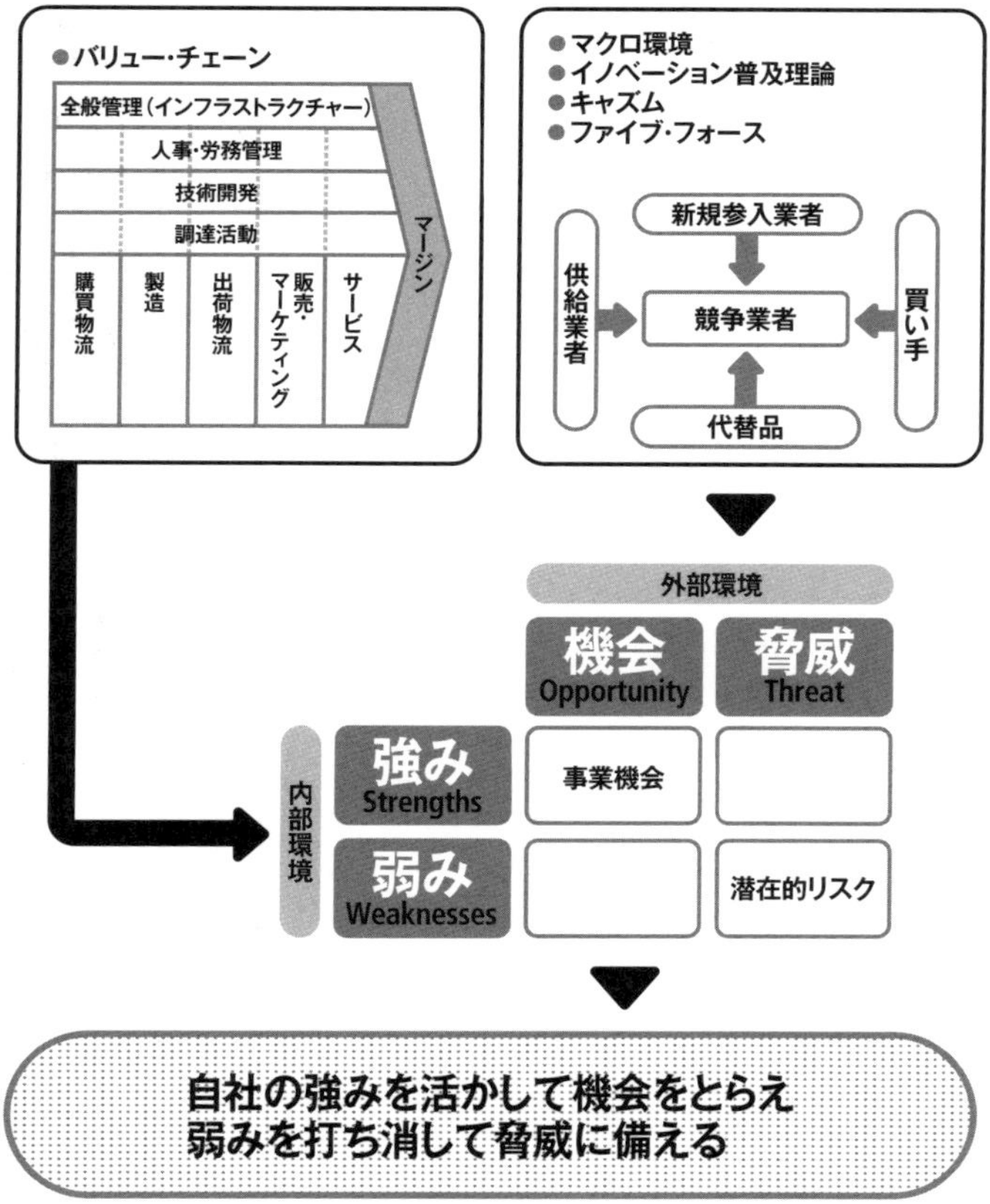

このようにSWOT分析ではファイブ・フォースとバリュー・チェーンを組み合わせるのがポイントだ。SWOT分析から、自社にとっての事業機会と潜在的リスクを明らかにする。そして、これらに対応する戦略をとるようにするのだ。

FOOTNOTE
1『コトラー＆ケラーのマーケティング・マネジメント』P65〜68にもSWOTに関する言及がある。

113

セグメンテーション

Segmentation

共通項でグループ化せよ

市場を細分化するセグメンテーション

続いて、**セグメンテーション・ターゲティング・ポジショニング（STP）**の話題に移ろう。まずは「S」からだ。

市場を単一と考えて、製品を大量に生産し流通させる手法を**マス・マーケティング**と呼ぶ。作れば売れる時代には、マス・マーケティングも有効だった。

しかし、社会が成熟化するとともに、人のニーズも多様化する。これにマス・マーケティングで対応するのには限界がある。それよりも、共通のニーズをもつグループに市場を細分化し、細分化した顧客のニーズにぴったりと合う製品を提供するほうが、成功の可能性は高くなるだろう。

この市場を細分化する活動を**セグメンテーション**と呼ぶ。日本語訳は**市場細分化**だ。また、細分化された市場のことを**セグメント**と呼ぶ。

セグメンテーションで重要になるのが、市場細分化のための基準をどこに求めるのかという点だ。代表的な細分化の基準を左ページに掲げてみた[1]。中でも近年は**行動上の変数**に重きを置くケースをよく見かける。

たとえば、企業やブランドに対する**顧客ロイヤルティ**の度合いで顧客を細分化する**ロイヤルティ・セグメンテーション**もその一つだ(**テーマ121**)。顧客ロイヤルティとは、企業やブランドに対する忠誠心を意味する。

また、**サイコグラフィックス変数**では、スタンフォード調査研究所（SRI）が開発した**VALS**が著名だ。これは、消費者を価値観（ライフスタイル）でセグメンテーションし、消費行動を分析する手法だ。

日本市場に適合させた**Japan-VALS**も開発されていて、こちらは、前にもふれたエベレット・ロジャーズのイノベーション普及理論（**テーマ110**）を基に、日本の消費者を三つのモチベーションで区分した10のグループに分類している（左図下参照）。Japan－VALSは、新製品の導入やブランド・イメージの構築・刷新などに、幅広く利用されている。

セグメンテーションの基準

1. **人口統計的(デモグラフィックス)変数**
   年齢、世帯規模、家族のライフサイクル、所得、職業
2. **地理的変数**
   地域、都市、人口密度、気候
3. **心理的(サイコグラフィックス)変数**
   ライフスタイル、パーソナリティ
4. **行動上の変数**
   利用頻度、ベネフィット、ユーザーの状態、利用割合、
   利用状況、ロイヤルティ、購買認知段階、製品に対する態度
5. **製品・サービスの属性変数**
   製品・サービスの品質、性能、サイズ、スタイル

Japan-VALSのライフスタイル・セグメント

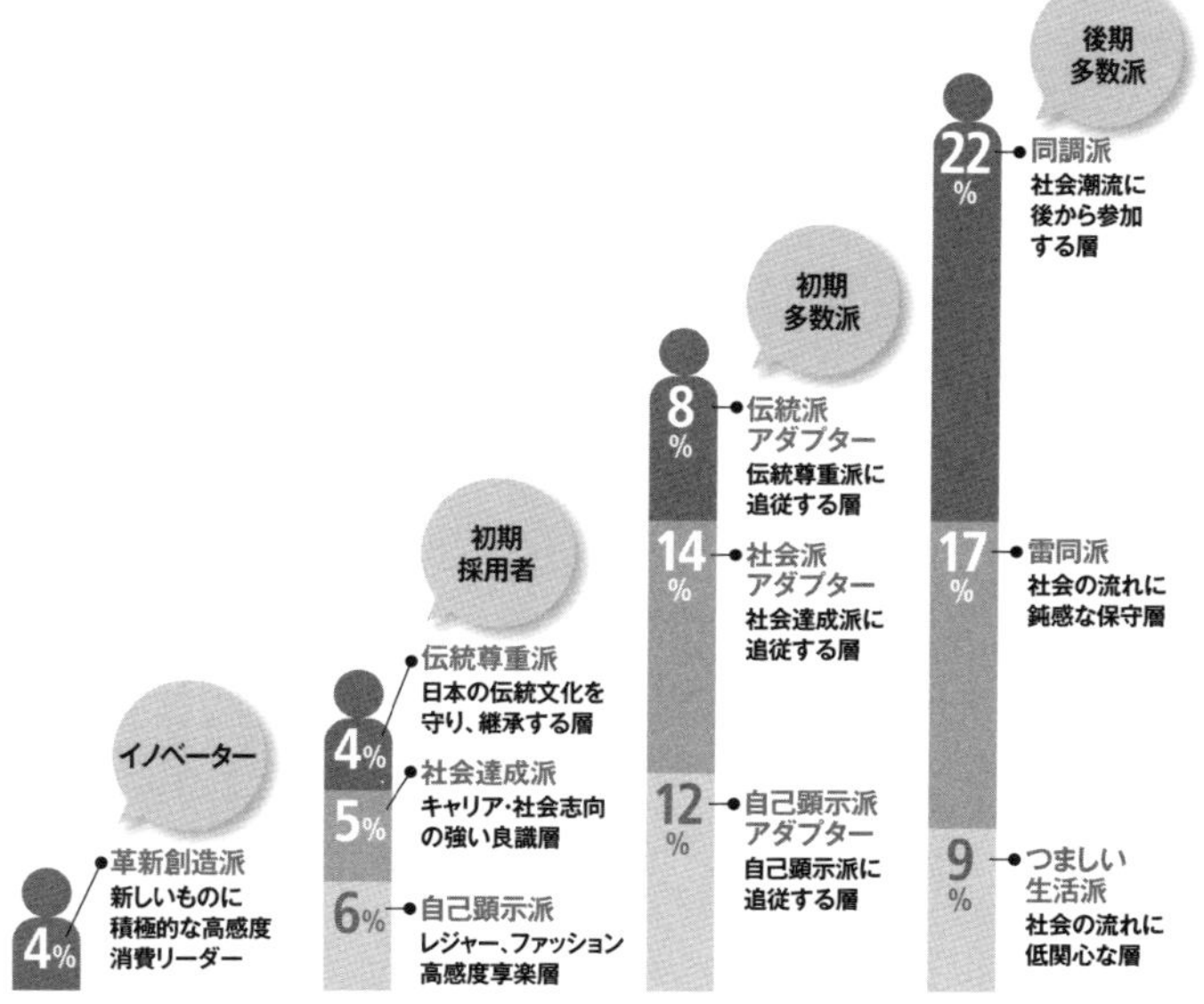

出典：Strategic Business Insightsのホームページ（http://tokyo.strategicbusinessinsights.com/programs/vals/a.html）を基に作成

近年はサイコグラフィックスや行動上の変数を基準にしてセグメンテーションするケースが増えている。また、日本市場を対象にしたJapan-VALSでは消費者を10に分類する。これを用いた買い手分析もある。

FOOTNOTE　1『コトラー＆ケラーのマーケティング・マネジメント』P307を基に作成。

114

標的市場を選ぶ

ターゲティング

Targeting

セグメントを評価する基本手法

セグメンテーションにより、細分化された市場がいくつかできあがった。この中から自社にとって最もふさわしい市場（**セグメント**）を決めることを**ターゲティング**と呼ぶ。そしてターゲティングによって選択したセグメントを**標的市場**と呼ぶ。

ターゲティングでは、「①そのセグメントに魅力があること」「②そのセグメントで成功する能力を企業がもっていること」を念頭に置く。[1]

この二つの基準が大基準だとすると、その下には複数の小基準がある(左ページ図)。これを逐一検討して、自社にとって最もふさわしいセグメントを選択することが大切だ。

では、「①そのセグメントに魅力があること」を構成する小基準から見ていこう。

まず、チェックすべきが**セグメントの規模**だ。規模が大きいほど収益は期待できる。同時に注目したいのが**セグメントの成長性**だ。現在は小規模だとしても、将来的に成長が見込めるのならば、セグメントの魅力度は当然高くなる。

また、**構造的な魅力**にも注意しよう。たとえば、市場への参入障壁が低くて競合がひしめいているにもかかわらず、撤退障壁が高いなどの条件は、市場構造的な魅力が劣ることを意味する（**テーマ061**）。その一方で、「安定した市場」「**規模の経済**が見込める」「習熟すればコストの低下が見込める**習熟曲線効果**がある」などは魅力的な条件だ。

市場の魅力度と同時に検討すべきなのが、「②そのセグメントで成功する能力を企業がもっていること」だ。

こちらの小基準としては、まず、**相対的市場占有率**がある。そのセグメントで自社の占有率が高ければ有利になるだろう。そのセグメントでの**価格競争力**が他社よりも優れていることも重要な判断ポイントだ。また、そのセグメントに関する**知識が豊富**な場合も戦いを有利に進められよう。

以上から総合的に判断し、競合他社よりも優位な立場を築ける標的市場にのみ参入する。

ターゲティングの基準

外部要因

そのセグメントに魅力があること

主な基準

- 規模
- 成長性
- セグメントの構造的な魅力
- 安定性
- 規模の経済
- 習熟曲線
- 企業の目標と経営資源

内部要因

そのセグメントで成功する能力を企業がもっていること

主な基準

- 企業の能力
- 相対的市場占有率
- 価格競争力
- サービス・プログラムの品質
- 顧客と市場についての知識
- マーケティング活動の有効性
- 地理
- 収益性

ターゲティングの五つのパターン

P…プロダクト　M…市場

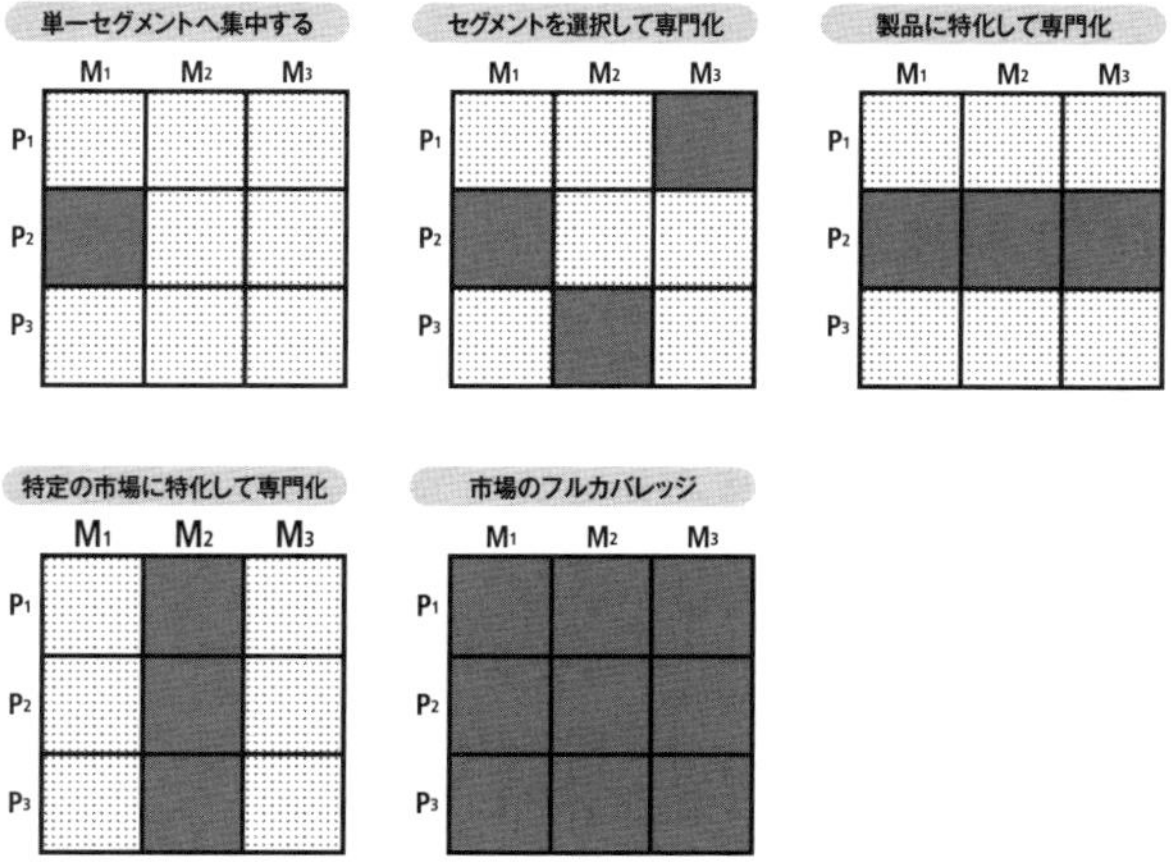

出典：フィリップ・コトラー、ケビン・レーン・ケラー「コトラー＆ケラーのマーケティング・マネジメント」P327

このようにターゲティングには五つのパターンがある。しっかり覚えておきたい。

FOOTNOTE 1『コトラーのプロフェッショナル・サービス・マーケティング』P161

115

ポジショニング

Positioning

他とは異なる特別なものとして認識させる

顧客の心の中で商品を独自化する試み

ポジショニングは、著名マーケターであるジャック・トラウトとアル・ライズが1970年代末頃に提唱した考えだ。ポジショニングは、競合製品と比較して、自社の製品が相対的にどのような位置にあるのかを明確にすることを指す。

ポジショニングの際には、製品に対してポジショニングを行うのではなく、ターゲットの心の中にその製品が占める位置を明らかにするよう注意を払いたい。

この点に関してトラウトは、「あなたが狙う客の心の中であなたの商品をどう独自化するか、それが本当のポジショニングの意味である」[1]と述べている。

つまり、ポジショニングによる独自化は、あくまでも顧客の視点で考えるものであって、企業の都合で定義すべきものではない、ということだ。

一方コトラーは、ポジショニングを明確にする手法として、次の文章の括弧内を埋める方法を提案している。

私たちは（ターゲット市場）に
（私たちの望む製品）を
（わかりやすいフレーズ）とみなしてほしいし、
（競合する製品）より重要でより有益だと思ってほしい。[2]

その一例を左ページに示した。このようなひな形があればポジショニングの設定も行いやすくなると思う。

ポジショニングを決めたら、そのセグメントにおいて、**ナンバー1**を徹底的に目指さなければならない。

経営コンサルタントのマイケル・トレーシー、フレッド・ウィアセーマは、ナンバー1企業は、**「①経営実務面での卓越性」「②製品のリーダーシップ」「③顧客との親密性」**、これら三つのいずれかで最高の評価を受けていると言う。[3]

コトラーの基本フォーマット、それにこの三つの基準を念頭に、ナンバー1を徹底して目指したい。

ポジショニングの明確化

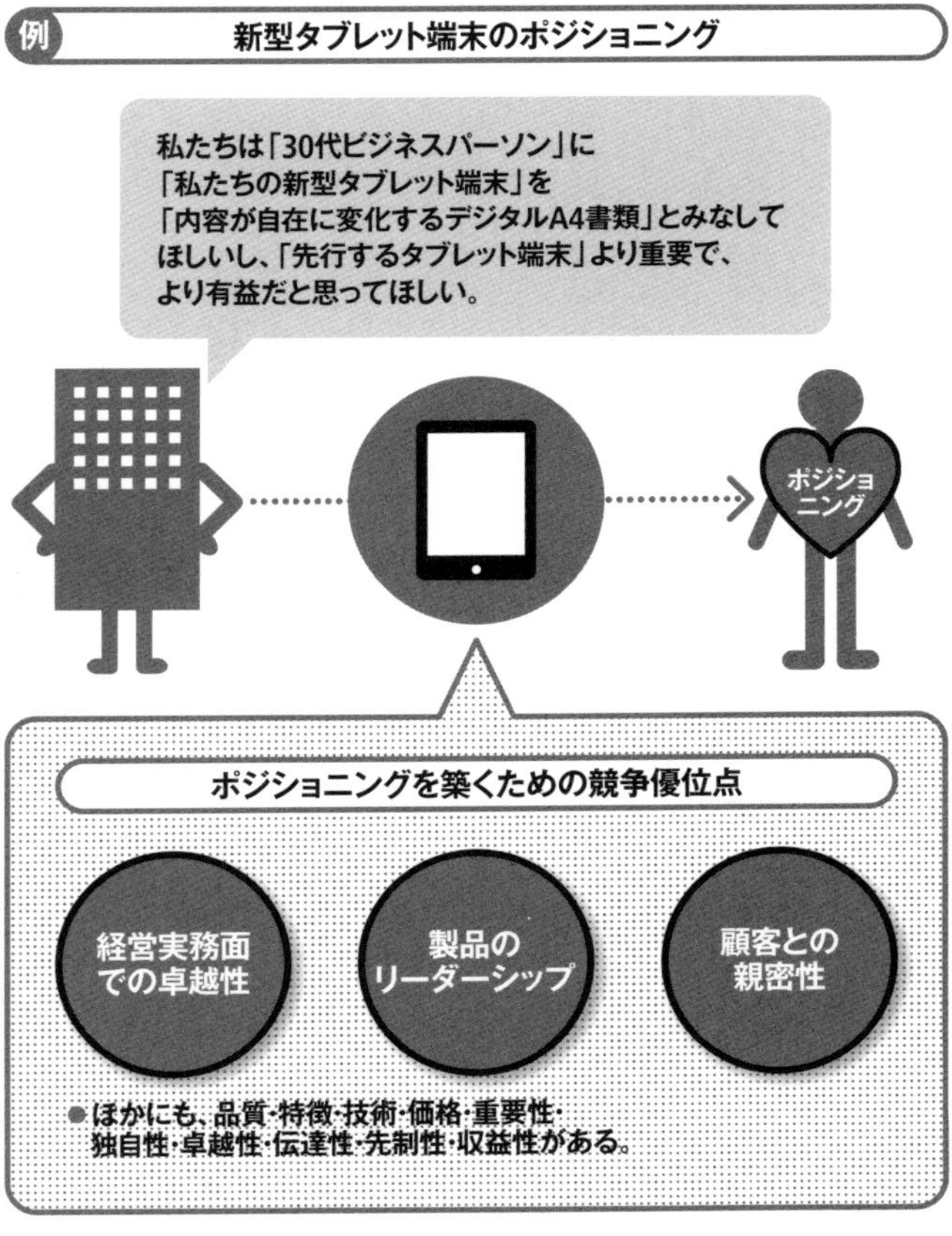
例
新型タブレット端末のポジショニング
私たちは「30代ビジネスパーソン」に
「私たちの新型タブレット端末」を
「内容が自在に変化するデジタルA4書類」とみなして
ほしいし、「先行するタブレット端末」より重要で、
より有益だと思ってほしい。
ポジショニング
ポジショニングを築くための競争優位点
経営実務面での卓越性
製品のリーダーシップ
顧客との親密性
●ほかにも、品質・特徴・技術・価格・重要性・
独自性・卓越性・伝達性・先制性・収益性がある。

ポジショニングを明確にするための基本フォーマットを活用せよ。その際には、競争優位点をよく考えること。

FOOTNOTE

1 ジャック・トラウト、スチーブ・リブキン『ユニーク・ポジショニング』（2001年、ダイヤモンド社）P75
2 フィリップ・コトラー、ナンシー・R・リー『コトラー　ソーシャル・マーケティング』（2010年、丸善出版）P264
3 マイケル・トレーシー、フレッド・ウィアセーマ『ナンバーワン企業の法則』（1995年、日本経済新聞出版社）P56

116

STP考案のフレームワーク

スティーブ・ジョブズのマトリックス思考

Jobs's Matrix Thinking

ジョブズ流のSTPを身につける

２０１１年に亡くなったアップルの共同創設者**スティーブ・ジョブズ**[1]には伝説が多数ある。その一つとして、ジョブズがアップルに復帰し、製品ラインを大胆にシンプル化した事績は今や語り草となっている。

ジョブズがアップルにカムバックするのは１９９６年の暮れだ。当時のアップルは、マックだけでも10種類以上あり、それらには「８５００」「９６００」のように数字がついていて、マック好きでも区別が難しかった。

ジョブズは、この製品ラインを整理するのに**マトリックス思考**を活用した（左図参照）。言い換えると、ジョブズはこの方法で**STP**の作業を極めてシンプルに実践した。

まずジョブズは、コンピュータ市場の利用者について「一般ユーザー」と「プロ」の2種類に大別した。また、製品についても「デスクトップ」と「ポータブル」の2種類に大別した。図のようにこれら2区分をそれぞれマトリックスの縦軸と横軸に配置する。

そしてジョブズはこう言った。「各分野ごとに1つずつ、合計4種類のすごい製品を作れ[2]」。

こうして①一般ユーザー×デスクトップはｉＭａｃ、②一般ユーザー×ポータブルはｉＢｏｏｋ、③プロ×デスクトップはパワーマックＧ３、④プロ×ポータブルはパワーブックＧ３が誕生した。

ジョブズが実行したマトリックスによる市場の4分割はＳＴＰの**セグメンテーション**にほかならない。

また、また四つのセグメントそれぞれをターゲットにした製品の製造を目指した。これは**ターゲティング**である。

さらにそれらのターゲットが「すごい！」と思う製品を作れともジョブズは命じた。これは**ポジショニング**と言い換えてよい。

こうして4種類のすごい製品が完成し、やがてアップルの業績は急回復する。それはジョブズのマトリックス思考によるＳＴＰがあったからだと言っても過言ではない。

ジョブズのマトリックス

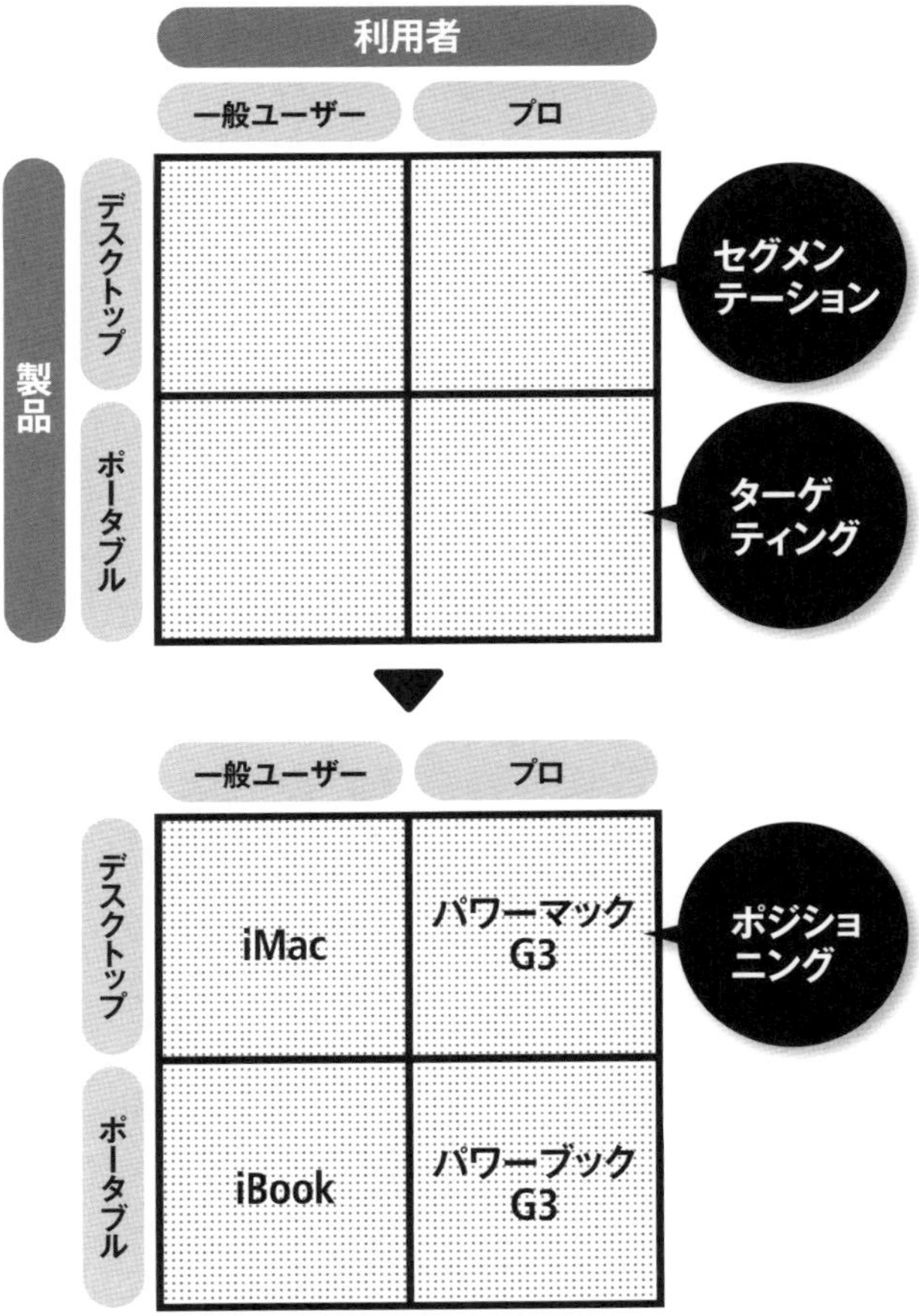

ジョブズのマトリックスによる STP がアップルを蘇らせたのである。

FOOTNOTE

1 Steve Jobs(1955〜2011)。アップルの共同創設者。ピクサーの会長なども務めた。
2 ウォルター・アイザックソン『スティーブ・ジョブズⅡ』（2011年、講談社）P88

117

従来は顧みられなかったニーズを満足させる

ラテラル・マーケティング

Lateral Marketing

STPに潜む問題点とその解消を考えよ

市場をセグメンテーションし、標的市場を選び出し、ポジショニングを決定する。いわゆる**STP**は、戦略的マーケティングに欠かせない活動だ。しかし、このSTPには問題もある。

STPを用いた伝統的なマーケティングでは、あらかじめ市場を定義する。その上で市場を細分化し、不要な部分を切り捨てる。そして、標的市場を決め、ポジショニングを行い、**マーケティング・ミックス**[1]（**テーマ118**）を行う。コトラーは、このようなマーケティング手法を**バーティカル（垂直的）・マーケティング**と呼ぶ。

バーティカル・マーケティングでは、オペレーションの効率化を求めるあまり、不必要な部分をどんどん切り捨ててきた。しかし、過去に切り捨てた要素に、実は大きな機会が隠れていることもある。こうした反省から、バーティカル・マーケティングとは180度態度が異なる**ラテラル（水平的）・マーケティング**[2]が提唱されるようになった。

ラテラル・マーケティングの特徴は、**水平思考（ラテラル・シンキング）**を用いる点だ。これは創造性開発の第一人者**エドワード・デ・ボノ**[3]が提唱したアイデア発想法だ。

水平思考の特徴は、すでに枠組みにはまってしまっている既存の情報を一旦《いったん》ばらして、そこに新しい枠組みを見付け出し再構成する点にある。その際に水平思考では、ベストな枠組みを探すのではなく、とにかくたくさんの枠組みを発見することに主眼を置く。

これは、現時点ではベストな枠組みも、時が経つうちに決してベストではなくなるという考えに立脚している。このため、にっちもさっちもいかない状況を打破するのに、水平思考は威力を発揮する。

とはいえ、これからはラテラル・マーケティングの時代ということではない。両マーケティング手法は相互補完的だ。現代マーケティングの基本はSTPの実践だが、水平思考を活用したマーケティングも忘れないでおきたい。

ラテラル・マーケティングの手法

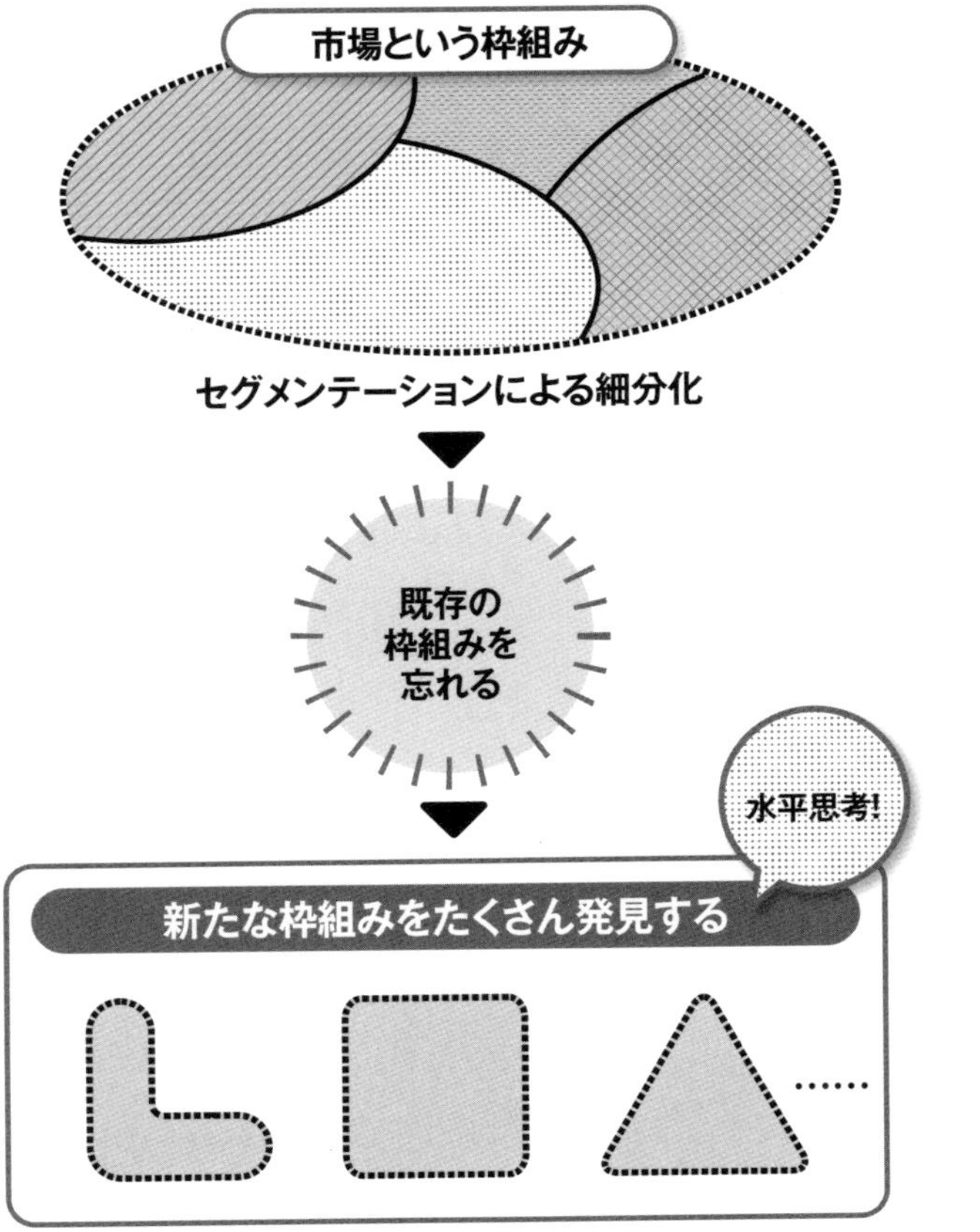

市場が飽和したらラテラル・マーケティングを試してみよ。
これはSTPと相互補完の関係にあると考えたい。

FOOTNOTE

1 マーケティング戦術の組み合わせ。一般的には、製品、価格、流通チャネル、プロモーションの組み合わせを指す。
2 フィリップ・コトラー、フェルナンド・トリアス・デ・ベス『コトラーのマーケティング思考法』（2004年、東洋経済新報社）に詳しい。
3 Edward de Bono（1933～）。マルタ生まれ。創造性開発の第一人者。

118 マーケティング・ミックス

4Pを実践する

Marketing Mix

製品・価格・流通・プロモーション

マーケティング・ミックス（MM）とは、企業がマーケティングを行う上で用いる手法や活動の集合または総称を指す。最もオーソドックスなマーケティング・ミックスの考え方は、**ジェローム・マッカーシー**[1]が1960年代に提唱した**マーケティングの4P**（あるいは単に4P）だ。これは、マーケティングを次の4要素で考えるものだ。

①製品（Product）　マーケティングの対象となる財やサービスを指す。製品には、機能や品質はもちろんのこと、ブランドやパッケージング、保証、アフターサービスなども含まれる。こうした要素を総合的にプランニングするのが、4Pの冒頭の「製品」だ。

②価格（Price）　顧客がその製品やサービスに支払う代償のことを指す。従来、価格設定の基本は原価に利益を上乗せする手法だった。しかしながら、近年では、顧客にとっての製品やサービスの価値を基準にして価格を設定する動きが一般的になってきている。

③流通チャネル（Place）　製品が顧客の手元に届くまでの経路のことで、物流や卸、小売店などの全ての活動を指す。単にチャネルとも言う。また、企業が創造した価値が顧客に届くまでの連鎖は、「サプライ・チェーン＝供給連鎖」（**テーマ129**）とも呼ばれる。

④プロモーション（Promotion）　プロモーションは、広告、パブリシティ、販売促進、人的販売などの総称だ。プロモーションは、価値を顧客に伝える役目を主に担う。言い換えるならば、製品の存在を知らせるとともに、顧客に買う気を起こさせ、行動に移させる点に活動の主眼を置くこと、これがプロモーションだ。

もっとも以前より、4Pだけではマーケティング・ミックスの要素が足りないと言われてきた。そこで、4Pに加え、**⑤物的証拠**、**⑥プロセス**、**⑦人**を加えることがある。これを**マーケティングの7P**と呼ぶ[2]。4Pから7Pで総合的なマーケティング・ミックスを構築したい。

4Pと7P

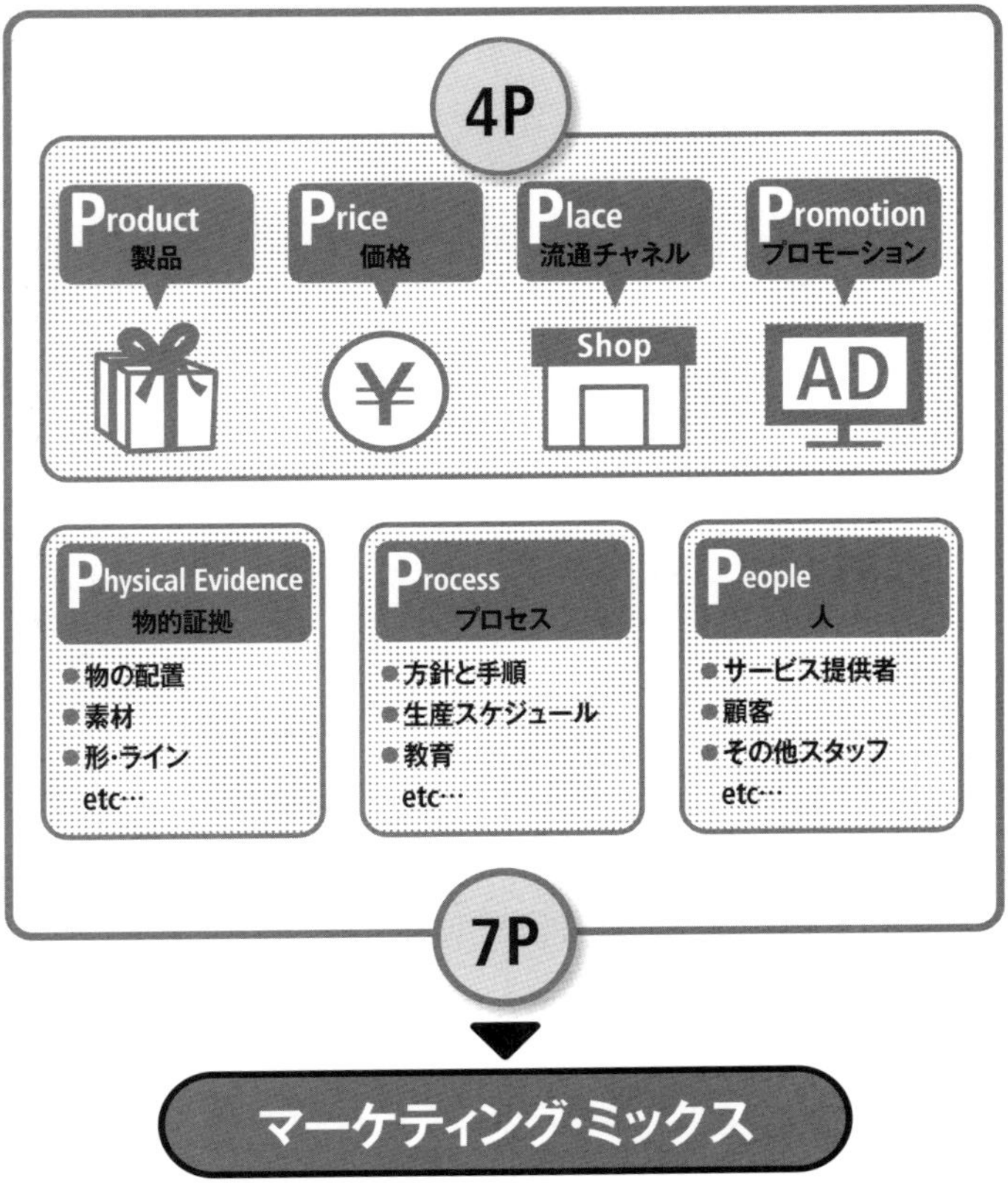

マーケティング・ミックスの基本は4Pだ。ただし7Pで考えたほうがより総合的なマーケティング・ミックスを実現できるだろう。

FOOTNOTE

1 Edmund Jerome McCarthy（1928～）。アメリカのマーケティング学者。

2『コトラーのプロフェッショナル・サービス・マーケティング』P8

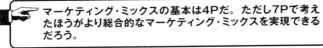

顧客側から発想する

4Pから4Cへ

From 4Ps to 4Cs

製品を購入する側の視点としての4C

マーケティングの定義にドラッカーによる「客にぴったりと合って、ひとりでに売れてしまうよう工夫する」があった（**テーマ105**）。一方で、**テーマ118**で見た**4P**の概念は、製品を提供する側からの発想だという点に留意しよう。

「顧客にぴったり合う」ようにするには、顧客の視点で4Pを見ることがどうしても必要だ。このような反省から、顧客志向のマーケティングでは、次に示すように、4Pを**4C**の視点で見ることを重視する。[1]

①製品→顧客ソリューション（Customer Solution）

②価格→顧客コスト（Customer Cost）

③流通チャネル→利便性（Convenience）

④プロモーション→コミュニケーション（Communication）

顧客にとって製品とは、ニーズを満足させるためのソリューション、つまり問題解決策だ。また、製品の価格は、顧客にとってはコストだ。それから、流通チャネルは、いかにその製品を容易に手に入れられるか、つまり利便性だし、プロモーションはその製品に関する情報伝達だ。

以上のような、顧客の立場に立った視点でマーケティング・ミックスを考えて価値を提供することが、顧客志向のマーケティングには欠かせない。

ところで、現代は顧客志向から、顧客をマインドとハートと精神をもつ全人的存在としてとらえたマーケティングが求められている。コトラーはこのような態度を**マーケティング3・0**と呼んだ（詳しくは**テーマ141**以下参照）。その際に重要になるのが**3iモデル**だ（**テーマ148**）。

となると、3iモデルを上位概念または背景として4Cを考える。この態度がマーケティング3・0時代に求められているマーケティング・ミックスだと考えてよい。

4P ／ 4C と 3i モデル

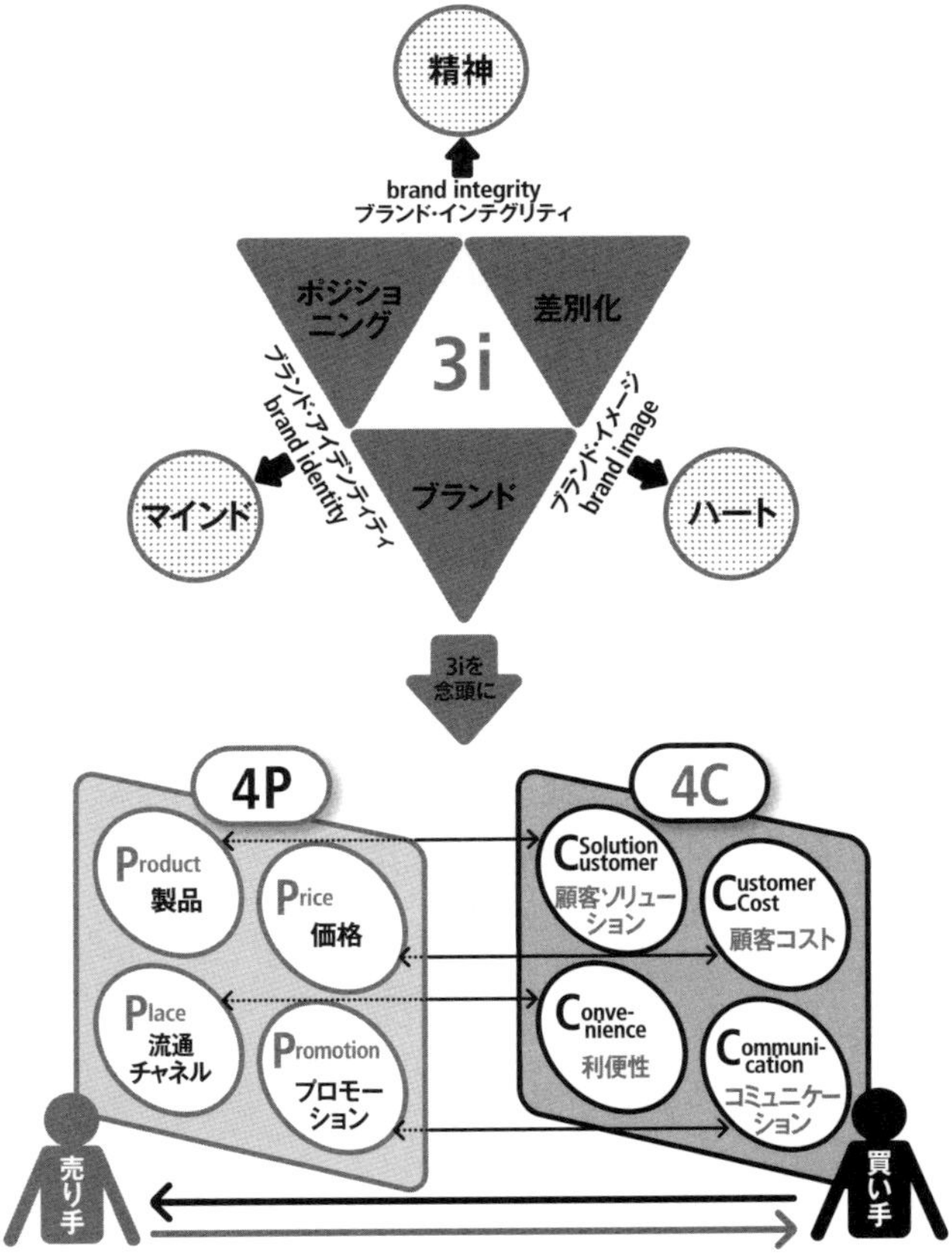

マーケティングの4Pは、買い手から見ると4Cになる。企業は、買い手側の視点＝4Cでマーケティング・ミックスを考察し、4Pを実現することが重要だ。

FOOTNOTE 1 フィリップ・コトラー、ゲイリー・アームストロング『マーケティング原理』（2003年、ダイヤモンド社）P90

120

顧客価値分析
Customer Value Analysis

顧客にとって価値あるもの

マーケティング・ミックスで顧客価値を紡ぐ

本書では**「価値」**という言葉を何度も用いてきた。これは**顧客価値**と同義だと考えてよい。その意味するところは、文字どおり顧客にとって価値あるものということだ。

では、何が顧客価値になるのか？

4Cでは、「製品＝顧客ソリューション」だと考えた。したがって、顧客がもつニーズという問題に対して高いレベルで対処するものは、顧客にとって価値あるものだろう。

しかし、いくら素晴らしいソリューションでも、値段が高ければ手に入らない。また、流通チャネルが整備されていないため手に入らなくても同様だ。加えてそれ以前に、そのソリューションが存在しているという情報の伝達も必要になるだろう。

このように考えると、4Cが総合的に満たされて初めて、顧客はソリューションに価値を認める。これが顧客価値だ。したがって、**マーケティング・ミックス**とは、顧客にとっての価値を紡ぐ作業とも言い換えられる。

顧客価値を効果的に生み出すには、基本となる**方程式**を理解しておくべきだ。顧客価値は次の方程式で表現できる。

顧客価値＝顧客ベネフィット－顧客コスト[1]

ある製品から得られる顧客ベネフィット（利得）から、それにかかった顧客コスト（費用）を差し引いた残りが顧客価値だ。この方程式から、顧客価値を高めるには次の三つの方法があるのがわかる。第1に**顧客ベネフィットの向上**、第2に**顧客コストの低下**、最後に**顧客ベネフィットの向上と顧客コストの低下を同時に実現**することだ。

顧客ベネフィットや顧客コストには左図のようなものがある。したがって、顧客ベネフィットの向上や顧客コストの低下には、図に掲げた要素それぞれについて検討しなければならない。そして、競合よりも高い顧客価値の実現が、**「顧客の創造」**として実を結ぶ。

顧客価値創造のための方程式

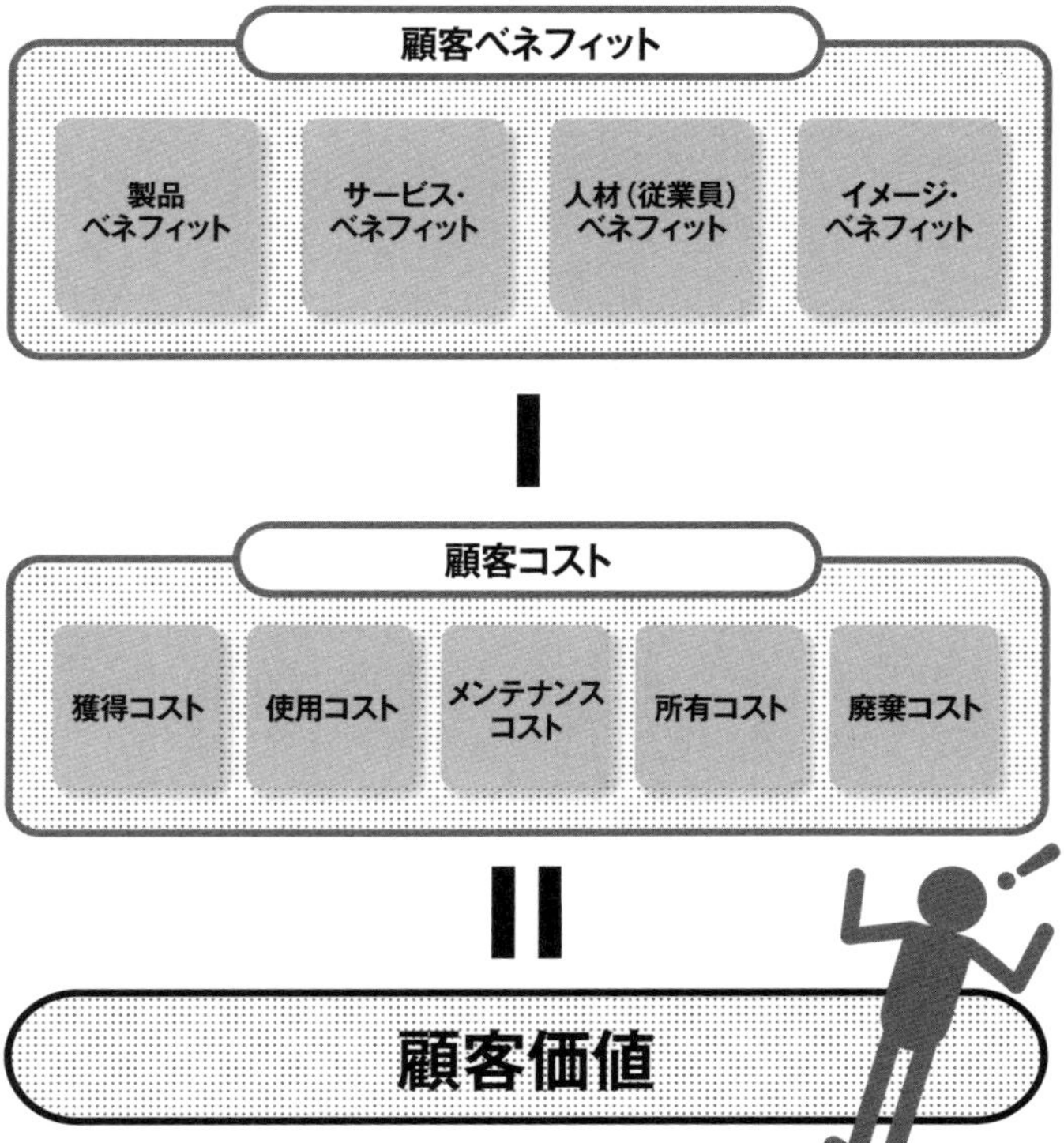

顧客価値を高めるには、❶顧客ベネフィットの向上、❷顧客コストの低下、❸ ❶と❷の同時実現という三つの手法がある。

FOOTNOTE 1『コトラー＆ケラーのマーケティング・マネジメント』P246

121 顧客ロイヤルティ

Customer Loyalty

顧客の忠誠心の高さを測る

経営課題として重要な顧客ロイヤルティ

顧客価値を高めると、当然のことながら顧客は、その企業の製品に対して高い満足度を抱き、いわゆる**顧客満足度**が向上する。すると顧客はその製品に感情移入し、他の競合企業の製品を選ばず、同じブランドの製品を選ぶ傾向が強くなるだろう。

こうして顧客は企業やそのブランドに対してある種の**忠誠心**をもつ。リピート購入が増え、さらに新規顧客の紹介などの行動も見られるようになる。こうした企業やブランドに対する顧客の忠誠心を**顧客ロイヤルティ**と呼ぶ。

アメリカの経営学者W・アール・サッサー、ジェームス・L・ヘスケットらは、顧客ロイヤルティが5%向上することで、企業の利益は25%から85%も増加すると推定している[1]。企業の収益向上に、顧客ロイヤルティの向上は欠かせない、こう考えておくべきだ。

また、サッサーとヘスケットは、顧客満足度、顧客ロイヤルティを数値化して、顧客をロイヤルティによって**セグメンテーション**（**テーマ113**）することをすすめている[2]（左図参照）。

まず、顧客満足度、顧客ロイヤルティ双方とも高い顧客をファンと位置づける。中でも、極めて優良なファンが**使徒・所有者**だ。企業は使徒・所有者に対して、入念なケアを行い、ロイヤルティの維持に努力する。

この使徒・所有者に続く**忠誠者**は、顧客満足度は高いものの、ロイヤルティの面で見劣りする。これらの顧客に対しては、中・長期的に使徒・所有者へと仲間入りしてもらうよう働きかけるのが大切だ。

一方で、顧客満足度が低く、顧客ロイヤルティも低い顧客は**傭兵**として分類される。中でも、顧客満足度、顧客ロイヤルティとも最低の顧客は**敵対者**になる可能性がある。敵対者は、その企業の製品やサービスに大きな不満を抱く人々だ。近年はインターネットの進展により、いとも簡単に匿名で悪口を吹聴できる。敵対者への対策も重要だ。

顧客満足度と顧客ロイヤルティ

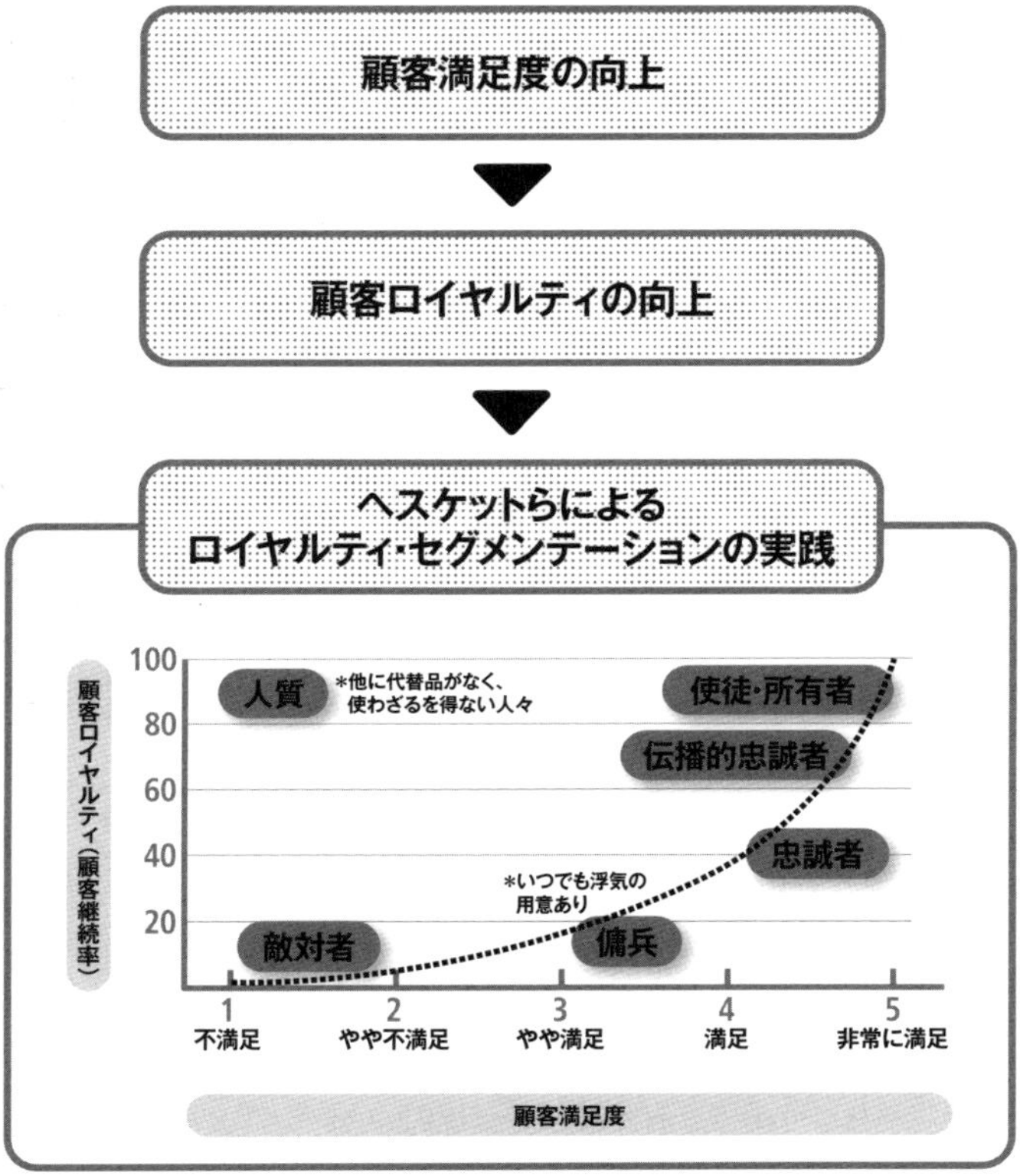

出典：ジェームス・L・ヘスケットほか『バリュー・プロフィット・チェーン』（2004年、日本経済新聞社）を基に作成

上の図は顧客満足度と顧客ロイヤルティの関連を見たもの。「使徒」や「忠誠者」を増やすのもさることながら、「傭兵」や「敵対者」の抑制にも同時に配慮しなければならない。

FOOTNOTE

1 ダイヤモンド・ハーバード・ビジネス編集部編『顧客サービスの競争優位戦略』（1998年、ダイヤモンド社）P39

2 これが**テーマ113**でもふれた顧客ロイヤルティによるセグメンテーションだ。

122

顧客価値に注目せよ

プロダクトの本質

Basics of Product Tactics

製品がもつ機能価値と顧客価値

「顧客価値の向上→顧客満足度の向上→顧客ロイヤルティの向上」（**テーマ121**）という流れの中で、大きな影響力をもつのが**「製品＝顧客ソリューション」**だ。

テーマ107で見たように、製品とは単に物的製造物を指すのではない。財やサービス、経験、イベントなど、多様な形態をもつ。もっとも形態は多様だけれど、そこには共通する特徴がある。製品には、主に企業が製品に付加する**機能価値**と、顧客がそこから得る**顧客価値**の両面がある。

また、機能価値には三つのレベル[1]、顧客価値には五つのレベル[2]があり、これらが複雑に交錯し、製品は顧客のニーズを満たす**便益の束**として成立する。

左図は製品を、企業が提供する機能価値、顧客が受け取る顧客価値、両側面から見たものだ。

双方の中核となるのが、顧客のニーズや欲求を満足させる核となる部分、すなわち顧客が得る基本的なベネフィットだ。これを**中核ベネフィット（中核製品）**と呼ぶ。

企業は、この中核ベネフィットに品質や特徴、デザイン、ブランド名、パッケージングなどを付加する。これが**製品の形態**だ。さらに、こうした製品の形態に、保証、取り付け、アフターサービス、配達、クレジットなどの**付随的機能**を付加して、企業は製品を市場へ提供する。

一方、顧客は、最低限レベルの中核的ベネフィットが製品となって、最も基本的な満足を得る（**基本製品**）。

とはいえ、顧客は通常、製品から中核的ベネフィットを得るのは当然だと考える。むしろ、中核的ベネフィット以上の価値を期待するのが一般的だ。当然、期待どおりの価値だと顧客の満足度は高くなる（**期待製品**）。

さらに、製品によっては期待を上回る特徴を備えている場合もある（**膨張製品**）。中には、将来的に提供できる価値全てを含むものもあるだろう（**潜在製品**）。

このように、製品戦略は、**三つの機能価値が五つの顧客価値**に変換されるよう、プランニングされるべきなのだ。

製品がもつ三つの機能価値、五つの顧客価値

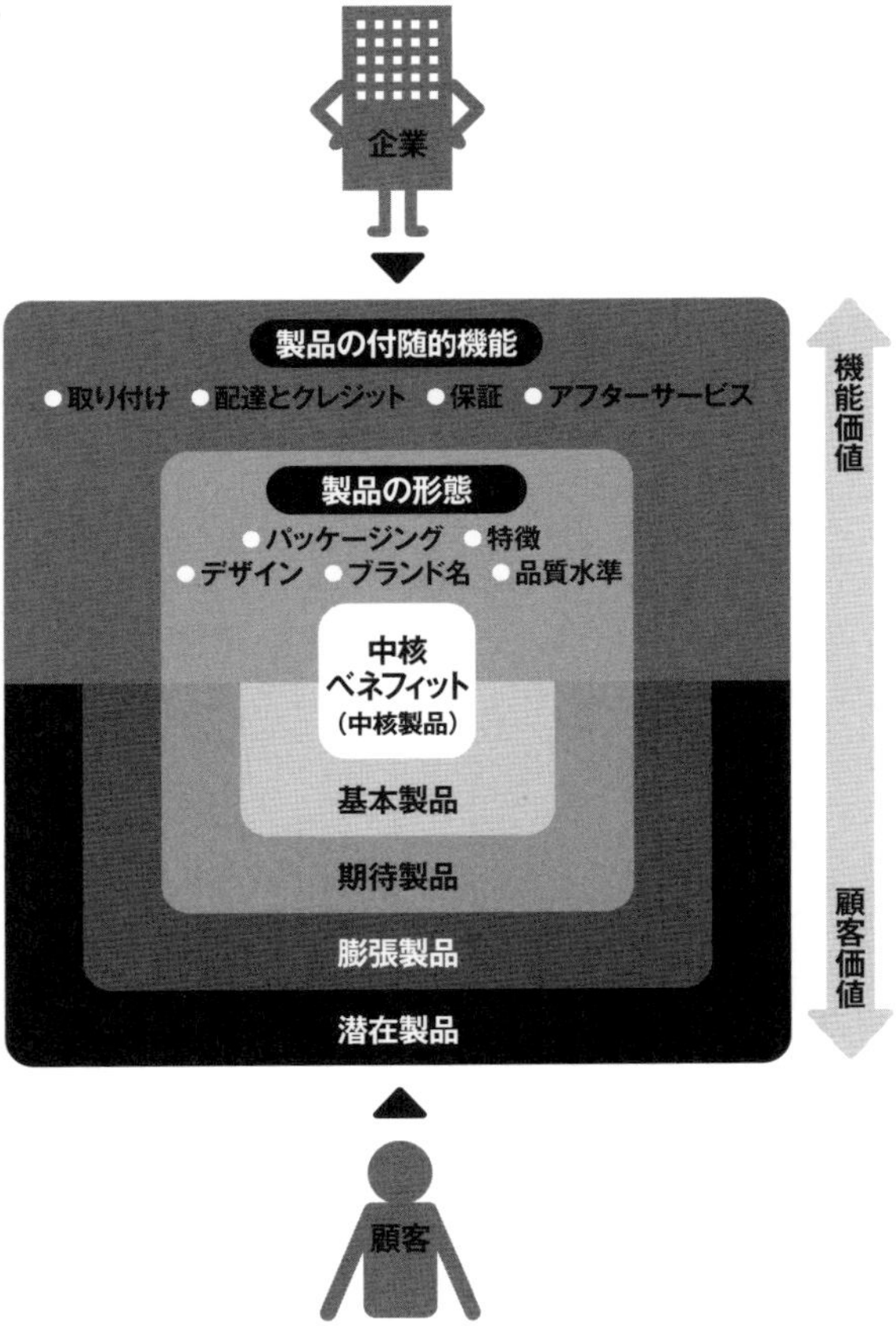

企業が製品に与える機能価値が、顧客にとっての顧客価値に上手に展開されることが重要だ。

FOOTNOTE
1『マーケティング原理』P349
2『コトラー＆ケラーのマーケティング・マネジメント』P460

123

無形性・不可分性・変動性・消滅性

サービスの本質

Basics of Service Tactics

サービスがもつ四つの特徴

サービスとは、「一方が他方に対して提供する行為や行動で、本質的に無形で何の所有権ももたらさないもの」[1]を言う。このようにサービスには製品の大部分を占める**財**（**テーマ107**）とは異なる特徴がある。とはいえ、たとえば店頭で販売される財は、サービスと不可分の関係にある。これは、財とサービスを組み合わせて、顧客に価値を提供するケースが非常に多いことを意味する。

コトラーはサービスがもつ特徴を4点にとりまとめた。**①無形性**、**②不可分性**、**③変動性**、**④消滅性**がそれだ[2]。

いまだ購入していないサービスは、見ることも、さわることも、味わうこともできない（**無形性**）。また、サービスは提供者と切り離せない。提供される人とも切り離せない（**不可分性**）。そのため、サービス提供者の態度や意識はサービスの品質を大きく左右する。

それから、どのような提供者が、いつ、どこでサービスを行うかによって、サービスの質が変化する（**変動性**）。加えて、サービスはすぐに消滅してしまう。保存してあとから利用することはできない（**消滅性**）。

以上、四つの特徴をもつサービスの質を高めるには**7P**が重要になる。これは、製品、価格、流通チャネル、プロモーションの**4P**に物的証拠、プロセス、人を加えたものだった（**テーマ118**）。

サービスは無形性だから、顧客は何か見えるものに、そのサービスが本当に信頼できるかどうかのヒントを得ようとする。たとえば、皆さんが税理士を選ぶとしよう。その場合、その税理士が入居するビルやオフィスを参考にするかもしれない。これが**物的証拠**だ。また、その税理士の仕事の進め方や人物そのもの、スタッフにも注意する。これがそれぞれ**プロセス**、そして**人**だ。

4Pに加え、これら三つについて考慮して、サービスを形成する。そして、サービスに納得した顧客は、一般に高い**顧客ロイヤルティ**（**テーマ121**）をもつようになる。

サービスがもつ特徴

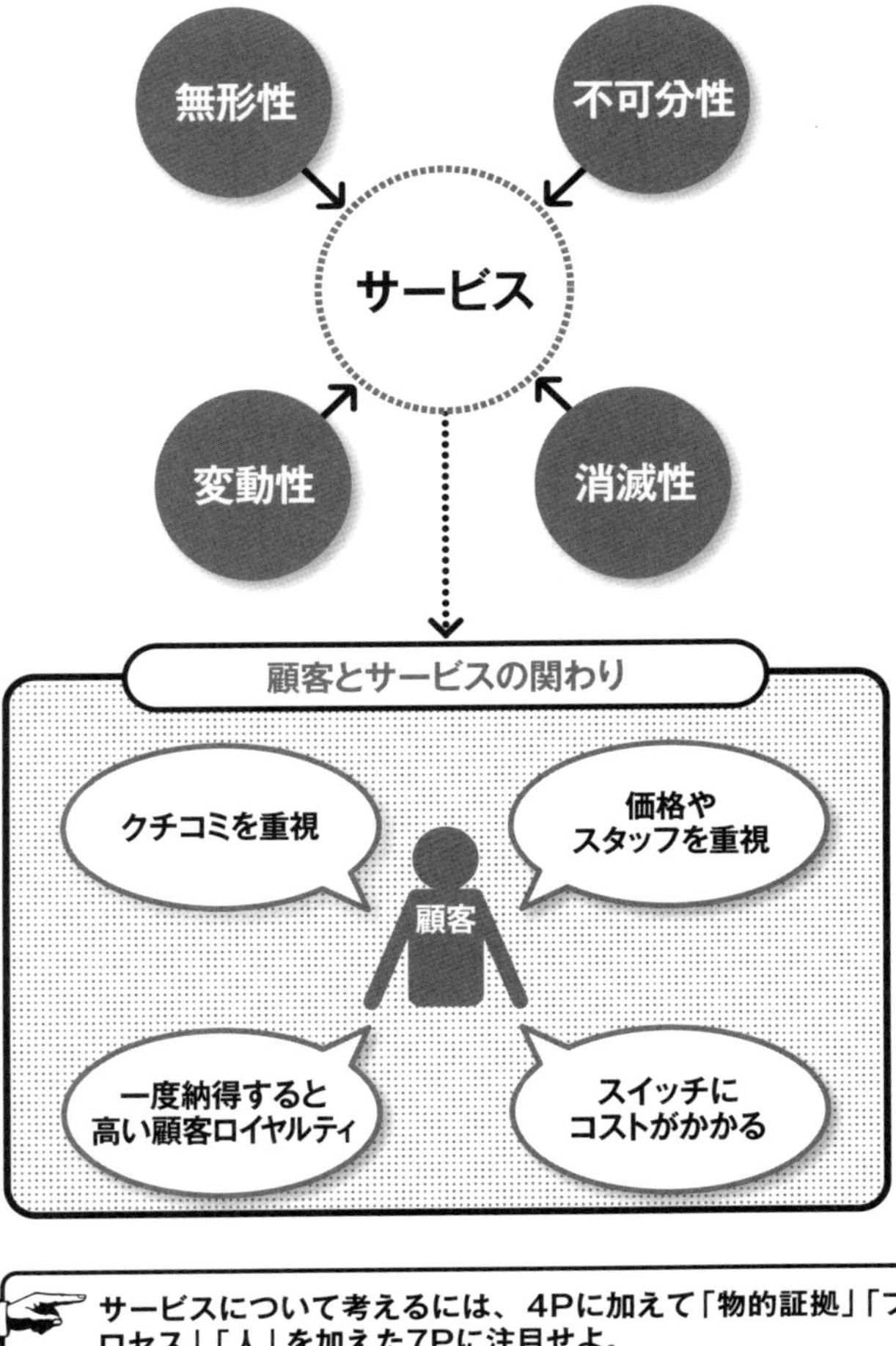

サービスについて考えるには、4Pに加えて「物的証拠」「プロセス」「人」を加えた7Pに注目せよ。

FOOTNOTE

1『コトラー＆ケラーのマーケティング・マネジメント』P498

2 フィリップ・コトラー、ジョン・ボーエン、ジェームズ・マーキンズ『コトラーのホスピタリティ&ツーリズム・マーケティング』（2003年、ピアソン・エデュケーション）P9～11

124

社内サービスを向上せよ

サービス・プロフィット・チェーン

The Service Profit Chain

サービス業の収益を高めるための秘訣

テーマ123で見たように、サービスの品質を高めるには、**7P**に注目することが大事なのがわかった。そして、7Pの一つである「**人**」こそがサービスの鍵になる、という考えに異論を唱える人はあまりいないと思う。

この人に焦点をあてた、ちょっとユニークなマーケティング理論がある。**サービス・プロフィット・チェーン**がそれだ。理論の提唱者は、**テーマ121**でもふれた、W・アール・サッサー、ジェームス・L・ヘスケットらだ。[1]

サッサーやヘスケットらは、サービスの鍵である「人」を活《い》かすには、社内サービスの質、つまり**従業員向けサービスの質**を高めることこそが肝心だという立場をとる。

社内サービスの質が高ければ、従業員の満足度が向上するだろう。これにより、従業員の企業への定着率や生産性が高まるにちがいない。その結果、従業員の高い満足度は顧客サービスの質に反映されると推測できる。そして、顧客サービスの向上は、顧客価値を高めて大きな**顧客満足**を生み出す。それがひいては**顧客ロイヤルティ**の向上に貢献し、最終的には企業の**売上と利益率の向上**に貢献するという考えだ。

このように、社内サービスの向上が、あたかも「風が吹けば桶《おけ》屋が儲《もう》かる」方式で、回り回って企業収益の向上に結び付く。サッサーとヘスケットらは、この収益性、顧客ロイヤルティ、従業員満足の結び付きをサービス・プロフィット・チェーンと呼んだ。

ところで、サービス業には**三つのマーケティング・タイプ**があると考えられている。[2] 顧客向けの**エクスターナル・マーケティング**、従業員に対する**インターナル・マーケティング**、それに従業員と顧客が接する際の**インタラクティブ・マーケティング**、この三つだ。

サービス・プロフィット・チェーンを前提にすると、この三つのマーケティングのうち最初に重要になるのがインターナル・マーケティングになるわけだ。

サービス・プロフィット・チェーンと三つのマーケティング

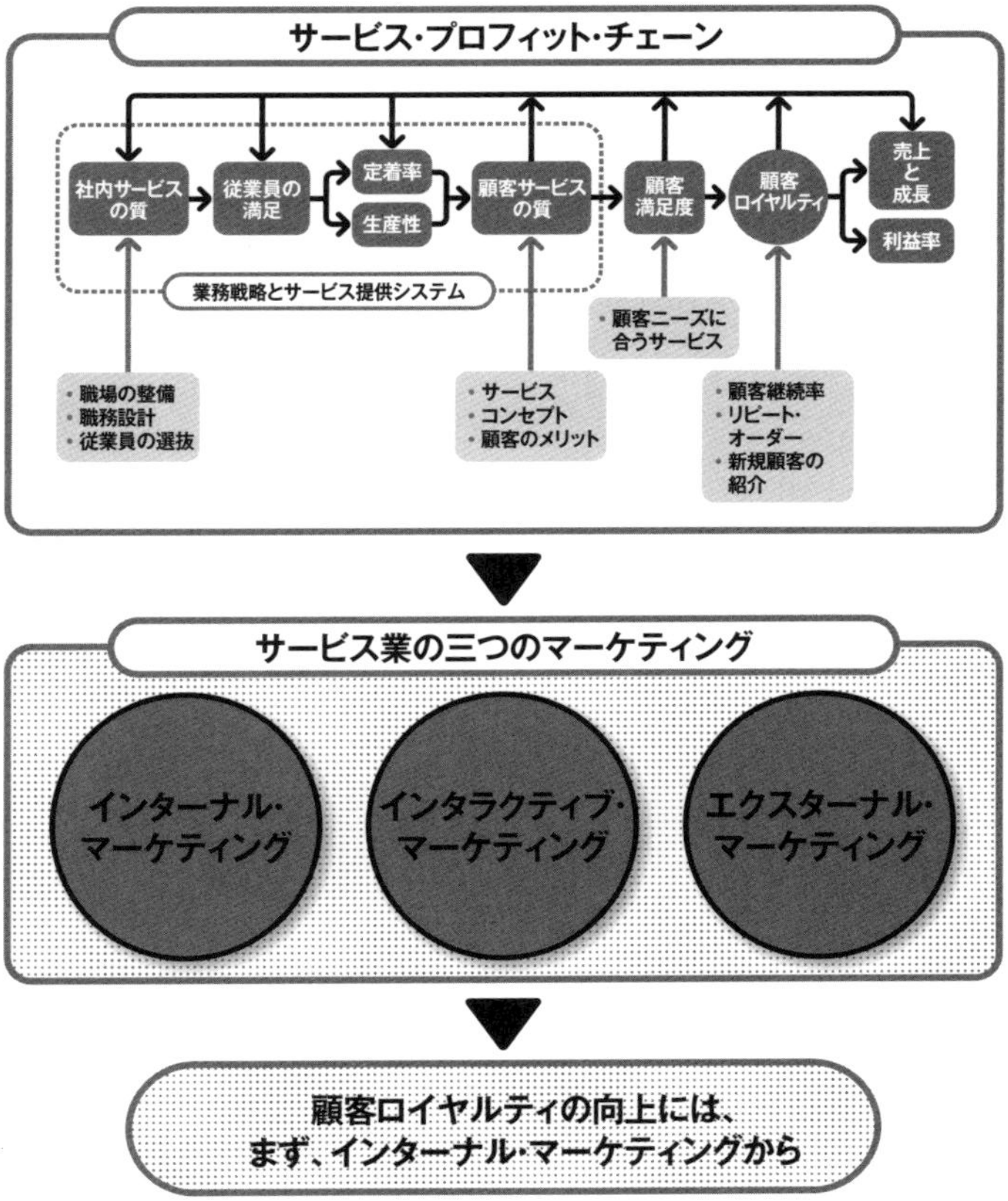

サービス・プロフィット・チェーンは、サービス業のみならず、そのエッセンスはあらゆる業種に適用できるのではないだろうか。

FOOTNOTE
1『顧客サービスの競争優位戦略』所収「サービスの高収益モデルのつくり方」
2『コトラー＆ケラーのマーケティング・マネジメント』P510

125

ブランド戦略
Brand Strategy

消費者の知覚と思い込み

ブランドがもつ三つの機能

製品は中核ベネフィット、製品の形態、付随的機能という三つのレベルからなる（**テーマ122**）。この製品の形態で重要な地位を占めるのが**ブランド**だ。ブランドには、大きく三つの機能がある。

①識別機能　ブランドは他社製品から自社製品を識別するための名称や言葉、記号、シンボル・デザインだ。ブランドがあるおかげで、顧客は特定の企業や製品を他のものから区別できる。

そもそもブランドとは、自分が所有する家畜を他の家畜から識別するために押した焼き印をその始まりとする。したがって、識別機能はブランドが本来的にもつ機能だと言ってよいだろう。

②保証機能　ブランドは、企業が提供する製品やサービスが、常に一定のベネフィットを有することを買い手に保証する。これがブランドのもつ保証機能だ。この保証機能は、買い手からすると、一種の**セイフティ・ネット**として機能する。特定のブランドを指名することで、その製品やサービスから得られるベネフィットを、あらかじめ想像できるからだ。

③想起機能　買い手はブランドからさまざまなイメージを想起する。これがブランドのもつ想起機能だ。まず、ブランド名からは、その商品が属する**カテゴリー**が想起される。その上で、そのブランドがもつ他ブランドとは異なる**ベネフィット**や**価値**がイメージされるだろう。ブランドがもつ**文化的背景**が想起されることもある。

こうしたイメージは、過去の経験に照らして顧客の心の中に蓄積される。そして、想起できる情報を参照することで、顧客は製品を決定する際の時間やコストを省略する。

コトラーは「最終的には、ブランドは消費者のマインドの中に存在するものである。ブランドは現実に根ざしてはいるが、消費者の知覚と思い込みで形成されている」[1]と述べているが、まさにそのとおりだろう。

ブランドの機能と効果

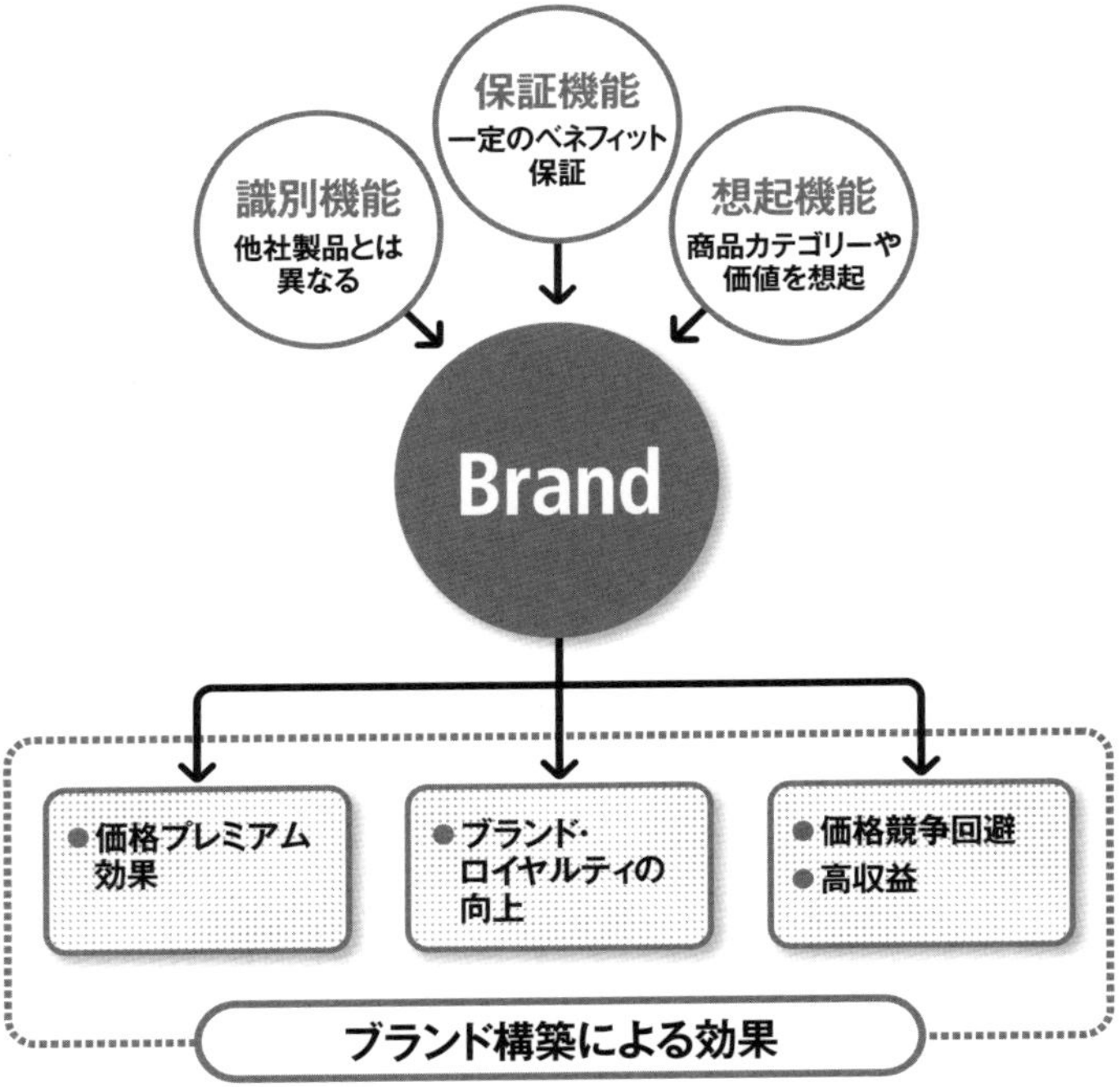

ブランドのイメージがよいと、少々価格が高くてもそのブランドを選ぶ傾向がある。これを価格プレミアム効果と呼ぶ。ほかにもブランドには上記の効果がある。

FOOTNOTE 1『コトラー＆ケラーのマーケティング・マネジメント』P341

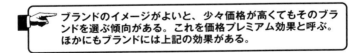

126 ブランド・エクイティ戦略

Brand Equity Strategy

ブランドがもつ資産と負債の集合

ブランド・エクイティを形成するもの

マーケティング学者でブランド戦略の権威**デービッド・アーカー**[1]は、**ブランド・エクイティ**を「ブランドの名前やシンボルと結びついた資産と負債の集合[2]」と定義した。いわばブランドがもつ総価値のこと、これがブランド・エクイティと考えればよいだろう。

アーカーは、ブランド・エクイティが次の五つの資産からなると指摘する。

①ブランド・ロイヤルティ　顧客がもつブランドへの忠誠心を指す。買い手のブランド・ロイヤルティが高いほど、買い手が他のブランドにスイッチする可能性は低くなる。そのため、ブランド・ロイヤルティがブランド・エクイティの核になる。

②ブランド認知　あるブランドが、特定のカテゴリーに属していることを顧客が認識または想起できることを意味する。最も望ましいのは、「ビールと言えば××」のように特定のカテゴリーから自社のブランドが想起されることだ。

③知覚品質　顧客の知覚に基づく総合的な品質を指す。製品やサービスの基本機能はもちろんのこと、広告や価格、ブランドがもつイメージなど、ブランドに関する「無形のフィーリングの全体」が、この知覚品質を形成する。

④ブランド連想　ブランドに結び付くあらゆる記憶のこと。買い手がブランドを認知することで想起される、知識や感情、イメージの全てを指す。

⑤他の所有権のあるブランド資産　商標やパテントのように法的に所有権が守られている資産のことを指す。

右に見た五つの資産価値を高めることが、ブランド・エクイティを高めること、すなわち**ブランド・エクイティ戦略**にほかならない。

そのための活動として、企業は創造したいと考えるブランド連想の集合である**ブランド・アイデンティティ**を明確にし、その構築と浸透に努めることになる。

ブランド・エクイティを高める

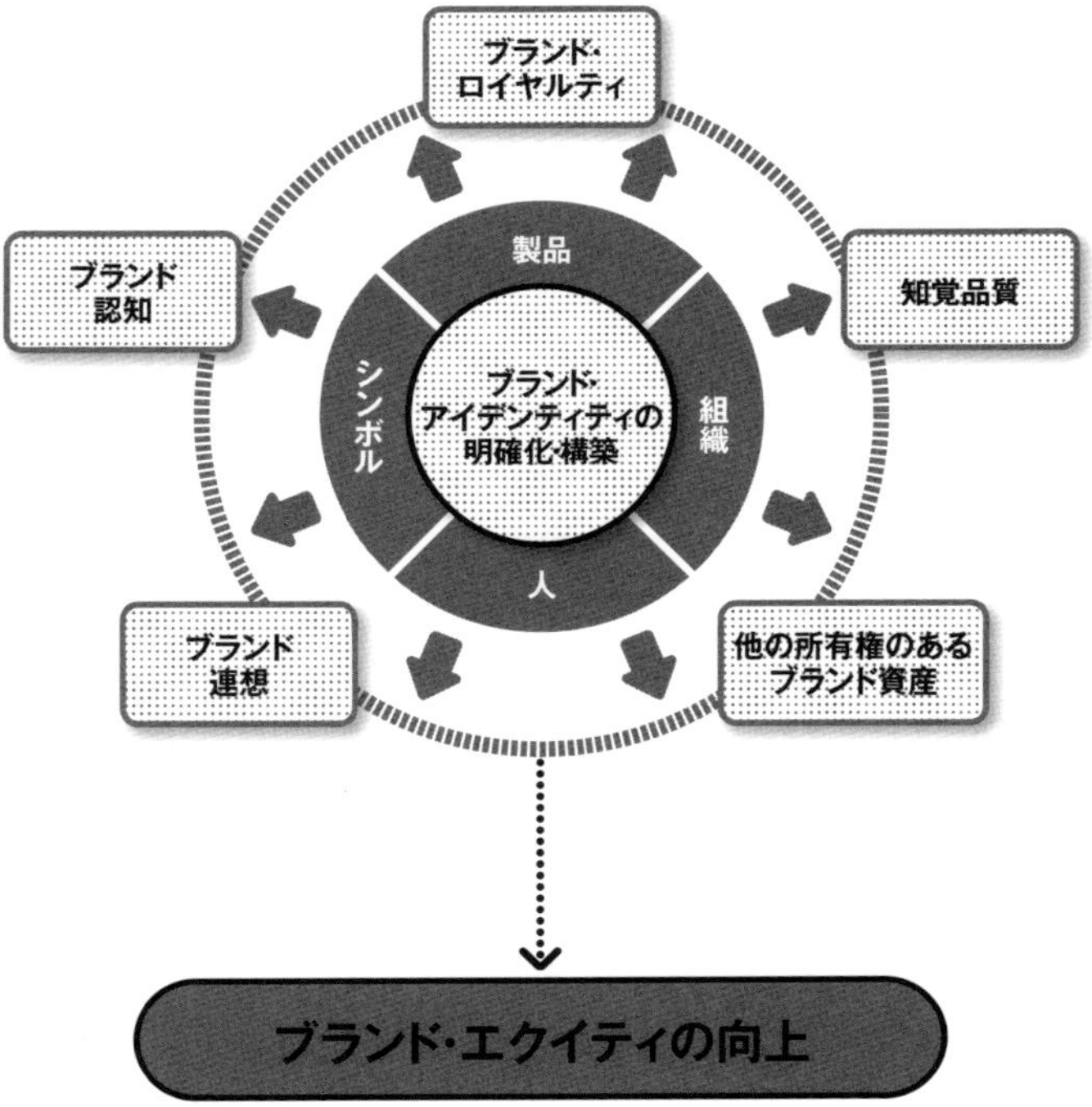

製品、組織、人、シンボルの視点で、五つの要素からなるブランド・エクイティの向上をはからなければならない。

FOOTNOTE

1 David Allen Aaker（1938～）。カリフォルニア大学バークレー校ハースビジネススクール名誉教授。

2 D・A・アーカー『ブランド・エクイティ戦略』（1994年、ダイヤモンド社）P20～21

127

プライシング

Pricing

価格設定の手法を理解する

収益を生み出すための価格設定のステップ

コトラーは価格について、「価格は収益を生み出す唯一のマーケティング・ミックス要素である」[1]と述べた。

確かに考えてみれば、製品や流通チャネル、プロモーションなど、他のマーケティング・ミックス要素はコストを生む。一方、収益からコストを差し引いたものが企業の利益だ。だから、価格の設定は企業が利益を生み出すための、とても重要な意思決定要因になる。

コトラーは、価格設定のステップには大きく次の六つの段階があると述べている。

まず、「**①価格設定目的の明確化**」を実行する。ここでは企業は生き残りに賭けているのか、それとも円滑な市場浸透を目指しているのか、まずこうした目的を明らかにする。

続いて「**②需要の判断**」が第2のステップになる。ここでは需要に加え、市場の**価格弾力性**についても分析する。価格弾力性とは、価格の上下によって需要がどの程度上下するかを示すものだ。価格が上がっても需要が大きく落ち込まないものは非弾力的需要、その逆を弾力的需要と呼ぶ。

次に「**③コストの評価**」を行う。これはその製品を提供するのにどの程度のコストがかかるのかを見積もる作業だ。

同時に「**④競合他社のコストや価格、オファーの分析**」を行う。オファーとは、競合他社の製品がもつ顧客への価値提案だ。競合製品がもたない価値提案を自社製品がもつならば、高価格帯を提示できるかもしれない。

以上を念頭に「**⑤価格設定方法の選択**」を行う。価格設定方法には、コストにマージンをのせた**マークアップ価格設定**という古くからある方法から、現在多くの企業が採用している顧客の知覚価値から価格を決定する**知覚価値価格設定**など、主に6種類の手法がある（左ページ参照）。

最後に「**⑥最終価格の選択**」を行う。これは選択した価格設定方法により絞り込んだ価格帯から、最終的な価格を決める。

代表的な価格設定方法

1 マークアップ価格設定

製品のコストにマージンをのせて価格を設定する。

一般に利益率を10%や20%と設定し、コストからマークアップ価格を設定する。

2 ターゲットリターン価格設定

目標とする投資収益率(ROI)をベースにして価格を設定するもので、次の公式を用いる。

ターゲットリターン価格=単位コスト+(期待収益×投下資本)/販売台数

3 知覚価値価格設定

顧客がその製品にどの程度の支払いを考えているかを前提にして価格を設定する。トヨタ自動車では古くから、まず知覚価値価格を設定し、そこからコスト削減に取り組んできた。

4 バリュー価格設定

コスト・パフォーマンスの高い価格設定を意識的に行い、顧客ロイヤルティを勝ち取ろうとする考え方。

プライベート・ブランドで広く採用されている。

5 現行レート価格設定

競合他社の価格を参考にして、より競争的な価格設定を行う方法。

ただしこの手法は、低価格競争の泥沼に陥るリスクもある。

6 オークション型価格設定

オークションを用いた価格設定。

インターネットの普及で日本でも一般的に見られるようになってきた。

出典:フィリップ・コトラー、ケビン・レーン・ケラー『コトラー&ケラーのマーケティング・マネジメント』P552~559を基に作成。

従来のマークアップ価格設定から、現在は知覚価値価格設定の手法が広く見られるようになってきた。また、価格競争の激しい業界(たとえば牛丼店)では現行レート価格設定が日常的に行われている。

FOOTNOTE 1『コトラー&ケラーのマーケティング・マネジメント』P535

128

製品の価格を戦略的に設定する

製品ミックスによる価格戦略

Product Mix Pricing Strategy

製品ミックスによる価格戦略の具体的手法

製品ミックスとは、ある企業の製品ラインの組み合わせを言う。**製品ライン**とは、同一カテゴリーに属する製品の集合のことだ。また製品ラインを構成する個々の製品を**製品アイテム**と呼ぶ。そして、製品ラインの幅と製品アイテムの奥行きによって、企業の製品ミックスが決まる。

企業は製品ミックス全体で利益の最大化を目指す。コトラーはこの点を念頭に置いた価格設定方法には、次の手法があると言う。[1]

①製品ラインによる価格設定　多くの企業では、入門者向けや上級者向け、企業向けなどで製品ラインを設けて、異なる価格帯を設定している。製品ラインにより段階的に価格を設定する手法は、あらゆる業種で見られる。これを、製品ラインによる価格設定と呼ぶ。

②関連製品価格設定　主製品に関連する製品、いわゆるオプションやアクセサリーの価格設定のことを指す。この価格設定では、主製品の機能を簡素化して、オプションにするという手法がとられる。機能が簡素なため主製品の価格は廉価だけれど、オプションを付けると、それなりの価格になる。旅行商品や自動車、携帯電話などでは、この価格設定をよく採用している。

③バンドル価格設定　主製品と関連製品とを抱き合わせにして価格設定する方法だ。たとえば大手家電流通業では、主製品（たとえばデジタルカメラ）と周辺機器（たとえばプリンター）をバンドルして、トータルで廉価にするという手法を頻繁に行っている。また、バンドル価格設定は、人気商品に不人気商品を抱き合わせる手法としても用いられる。

④キャプティブ製品の価格設定　キャプティブ製品とは、主製品に対する消耗品のことをいう。本体製品とは別に消耗品などが必要な製品では、本体を低価格に設定し、消耗品などで利益を上げる手法がある。これは**消耗品戦略**と呼ばれている。

製品ミックスによる価格設定の場合

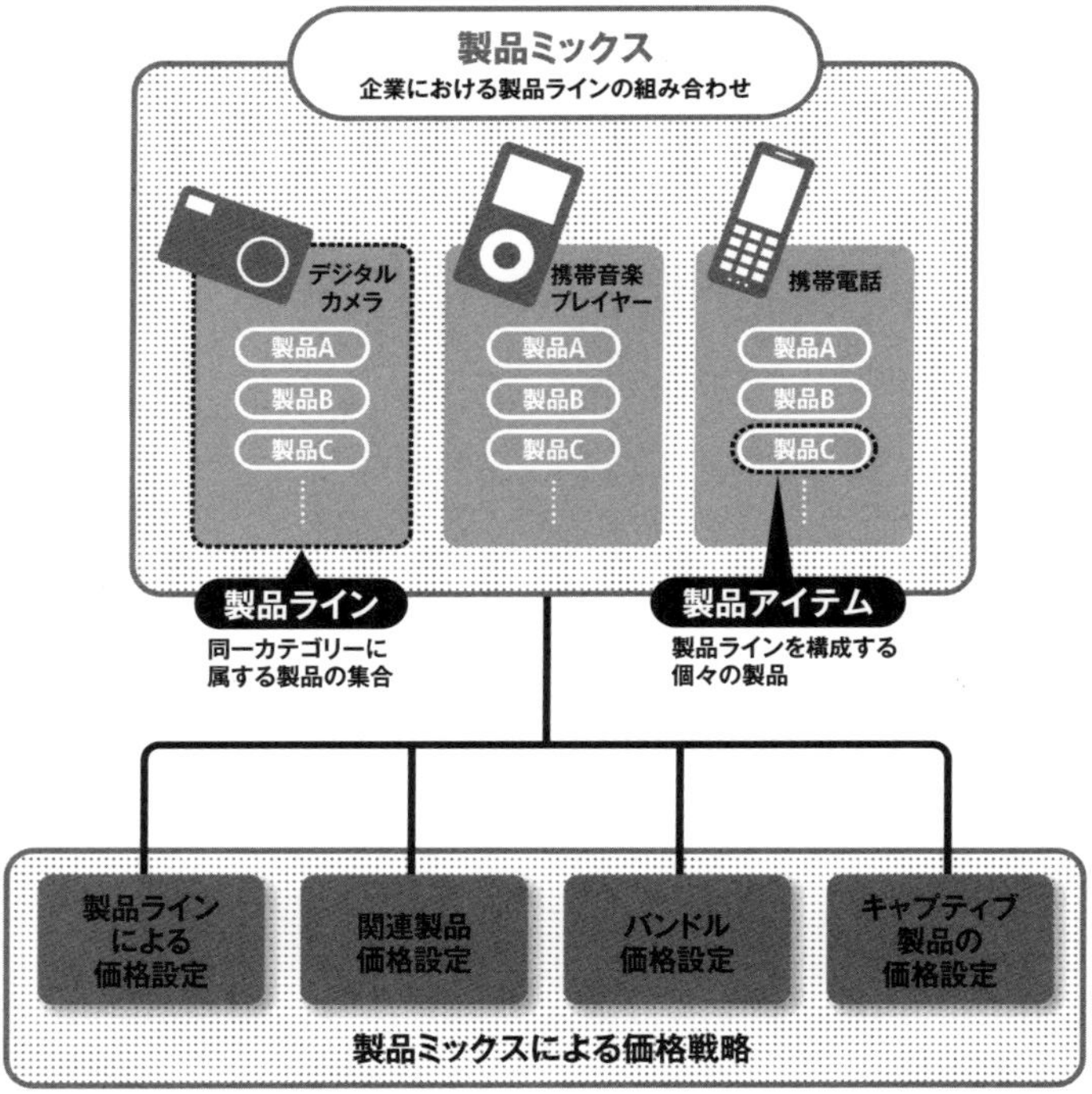

多数の製品を有する企業の場合、製品ミックス全体の利益を最大化するためにこうした価格設定手法を採用する。

FOOTNOTE 1『マーケティング原理』P476〜480

129

供給の鎖を最適化する

サプライ・チェーン

Supply Chain

サプライ・チェーンとそのマネジメント

流通チャネルとは、商品や商品に関わる情報や資金を流通させるための経路だ。また、その経路を構成する相互依存的な組織集団の総称でもある。**マーケティング・チャネル**と呼ぶこともある。

一方、製品を製造するには素材や部品が必要になる。これらが組み立てられてマーケティング・チャネルで顧客に届けられる。

マーケティング・チャネルに対して、原材料まで視野に入れた、より長いチャネルのことを**サプライ・チェーン**と呼ぶ[1]。日本語訳は**供給連鎖**だ。

顧客が欲しいと思ったときに製品を確実かつスピーディーに供給して販売機会の喪失を回避する。同時に、在庫を徹底的に圧縮して過剰在庫を免れることも大切だ。

要するに、顧客価値の最大化をはかりながら、経営効率を高めて利益の拡大をはかるには、競争力の高いサプライ・チェーンの構築とその管理が欠かせない。

このようなことから、サプライ・チェーンを適切に管理するための**サプライ・チェーン・マネジメント（SCM）**が注目されるようになった。

テーマ074では、マイケル・ポーターによる**バリュー・チェーン**についてふれた。これは価値（製品）というものが、企業内の各部署の連鎖によって構築されている点を表したモデルだった。

バリュー・チェーンは一つの企業に閉じている。これを原材料の調達から卸や販売店などの流通網、そして最終的に顧客に届けるまでのプロセスを視野に入れたのが「サプライ・チェーン＝供給連鎖」にほかならない。

また近年は、サプライ・チェーンが**グローバル化**している点に大きな特徴がある。

今やグローバルな視点で適切なサプライ・チェーンを構築し、それを上手に管理できれば、極めて強力な競争力として働くのだ。

グローバル化するサプライ・チェーンの場合

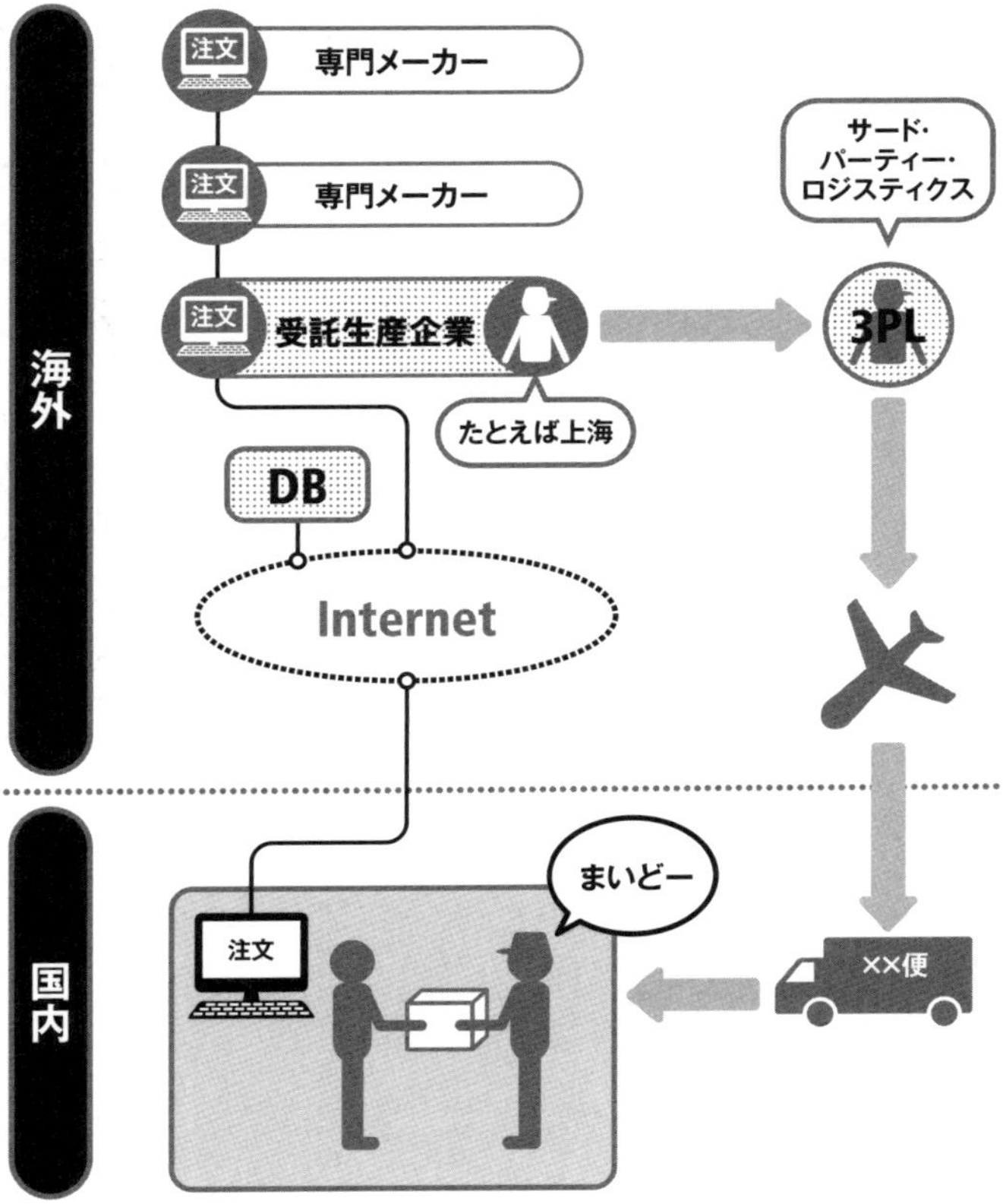

今やサプライ・チェーンはグローバル化している。競争優位を手にするには、グローバルな資源確保が欠かせない。

FOOTNOTE 1『コトラー＆ケラーのマーケティング・マネジメント』P34

130

川上統合と川下統合

垂直的マーケティング・システム

Vertical Marketing System

サプライ・チェーンを統合する

テーマ129で述べた**サプライ・チェーン**には、多数の企業の連携が不可欠になる。そのため異なる企業文化をもつもの同士の連携とコントロールこそが**サプライ・チェーン・マネジメント**の核心とも言える。

こうした中、より効率的な流通チャネルを実現すべく、サプライ・チェーンを川上または川下に統合する動きも見られる。これを**垂直的マーケティング・システム**、略して**VMS**と呼ぶ。

VMSでは、流通チャネルの有力メンバーが他のメンバーに大きな影響力を及ぼしたり、他のメンバーを所有したりすることで、流通チャネル全体が統合されたシステムとして機能する。

VMSの代表的な形態としては①企業型VMS、②管理型VMS、契約型VMSの三つがある。

①企業型VMS　製造から販売までの過程を、一つの資本が押さえる形態を言う。製販統合とも呼ばれるこの手法の代表例としては、アパレル業界における製造小売が挙げられる。

②管理型VMS　サプライ・チェーン内の有力企業が主導権を握って、製造から販売までの一連の過程を管理する形態を指す。

たとえば、コンビニエンス・ストアでは多頻度小口オーダーが一般的だけれど、これはコンビニが主導権を握って、メーカーや卸をコントロールする管理型VMSの一形態と言えよう。

③契約型VMS　個々に独立する企業が契約によってサプライ・チェーンを構成している形態を言う。この形態で典型的なのが、コンビニエンス・ストアや外食産業に見られる**フランチャイズ・チェーン**だ。

また、複数の小売業が独立したまま結合して、仕入れや配送を共同で実施する**ボランタリー・チェーン**も、契約型VMSの一形態だ。

垂直的マーケティング・システム

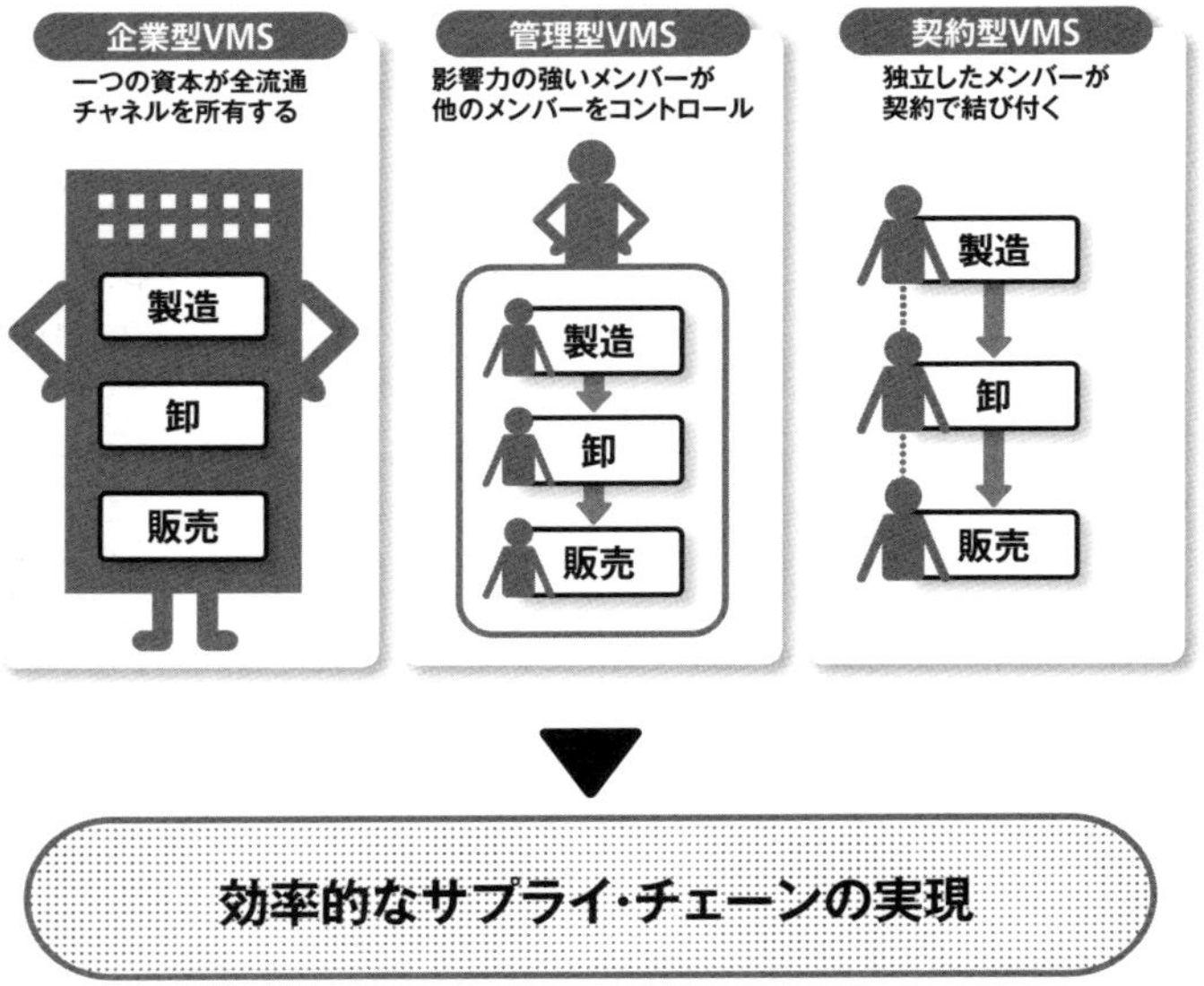

企業型VMS、管理型VMS、契約型VMSは、いずれも効率的なサプライ・チェーンを目指すものだ。

FOOTNOTE 1 Vertical Marketing Systemの略。

131

最大限のコミュニケーション効果を狙う

統合型マーケティング・コミュニケーション

Integrated Marketing Communications

マーケティング・コミュニケーションの六つの手法

　４Ｐの最後の要素である**プロモーション**は、**４Ｃ**に置き換えると**コミュニケーション**に相当した（**テーマ119**）。近年のマーケティングでは、企業が顧客とコミュニケーションを行うには、**統合型マーケティング・コミュニケーション**が不可欠だと考えるようになっている。

　略称**ＩＭＣ**[1]とも呼ばれる統合型マーケティング・コミュニケーションは、アメリカのノースウェスタン大学の**ドン・シュルツ**[2]が１９８０年代に提唱した。

　ＩＭＣでは、多様なコミュニケーション活動を、統一的にコントロールすることを目指す。

　現在ＩＭＣが対象にするコミュニケーション手法の柱には、大きく次の六つがある。

①広告
②パブリック・リレーションズ（PR）
③人的販売
④販売促進（SP／セールス・プロモーション）
⑤イベントと経験
⑥ダイレクト・マーケティング

　古いマーケティングの教科書では、プロモーションを構成する要素は、広告、人的販売、販売促進、広報の４要素としていた。

　一方ＩＭＣでは、イベントと経験（イベントはもともと販売促進の一分野と考えられていた）、それにダイレクト・マーケティングが追加されている点に注意しよう。[3]

　ＩＭＣの大きな特徴は、顧客と企業との接点を**タッチ・ポイント**や**コンタクト・ポイント**と考える点だ。そして右に記した六つのコミュニケーション手法を柱としながら、あらゆるタッチ・ポイントにおいて「統一されたデザイン、統一されたメッセージ」によるマーケティング・コミュニケーション・ミックスの実現を狙う（左ページ図）。

タッチポイントの現状把握とコントロール

Webサイト向けタッチポイントのマトリックス例

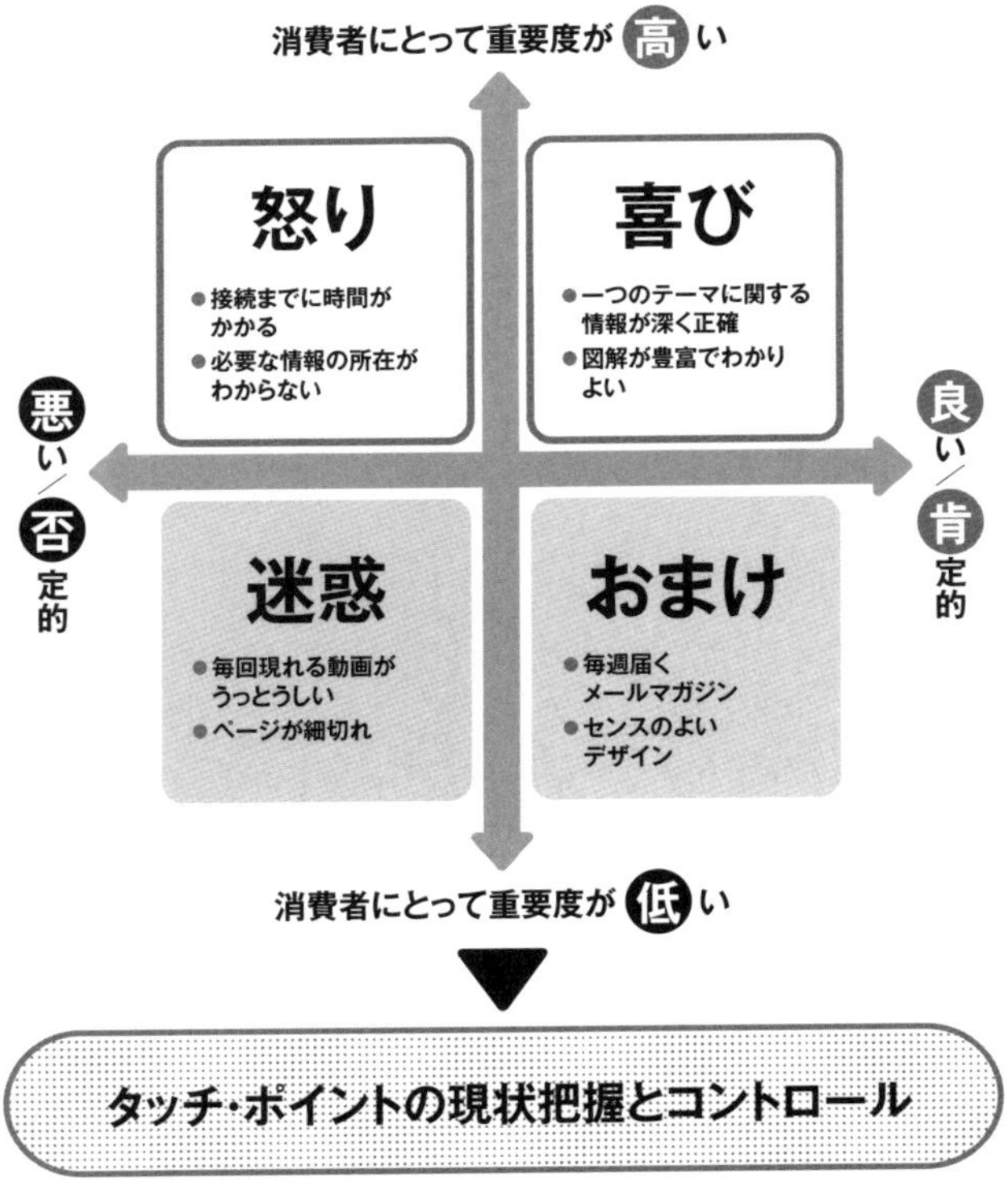

出典:ドーン・イアコブッチほか『統合マーケティング戦略論』(2003年、ダイヤモンド社)を基に作成

IMCでは、あらゆるタッチ・ポイントの顧客経験を上記マトリックスに書き出して、現状を把握するとともに、よりよい方向へコントロールすることを狙う。

FOOTNOTE

1 Integrated Marketing Communicationの略。統合型マーケティング・コミュニケーション。
2 Don Edward Schultz（1934〜）。アメリカのマーケティング学者。
3『コトラー＆ケラーのマーケティング・マネジメント』P664〜665

132

広告戦略

Advertising Strategy

企業のコミュニケーション活動に欠かせない

広告目的とメッセージを明確化せよ

広告活動は、一般的に、①広告目的を明確にする、②メッセージを明確にする、③メッセージを表現する（クリエイティブ）、④メディアを選択する（メディア・ミックス）、⑤広告を実行し、実行した広告を評価する、というプロセスをたどる。

まず**広告目的**だけれど、これには大きく三つの種類がある。第1は「**認知のための広告**」で、新製品の発売やその使い方を説明する広告はその典型だ。

第2は、他ブランドより自社ブランドが優れていることを買い手に理解してもらうための「**説得のための広告**」だ。

そして最後は「**想起のための広告**」で、日常的な買い回り品などで、そのブランドを繰り返し指名してもらうことを目的にする。

広告目的からふさわしいメッセージを考案し、これを広告表現として落とし込む。この作業を**クリエイティブ**と呼ぶ。クリエイティブでは、独特のアイデアをとおして、広告目的を満たすメッセージを届けなければならない。

クリエイティブと並行して実行されるのが**メディアの選択**だ。ここで、ターゲットに対して、効率的に広告メッセージを伝えるのに最適なメディアを選択し、それを組み合わせる。これを**メディア・ミックス**と呼ぶ。

代表的なメディアには、テレビ・新聞・雑誌・ラジオの**マスコミ4媒体**[1]のほか、インターネットやプロモーション・メディア（各種SP媒体）がある。

メディアには、それぞれ長所と短所がある。この特徴を頭に入れ、その上で広告メッセージの目的や広告予算を勘案しながらメディア・ミックスを構築する。

加えて昨今、単にメディアの組み合わせを考えるだけでなく、新媒体を考案する**メディア・プランニング**や、既存の媒体でも商品の特徴に応じた利用方法を模索する**メディア・クリエイティブ**が重要になってきた。

以上を経て広告活動を**実行**し、その効果を**評価**する。

メディア・ミックス

		メリット	デメリット
マスコミ4媒体	テレビ	●広範囲にアピール可能 ●インパクトが高い	●料金が高い ●急な出稿ができない
	新聞	●信頼性が高い ●内容を詳しく伝えられる	●文字離れ ●若年層への到達度低下
	雑誌	●絞り込まれたターゲット ●インパクトが高い	●掲載までの期間が長い ●発行部数への不信
	ラジオ	●ながら聴取ができる ●費用に比べ到達度が高い	●聴取者が減っている ●保存がきかない
SP媒体	交通広告	●地域セグメントが容易 ●出稿が容易	●告知する商品によって向き･不向きがある
	屋外広告	●比較的低コスト ●繰り返し接触する	●地域限定的 ●柔軟性に欠ける
	新聞折り込み	●地域セグメントが容易 ●比較的低コスト	●閲覧率に課題 ●商品による向き･不向き
	DM	●比較的低コスト ●商品の詳しい説明が可能	●低いレスポンス率 ●対象の絞り込みが課題
	電話帳広告	●出稿が容易 ●比較的低コスト	●競争が激しい ●閲覧率に課題
新媒体	インターネット	●柔軟性が高い ●細分化されたターゲット	●競争が激しい ●広告を敬遠する利用者が多い

▼

メディア･ミックス

メッセージを顧客へ的確に届けるには、適切なメディアの選択と組み合わせ、つまりメディア･ミックスが欠かせない。

FOOTNOTE

1 これを略して**マス4**と呼ぶ。マスコミ4媒体の売上が減少傾向にあるのが現在の広告のトレンドだ（**テーマ140**）。

133

パブリック・リレーションズ

Public Relations

利害関係者と良好な関係を築く

多様な種類があるPRの具体的手法

　企業を取り巻く利害関係者との関係を良好に維持するのが**パブリック・リレーションズ**（**PR**あるいは**広報**）の目的だ。利害関係者とは、顧客、従業員、株主、政府、マスコミ、地方公共団体など多岐にわたる点に注意しよう。

　ＰＲの具体的活動としては、**プレス（報道機関）対策**が最もオーソドックスだ。これは、企業の動きや活動、新製品発売情報などを、マスメディアなどの報道機関に対して提供する行為を指す。

　たとえば、一般発表に先がけて、報道機関向けに新製品発表会（プレス発表）を実施するなどは、典型的なプレス対策の一つだ。また、プレスと継続的な関係を維持するため、プレス・リリース（企業発行の報道機関向けニュース）の定期発行も行われている。

　プレス対策で、提供した情報の価値が高ければ、**パブリシティ**としてテレビや新聞、雑誌、ラジオなどに、自社の情報が無料で掲載される可能性が高くなる。企業としては、大きな広告費用をかけることなく、世間に自社をアピールできるので、パブリシティのメリットは非常に大きい。

　従来マーケティング・ミックスの中で、ＰＲはどちらかというと地味な存在だった。ところが今や、広告偏重のプロモーションから、ＰＲ重視へと軸足を移すべしという考え方が広がっている。パブリシティはマスメディアという第三者の目を一旦《いったん》通して、生活者に情報が流れる。そのため、情報の**信憑性**《しんぴょう》や**信頼度**が非常に高くなるからだ。

　しかもその高さは、企業が一方的に提供する広告とは比べものにならない。加えて、信頼性の高い情報は**クチコミ**にもなりやすい。

　現代社会には情報が氾濫《はんらん》しており、そうした中で何かを判断する場合、メディアによる報道とクチコミが最大の情報源になる。ＰＲはこれら2大情報源のいずれにも関与しやすい立場にある。以上から考えると、今後はＰＲ重視の動きがますます顕著になりそうだ。

PR の種例

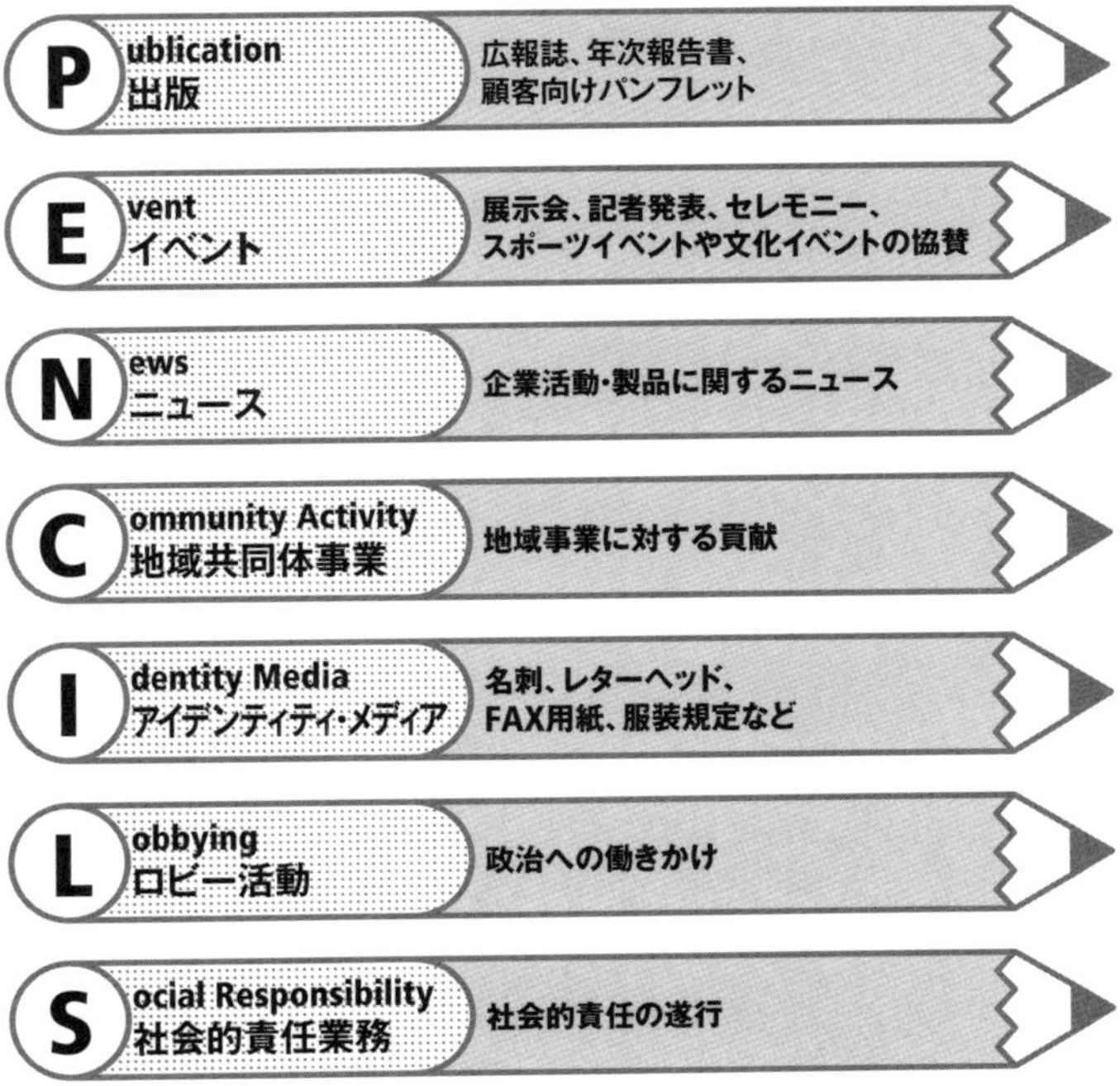

出典:フィリップ・コトラー「コトラーの戦略的マーケティング」(2000年、ダイヤモンド社)P179を基に作成

パブリック・リレーションズには主に七つの種類がある。コトラーはこれをとりまとめて上記のように「PENCILS」と表現した。

134

キーワードは組織的販売

セールス・フォース
Sales Force

コンピテンシー・マネジメント、チーム・セリングの推進

人的販売では、能力の高い**セールス・パーソン**（ＳＰ／営業マン、販売員）の教育や訓練、効率的な**セールス・フォース**（ＳＦ／販売部隊）の構築が不可欠だ。

セールス・パーソンの教育訓練にはさまざまな手法があるが、**コンピテンシー・マネジメント**はその有力な手法の一つだ。

コンピテンシーとは、ある特定の職務で卓越した業績を上げている人の特性を指す。この特性をあらかじめ把握しておき、従業員の採用や能力開発、配置転換、評価制度に活用するのがコンピテンシー・マネジメントだ。

今や、さまざまな職務におけるコンピテンシーが辞書形式でとりまとめられている。[1] それによると、たとえばセールス・レップ（営業職）のコンピテンシーには、「インパクトと影響力」「達成重視」などがある。

前者のインパクトと影響力は、他人に対する影響力に関するコンピテンシーで、優秀なセールス・パーソンほど、信用を築くよう努力し、服装、言葉遣い、雰囲気など、特定の印象を与えるよう努めるという。

また、後者の達成重視は、優秀なセールス・パーソンがもつチャレンジングで達成可能な目標を設定する特徴を指す。そのために、自己を管理して、時間を効率的に使うという特徴も見られるという。

職務に必要なコンピテンシーをあらかじめ把握しておけば、セールス・パーソンの教育訓練にもおおいに役立つのは明らかだ。

個々のセールス・パーソンのスキル・アップと同時に、チームによる**組織的販売**（**チーム・セリング**）の実行も重要になる。成果をあげるチームを構築するには、**ハーマンモデル**を知っておきたい。[2] これは、人の属性を脳活動の特性で4分類する。成果をあげるチームを作るには、能力の偏りを補完する人材同士を組み合わせ、**全脳型のチーム**にするのがポイントになる。

強いセールス・フォースを作る

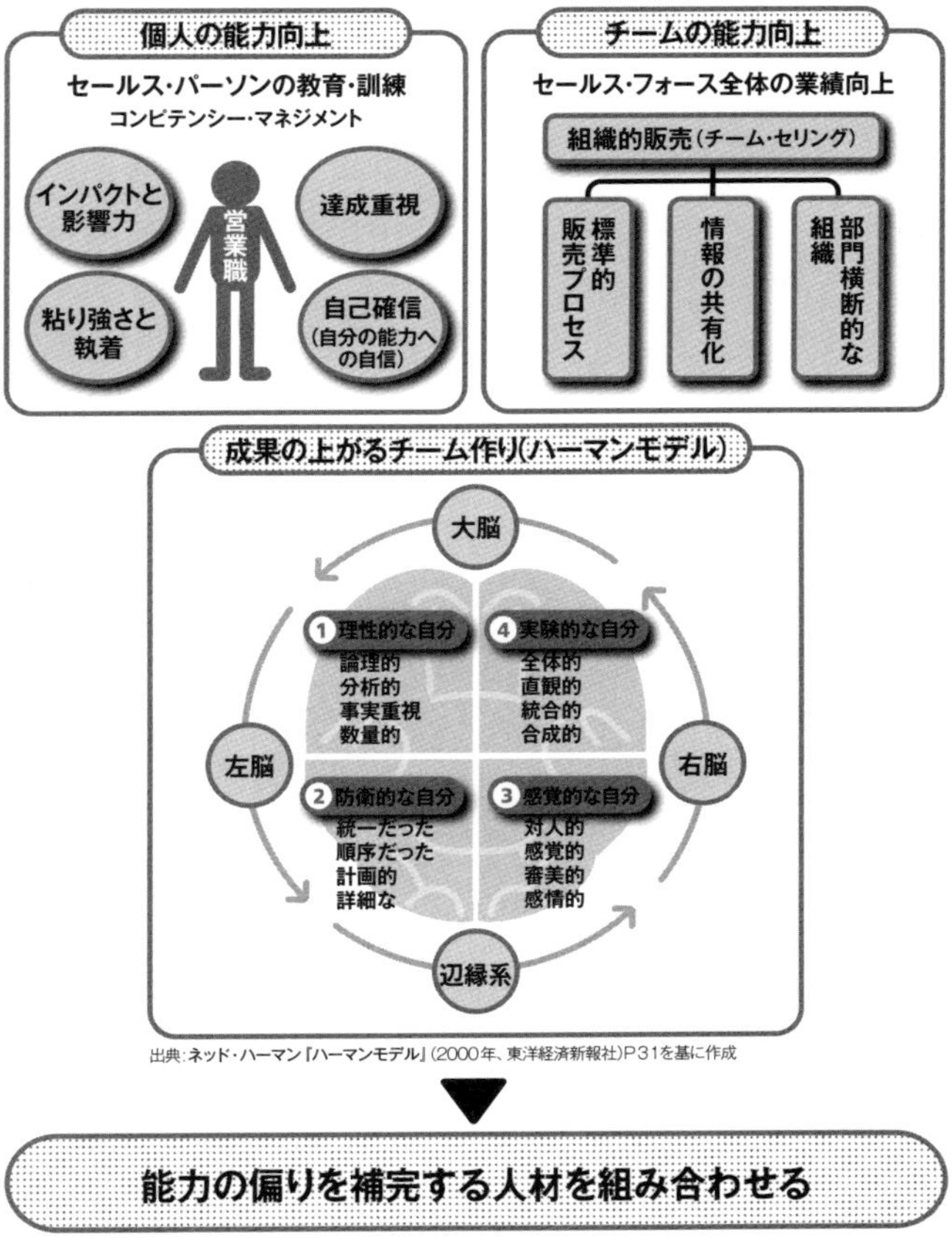

出典:ネッド・ハーマン『ハーマンモデル』(2000年、東洋経済新報社)P31を基に作成

強いセールス・フォースを作るには、個人の能力向上、チームの能力向上、そのためのチーム作り、これらの点について考えよう。

FOOTNOTE

1 ライル・M・スペンサー、シグネ・M・スペンサー『コンピテンシー・マネジメントの展開』（2001年、生産性出版）に詳しい。

2 ネッド・ハーマン『ハーマンモデル』（2000年、東洋経済新報社）に詳しい。

135

セールス・プロモーション（SP）

Sales Promotion

他に当てはまらない販売促進のあらゆる活動

多様な種類があるセールス・プロモーション

統合型マーケティング・コミュニケーションの主たるコミュニケーション手法には6種類あった（**テーマ131**）。この中で、**販売促進**すなわち**セールス・プロモーション（SP）**には、他のマーケティング・コミュニケーションに当てはまらないものを一括にしている側面がある。そのためSPには多様な種類がある。

まず、SP媒体として大きな影響力をもつものに**交通広告**と**屋外広告**がある。ほかにも、新聞折り込みのチラシ（**折り込み広告**）、電話帳に掲載されている広告（**電話帳広告**）、自宅に届くダイレクト・メール（**DM**）、街頭で無料設置されている**フリーペーパー**、店頭で商品をPRする**POP広告**など、いずれもSP媒体の一員だ。

右に示したSP媒体は、基本的に動きがないものだけれど、広告メッセージを動的に表現する**イベント**や**映像**などのSP媒体もある。

たとえば、従来のポスターの代わりに、ネットワークに接続された薄型の大型ディスプレイを用いて、そこに広告を掲載する**デジタル・サイネージ**は、いま注目の映像型SP媒体の一つと言える。

また、街頭で試供品配布（**サンプリング**）をよく見かけるけれど、これもSP媒体を構成する重要アイテムになっている。

それから、内容面からすると、各種のキャンペーンや景品や懸賞で買い手の注意を引く**インセンティブ**も、SPの常套《じょうとう》手段として広く実施されている。

近年、SPに対する期待が高まっているけれど、その背景にはニーズの多様化で市場が細分化された点が挙げられそうだ。

その一方で、困ったときのSP頼みや、短期的な売上増を狙ったSP施策が目立つのも事実だ。目先の収益を目的とした短期視点でのSPは、ブランド・イメージを傷つけるという意見も知っておこう。

SPの手法

媒体別SP

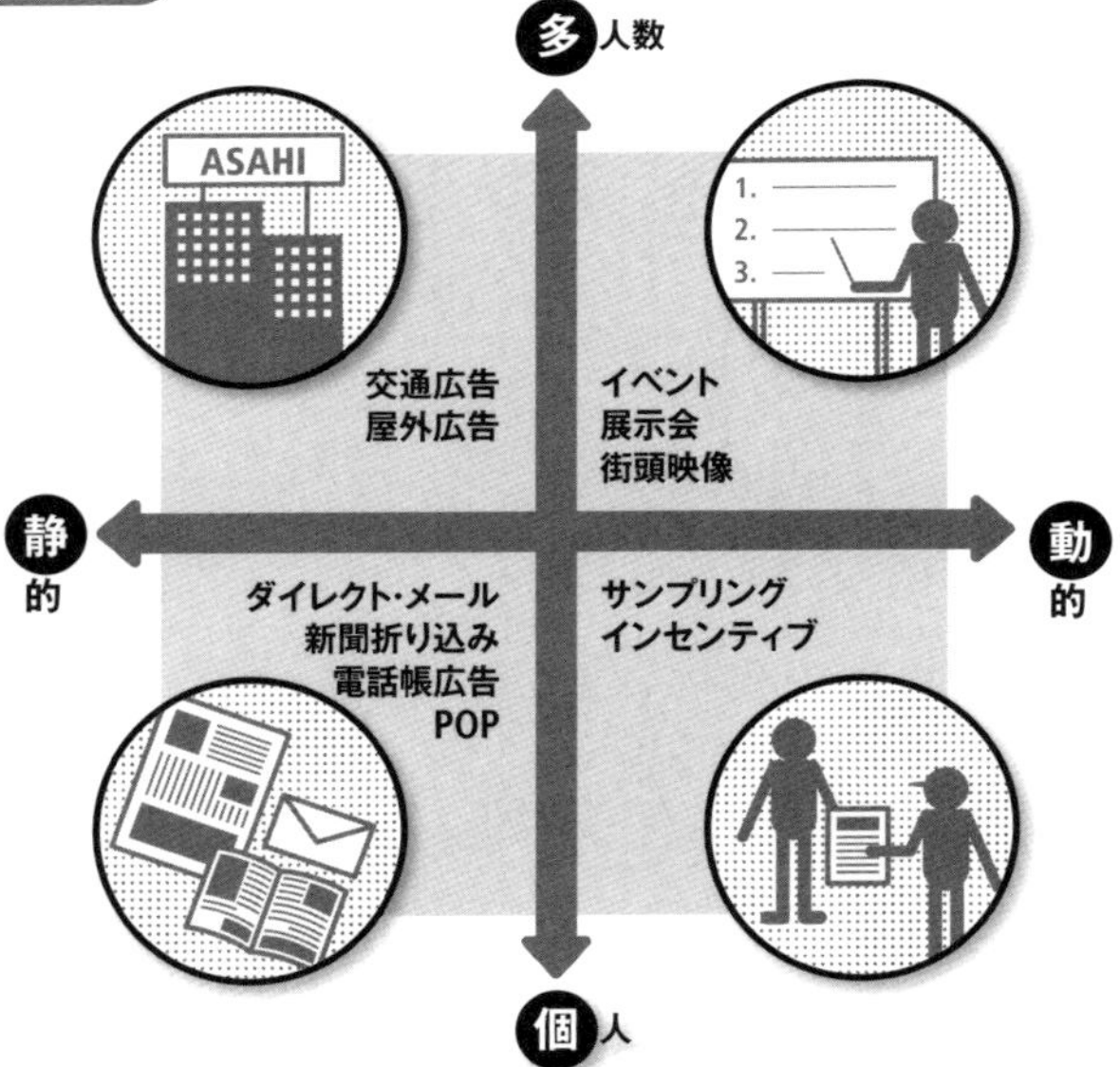

対象別SP

消費者向けSP

- クーポン
- 懸賞
- 景品
- キャッシュ・バック
- 無料トライアル

流通向けSP

- 値引き
- アロウワンス
- イベント招待

社内向けSP

- 販売コンテスト
- ノベルティ

SPは媒体、内容、対象とも非常に多様なのだ。これらを「統一されたデザイン、統一されたメッセージ」に配慮しながら、いかに効率的に組み合わせるかが、ポイントになる。

FOOTNOTE　1 Point of Purchaseの頭文字をとったもの。「ポップ」と呼ぶ。

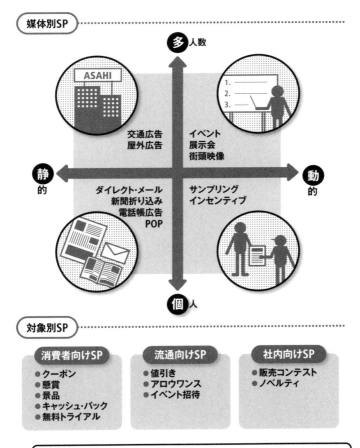

136

価値ある経験を提供する

経験価値マーケティング

Experiential Marketing

経験価値をマーケティングに活かす

製品のコモディティ化が進む中、**顧客の経験価値**を重視する**経験価値マーケティング**が注目されている。

経験価値とは、顧客が消費経験や製品の利用経験を通じて得る、肌で感じる体験や感動のことで、これらを製品やサービスと同様、経済価値の側面からとらえた考え方だ。

たとえば、1杯のコーヒーを考えたとき、自宅でインスタント・コーヒーを飲めば20～30円足らずで済む。屋外ならば、120円の缶コーヒーを公園で飲むという状況が考えられる。300円前後を出してスターバックスでくつろぐのもよい。あるいは、やや重要な打ち合わせとなれば、1000円近く張り込んで、ホテルのカフェで、ということもあるだろう。

このように、たったコーヒー1杯のことながら、最低価格と最高価格で900円以上もの差が出てくる。これは、顧客が単にコーヒーの味だけを求めているのではなく、サービスやブランド、店舗のイメージを含めた、経験全体に価値を認め、それに対価を払っていると考えてもよい。

つまり、コーヒーのような日常品でも、経験価値からとらえ直すことで、より付加価値を高められる。ここに経験価値マーケティングの狙いがある。

経験価値マーケティングで重要になるのが、**タッチ・ポイント（テーマ131）**だ。タッチ・ポイントは多様だけれど、中でも重要なのは従業員と顧客が接触する瞬間であることは言うまでもないと思う。

スカンジナビア航空社長ヤン・カールソンは、この瞬間のことを**真実の瞬間**と呼んだ（**テーマ053**）。カールソンは、1年間に1000万人の顧客がスカンジナビア航空の従業員に接する機会は、5000万回あり、この「真実の瞬間」にスカンジナビア航空の選択が最良だったと認識されなければならないとした。[1] そして実際にスカンジナビア航空は、真実の瞬間を大切にすることで、顧客満足、さらには顧客ロイヤルティを高めるのに成功したのだ。

サービスと経験

経済価値	サービス		経験
経済システム	サービス経済	→	経験経済
経済的機能	提供	→	演出
売り物の性質	形がない	→	思い出に残る
重要な特性	カスタマイズ	→	個人的
供給方法	オンデマンド	→	一定期間見せる
売り手	サービス事業者	→	ステージャー
買い手	クライアント	→	ゲスト
需要の源	便益	→	感動

出典：B・J・パインⅡ、J・H・ギルモア『[新訳]経験経済』(2005年、ダイヤモンド社) P19を基に作成

財の利用やサービスの体験は顧客にとっての経験だ。経験価値が高いほど製品の価値が高まるのは言うまでもない。

FOOTNOTE 1 ヤン・カールソン『真実の瞬間』(1990年、ダイヤモンド社) P5〜6

137

顧客との関係を重視する

リレーションシップ・マーケティング

Relationship Marketing

顧客生涯価値とカスタマー・エクイティ

市場が成熟化する中、新規顧客の獲得は困難をきわめる。実際、既存顧客の維持は、新規顧客にかかる費用の20%で済むと言われている。また、顧客維持率が5%上昇すると利益が25~125%アップするとも言われている。[1]

そのため、**顧客生涯価値**に注目し、既存の顧客との関係性を深め、顧客との長期的関わりの中で利益を得ようとする**リレーションシップ・マーケティング**[2]が注目されるようになった。

顧客生涯価値とは、顧客が一生涯の間、企業に与える利益を見積もったものだ。この価値は年間購買量と顧客期間の掛け算で求められる。また、顧客生涯価値の概念をさらに拡大したものに**カスタマー・エクイティ**がある。これは、その企業の全ての顧客の生涯価値の総計を指す。顧客一人あたりの標準的な生涯価値に顧客数を乗じれば、その企業がもつカスタマー・エクイティを計算できる。

顧客生涯価値やカスタマー・エクイティを重視するリレーションシップ・マーケティングでは、**顧客満足度**をてこにした**顧客ロイヤルティ**の向上と**顧客シェア**の拡大を狙う。

顧客満足度が向上すれば顧客ロイヤルティが向上し、企業の収益に結び付く点についてはすでにふれた（**テーマ121**）。一方顧客シェアは、ある顧客があるジャンルの製品の中で、どれだけ自社の製品を購入しているか、その比率を示したものだ。

たとえば、ある顧客が10本購入したソフトドリンクのうち、Aブランドが4本あったとすると、Aブランドの顧客シェアは40%になる。

リレーションシップ・マーケティングでは、顧客ロイヤルティを高めるとともに、他社製品ではなく自社製品をできる限り購入してもらうよう顧客シェアの拡大を重視する。

従来のマーケティング活動は市場シェアの拡大に血道を上げた。現代のマーケティングは、顧客ロイヤルティの向上と、顧客シェアの拡大に奔走する。

リレーションシップ・マーケティングの実践

リレーションシップ・マーケティングへ

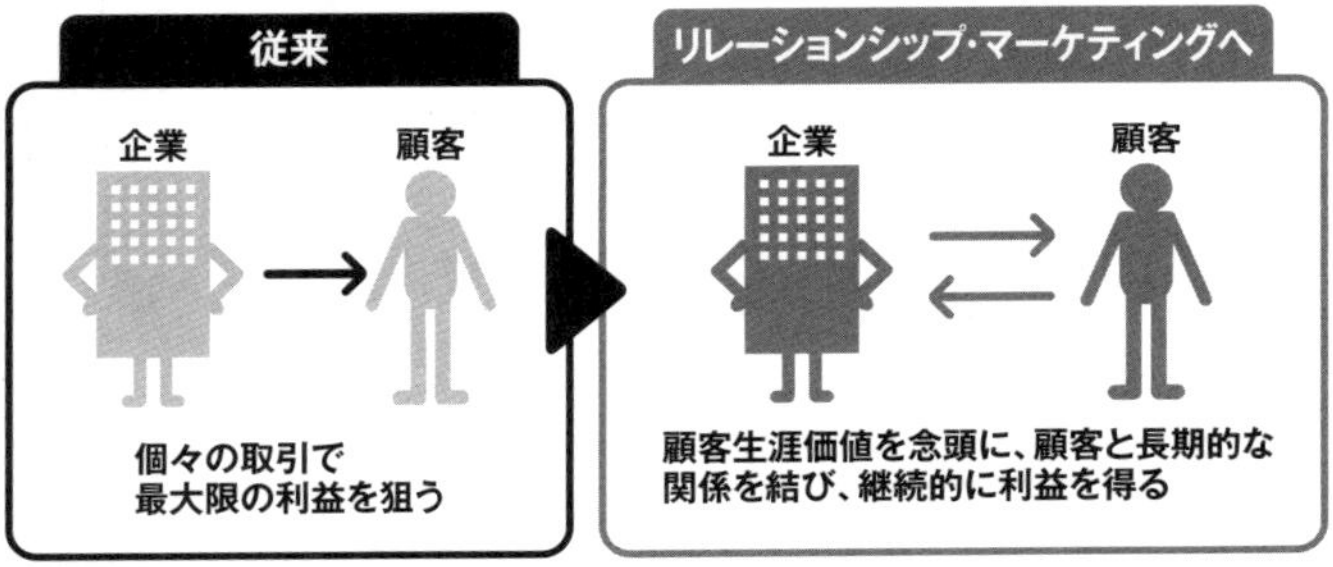

カスタマー・エクイティの増大のために

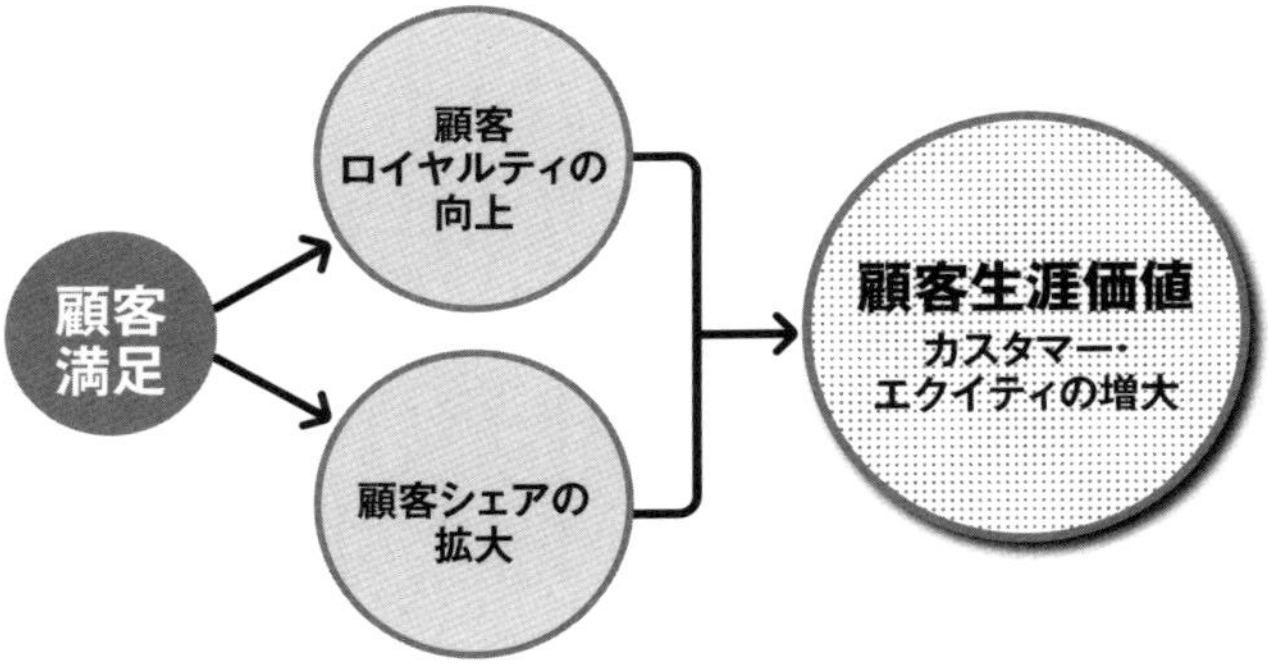

顧客ロイヤルティと顧客シェアの向上で、顧客生涯価値を徹底的に高めたい。

FOOTNOTE
1『コトラーのホスピタリティ&ツーリズム・マーケティング』P3
2 関係性マーケティングと呼ぶこともある。

138

ノンカスタマー

Noncustomers

顧客ではない顧客に注目せよ

ノンカスタマー＝非顧客に注目せよ

リレーションシップ・マーケティングでは、既存顧客の重要性を説く。しかし、新規顧客を無視せよと言っているわけではない。この点に関してドラッカーはこう言った。「30％の市場シェアであれば巨人である。しかし、それでも70％は自社のものを買ってくれていない。われわれはその70％について何も知らない[1]」

この言葉に出てくる70％は既存顧客ではない。**ノンカスタマー（非顧客）**だ。その上でドラッカーは「彼らノンカスタマー（非顧客）こそ、来るべき変化を知らせてくれる重要な情報源である」と述べている。

もちろんコトラーも非顧客を無視してはいない。そもそもマーケティングは、ニーズの分析から始まって、セグメンテーションを実行する（**テーマ108**）。

しかし、「ニーズを特定し、それを思考の対象として選択すると、必然的にそれ以外のニーズは無視されることになる[2]」わけだ。無視された層はノンカスタマーだ。

さらに市場細分化が進むと、切り捨てられる顧客はどんどん増えていく。この結果、市場は断片化が進み、あっという間に飽和状態へと至る。

こうなるとセグメンテーションとは異なるマーケティング手法が必要になる。実はそれが、**テーマ117**で紹介した**ラテラル・マーケティング**だ。つまりこれはノンカスタマーの開発に重点を置いた手法だったとも言える。

また、チャン・キムとレネ・モボルニュが提唱した**ブルー・オーシャン戦略**も、ノンカスタマーに注目する手法であることはすでに述べた（**テーマ013**）。

キムとモボルニュは、ノンカスタマーを**①消極的な買い手**、**②利用しないと決めた買い手**、**③市場から距離を置く買い手**の3階層に分類する。その上で、代替産業や他の戦略グループに、ノンカスタマーがどのような価値を見出《みいだ》しているのかを分析する。これは新たな価値を市場に提供するための有力な情報になるだろう。

ノンカスタマーの攻略

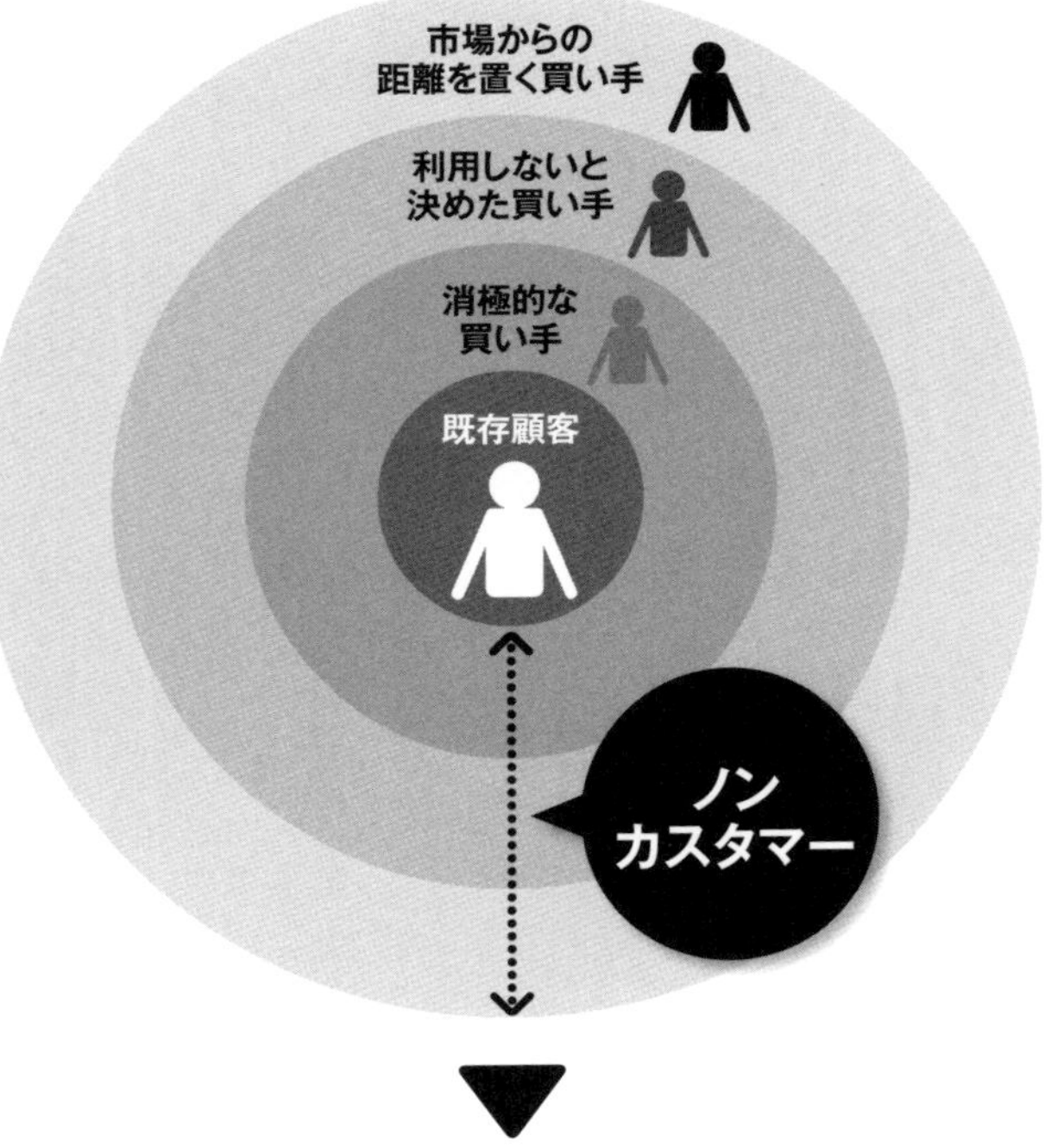

ノンカスタマーが代替品や代替産業に、どのような価値を見出しているのかを考える。

その上で自社の財やサービスに、代替品がもつ価値を付け加えられないか考えてみる。これはブルー・オーシャン戦略によるノンカスタマー攻略の一手法だ。

FOOTNOTE
1 ピーター・ドラッカー『ネクスト・ソサエティ』（2002年、ダイヤモンド社）P142
2『コトラーのマーケティング思考法』P31

139

ダイレクト・マーケティング

Direct Marketing

仲介業者を通さず販売する

顧客とのリレーションシップが何より不可欠

ダイレクト・マーケティングとは、企業と顧客が直接取引する形態を指す。

ダイレクト・マーケティングについては、以前からプロモーションの4要素に加えるべきだという主張があった。現代のマーケティングでは、今やプロモーション要素の一つとして、ダイレクト・マーケティングは確固たる地位を占めている。

ダイレクト・マーケティングの代表的手法には、**①カタログ通販**、**②テレビ・ショッピング**、**③インターネット通販**の三つがある。それぞれ紙、テレビ、インターネットというように、個々の媒体がもつ特徴を活用している点に注意しよう。

また、ダイレクト・マーケティングには、基本となる手順がある。

①見込み客を特定する。
②媒体を通じて商品を告知する。
③正規顧客として取り込む。
④顧客と長期的関係（リレーションシップ）を構築する。

この過程の中で、顧客との関係維持に注目したい。ダイレクト・マーケティングでは、一旦商品を購入した顧客は、リピート購入する確率が極めて高く、新規顧客を開拓するよりも収益アップに効果的だからだ。

そのためダイレクト・マーケティングでは、データベースを活用したいわゆる**データベース・マーケティング**により、顧客と**ワン・トゥ・ワン**[1]の関係を築くよう努める。

もっとも、ダイレクト・マーケティングも新規顧客開拓をおろそかにしているわけではない。中でも、この分野では、コールセンターから顧客に電話をかけ、商品の購入を促す**アウトバウンド**の活用が注目を集めている。アウトバウンドは顧客離れ（解約）にも大きな威力を発揮する。

ダイレクト・マーケティングの特徴

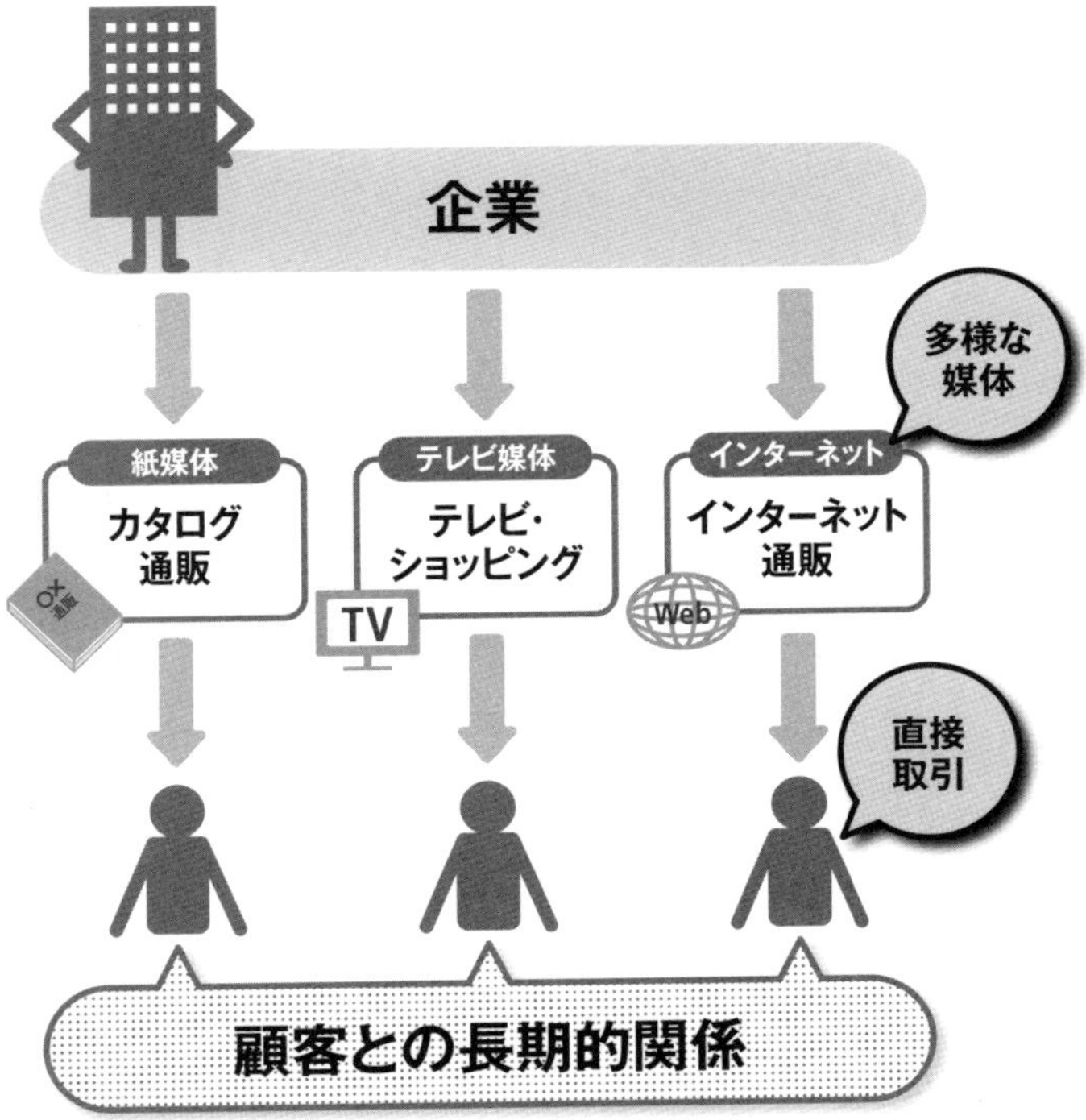

今やダイレクト・マーケティングはプロモーションの欠かせない要素になった。ダイレクト・マーケティングを活用しない手はない。

FOOTNOTE
1 セグメンテーションを顧客一人ひとりにまで拡大し、企業が顧客と一対一の関係を結ぶ。ワン・トゥ・ワン・マーケティングとも呼ばれる。

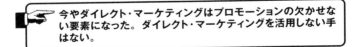

140

第5のマス媒体

インターネット広告

Internet Advertising

1兆円を超えたネット広告市場規模

広告最大手電通が毎年公表している**「日本の広告費」**[1]によると、2015年の日本の総広告費は6兆1710億円となった。前年比100・3%で4年連続のプラス成長となった。

2015年の媒体別シェアを見ると、新聞9・2%、雑誌4・0%、ラジオ2・0%、地上波テレビ29・3%、衛星メディア2・0%、インターネット18・8%、プロモーションメディア34・7%となった。

時系列では、新聞・雑誌・ラジオ・テレビの**マスコミ4媒体**[2]が総じて停滞気味なのに対して、**衛星メディア関連広告費**と**インターネット広告費**の伸びが目立っている。

中でもインターネット広告は、2004年にラジオ広告を抜き、2006年には雑誌広告、そして2009年にはいよいよ新聞広告をも抜き去っている。

さらに2014年には市場規模1兆円を突破して1兆519億円となった。しかしもこの勢いは止まらず、2015年は1兆1594億円と前年比2桁の成長となり、広告市場全体を牽引《けんいん》する勢いとなっている。

インターネット広告の市場規模は今や新聞・雑誌・ラジオの合計（9376億円、媒体別シェア15・2%）を超えており、もはや**第5のマス媒体**と呼ぶにふさわしいボリュームになっている。

2015年のインターネット広告の中身を見ると、インターネット広告媒体費が9194億円、制作費が2400億円となった。中でも、**検索連動型広告**やマッチングにより広告効果を最大化する**運用型広告**が伸びている。特にソーシャル・メディアや動画サイトでの運用型広告の伸びは大きい。これらはいずれもIT（情報技術）を最大限に活用している点に特徴がある。

今後も最新技術を活用した新たな広告手法が開発されることになるだろう。インターネット広告市場はさらに拡大する様相を呈しているようだ。

日本の広告費の推移

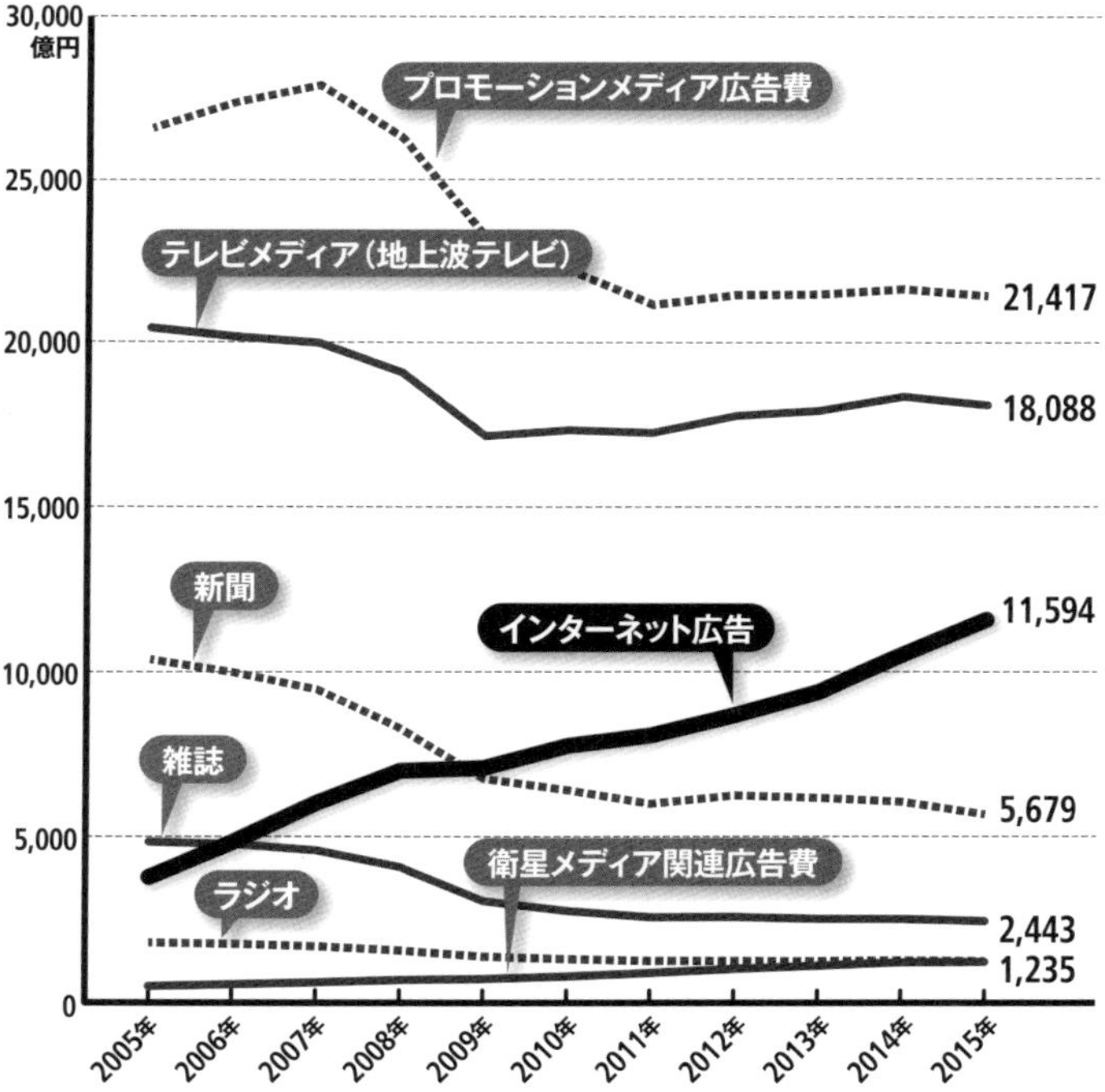

出典：電通「2015年 日本の広告費」などを基に作成

マスコミ4媒体の伸びが冴えない中、インターネット広告が日本の広告市場全体を牽引している。このトレンドは今後も変わりそうにない。

FOOTNOTE

1 http://www.dentsu.co.jp/knowledge/ad_cost/2015/media3.html
2 電通の「日本の広告費」では、2014年から地上波テレビと衛星メディアを一括りにしてテレビメディアとし、4マスの一つとして位置づけている。

141

顧客を全人的存在ととらえよ

マーケティング3・0への移行

The Shift to Marketing 3.0

過去のマーケティングから現代のマーケティングへ

コトラーによると、マーケティングは大きく三つの段階を踏んで発展してきたという。

第1に、製品管理に焦点を合わせたマーケティングだ。コトラーはこれを**マーケティング1・0**と呼ぶ。

その後マーケティングは、製品中心から顧客中心へと軸足を移すことになる。この顧客志向のマーケティングを、コトラーは**マーケティング2・0**と称している。

そしてコトラーは、現代社会がもつ特徴的な要因により、マーケティングはさらにバージョンアップすべき時期にきていると説く。これが**マーケティング3・0**だ。

マーケティング3・0では、「マーケティング2・0＝顧客志向のマーケティング」から、「**人間志向のマーケティング、価値主導のマーケティング**」へと移行する。

これは「消費者をマインドとハートと精神を持つ全人的存在ととらえ」、彼らの「一番深いところにある欲求、社会的・経済的・環境的公正さに対する欲求に、ミッションやビジョンや価値で対応する」[1]ようなマーケティングを指す。

コトラーの言うこの抽象的なマーケティング3・0の本質をさらに深く理解するには、マーケティングを3・0へと押し上げる時代の変化に着目しなければならない。

コトラーは次の三つがマーケティングを3・0へと押し上げる原動力だと考える。

①参加の時代→協働マーケティングの必要性。
②グローバル化のパラドックスの時代→文化マーケティングの必要性。
③クリエイティブ社会の時代→スピリチュアル・マーケティングの必要性。

以下、これらキーとなる三つの時代変化、変化に対する三つのマーケティングについて、より詳しく解説したい。

マーケティング3.0時代の到来

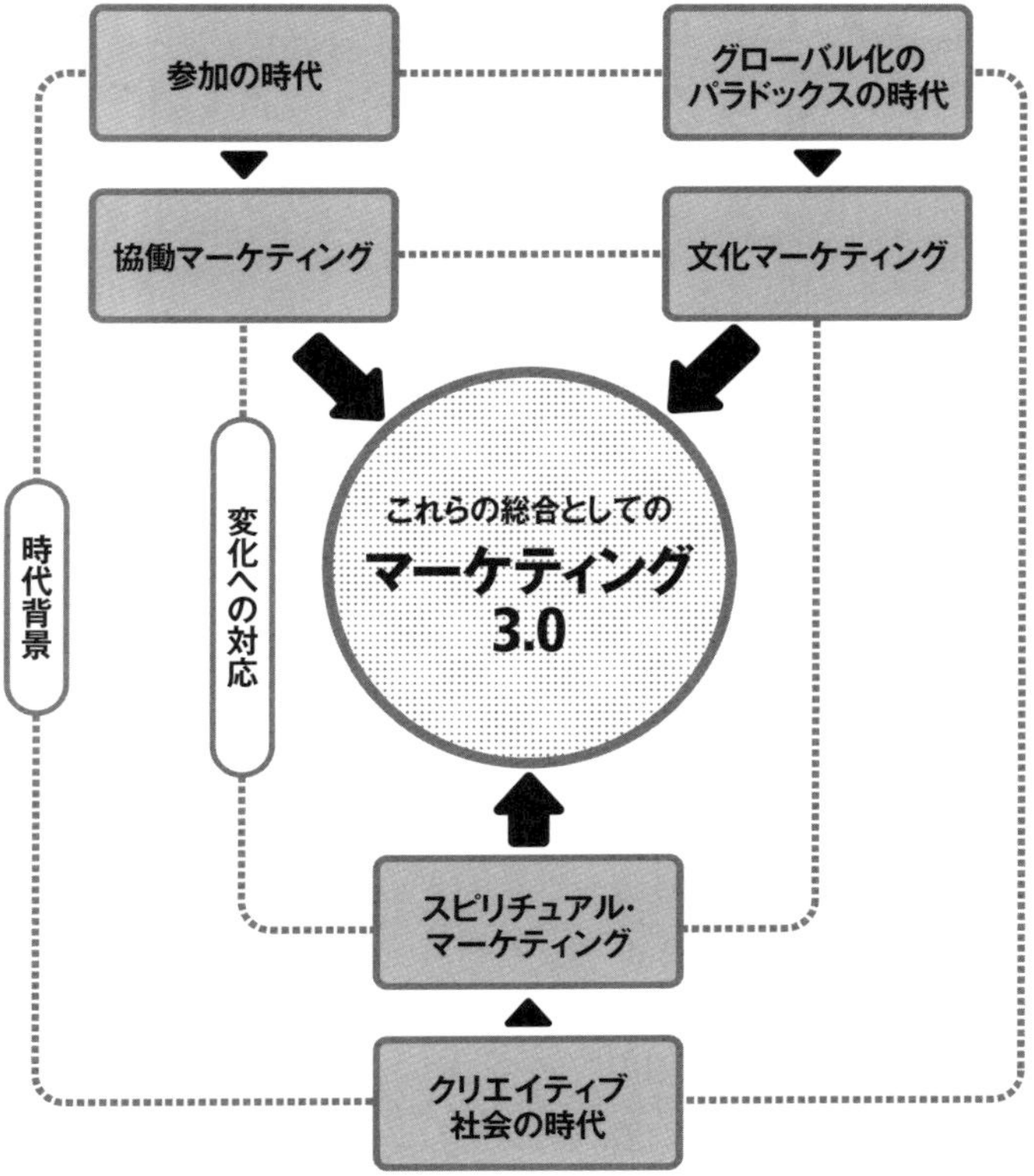

今やマーケティング2.0の時代からマーケティング3.0の時代へと移行しつつある。その時代背景と具体的なマーケティング施策について理解せよ。

FOOTNOTE
1 フィリップ・コトラー、ヘルマワン・カルタジャヤ、イワン・セティアワン『コトラーのマーケティング3.0』（2010年、朝日新聞出版）P17

142

ユーザーが参加して価値を創造する

参加の時代

The Age of Participation

第一の時代背景「参加の時代」とは何か

コトラーが指摘する最初の変化の兆候が**参加の時代**だ。これは、かつて消費者と呼ばれた人々が、単に製品を消費するだけではなく、企業が行っていた活動に参加して、自らも価値を創り出すようになった時代を指す。

参加の時代の震源は**情報技術**（ＩＴ）の進展だろう。中でも、２００５年から叫ばれるようになった**Ｗｅｂ２・０**は、決して忘れてはいけないキーワードだ。

Ｗｅｂ２・０は、ネット上のウェブの世界が旧来のモデルから新式のモデルに劇的に変化している状況につけられた名だ。米出版社オライイリー・メディアのＣＥＯティム・オライイリーが最初に用いた言葉[1]として、つとに有名だ。

ティム・オライイリーは、Ｗｅｂ２・０の特徴として、左ページに掲げた七つを示した。そして、この七つを少しずつ満たしているよりも、特定の分野で突出しているほうが、Ｗｅｂ２・０的だと指摘している。

この七つの要素の中で、最も特徴的なのが、②～④に共通する特徴だ。これは**ユーザー参加型**と言ってよい。

Ｗｅｂ２・０を代表するサービスは、ユーチューブやツイッター、フェイスブックなどの、いわゆる**ソーシャル・メディア**だ。これらはいずれも、ユーザーの参加がなければ存在し得ないサービスだということがわかる。

これらのサービスでは、企業側から一方的にコンテンツを提供するのではなく、ユーザーと一緒にコンテンツを創造する。そして、ユーザーの参加が多くなればなるほど、データがより多く蓄積され、結果、**集合知**としての価値が高まる。そうすると、高まった価値に引かれて、新たなユーザーが参加する。すると、さらに価値が高まる。[2]この好循環がユーザー参加型の大きな特徴と言えるだろう。

そして、ウェブの世界に端を発するユーザー参加型は大きなうねりとなり、直接ウェブ上のサービスとは関係のない企業にも無視できない時代になっている。これが**参加の時代**というわけだ。

参加の時代の到来

Web2.0の特徴

1. プラットフォームとしてのWebを効率的に活用する
2. ユーザー参加型データソースを活用する
3. ユーザーを共同開発者として扱う
4. 集合知を利用する
5. ロングテールを活用する
6. 単一デバイスにとらわれないソフトウェアの提案
7. 軽量なユーザー・インターフェイス、開発モデル、ビジネスモデルを採用する

出典:Tim O Reilly「What is Web 2.0」

▼

キーワードは「参加の時代」

参加の時代に応じたマーケティングが必要になる。それが協働マーケティングだ。

FOOTNOTE

1 http://www.oreillynet.com/pub/a/web2/archive/what-is-web-20.htmlの論文参照。

2 このようなユーザー参加型のメディアを**ユーザー・ジェネレイテッド・メディア（UGM）**とも呼ぶ。

143

協働マーケティング

Collaborative Marketing

顧客を大切なパートナーと考えよ

協働志向のマーケティングとは何なのか

参加の時代に欠かせないのが、**協働マーケティング**だ。

これは、顧客を消費者ととらえるのではなく、ともに価値を創造する大切なパートナーと考えてマーケティングを推進する態度だと考えればよい。

たとえば、アップルがｉＰｈｏｎｅやｉＰａｄ向けに提供するアプリケーションを考えてみよう。アプリはアップルのアップル・ストアから提供されるけれど、その開発はほとんどがアップル以外の企業や個人によるものだ。つまりアップルは自社以外のメンバーの参加を促し、その相乗効果で単独では困難な価値の創造を実現している。

また、近年の企業の広告も、参加が重要なキーワードの一つになっていることにも注目したい。今やオンラインを活用したクチコミによるマーケティング、いわゆる**バイラル・マーケティング**が、セールスに欠かせない手法になってきた。

そもそもクチコミをするのは企業ではない。企業以外のメンバーだ。そしてクチコミがセールスを左右する。

しかもオンラインのクチコミ力は絶大だ。情報はまたたく間にネット上をかけめぐり拡散する。これは、企業と顧客のコミュニケーションにも、ユーザー参加型が欠かせなくなってきたことを意味している。

企業とユーザーが協働で価値や経験を創造することを**共創**[1]と呼ぶ。共創には場が必要だ。その場として機能するのが**コミュニティ**だ。これはリアルなコミュニティでも、オンラインのコミュニティでも、いずれでもかまわない。そして、そのコミュニティの中で企業が他のメンバーと共創するには、企業自身が彼らと良好な関係を結ぶ人格をもつ必要がある。いわば**キャラクター化**だ。

こうして、協働マーケティングでは、「①共創」「②コミュニティ」「③キャラクター化」という三つの要素が不可欠になる。[2] そして、これら3要素を緻密に編み上げることが、協働マーケティングにほかならない。

協働マーケティングの３要素

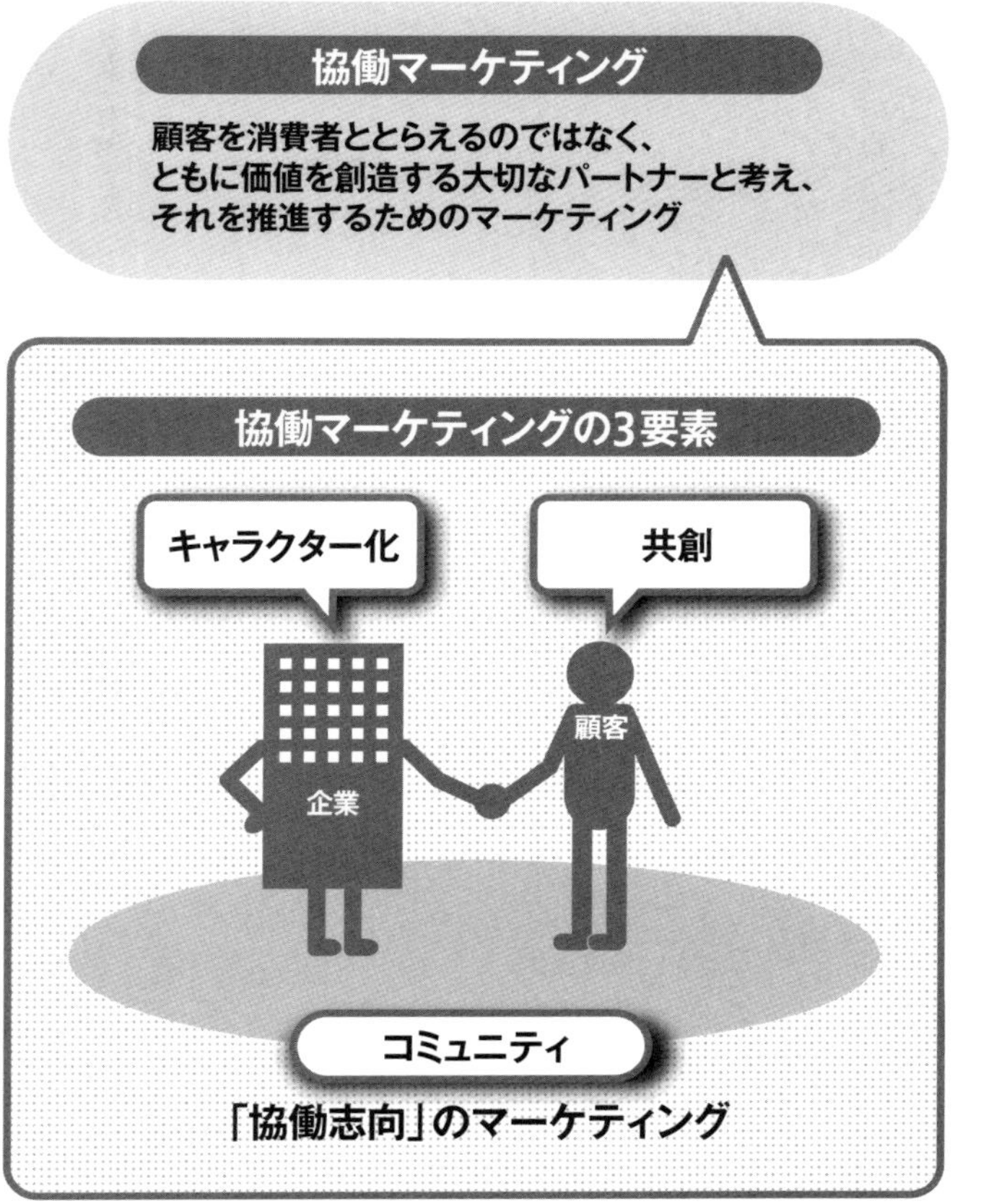

協働マーケティングでは、キャラクター化された企業がコミュニティで顧客と経験を共創する仕組みを作らないといけない。

FOOTNOTE

1 C・K・プラハラード、M・S・クリシュナン『イノベーションの新時代』（2009年、日本経済新聞出版社）P39。正式には「顧客経験の共創」と呼ぶ。

2『コトラーのマーケティング3.0』P58～62

144

グローバル化のパラドックスの時代

The Age of Globalization Paradox

グローバル化が生む不安を解消せよ

グローバル化によって生じる社会不安に注目せよ

コトラーが現代の大きな環境変化として掲げる2番目のトレンド、それが**グローバル化によるパラドックス**だ。

グローバル化は、我々に多様なパラドックス、多くの矛盾を突き付ける。その一つがグローバル化による**部族主義**の台頭だ。

グローバル化は世界を**フラット**[1]にすると考えられている。ところが、グローバル化により国境や国民性が曖昧《あいまい》になると、人は自分が何者なのかという疑問を強くもつ。この感覚は皆さんにもきっとわかるはずだ。こうして人は、自分という存在、すなわちアイデンティティを確かなものにするために、自分のルーツやよりどころを探し求める。積極的に地域やコミュニティに属そうとする。

その結果、顕著になるのが、地域やコミュニティとの関係強化、「部族」との絆を強めようとする部族主義だ。しかし、グローバル化の進展によって部族主義が進展するのだから、これぞまさにパラドックスだ。[2]

グローバル化は、他にも多くの矛盾を生み出す。たとえば、グローバル化により企業はより有利な場所で製品を作り、それを世界で売りさばこうとする。その結果、製造業は海外に移転し、国内の製造業は空洞化する。これは**雇用不足**という社会不安を生む。これもまたグローバル化のパラドックスの一つと言えるだろう。

また、近年の新興国の経済発展には目をみはるものがある。特に中国の躍進は、まさに驚異的という言葉がふさわしい。中国の飛躍を象徴的に示すのが、中国企業による日本企業の買収だ。これもグローバル化の一面として受け入れなければならない事実だろう。

しかし、たとえば中国企業に買収された企業が、いきなり中国流のやり方でビジネスを始めたとしたら？　たぶん多くの雇用者や消費者は反感を覚えるだろう。このようにグローバル化は、我々の身近でも多様な摩擦や社会不安を生じさせる。

社会不安を解消するマーケティング

マーケティングとは「ニーズに応えて利益を上げること」であった。

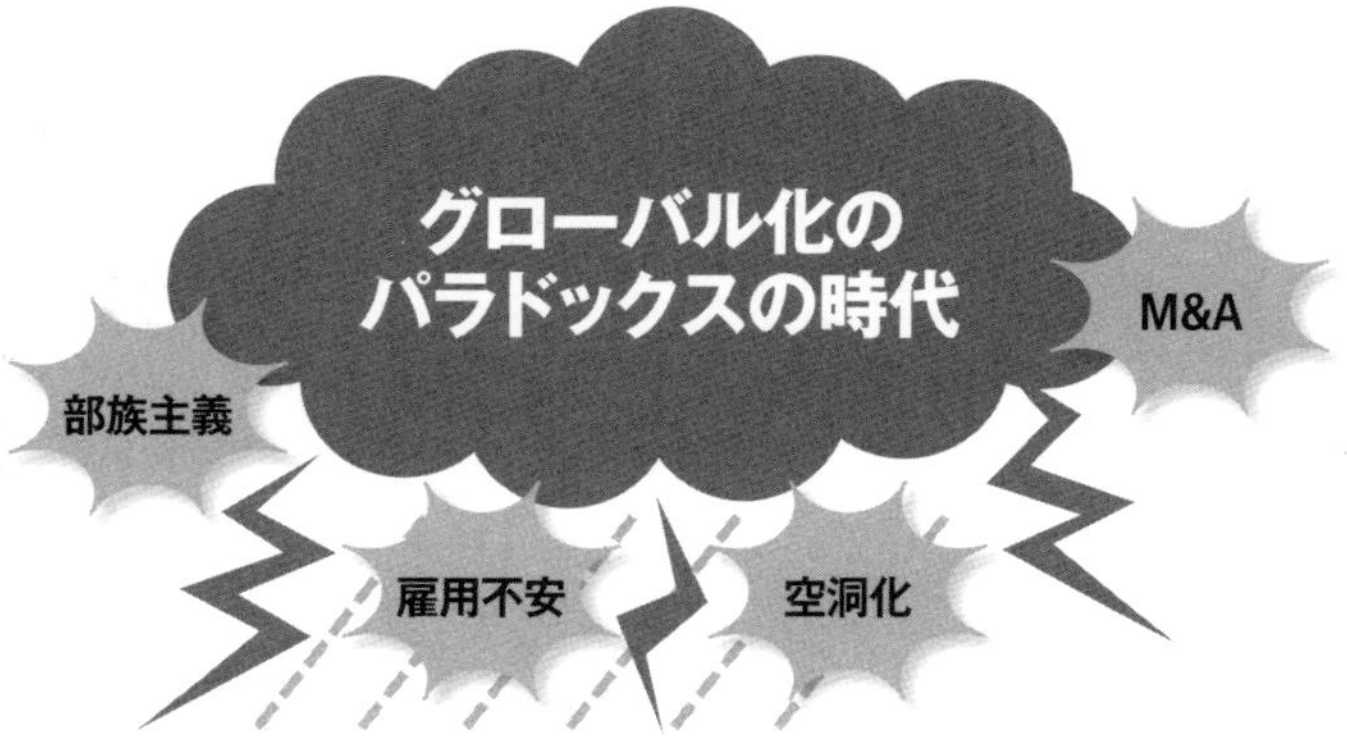

社会不安を解消したいというニーズに応えて利益を上げることもマーケティング3.0に対する要請だ。

コトラーは社会不安解消というニーズに対応するには文化マーケティングが欠かせないと言う。詳しくは次節を見よ。

FOOTNOTE

1 フラット化はアメリカのジャーナリストであるトーマス・フリードマンの著作『フラット化する世界』（2006年、日本経済新聞出版社）で著名になった。

2 グローバル化が部族主義を生み出すことは、ピーター・ドラッカーが1993年に公表した著作『ポスト資本主義社会』でふれている。その後、コトラーが著書『マーケティング3.0』で指摘しているように、ベンジャミン・バーバーやトーマス・フリードマンらが同様の主張をした。

145

文化マーケティング

Cultural Marketing

人々の不安を解消してよりよい社会実現を目指せ

社会不安に対処する文化マーケティングとは何か

テーマ144を読んだ人の中には、「たかが一企業が人々の社会不安に対処するのは、あまりにも問題が大き過ぎる」と感じた人がいるはずだ。しかし、そこに機会を見出《みいだ》すべきだと考えるのがコトラーの立場だ。

先に見たように、**グローバル化のパラドックスの時代**は、社会を取り巻く不安の時代とも言い換えられる。

この不安を解消するには、何らかの主体がコミュニティにおける人々とのつながりを促したり、地域社会に対する責任を果たしたり、あるいは日本人としてのアイデンティティを目覚めさせる取り組みをしたりするのが欠かせない。

実は、こうした活動が企業に求められているとコトラーは主張する。

ちなみに、企業が社会問題を直視し、**社会的コーズ**[1]（大義または主張）を明確にして、その解決を目指す活動を**社会的責任マーケティング**と呼ぶ。

これは企業が顧客を巻き込みながら社会的責任を果たして、社会を少しでもよいものにしようという取り組みだ。現在、新たなタイプのマーケティングとして注目されている（この点についてはのちに詳しく述べる）。

企業が取り上げる社会的コーズにはさまざまなものがあるだろう。

ある企業は地球温暖化かもしれないし、別の企業は貧困の撲滅かもしれない。そのような中、特に文化的な問題に着目し、その解消を目指すのが**文化マーケティング**だ。

コトラーは、「消費者の85パーセントが社会的責任を果たすブランドをそうでないブランドより好んでおり、70パーセントがそうしたブランドに割り増し価格を払う用意があり、55パーセントがそうしたブランドを家族や友人に勧めたいとまで思っている[2]」と述べている。

この点を理解し、文化マーケティングを通じて社会的責任を果たす。

それは企業にとって大きな機会になるだろう。

企業と社会的コーズ

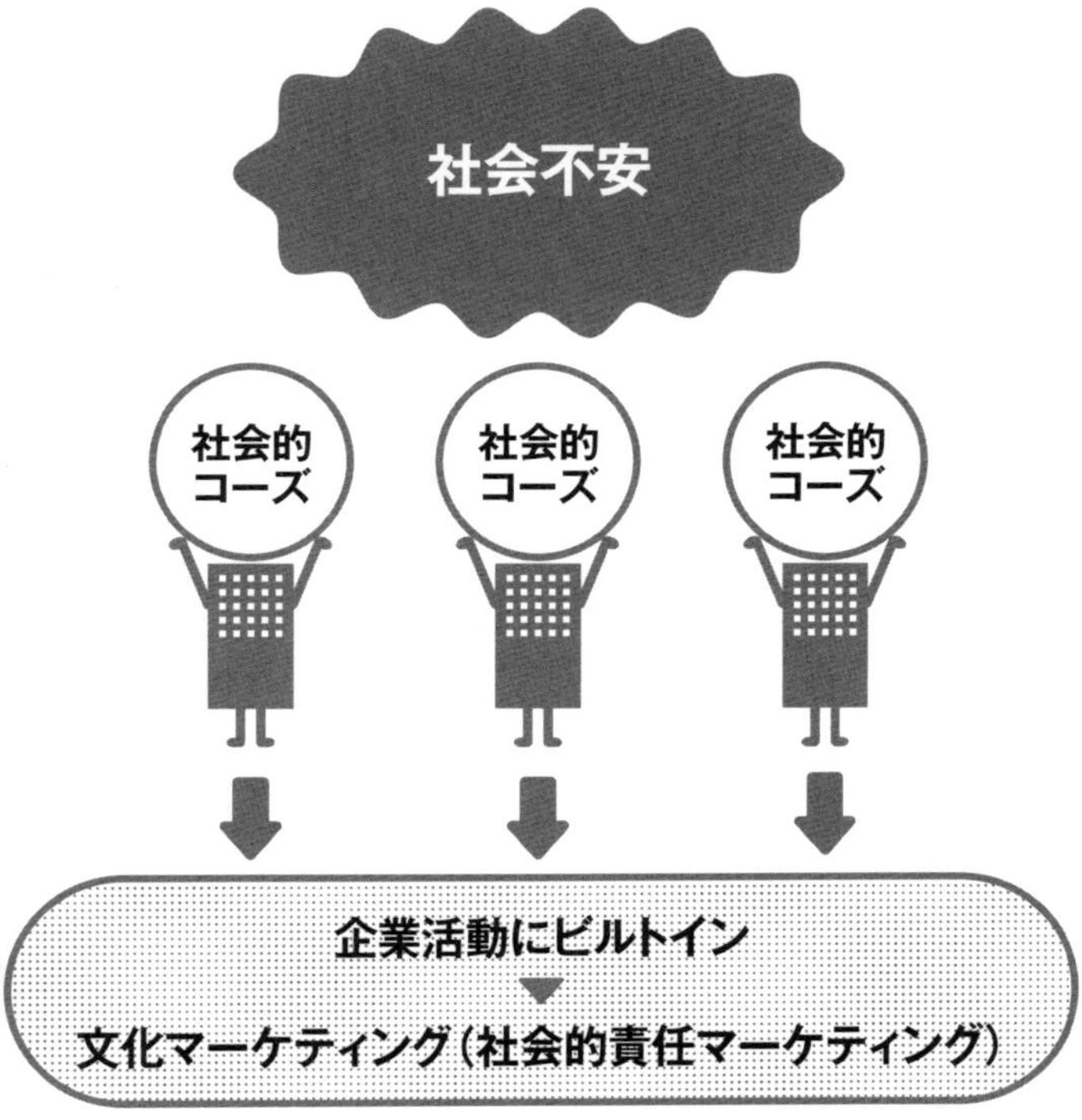

社会的コーズを掲げ、その解消や達成に向けた活動を企業活動にビルトインする。これが文化マーケティングだ。文化に焦点を合わせた社会的責任マーケティングと言ってもよい。

FOOTNOTE

1 cause。何かを強力に防いだり支持したりする大義や目的、主義、主張を指す。

2『コトラーのマーケティング3.0』P58～62

146

クリエイティビティが経済を牽引する

クリエイティブ社会の時代

The Age of Creative Society

クリエイティブ社会と自己実現の欲求

最後は3番目のトレンド、**クリエイティブ社会の到来**についてだ。

社会学者**リチャード・フロリダ**[1]は、今世紀初頭の著作の中で、社会は**クリエイティブ経済**の時代に入ったと主張した。クリエイティブ経済とは、膨大な人口を誇るようになった**クリエイティブ・クラス**によって動かされる経済を指す。転じてクリエイティブ経済が経済の中心となった社会を**クリエイティブ社会**と呼ぶ。

クリエイティブ・クラスとは、「科学者、技術者、建築家、デザイナー、作家、芸術家、音楽家あるいはビジネス・教育・医療・法律などに関わる職務に就き、その中心的な部分においてクリエイティビティを発揮することを求められている者[2]」を指す。

フロリダによると、クリエイティブな職業に就く人々は、1900年時点でアメリカ人労働者の10％だった。これが、80年には20％近く、2005年にはアメリカ人の全労働者に占める30％の4000万人に及ぶという[3]。そして、クリエイティブ・クラスの増加はアメリカのみならず、欧州や日本でも進展し、経済に大きな影響を及ぼしているというのが、フロリダの考えだ。

一方、コトラーに目を向けると、クリエイティブ社会で暮らす人々は、心理学者**アブラハム・マズロー**[4]が提唱した**自己実現の欲求**が極めて強いと指摘する。自己実現の欲求とは、自分がしたいことをし、それで生活ができ、それに対して世間の人に評価してもらいたいという欲求だ。

我々は物資的には大変豊かになった。でも、生活に対する満足度が向上しているかというと、そうでもない。その結果、いわば物質主義的価値観から、それを超える価値観へとシフトしている。それは自己表現の欲求や生活の質の重視、幸福や生きる意義の追求であったりする。

一言で言うと自己実現だ。コトラーは、このような時代のトレンドにも対応せよと主張する。

クリエイティブ社会

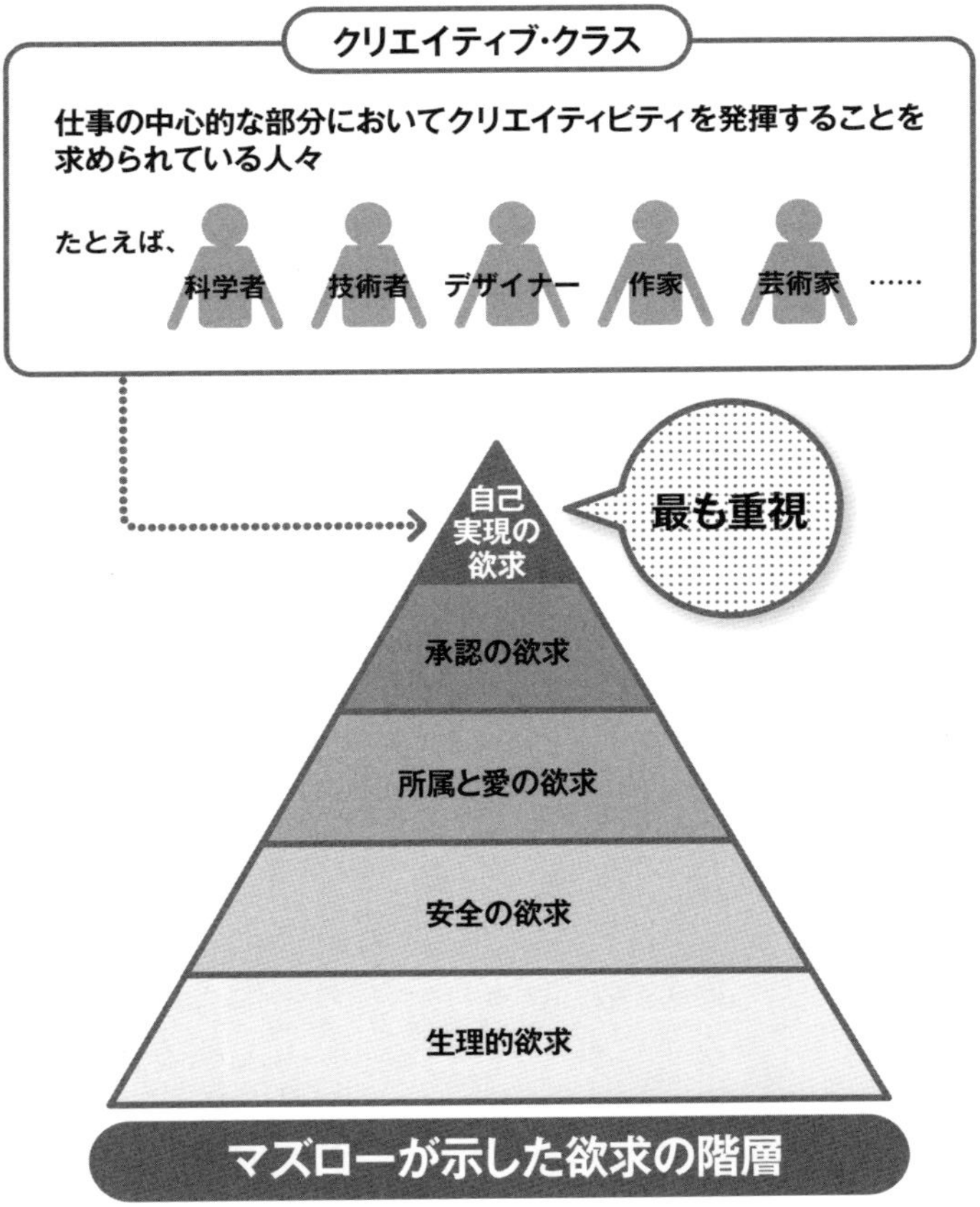

クリエイティブ社会の住人は、自己表現や生活の質、生きる意義などを重視する。マーケティングもこれに応じたものでなければならない。

FOOTNOTE

1 Richard Florida（1957～）。アメリカの社会学者。クリエイティブ・クラスの研究で著名。
2 リチャード・フロリダ『クリエイティブ資本論』（2008年、ダイヤモンド社）Pxix
3 リチャード・フロリダ『クリエイティブ・クラスの世紀』（2007年、ダイヤモンド社）P36
4 Abraham Maslow（1908～1970）。アメリカの心理学者。人間性心理学の創始者。

147

「人間の幸福」という最大のニーズに対処せよ

スピリチュアル・マーケティング

Human Spirit Marketing

スピリチュアル・マーケティングとは何か

製品が基本的なニーズを満たす機能をもつだけでは不十分であることは、マーケティング２・０の時代からわかっていた。

そのため編み出されたのがＳＴＰ（**テーマ１０８**）による、人々のマインドに訴える手法だ。さらには、ブランド戦略（**テーマ１２５**）を駆使して、人々のハートに訴える手法も導入してきた。しかしこれだけではもの足りなくなってきているのが**クリエイティブ社会の時代**だ。

今や人はマインドやハートへの訴求のみならず、人間の精神を揺さぶる感動を求めている。これが自己実現の欲求が強いクリエイティブ社会に暮らす人々の最も深いニーズだとコトラーは考えている。

そのためには、企業自身が人間の幸福を高める**社会的コーズ**（**テーマ１４５**）に関わるミッションを明確にし、そのミッション追求のためのビジョンと価値観を明らかにする。その上で、掲げた社会的コーズに対して真摯《しんし》な態度で挑まなければならない。

コトラーは、このようなマーケティング手法を**スピリチュアル・マーケティング**と呼ぶ。そして、「その企業が人間の幸福にどのように貢献しているのかを消費者が認識すれば、利益は自《おの》ずとついてくる」[1]と述べた。

政治学者で米駐日大使就任も取り沙汰されたことのある**ジョセフ・ナイ**[2]は、国家がもつべき力として**ソフト・パワー**の重要性を指摘している。

ソフト・パワーとは、従来型国家が重視した軍事力や強制力ではなく、「無形であるが否定しようのない魅力によって相手の行動を引き出すこと」[3]だ。つまり、軍事力ではなく、国がもつソフトな魅力で他国を引き付ける力だと考えればよい。

同じ力学は企業にも欠かせない。このソフト・パワーを企業が身につけるための方法論が、スピリチュアル・マーケティングだと言ってよい。

スピリチュアル・マーケティングとソフトパワー

企業がソフトパワーをもてば人々はその魅力に引かれて行動し、利益も自ずとついてくる。このソフトパワーを身につけるための活動が、スピリチュアル・マーケティングと言えるだろう。

FOOTNOTE

1『コトラーのマーケティング3.0』P43
2 Joseph Samuel Nye（1937～）。アメリカの国際政治学者。
3 ジョセフ・S・ナイ『ソフト・パワー』（2004年、日本経済新聞出版社）P28

148

マインド・ハート・スピリットの三つどもえを対象にせよ

3iモデルの推進

The 3i Model

マーケティング3・0に必要なモデルとは

現在のところ、多くの企業は**マーケティング2・0**の段階にある。しかし、従来型のマーケティング2・0では、新たな時代に対応するのが困難なのは、以上に見てきたとおりだ。となると、マーケティング2・0思考に**マーケティング3・0思考**を組み込まなければならない。

コトラーはこれを実現するために、**3iモデル**というコンセプトを打ち出した。3iモデルは、ブランド・アイデンティティ、ブランド・インテグリティ、ブランド・イメージ、ブランド・インテグリティという3要素で、人々のマインド、ハート、精神に訴えかけることを目指す。

ブランド・アイデンティティは、ブランドを顧客のマインド内にポジショニングすることだ。また、**ブランド・イメージ**はブランド戦略と差別化により、顧客の感情的なニーズや欲求を満足させる。これは人々のハートに訴えかける。以上はマーケティング2・0で実践されてきたSTPとブランド戦略だ。

マーケティング3・0では、これらに加えて**ブランド・インテグリティ**の実現を目指すのが大きな特徴だ。これは「誠実であること、約束を果たすこと、そして当該ブランドに対する消費者の信頼を醸成すること」[1]だ。

ブランド・インテグリティの実現に必要となるのが誠実さを前面に、約束を徹底して守り抜く態度による差別化だ。実はこれを実現するためのマーケティングが、**協働マーケティング**、**文化マーケティング**、**スピリチュアル・マーケティング**からなる**マーケティング3・0**にほかならない。

中でも、**社会的コーズ**に従う文化マーケティングそしてスピリチュアル・マーケティングは、企業の存在証明であるミッションと深く関わる。

企業のミッションが、人々を納得させるもの、リスペクトされるものであり、実際に企業がそれを有言実行すれば、それは「**究極の差別化**[2]」になるだろう。その究極の差別化手法、それがマーケティング3・0にほかならない。

3i モデル

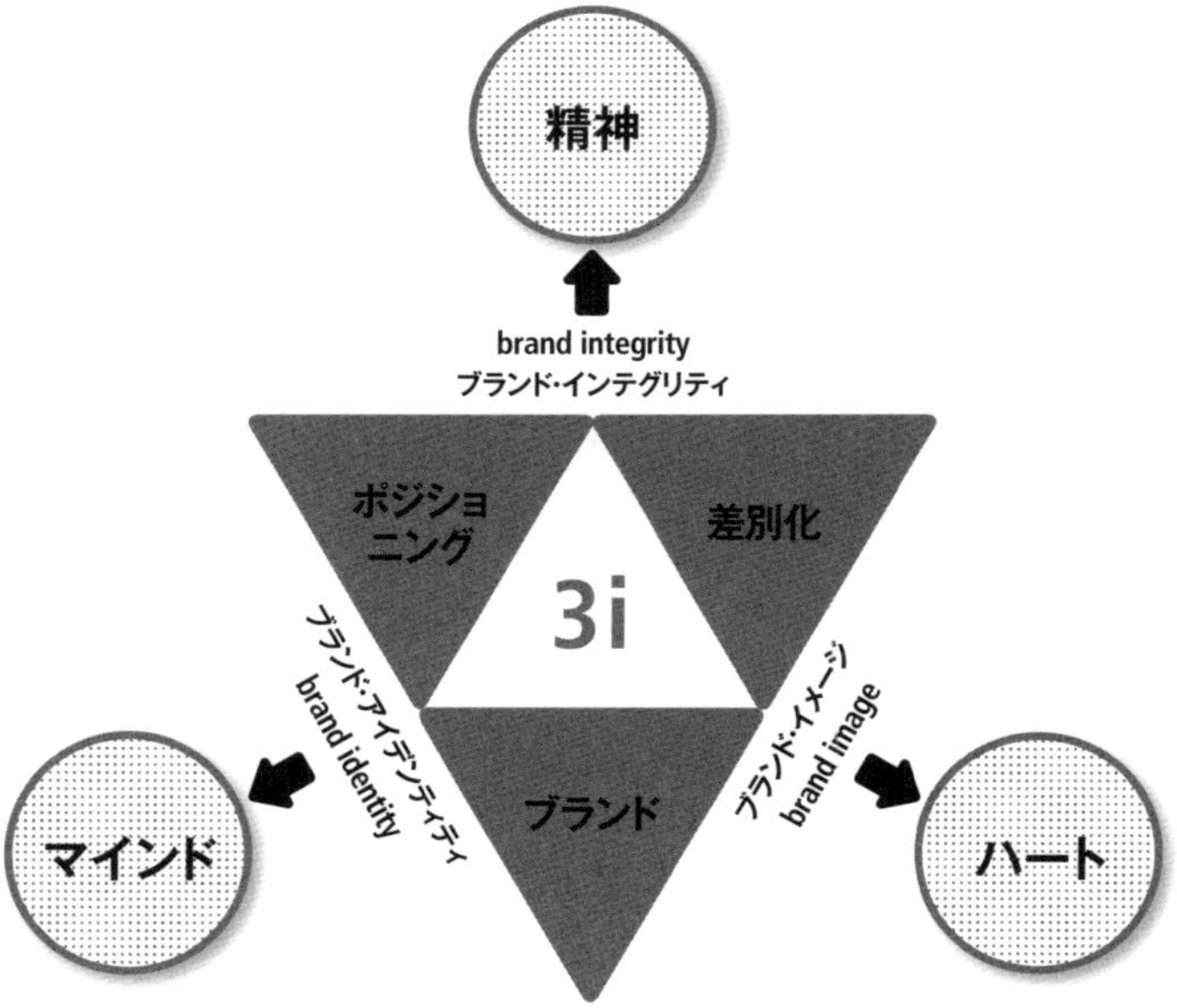

出典：フィリップ・コトラーほか『コトラーのマーケティング3.0』P65を基に作成

精神的ニーズに応えることが究極の差別化だ。そのためには、マーケティング3.0を構成する協働マーケティング、文化マーケティング（社会的責任マーケティング）、スピリチュアル・マーケティングが欠かせない。

FOOTNOTE
1『コトラーのマーケティング3.0』P65
2『コトラーのマーケティング3.0』P42

149

ホリスティック・マーケティング

Holistic Marketing

あらゆるマーケティングを統一的に推進する

ホリスティック・マーケティングを構成する四つの要素

近年コトラーが提唱しているマーケティング・コンセプトに**ホリスティック・マーケティング**がある。

コトラーは、このホリスティック・マーケティングを「マーケティングのプログラム、プロセス、活動それぞれの幅と相互依存を認識した上で、マーケティングのプログラム、プロセス、活動を開発し設計し実行することをいう」[1]と定義する。その上で、ホリスティック・マーケティングを構成する要素を四つに分類にしている。

①リレーションシップ・マーケティング
②統合型マーケティング
③インターナル・マーケティング
④社会的責任マーケティング[2]

①リレーションシップ・マーケティングは、**テーマ137**などで述べたとおりだ。また、②は統合型マーケティング・コミュニケーション（**テーマ131**）のことだ。③のインターナル・マーケティングの重要性は、サービス業のマーケティングについて考える際にふれた（**テーマ124**）。そして、④社会的責任マーケティングは、**社会的コーズ**を明確にして、その解決を目指す活動だった。

社会的責任マーケティングは、社会的コーズに関わることから、**文化マーケティング**（**テーマ145**）や**スピリチュアル・マーケティング**（**テーマ147**）を包摂したものだと考えてよい。マーケティング3・0の肝とも言える。

一般に、企業の社会的責任とマーケティングとは、まったく別物と考えられてきた。一方、マーケティング3・0の**3iモデル**（**テーマ141**）をベースにすると、企業には人の精神を揺さぶるマーケティングが不可欠になってきている。これを具体化するのが、実は社会的責任マーケティングだ。このような視点から、以下、社会的責任マーケティングについて詳しく見ていきたい。

ホリスティック・マーケティングの構成要素

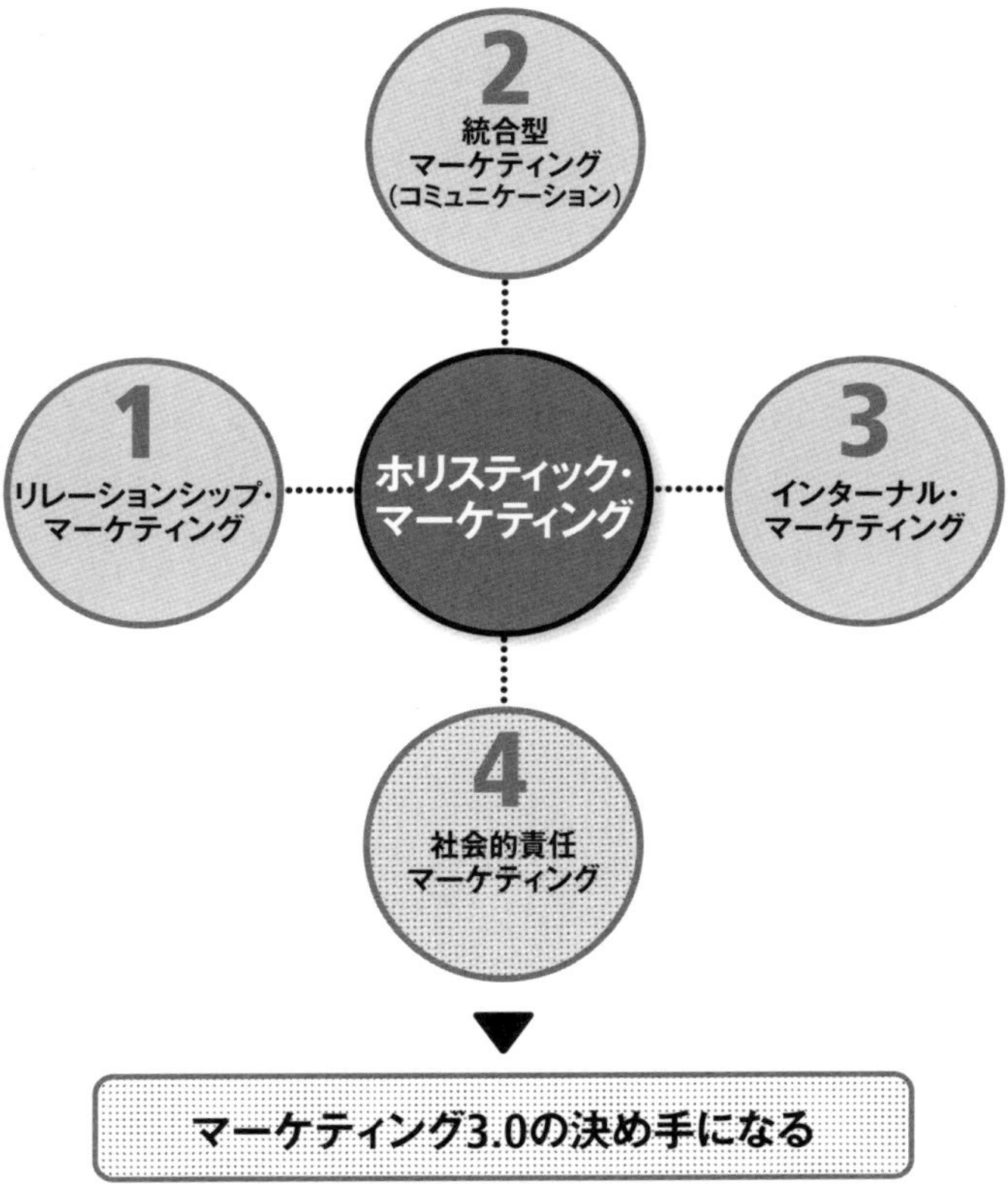

ホリスティック・マーケティングは四つのマーケティングからなる。マーケティング3.0では、特に社会的責任マーケティングに注目したい。

FOOTNOTE

1『コトラー＆ケラーのマーケティング・マネジメント』P21

2 コトラーは『マーケティング3.0』で、社会的責任マーケティングをコーズ・マーケティングと称している。社会的責任マーケティングとコーズ・マーケティングは同義だと考えてもらいたい。

150

社会的コーズ（大義、主張）に取り組む

社会的責任マーケティング

Socially Responsible Marketing

あなたの会社の社会的コーズを明確にせよ

企業が社会的責任を果たすには、社会的な取り組みが必要になる。コトラーによると、社会的な取り組みとは、「社会的コーズへの取り組みを支援し、社会的責任を果たすために企業が行う主要活動のこと」[1]となる。

社会的コーズとは、社会的な「大義」や「主張」のことだった（**テーマ145**）。社会的な社会をもっとよくする、社会をもっと住みやすくするために、その企業がどのような主張をもっているのか。これが社会的コーズにほかならない。

この社会的コーズに従って社会的な取り組みを行うと同時に、利益も獲得するのが社会的責任マーケティングだ。その種類には次の六つがあるとコトラーは言う。[2]

①コーズ・プロモーション
②コーズ・リレーテッド・マーケティング
③ソーシャル・マーケティング
④コーポレート・フィランソロピー
⑤地域ボランティア
⑥社会的責任に基づく事業の実践

個々の詳細については次テーマ以降で説明するとして、社会的責任マーケティングで誰もが気になるのは、公的組織が対象とするような社会的コーズと企業の利益は両立するのかという点だろう。コトラーは両立すると言う。

テーマ145でもふれたように、社会責任を果たす企業の評価は高く、選好度や割り増し価格を支払う用意、友人や家族などに勧める意思などで高い支持を集めている。実際、**エシカル消費**[3]という言葉も生まれていて、これは消費者が少々価格は高くても社会貢献型の製品を好んで選択する消費スタイルを指す。

社会的コーズへの対応は、今や**成長や差別化を生み出す機会**[4]だ。社会的責任マーケティングはその機会を活用するための活動と理解したい。

6種類ある社会的責任マーケティング

社会的コーズ

▼

1	コーズ・プロモーション	社会的主張に対して意識と関心を高めることを指す。たとえば「地球温暖化の抑制」に対する意識と関心を高めることに焦点をあてた企業活動などはこれに分類されるだろう。
2	コーズ・リレーテッド・マーケティング	製品の売上を通してなされる社会貢献を指す。同じ「地球温暖化の抑制」でも、売上の何%かを該当する活動に寄付する場合はこちらに分類される。
3	ソーシャル・マーケティング	行動改革キャンペーンの支援に焦点をあてる。地球温暖化の抑制のために、人々が二酸化炭素排出を少なくするよう促す活動に焦点を合わせれば、こちらに分類されるだろう。
4	コーポレート・フィランソロピー	最も伝統的な取り組みで、コーズに対する直接的な寄付活動になる。
5	地域ボランティア	従業員が地域ボランティアに時間を割くことを、企業が支援することを指す。
6	社会的責任に基づく事業の実践	コーズを支援するための自主的な事業活動と投資を指す。

社会的コーズありきで社会的責任マーケティングが存在する。その種類は6種類だというのがコトラーの考え方だ。

FOOTNOTE

1『社会的責任のマーケティング』P4
2『社会的責任のマーケティング』P28〜30。以下の記述は同書を参考にしている。
3 エシカルとは英語のethicalで倫理的、道徳的という意味だ。
4『コトラーのマーケティング3.0』P187

151

コーズ・リレーテッド・マーケティング

Cause-Related Marketing

社会的コーズに対する人々の関心を高めよ

紛らわしさを払拭する

社会的責任マーケティングは6種類あるのがわかった。しかしどれも内容が類似していて区別しづらい。中でもコーズ・プロモーションとコーズ・リレーテッド・マーケティングの違いがわかりにくい。

コーズ・プロモーションは、企業がもつ社会的コーズに対して人々に注意を向けさせ、関心を高めてもらうために行う活動だ。企業はこのコミュニケーションのために費用を割く。製品の売上とは直接的に連動しない活動だ。

たとえば、アメリカの著名アイスクリーム・メーカーのベン・アンド・ジェリーズは、社会的コーズに地球温暖化の抑制を掲げている企業として有名だ。ウェブサイトやコンサートなどを通じて、地球温暖化や二酸化炭素削減に対する意識や関心を高める活動を、継続して実施している。

一方、**コーズ・リレーテッド・マーケティング**は、一般的に期間限定で、特定の製品の売上のうち何%かを、自らの社会的コーズのために投入する活動を指す。特定の製品のセールスと結び付いているという点で、コーズ・プロモーションとは一線を画す。

コーズ・リレーテッド・マーケティングで著名なものに、アメリカン・エキスプレスが1980年代初頭に行った**自由の女神修復キャンペーン**がある。

このキャンペーンは、自由の女神修復のために、カード保有者がカードを1回利用するごとに1ペニー、新規カードの発行ごとに1ドルをアメリカン・エキスプレスから寄付するものだった。

これにより同社は170万ドルを寄付するとともに、利用件数は30%アップ、新規カード発行数は15%アップを実現した。[1]

また、ロックバンドU2のボノらが主体となって活動している**レッド・キャンペーン・プロジェクト**も、コーズ・リレーテッド・マーケティングの一例だ。[2] 収入は世界基金に提供され、貧困者支援の活動に用いられる。

コーズ・プロモーションとの違い

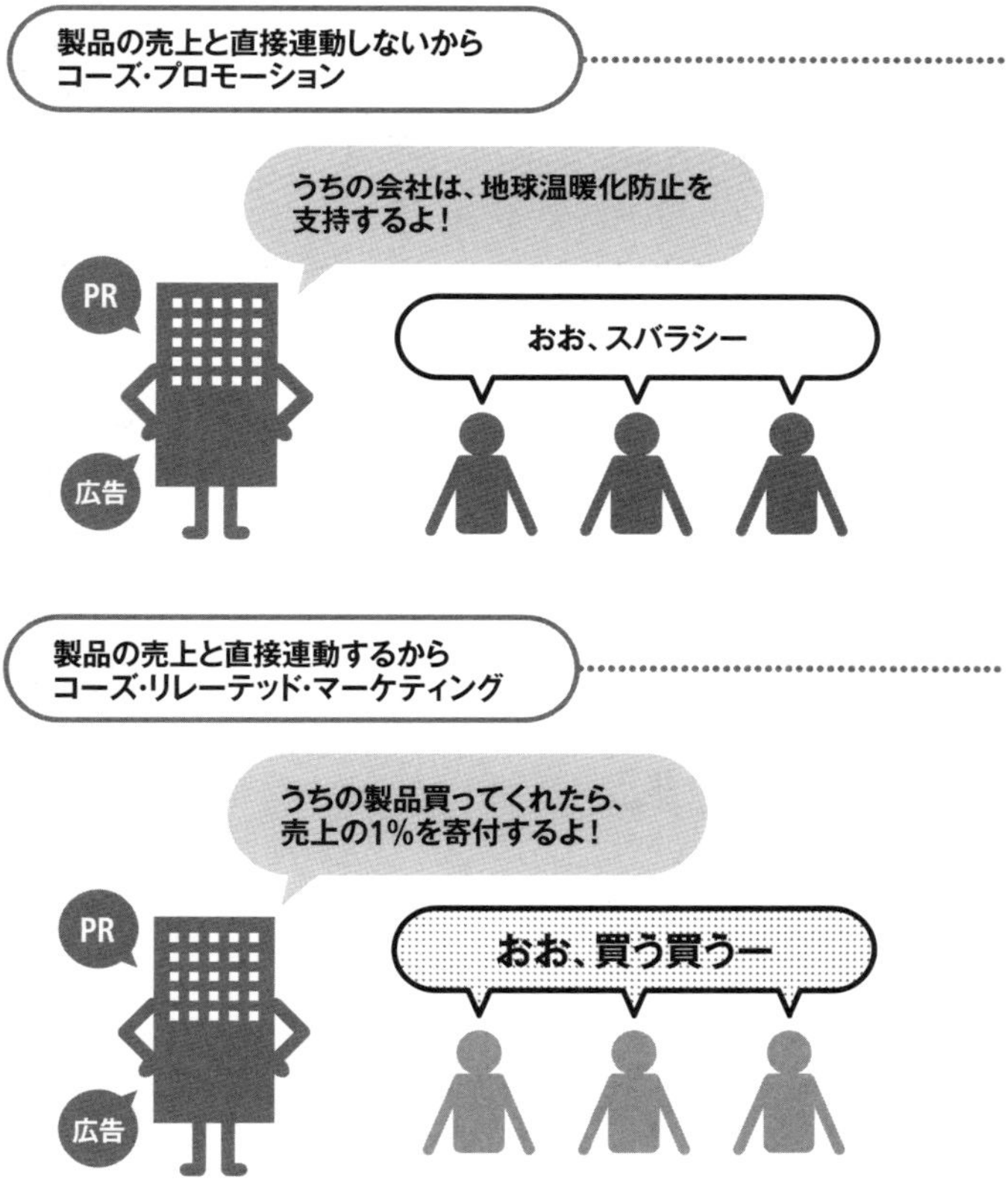
製品の売上と直接連動しないから
コーズ・プロモーション
うちの会社は、地球温暖化防止を
支持するよ！
PR
広告
おお、スバラシー
製品の売上と直接連動するから
コーズ・リレーテッド・マーケティング
うちの製品買ってくれたら、
売上の1%を寄付するよ！
PR
広告
おお、買う買うー

製品の売上に直接連動するかしないかが、両者の違いなのである。

FOOTNOTE

1『コトラー＆ケラーのマーケティング・マネジメント』P885

2 賛同企業を募り、企業が製品に「レッド」のラベルを貼ると、ライセンス料を徴収するという仕組みをとっている。

152

人々に行動改革を迫る

ソーシャル・マーケティング

Corporate Social Marketing

ソーシャル・マーケティングとは何か

ソーシャル・マーケティングは、公衆衛生や治安、環境、公共福祉の改善などについて「常に行動改革[1]」を迫る活動を指す。この行動改革が眼目になっているか否かが、ソーシャル・マーケティングか否かの分かれ目になる。コトラーの言葉を借りるならば、「社会文化的変化を生み出すマーケティング[2]」だと言ってもよい。

営利目的の企業は会社の利益を第一義にする。一方、ソーシャル・マーケティングでは、「その第一の目的は個人的もしくは社会的利益[3]」を目指す。これが達成されることで、「社会的・文化的変化」が起こるわけだ。

ソーシャル・マーケティングが対象とする具体的な分野は多岐にわたる。たとえば、乳がんや前立腺がん、禁煙、妊婦のアルコール依存、HIV、大気汚染、地球温暖化、野生動物保護、貧困問題の解消などがある。

コトラーの定義では、企業が社会的責任の遂行で従来とってきた寄付活動は、社会的責任マーケティングの4番目に位置する**フィランソロピー**として分類されている。

また、5番目の**地域ボランティア**は、企業が従業員の地域ボランティア参加を積極的に後押しするマーケティング手法を指す。ボランティア休暇などはその一例だ。

それから、社会的責任マーケティングの6番目に位置する**社会的責任に基づく事業の実践**も、その名からはどういう内容なのか把握しにくいものだと思う。こちらの活動は、ソーシャル・マーケティングの発展型だと考えればよい。

社会的責任に基づく事業の実践では、企業が実践する事業そのものが、社会的コーズに従ったものになる。その究極の形が、その発足当初から社会的コーズに従って設立された企業にほかならない。

このような形態の企業のことを**ソーシャル・ビジネス・エンタープライズ**（**テーマ153**）、そしてそうした企業を立ち上げる人のことを**社会起業家**と呼び、いま注目を集めているのは、皆さんもご存じだと思う。

まだある社会的責任マーケティング

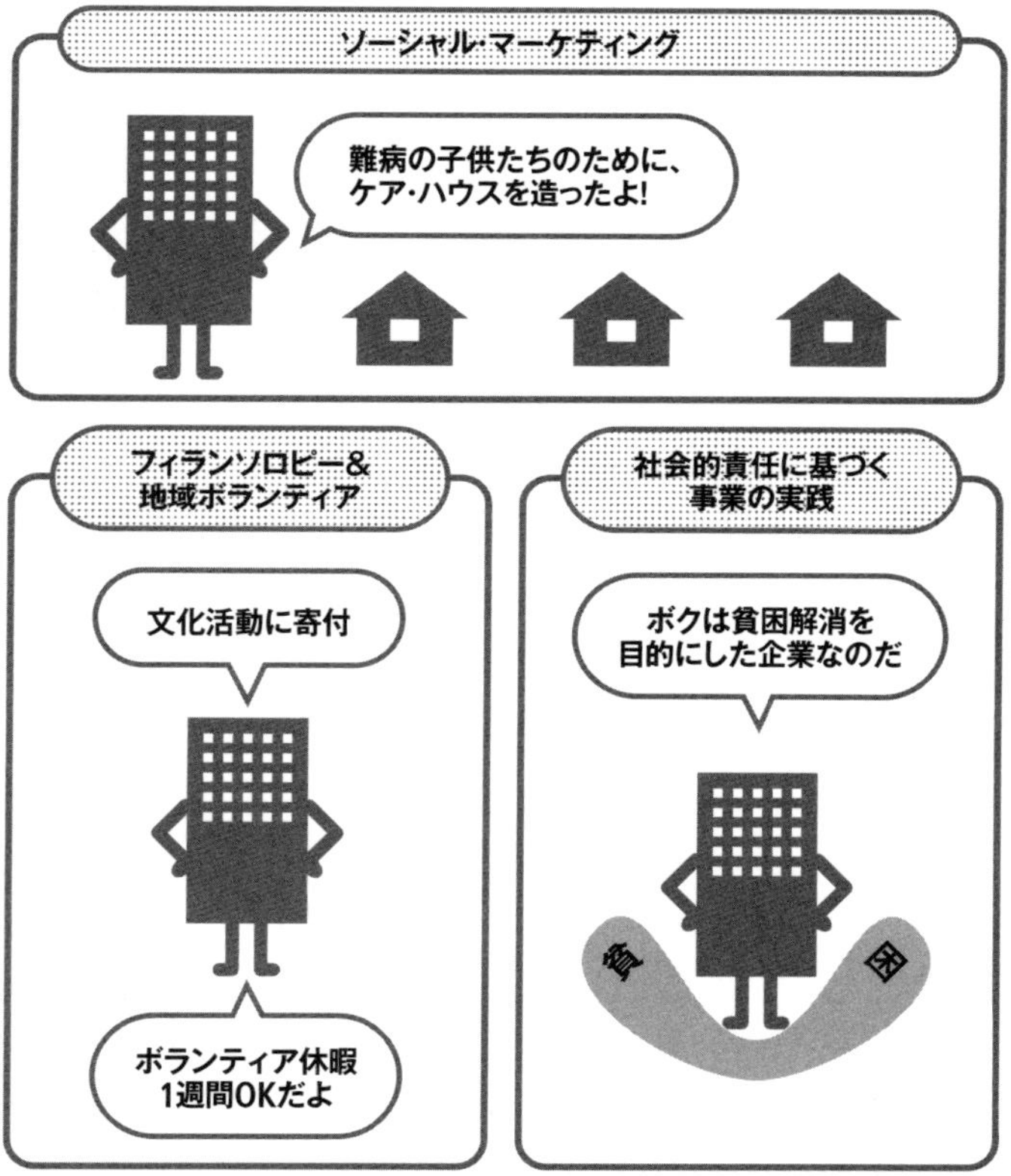

このように社会的責任マーケティングのタイプはさまざまだ。
自社にとってどのタイプがふさわしいのかじっくり考えよう。

FOOTNOTE
1『社会的責任のマーケティング』P132
2『コトラーのマーケティング3.0』P188
3『コトラーソーシャル・マーケティング』P80

153 ソーシャル・ビジネス・エンタープライズ

Social Business Enterprise

企業の存在自体が社会的コーズの実現に根ざす

グラミン銀行が目指す貧困の終焉

テーマ152の最後でふれた**ソーシャル・ビジネス・エンタープライズ（SBE）**[1]は、「社会的目的が企業の最も重要な事業目的とされていて、その企業の意思決定に明確に反映[2]」されており、同時に利益も上げる企業を指す。

SBEで最も著名なのは、2006年にノーベル平和賞を受賞した**ムハマド・ユヌス**[3]が、貧困の終焉《しゅうえん》を社会的コーズとして起業した**グラミン銀行**だろう。同行はバングラデシュを拠点に、貧困層を経済的に自立させるとともに、企業としても利益を上げることに成功している。

グラミン銀行の特徴は**マイクロ・クレジット**という事業を展開している点だ。これは、貧しい人々に対して少額のお金を無担保で貸し出す制度だ。そして、このお金を元手にして、貧しい人々に事業を行わせる。借り手はそこから得た収益で融資の返済をするとともに、経済的な自立に道筋をつける。

お金の貸し方にはちょっとした工夫がある。たとえば、個人がローンを組むには地域グループの同意が必要になる。これにより借り手は、グループの一員という意識が強くなって、独りぼっちではないと感じる。結果、返済義務の意識も高くなる。加えて、何か個人に問題が生じた場合でも、グループ全体がその問題を解決する。この方法を採用することでグラミン銀行は、高い収益と同時に、貧困層が経済的に自立することを支援している。まさに社会的コーズと利益の両立にほかならない。

ピーター・ドラッカーは「**あらゆる組織は社会の機関（オーガン）**」だと述べた（**テーマ003**）。これは言い換えると、あらゆる組織は何らかの社会的コーズに対処すべく存在するということだ。SBEは本来企業がもつべきこの精神から生まれたものだと言える。

そして、既存の企業であっても、社会的責任を念頭に置く**マーケティング3・0**を推進することで、「企業＝社会の機関」という精神を改めて認識できるにちがいない。

グラミン銀行の融資方法

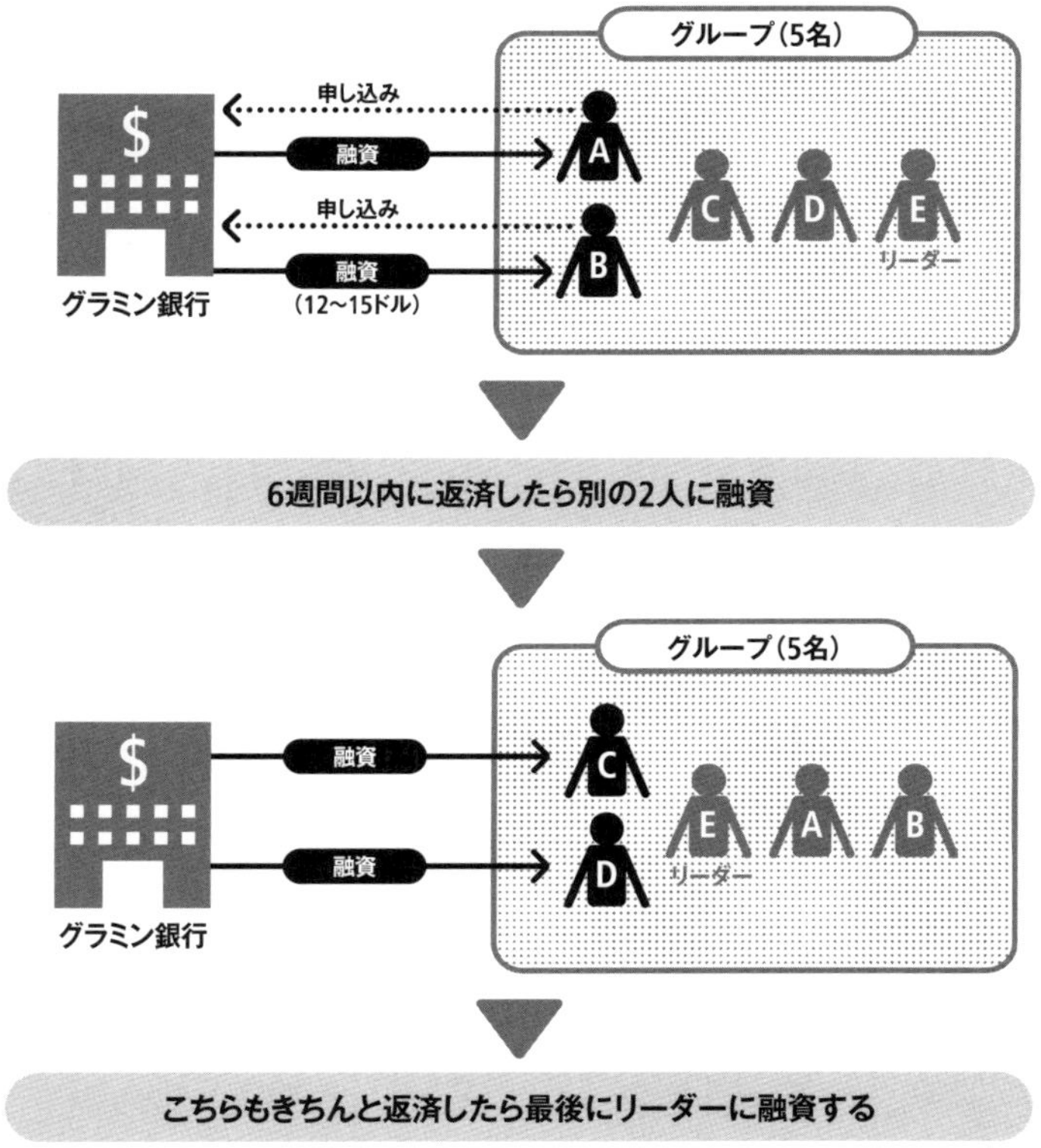

グラミン銀行は、融資したお金を貧困層が貧困から脱け出せるような活動に充てるよう指導している。

FOOTNOTE

1 Social Business Enterpriseの略。
2『コトラーのマーケティング3.0』P207
3 Muhammad Yunus（1940〜）。バングラデシュの経済学者。グラミン銀行創設者。

154

貧困層を新たな市場ととらえる

ボトム・オブ・ザ・ピラミッド

Bottom of the Pyramid

プラハラードの説くネクスト・マーケットとは

経営学者**C・K・プラハラード**[1]は、世界の富の配分は、左図に示した所得階層を構成する経済ピラミッドとして表現できるとする。階層は第1層から第5層まであり、第1層は年収2万ドル以上の人たちで、世界中に7500万〜1億人いるという。一方、経済ピラミッドの底辺を構成する第4、5層は、年収1500ドル以下の人たちで、その数は40億人にのぼるという[2]。

プラハラードは、こうした経済ピラミッドの底辺にいる「1日2ドル未満で生活している40億人の人々」のことを**ボトム・オブ・ザ・ピラミッド（BOP）**[3]と呼ぶ。

その上でプラハラードは、大企業の投資力をBOPに振り向けることが、貧困の解消と生活の質のアップをはかれるとともに、企業の利益にも貢献すると指摘する。つまり、プラハラードは、BOPこそが**ネクスト・マーケット**だと断言したのだ。

プラハラードによると、貧困層は決してまったくお金を所持していないわけではないと主張する。むしろ、必要な情報が少ないため、たとえば法外な利率で借金をするなど、「貧しいがための不利益」を被っていると強調する。

したがって、彼らに対して適切な製品やサービスを提供すれば、貧困撲滅という**社会的コーズ**を達成できるばかりか、企業利益にも大きく貢献する、というのがプラハラードの考え方だ。

興味深いのは、首尾よくBOP市場に受け入れられた製品のその後だ。BOP市場に一旦《いったん》受け入れられた製品やサービスはその後洗練されていくだろう。そして、コスト・パフォーマンスの高い製品やサービスとして、経済ピラミッドの上部へと逆流するにちがいない。そうなると、企業努力を怠った低付加価値で高額な商品は、市場からの撤退を余儀なくされるだろう。

この状況は、バブル崩壊後の日本市場が、廉価な中国製品の大量進出で受けたインパクトに通じるものがある。

マーケティング対象としての BOP

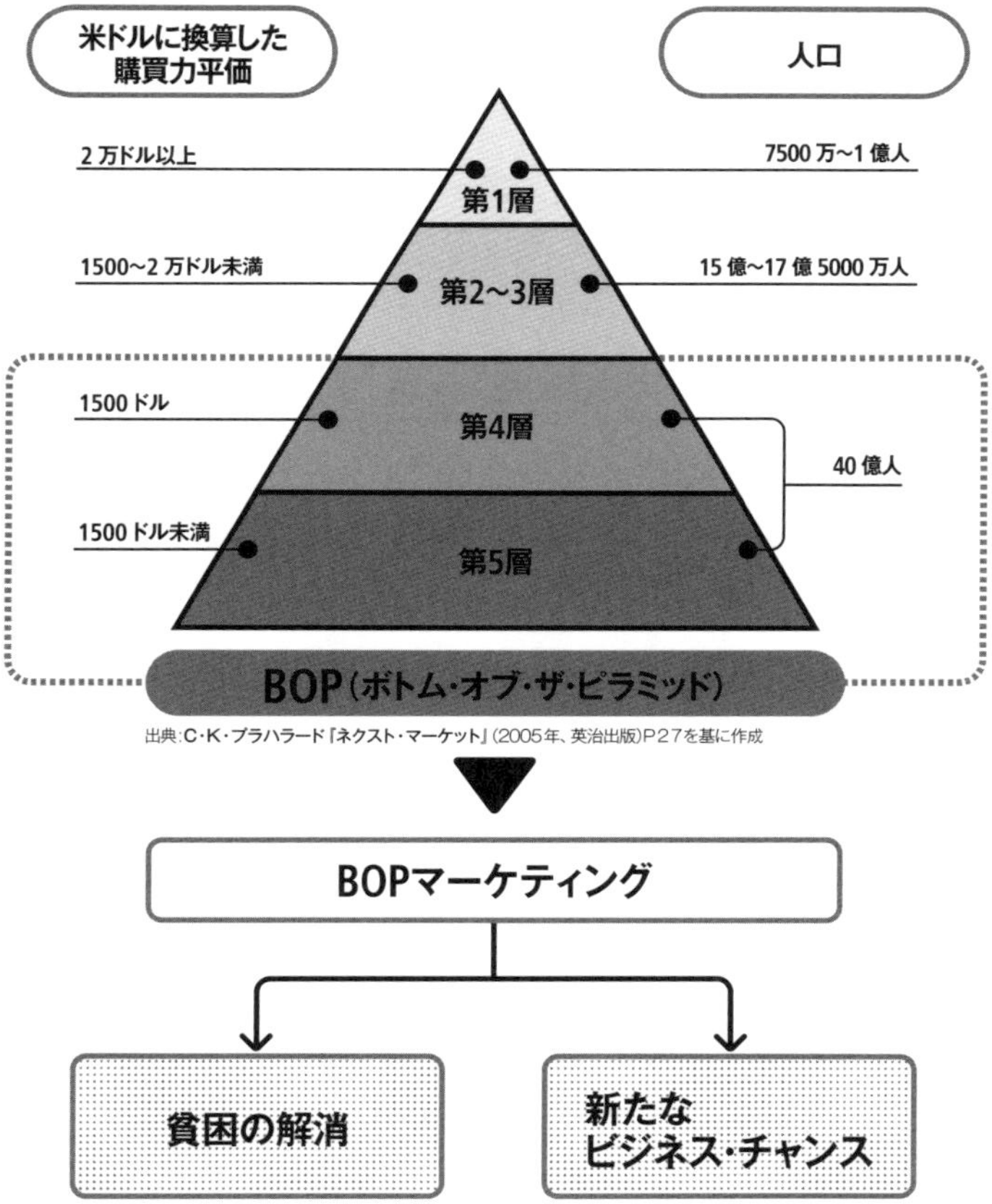

貧困の解消は、ソーシャル・マーケティングの有力な対象の一つになる。その可能性は非常に大きいと考えたい。

FOOTNOTE
1 Coimbatore Krishnarao Prahalad（1941～2010）。アメリカの経営学者。
2 C・K・プラハラード『ネクスト・マーケット』（2005年、英治出版）に詳しい。
3 ベース・オブ・ザ・ピラミッドと呼ぶ場合もある。

155

社会的コーズを実現して変化を生み出せ

変化を生み出す3段階

Three Steps to Transformation

社会的コーズと企業のミッション

社会的責任マーケティングを推進する場合、**社会的コーズ**は慎重に選択しなければならない。コーズが企業のあり方と密接に関連していなければならない。そのためには**企業の存在理由**を深く考察する必要がある。

ドラッカーが指摘したように、企業は社会やコミュニティ、個人がもつニーズを満足させるために存在する。しかし、一企業があらゆるニーズに対応することはできない。だから、特定のニーズに焦点を絞り、その解消を目指し活動する必要がある。この特定のニーズに対応するということが、**企業の使命（ミッション）**にほかならない。企業のミッションがあるからこそ企業は存在する。だからこれは**企業の存在理由**になる（**テーマ004**）。

ここで思い出したいのが、マーケティング3・0の**3iモデル**にある**ブランド・インテグリティ**だ（**テーマ141**）。マーケティング3・0では、ブランド・インテグリティの達成が鍵になる。そして、その原動力となるのが、企業のミッションと強固に結び付いた社会的コーズを出発点とする社会的責任マーケティングにほかならない。

社会的責任マーケティングを正しく推進することで、企業は人々の信頼を勝ち取れる。社会的コーズに従って、人々との共創を促し、文化的問題の解消を目指し、ひいては人々の精神を揺さぶるマーケティングを実現できる。そして、これらを通して**ソフトパワー（テーマ147）**を手に入れられる。これらの魅力で人々を引きつけ、人々の行動（たとえば購買行動もその一つだ）を引き出せる。そして企業とそれに賛同する人々が協働して、社会をよりよい方向に移行させていく。

コトラーはこれを「**マーケティングにおける社会的課題への取り組みの3段階**」というモデルで表現している。人々の行動変革を促し、社会の利得を向上させるマーケティングは、現代の新しい潮流だ。究極の差別化がそこにあると認識しておくべきだ。

3i モデルと変化を生み出す 3 段階

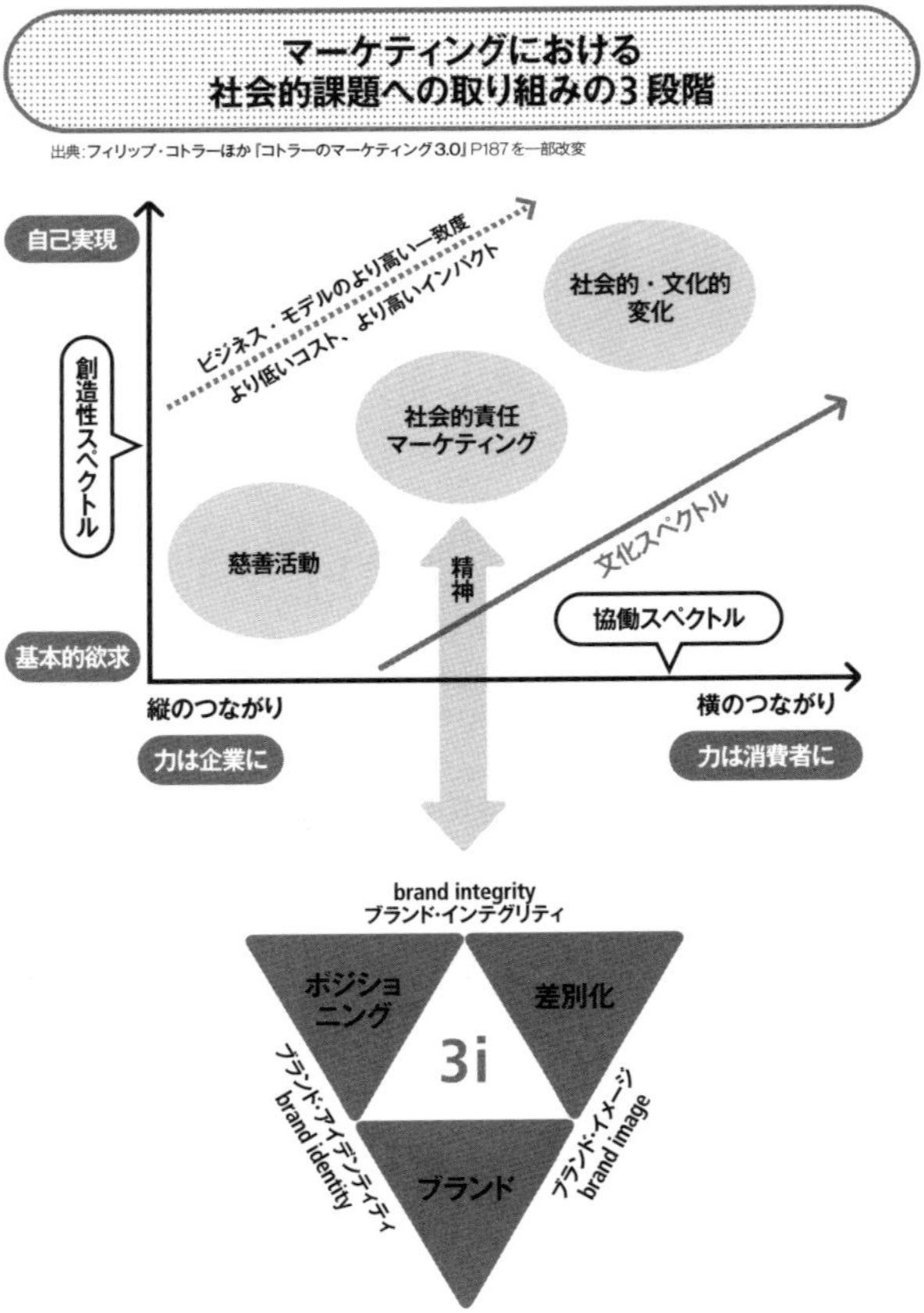

マーケティング3.0を完成させるには、社会的責任マーケティングが欠かせない。

column
3

ストーリー・マーケティング

本パートで述べた「クリエイティブ社会の到来」については、文筆家ダニエル・ピンク（**テーマ071**）も著作『ハイ・コンセプト』で言及している。

ストーリーを語る力

ピンクによると、クリエイティブ社会の時代には、新興国がもつ能力や、コンピュータで代行できるスキルを有していても、競争での勝ち目は薄いと説く。

その上で、クリエイティブ社会で今後必要となる六つの感性について言及している。

その一つとしてピンクが掲げているのがストーリーを語れる能力だ。[1]

インターネットの普及により、事実には誰もがすぐにアクセスできるようになった。しかし得られるその事実とは情報の断片だ。

一方、ストーリーとは、この情報の断片を紡いで一つの文脈にし、「感情的インパクト」を相手に与える。

クリエイティブ社会では、このストーリー構築力が欠かせない、というのがピンクの立場にほかならない。

企業戦略にもストーリーを

ストーリーはマーケティングにも利用されてきた。これをストーリー・マーケティングや物語マーケティングと呼ぶ。

ストーリー・マーケティングで最もイメージしやすいのはテレビ・コマーシャルではないか。ソフトバンクモバイルの「お父さん犬」を思い出してもらいたい。あるいは、サントリーBOSSの「宇宙人ジョーンズ」でもよい。

物語を通して製品が語られると、人の記憶に染み込み、ブランド想起も容易になるという効果がある。

コトラーもストーリー・マーケティングには注目していて、著作『コトラーのマーケティング3・0』の中でも、顧客とのコミュニケーションばかりか企業戦略にもストーリーが重要な役割を果たすと述べている。[2]

なお、企業戦略にもストーリーが重視されるようになった点をポーターのパートでも述べた。そう、楠木建一橋大学大学院教授が提唱した戦略ストーリーがそれである（**テーマ095**）。

単に事実を提示するのではなく、それをいかにストーリーとして紡ぐのか。

経営戦略やマーケティングにはその知恵が求められている。

FOOTNOTE
1 ダニエル・ピンク『ハイ・コンセプト』（2006年、三笠書房）
2『コトラーのマーケティング3.0』P93〜98

PART 4

ドラッカー・ポーター・コトラーをもっと深く理解するために

ドラッカーのマネジメント論、ポーターの競争戦略論、コトラーのマーケティング論、これらについてより深く理解するにはやはり彼らの原著にあたりたい。本パートではドラッカー・ポーター・コトラーをより深く理解するには何を読むべきか、その水先案内をしたいと思う。

もっと深く理解する

マネジメント論をもっと深く理解する

ドラッカーに対する理解を深めるには、やはりドラッカーが説くマネジメント論を原著で読むべきだろう。ただ、ドラッカーには多数の著作があるためどれから手をつけていいのかわからないにちがいない。

ドラッカーのマネジメント論をシンプルに把握するには**『明日を支配するもの』（1999年、ダイヤモンド社）**がお勧めだ。

この著作には、マネジメントを取り巻く環境の変化や21世紀に必要となるマネジメントのあり方をコンパクトにまとめている。

また、ドラッカーはエグゼクティブの生産性の向上についても多様な論を展開してきた。そのエッセンスについても『明日を支配するもの』で理解できるだろう。

一方、ドラッカーのマネジメント論について本格的に勉強してみたいという人もいるだろう。その場合、やはり**『マネジメント（上・中・下）』（2008年、ダイヤモンド社）**に挑戦したい。

組織は社会の機関であることを本書では繰り返し述べた。実はこの点は、ドラッカーのマネジメント論の基本中の基本になる。『マネジメント』を読めばドラッカーの生の声でその論旨を確認できる。

イノベーション論をもっと深く理解する

ドラッカーの言葉としてあまりにも有名な「顧客の創造（to create a customer）」も右でふれた『マネジメント』の中で述べられている。そして顧客の創造に必要な機能は、マーケティングとイノベーションのたった二つしかないとドラッカーは言う。

もっともドラッカーはこの『マネジメント』で、マーケティングとイノベーションの詳細について述べているわけではない。特にマーケティングの詳細について記した書籍をドラッカーは生涯残す

ドラッカーを

ことがなかった。おそらくこれは、コトラーのようなマーケティングのプロフェッショナルが多数いたからではないか。

その一方でドラッカーはイノベーションについての名作を残している。**『イノベーションと企業家精神』（2007年、ダイヤモンド社）**がそれだ。

この作品では、イノベーションを実現するための実践手法を体系的に解説している。

本書では**テーマ039〜049**でドラッカーのイノベーション論の概要について述べた。これらの元ネタになっているのが『イノベーションと企業家精神』だ。それだから、イノベーションに興味がある人はぜひとも原著にあたってもらいたい。特にイノベーションの機会を探索するための七つの源泉は必読と言ってよい。

ドラッカーという人物を深く理解する

ドラッカーがとらえにくいのは、ドラッカーが単なる経営学者の枠に収まらないという点だろう。

そもそもドラッカーは自分自身のことを社会生態学者と定義した。生物学者が生物の生態を研究するように、ドラッカーは社会の生態を理解することに情熱を燃やした。ドラッカーにとってはマネジメントも社会生態の研究の一環だった。

ドラッカーが社会生態に注目して執筆した名著の一つに**『ポスト資本主義社会』（2007年、ダイヤモンド社）**がある。ドラッカーは古くから知識労働者や知識社会に興味をもっていた。『ポスト資本主義社会』ではこれらについて解説するとともに、来る知識社会で私たちがいかに生きるかを説く。

また、ドラッカーという人物に興味が尽きなければ、ドラッカーの半生を描いた**『傍観者の時代』（2008年、ダイヤモンド社）**を手に取りたい。あわせてドラッカーが日本経済新聞の「私の履歴書」に連載した、**『ドラッカー20世紀を生きて 私の履歴書』（2005年、日本経済新聞出版社）**も断然面白い。

もっと深く理解する

競争戦略論をもっと深く理解したい

本書を読まれて、ポーターの競争戦略論について、もう少し突っ込んで理解したいという方には、ぜひとも**『競争戦略論Ⅰ』『競争戦略論Ⅱ』（いずれも1999年、ダイヤモンド社）**をお勧めしたい。

この著作はポーターが過去に著した論文と、書き下ろしの論考を二分冊に収録したものだ。特に『競争戦略論Ⅰ』に収録している「戦略とは何か」は、ポーターの競争戦略論を理解する上で、必読の一本と言える。実際、本書でも、この「戦略とは何か」をおおいに参考にしたし、またあちこちで引用もしている。

さらにこの二分冊の特徴は、ポーターが過去に述べた、競争戦略論に関する重要コンセプトを網羅しているという点だ。

たとえば、『競争戦略論Ⅰ』のトップに収録されている「競争要因が戦略を決める」は、ポーターが1979年にファイブ・フォースについて初めて公表した論文だ。

また、『競争戦略論Ⅱ』の冒頭に収められている「国の競争優位」は、1992年に出版された大著『国の競争優位（上・下）』のもとになった論文だ。書籍の方は二分冊で1100ページを超える。コンパクトにまとまった「国の競争優位」は、この二分冊を手っ取り早く理解する上でもおおいに役立つ。

日本の今後について考えたい

日本の今後について考えたいのならば、**『日本の競争戦略』（2000年、ダイヤモンド社）**をぜひ読みたい。

本文でも若干ふれたけれど、こちらは元一橋大学大学院教授で、現在はハーバード大学経営大学院教授である竹内弘高氏とポーターの共著だ。

日本の競争戦略を過去の視点と未来の視点で書いたもので、過去の視点では日本の競争力の源泉

ポーターを

を解明することを目的にする。また、未来の視点では今後の日本のあり方について提言している。

日本の競争力の源泉は、政府の力によるところが大きいと考えられてきた。ところがこの著作では、この常識を否定し、政府による介入が大きかった産業は、国際的に成功したものよりも失敗したものの方が多いことを証明している。その上で、国内で熾烈《しれつ》な競争にさらされていた民間企業こそが、国際社会で成功し、日本の経済発展に大きく貢献したと指摘する。

一方、今後の日本については、グローバルな国際競争で優位な産業がないことや低い資本収益性に警鐘を鳴らしている。これは10年以上も前に発せられた警告ながら、それが今やより顕著になっていることがわかる。ポーターらの忠告を真摯《しんし》に受けとめ、是正を施していたならば、いまだ停滞する日本経済は、別の発展を遂げていたかもしれないと考えさせられてしまう。

未来を予告した本として、いまでも非常に興味深く読めること間違いない。

やはり読んでおきたいバイブル

前出の『競争戦略論Ⅰ』『競争戦略論Ⅱ』や『日本の競争戦略』を読んで、ポーターにさらに興味をもったならば、いよいよこちら**『競争の戦略』(1982年、ダイヤモンド社)**に挑戦するときがやってきたことになる。

この作品は、本書でも詳述した「三つの基本戦略」と「ファイブ・フォース」についてふれたものだ。これらをさらに深く理解したいという人には、避けて通ることのできない一冊になる。

一般に『競争の戦略』は、ページ数も多いことがあって難解な本だと言われている。しかし、原書のサブタイトルには「業界および競合を分析するための技法」とある。つまり、競争戦略の抽象論を延々と語っているのではなく、あくまでも競争戦略を有利に進めるための技術について解説した本だ。割り切って読みたい。

もっと深く理解する

コトラーを徹底的に理解したい

ドラッカーと同様、コトラーも多数の著作を世に出している。そのためどれを読んだらいいのか迷う人がやはり多いにちがいない。もし、「コトラーのマーケティングについて本格的に知りたい」と考えているならば、次に読むのは『**コトラー&ケラーのマーケティング・マネジメント**』(**2014年、丸善出版**)で決まりだ。

この著作は、コトラーのマーケティングの決定版と言っても過言ではない。ただ、そのためページ数は膨大で1000ページにも及ぶ。当然お値段もはる。

そのためか、尻込みする人も多いようだが、コトラーのマーケティングについてきちんと理解しようと思うならば、この著作は避けて通ることはできない。

全8部、22章からなり、第1部がマーケティング・マネジメントを理解するための導入部となる。この導入部で、コトラーのマーケティング論の全《ぜん》貌《ぼう》が示されるとともに、のちの部ではこの全体像に沿ってストーリーが展開する。

また最終の22章では、ホリスティック・マーケティングや社会的責任マーケティングなど、最新のトレンドにも言及している。事例もふんだんで、マーケティングの手法を具体的に理解できる。ぜひとも読破にチャレンジしてほしい。

コトラーの最新のマーケティング理論を理解したい

コトラーの最新のマーケティング理論について理解したいのなら、やはりお勧めは『**コトラーのマーケティング3・0**』(**2010年、朝日新聞出版**)だろう。

本書の第14章で述べたように、コトラーはマーケティングの歴史を俯瞰《ふかん》したときに、現在のマーケティングは「1・0」や「2・0」の時代から、「3・0」へとバージョンアップした、否、すべきだと説く。

コトラーを

では、マーケティング3・0とは何か。それは現代社会がもつ三つの特徴、すなわち「参加の時代」「グローバル化のパラドックスの時代」「クリエイティブ社会の時代」に対応することである。そしてそのためには「協働マーケティング」「文化マーケティング」「スピリチュアル・マーケティング」をトータルに推進する必要がある。これがマーケティング3・0だ。

そして、これらについて詳細に論じたのが『コトラーのマーケティング3・0』である。そのエッセンスを本書の第14章で解説したわけだが、本書の内容を念頭にコトラーのこの著作を読めば、理解が深まること請け合いだ。

また、巻末には本書でカバーしきれなかった「マーケティング3・0の10原則」が掲載されている。これはマーケティング3・0を実際に推進する上での指針となるだろう。

社会的責任マーケティングを深く理解したい

コトラーは1991年に『**非営利組織のマーケティング戦略**』（**第一法規出版**）という著作を世に出している。これは文字どおり、地方自治体や公共団体などの非営利組織が、マーケティング手法をいかに活用するかを記したものだ。

マーケティングと言うと営利企業が利用するものと考えがちだが、すでに20年以上も前にコトラーは、マーケティングの手法を非営利組織も活用すべきだと説いている。ちなみにドラッカーも非営利組織にもマネジメントが必要だと説いた。

それはともかく、非営利組織にマーケティングが必要なように、今や営利企業には社会的責任が厳しく問われている。

そして、企業の社会的責任を念頭に置いたマーケティングの全貌について解説したのが『**社会的責任のマーケティング**』（**2007年、東洋経済新報社**）だ。マーケティング3・0のキモである社会的責任マーケティングを深く学ぶのなら、この本の右に出るものはない。

中野明
（なかの・あきら）

1962年、滋賀県生まれ。ノンフィクション作家。同志社大学理工学部非常勤講師。情報通信、経済経営、歴史民俗の3分野で執筆を続ける。著書に『裸はいつから恥ずかしくなったか』（筑摩書房）、『物語 財閥の歴史』『幻の五大美術館と明治の実業家たち』『戦後 日本の首相』（以上、祥伝社）、『ナナメ読み日本文化論』『カーネル・サンダースの教え』『グローブトロッター——世界漫遊家が歩いた明治ニッポン』（以上、朝日新聞出版）など。

本書は既刊書『今日から即使えるドラッカーのマネジメント思考』
『今日から即使えるマイケル・ポーターの競争戦略54』
『今日から即使えるコトラーのマーケティング戦略54』（いずれも朝日新聞出版）を
再編集し新たな情報を付加したものである。

完全図解　一冊で丸わかり
ドラッカー・ポーター・コトラー入門
2016年9月30日　第1刷発行

著者⊙中野 明
発行者⊙友澤和子

発行所⊙朝日新聞出版
〒104-8011　東京都中央区築地5-3-2
電話　03-5541-8814（編集）
03-5540-7793（販売）

印刷所⊙大日本印刷株式会社

Published in Japan by Asahi Shimbun Publications Inc.
ISBN 978-4-02-331539-6